天下人の神格化と天皇

野村 玄

思文閣出版

第二部　身分集団としての禁中・公家中と江戸幕府

第三部　徳川将軍家の国家構想の継承と限界

天下人の神格化と天皇

序論

第一節　幕藩制国家論のその後と日本中近世国家論

近年、小沢弘明氏は昨今の日本史研究における国民・国家・国民国家等の語の使用方法を批判し、次のように指摘している。

日本史研究では、研究者のなかでも国民の概念を前近代に遡及させようとする場合がある。たとえば、永井隆之・片岡耕平・渡邉俊編『日本中世のＮＡＴＩＯＮ――統合の契機とその構造』（岩田書院、二〇〇七年）。その理由は次の三点にまとめることができよう。第一に、国民国家形成以前の結合関係を表現するエトノスのような概念を持っていないため、国民概念しか利用できていないこと。第二に、市民的国民と民族的国民を区分したうえで、その相補性について議論するのではなく、両者を混然とさせたまま、論者によって任意に国民概念を使用していること。第三に、国民概念の歴史的語法に無頓着なため、その歴史的排他性を理解できていないこと。(1)

すなわち、そこでは日本史学者の「国民」または「国民国家」概念への安易な寄りかかりが指摘され、皮肉なことに、歴史家であるはずの日本史学者が「国民」または「国民国家」概念の歴史性を考慮できていない現実が突きつけられたのであった。

日本近世史の立場から一研究者として自戒しながら筆者なりに振り返ってみると、日本近世史の場合、当該分野においてはかなり真剣に国家論・国家史に取り組んだ経緯があり、その議論は幕藩制国家論として整理・記憶されるほど盛んになされた。ところが、問題はそのあとであった。この点について、藤井譲治氏は次のように指摘している。

七〇年代の半ばになると、国家論が議論されるようになった。その結果、権力論・政治史研究に一定の関心が注がれるようになり、自らの研究もそれなりに位置づけることができた。しかし、幕藩制国家論は、権力のみならずあらゆるものをその対象としたため、研究対象・課題は拡散していき、権力構造、鎖国制、天皇・朝廷研究などに一定の成果をみたものの、全体としては明確な成果も反省もないまま後景に退いていった。(2)

白川部達夫氏・村田路人氏によれば、幕藩制国家論は、近世日本の体制について、幕府という強大な権力に基づいた封建国家という認識を前提としつつも、土地制度論に還元されがちであった幕藩制構造論を批判的に克服するため取り組まれたが、(3)藤井氏も述べるように論点の拡散を招いてしまった。

さらに筆者なりに幕藩制国家論が後退した原因を考えると、そもそも各研究者が冒頭の小沢氏のいうように「国民」や「国家」という語の歴史性に徹底的にこだわらなかったことも一因のように思われる。もちろん各研究者は、各歴史的段階における「国家」の形成過程を解明しようとしたのだが、そこでは先行国家と後続国家との関係が充分な意味的検討を経ない「国家」という語で連続させられてしまい、研究方法として各段階の現象面や機構・法制の比較に終始した感は否めないのである。

もし仮に当時の国家観・国家像を問題とするならば、当時いかなる用法で「国民」または「国家」なる語が使用されたかを丹念に段階的に押さえることが肝要である。現象面の比較をし尽くした幕藩制国家論は、みずからの立脚した「国家」という語を当時の文脈において再検討しないまま終息してしまったのである。

幕藩制国家論が終息してから今日に至るまで、研究状況としては政治史・国家史が語られることは少なくなった。ところが、冒頭で小沢氏が指摘したように、日本中世史の分野では最近、別の角度からの国家論が提起されつつある。なかでも注目すべきは、勝俣鎮夫氏による次のような議論である。

この時代(戦国時代――引用者註)は、日本列島に居住するさまざまな民族が国民として把握され、この国民を構成員としてつくられた国民国家的性格の強い国家の形成期であった。ここで形成された国家の支配領域は、ほぼ現代の日本国家の国土に重なるが、この日本国家は、伝統的東アジアの国際的秩序である中国を中心とする華夷秩序から脱した独立国家として登場する。

さらに、この国家は、王法と仏法は両輪といわれ「マツリゴト」を政治の基本とする国家体制から脱した、武家による俗的国家として成立した。武家勢力は強大な勢力をほこった寺社勢力を圧伏し、これらの勢力を解体して体制下にくみいれたのであり、ここにはじめて政教分離の俗権力による国家が成立した。

戦国時代においては、その前段階として、この日本国家の原型としての地域的国家が各地に形成され、さらにそれを統合することにより、豊臣秀吉によって日本国家が創出された。以上のように、この時代に形成された新しい日本国家は、旧来の日本国家が分裂し、それが再び統合されたのではなく、旧来の日本国家の規定制《(ママ)》を強くうけながらも、それぞれの地域で下のほうから地域的結合がなされ、その上に新しい統一国家が形成されたのであり、そこに内藤(湖南――引用者註)のいう「日本全体の身代の入れ替り」という現象がおこったのである。(4)

ここでは、「民族」や「国民」、「国家」の語の使用のみならず、戦国時代を「国民国家的性格の強い国家の形成期」だとしている。「国民国家的性格の強い」とあるから、勝俣氏は戦国時代が国民国家の形成期であると述べているわけではない。しかし、勝俣氏が戦国時代にその段階独自の統合がなされた様子を強調して叙述するため、「国民国家的性格」という語を使用したのだとすれば、それは小沢氏の批判のほうに分があるといわざるを得ないだろう。(5) この勝俣氏の主張はどのように立論されているのだろうか。このことを考えるうえで、勝俣氏による次の記述は参考となる。(6)

高柳（光壽――引用者註）は、「古代国家日本は決して単一国家ではなかつた。原始神社は、それぞれ独立した政権であつた。それがだんだんと大きな一つの政権の政治機構の中に編入されて行つた」「要するに地方独立政権の中央政権への吸収といふことは長い時間を要したのであり、その完全なる中央の政治機構への編入といふことは近世を待たなければならなかつた」とのべ、中世を日本における統一国家形成過程の時代と位置づけた。そして、戦国時代にいたり、「完全に近き形において一地方を領有し支配する地方政権の成立を見」、戦国時代を経てはじめて、わが国は「中央集権的有機的組織を持つ国家組織」へと発展することができたとして、日本国家成立の原点に戦国大名領国を置いたのである。(註(3)あり)

勝俣氏は高柳光壽氏の学説を援用するのだが、それは勝俣氏によると、高柳氏が中世日本における「統一国家形成過程」を独自に位置づけ、そこからその後の「中央集権的有機的組織を持つ国家組織」を展望していたからである。勝俣氏はさらにいう。

以上の如き高柳の学説は、中世社会の実態――土地と人の支配の分裂、枡や田積にみられる度量衡の多様性、「租税」の多種多様な賦課形態など――から国家のありかたを検証するかたちでくみたてられたものである。この国家論の視角は、なお種々の問題を含んでいるとはいえ、石井進の評価するように、「もうひとつの国家論」構築の視角として、今日ますます重要性をましつつあるように思われる。

本章（勝俣氏著書の第Ⅰ部第一章――引用者註）では、高柳が日本国家形成過程における、その原型と把握した戦国大名権力が、下剋上の主体勢力として登場した人々を、いかにして国民として編成し、国民を構成員とする国家を形成していったのかについて考察することにする。(7)

勝俣氏が高柳説にこだわった理由は、石井進氏による高柳氏への評価（「もうひとつの国家論」）を念頭に置いていたからである。さきに石井氏が高柳説を評価したのは、日本中世史研究における重要学説である黒田俊雄氏の権門体制論を批判する途上でのことであり、石井氏は、権門体制論の意義はある程度認めつつも、権門体制論では、その前提として想定されている（と石井氏が判断する）統合された「日本国」の存在をかえって超歴史的に強調することになりはしないかと案じ、古代の過程で分裂した「日本国」のパーツが再結集するような統合過程ではなく、中世独自の統合過程を描く可能性を有していた高柳説を評価したのである。(8)

勝俣氏は、このような石井氏の評価に依拠したのだが、果たして勝俣氏の叙述は、石井氏の危惧した「無意識のうちにも特殊歴史的な所産である近代的「国家権力」観を全時代にもちこみ、古来存続しつづけてきたこの「日本国」の「国家権力」を超歴史的存在としてうけとらせるおそれ」(9)を払拭しえているだろうか。(10)

筆者は必ずしもそう思わない。勝俣氏は「国家」や「国民」、ひいては「国民国家」という語を明確に定義しないまま多用したため、同氏の意図に反し、勝俣氏の国家論では戦国時代の独自性がかえって後退してしまっており、また、もし勝俣氏が石井氏の権門体制論批判に同意したうえで、権門体制論の示した戦国期・近世への展望をも批判しようとしたならば、やはり勝俣氏自身による権門体制論への何らかの言及があって然るべきであったろう。中世から近世への移行をそれなりに展望した権門体制論への批判として読もうとすると、勝俣氏の国家論は不充分の感を禁じ得ない。しかも筆者が危惧することは、この勝俣氏の国家論が最近、日本近世史の分野でも受容されつつあることである。例えば、神田千里氏は平成十七年（二〇〇五）の著書で次のように述べている。

島原の乱が起った十七世紀前期は、島原・天草で戦国の気風がいまだ濃厚であったことからも分るように、十五世紀後半から始まる戦国の動乱期の最終段階といえよう。この時代は、勝俣鎮夫氏によれば、近代の日本に連続する、そして日本列島の住民を国民として把握する国民国家的性格の強い国家が成立した時期である。伊勢の神への信仰など「神国」意識は、この「国民国家」の枠内で想定されるべき、近世社会の、いわば国民的信仰であったと考えられる(11)。

この一節のあと、神田氏は安易な近代への連続を留保する記述を置いてはいるが、勝俣氏の「国民国家」論が神田氏に継承されていることは明らかである。しかも平成二十年(二〇〇八)には、勝俣氏と神田氏の叙述をベースとして、水本邦彦氏が著書で次のような叙述を展開した。

徳川国家の国民は、自分たちを「日本人」、みずからの国家・社会を「日本」と認識していた。平川南によれば、「日本」という国号は七世紀後半に制定された。中国世界の東の果て、「日の土台」という意味が込められていたという。時代を重ねてこの一七世紀、徳川国家においては、将軍発信の国書はもちろんのこと、大名から庶民に至るまで、みずからのアイデンティティとして「日本人」「日本国」の意識は定着していた。

大名の「日本国」意識について、譜代大名の筆頭彦根藩主井伊直孝の例をあげる。彼は、寛永二一年(一六四四)、家臣への通達のなかで、つぎのようにいっている。

吉利支丹改めについてだが、現在のように正月・二月に行ない、その後六月・七月に行なうというようなやり方では、隠れているバテレンやキリシタンが取り調べの網をくぐって移動してしまう。現在の「日本国」において、公儀に対するこれ以上の御奉公はないのだから、毎月でも取り調べるようにすべきである。

「日本国＝公儀の掌握する国家」と前提したうえで、キリシタン探索こそが公儀への御奉公と強調する。

直孝にとって、日本国家は自明の前提である。なお、ここにいう「公儀」とは、将軍を頂点に老中や各種奉行などから構成された中央政府（徳川幕府、徳川国家権力）を指している。中世社会を淵源とする「公儀」文言は、元来多様な意味を包含していたが、三代将軍家光のころより、この意味合いで定着する。時に大公儀・小公儀と分け、それぞれ幕府と藩にあてることもある。(12)

幕藩制国家論が終息してからというもの、日本近世史の分野において「国家」が語られることは稀であった。しかし、ここへきて日本中世史研究の勝俣氏による「国民国家」論が日本近世史研究において参照され始めている。水本氏は前引の箇所のあと、次のように記述する。

キリシタン高札は、徳川日本の住民に向けて、日々、非キリシタン国家の「国民」であることを意識させる国家的な仕掛けとなった。(13)

このように勝俣説を援用して日本近世国家の歴史的性格を議論する神田説・水本説を通覧すると、各氏の意図を超え、筆者はそこに石井氏のいう「無意識のうちにも特殊歴史的な所産である近代的「国家権力」観を全時代にもちこみ、古来存続しつづけてきたこの「日本国」の「国家権力」を超歴史的存在としてうけとらせるおそれ(14)」を禁じ得ないのである。

第二節　「徳川国家」論の限界

なかでも、とくに水本説については、典拠史料の解釈如何によっては、同説の根幹となる「日本国」概念への理解に再検討の余地があるように思われる。前引の水本説では、一つの史料が使用されている。一般書であることから、意訳されているが、水本氏の使用史料は次の「寛永二十一年正月十一日付木俣清左衛門他宛井伊直孝覚」である。

【史料1[15]】

ⓐ一、吉利支丹改之様子、たとへハ正・二月改、其上ハ打捨、六月・七月改申候様ニ仕候得ハ、他国之改之時分、其所ニ隠居候はてれん・いるまん・切支丹宗門之者改候間、知れ候所へ参居、又其所改之時ハ他国ニ不改所へ参居候様ニ仕候条、公儀江之御奉公ニ今程日本国ニ者可仕御奉公も無之候へハ、セめてか様之儀ハ精出し如御法度之ニ仕候所肝要ニ而候間、毎月も改候様ニ可被致候事、

ⓑ一、吉利支丹改之様子、たとへハ正・二月改、其上ハ打捨、六月・七月改申候様ニ仕候得ハ、他国之改之時分、其所ニ隠居候はてれん・いるまん・切支丹宗門之者改候間、知れ候所へ参居、又其所改之時ハ他国ニ不改所へ参居候様ニ仕候条、公儀江之御奉公ニ、今程日本国ニ者可仕御奉公も無之候へハ、セめてか様之儀ハ精出し、如御法度之ニ仕候所肝要ニ而候間、毎月も改候様ニ可被致候事、

（傍線・波線は筆者による、以下同）

筆者が注目するのは、史料1をめぐる水本氏の解釈である。同氏は「「日本国＝公儀の掌握する国家」と前提したうえで、（直孝は――引用者註）キリシタン探索こそが公儀への御奉公と強調する。直孝にとって、日本国家は自明の前提である[16]」としているのだが、はたして井伊直孝が「「日本国＝公儀の掌握する国家」と前提し[17]」ていたとの読みは妥当だろうか。

試みに史料1では、典拠史料掲載文献の読点ⓐと筆者の読点ⓑの二パターンを示した。とくに重要となる部分は傍線部分である。ⓐとⓑとの相違は、「公儀江之御奉公ニ」の後に読点を打つかどうかということである。水本氏の解釈（「現在の「日本国」において、公儀に対するこれ以上の御奉公はないのだから」）は、おそらくⓐの読み方で立論されているものと推測されるが、ⓑのように「公儀江之御奉公ニ」の後に読点を打つと、必ずしも水本氏の解釈や「「日本国＝公儀の掌握する国家」」という式が成り立つわけではない。つまり、「公儀」概念と「日本国」

概念は互いに異なる可能性があるということである。もし水本氏がいま少し「公儀」や「日本国」の語の中身にこだわっていたならば、別の叙述があり得たと思われる。しかも、ⓐとⓑいずれであっても、水本氏の訳文における「公儀に対するこれ以上の御奉公はない」というニュアンスは原文にはないはずである。

また、「公儀」についてだが、水本説は「公儀」の語をめぐる重厚な研究史を明確に認識している。にもかかわらず、それらがうまく叙述に反映されていないことが気にかかる。例えば、水本氏が藤井讓治氏の研究を参考に「中世社会を淵源とする「公儀」文言は、元来多様な意味を包含していたが」と述べるように[18]、藤井氏は「公儀」の語意の変遷をふまえ、江戸幕府の「公儀」の用法について、秀吉没後に将軍となった徳川家康が「領主の共同利害を装う「公儀」を政治理念としてもちだした」こと、それが文禄四年（一五九五）以降の「豊臣政権」の「公儀」に「規定」されたものであること、その「公儀」は「「公」の意向・決定という意味」で多用され、それが「幕府公儀の世界の前提ないし背景である」こと、「幕府公儀」と「藩公儀」とのせめぎ合いの中で秀忠政権を経て、家光政権において「幕府が大名領内にその姿を現し」、「幕府が大名を介して大名領内の百姓・町人にも公儀とされた」ことを指摘し、十七世紀中期からは「寛永後半期から見られるようになる幕府公儀の大名領への浸透が本格的に進」み、「幕府公儀はもはや「天下」と表現されることはなく、「公儀」が多用されるようになった」ことを解明している[19]。

つまり、水本氏の著書における「公儀」は藤井氏のいう「寛永後半期から見られるようになる幕府公儀」のことを指すのだが、水本氏はそれの「掌握する国家」が「日本国」だと見なしているのである。

先行研究では「公儀」や「天下」の語に関心が集中し、「日本国」の語法については思いのほか取り上げられてこなかった。しかし、いくつかの史料を通覧すると、例えば「日本」は明らかに他の語と区別して用いられていたことがわかる。すなわち、水本氏も注目する有名な「天正十五年六月十九日付豊臣秀吉キリシタン禁制定書案」では、「御法度」の主体として「天下」が用いられ、「日本」は「きりしたん国」と対比関係にある「神国」の具体的呼称として用いられた[20]。また、「天正二十年六月三日付毛利輝元宛豊臣秀吉朱印状」には「日本弓箭きひしき国ニてさへ、五百千にて如此不残被仰付候、皆共ハ多勢にて大明之長袖国へ先懸仕候間、無心元も不被思食候[21]」という表現があるが、そこでは「大明」との対比関係で「日本」の語が「弓箭きひしき国」という国風とともに記述されている。

このような「天下」と「日本」の使い分けは、時代が下り、徳川将軍による用法にも見出すことができる。次の史料は「寛永十六年四月二十五日付細川光尚宛細川忠利書状」の一節である。

【史料2[22]】

一、御本復被成、今日之御能目出度思食候、其上、両大納言(徳川義直・頼宣)・水戸殿(徳川頼房)をはしめ、年比も能、天下も三代つゝき、諸大名心入も無残所候、左候へハ、天下ニ思召所もなく御満足候、左候へハ、後之代之聞え之ため第一ニ思食、先年之御法度ニ、日本之おごり大なる儀ニ候間御いましめ被成候へ共、于今至テ終ニおごりやミ不申、国々迄も其分と聞召候、いつれも公儀へ如在なく候へ共、か様ニおこりやミ不申候へハ、末々迄も如何ニ思召候、一々こまかに可被　仰聞様無之儀ニ候間、必おこりなき様ニ心得可申事、

島原の乱を平定し、江戸城内で能を催した徳川家光は、その席上、「天下ニ思召所もなく御満足候」との所感を述べ、「日本之おごり大なる儀ニ候」との認識を示して奢侈の禁止をより徹底するよう指示を出した。この史料は家光の発言を忠実に留めており、その意味で貴重だが、そこではやはり「天下」と「日本」と「公儀」は明確に使い分けられているのである。このことからも、水本氏のように「「日本国＝公儀の掌握する国家」」とすることは概念の説明として不正確だといわざるを得ない[23]。

ここで、先ほどの史料1の検討に戻ろう。史料1によると、そこではキリシタン捜索の徹底が指示され、「公

儀江之御奉公ニ、今程日本国ニ者可仕御奉公も無之候へハ、せめてか様之儀ハ精出」すようにと求めている。筆者は、「公儀江之御奉公ニ」の後に読点を打ち、次のように解釈した。「公儀への御奉公で、いま日本国に御奉公申し上げるべきこともそうないのだから、せめてこのようなキリシタン改めくらいは精を出して努めるように」という解釈である。波線部分に「せめて」とあるということは、「公儀」への奉公を担保する、より広い「日本国」への奉公という概念の存在がうかがわれ、キリシタン捜索はもちろん「公儀」への奉公ではあったが、より広い「日本国」への奉公だとも考えられていたことを意味しているのだろう。このことは、同じく井伊直孝の手になる次の「正保三年十月二十二日付木俣清左衛門他宛井伊直孝覚」でより一層明らかとなる。

【史料3】(24)

一、切支丹御法度儀、毛頭油断被申間敷候、直孝《(井伊)》自分用之儀ハかるしめ成次第ニ被致候とも、此段ハ日本国之御法度之儀ニ候へハ、切支丹宗門之もの儀ハ不及申、しきにより皆々も越度ニ成申儀も可有之候間、ふかく左様ニ被存、侍中末々迄も妻子共并奉公人下々迄も町中・在々の内も妻子共ニ急度改、不審成ものも候ハヽ、穿鑿仕候様ニ油断被致間敷候事、

傍線部分によれば、「切支丹御法度」は「日本国之御法度」だとされている。キリシタン捜索を指示した際の『江戸幕府日記』寛永十六年七月四日条にも「日本国被成御制禁之きりしたん宗門之儀」とあるから(25)、「日本国之御法度」という表現は何も直孝独自のものではない。直孝自身はいうに及ばず、当時の幕府における用法としても、「公儀」と「日本国」は弁別されており、「日本国」または「日本」は「公儀」よりも広い概念として運用されていたと考えるほうが妥当だろう。

ここで「日本国」が「公儀」よりも広いという時、筆者は史料3でキリシタン捜索の要領として「侍中末々迄も妻子共并奉公人下々迄も町中・在々の内も妻子共ニ急度改」めよとされていることに注目している。すなわち、

キリシタン捜索は幕府や大名のみならず、列島に暮らすあらゆる人々が対象だったのであり、キリシタン捜索が単なる「公儀」への奉公にとどまらず、「日本国」への奉公だとされた一因は、この対象範囲の広さに起因していたと思われ、したがって、史料3では言及されていないものの、キリシタン捜索は「禁中」や「公家中」も対象であった(26)。

このように広く日本近世国家の全体を総称する概念が「日本国」であったとすると、日本近世国家の歴史的特質を解明するためには、幕藩制国家の語や水本氏による「徳川国家」という語の創出ではなく、むしろ素直に当時の「日本国」概念に注目したほうがよいのではなかろうか。これまで「日本国」の語の使用が学界において回避されてきた事情があるとすれば、それは石井進氏のいう「無意識のうちにも特殊歴史的な所産である近代的「国家権力」観を全時代にもちこみ、古来存続しつづけてきたこの「日本国」の「国家権力」を超歴史的存在としてうけとらせるおそれ(27)」への配慮であったろうが、石井氏の警鐘をふまえつつ、「公儀」や「天下」を主宰した者が「日本国」をいかなる方法で統合し、どのような方向へ導こうとしていたのかを段階的に解明することができれば、それは歴史学的な日本近世国家論となるのではなかろうか。

水本氏の試みはその意味で重要なものであった。同氏は分析対象を「列島の内と外」に分け、「一六三〇年代末から四〇年代初め、身分制と石高制で国内を編成し、非キリシタンと国家管理外交で外枠を囲う徳川国家が確立する」と結論したが(28)、しかし、そこに至るまでの叙述においては、「内」を主に幕藩制国家論と水本氏の近業、「外」を近年の対外関係論や勝俣氏・神田氏の「国民国家」論に依拠しており、「内」と「外」で相互に異なる研究史的文脈を「徳川国家」という概念で融合させようとした感は否めない。また水本氏にあっては、天皇の問題について、かつての幕藩制国家論における議論の域を出ることなく、ごく限定的な叙述を行うのみであり(29)、しかも勝俣氏の国家論を援用する以上、自説に権門体制論への批判が内包されることになるにもかかわらず、権門体制論にふれることもなかった。

このように考えると、水本氏がみずからの国家論の概念として、「日本国」ではなく「徳川国家」を案出・採用するに至った背景には、権門体制論を視野に入れず、しかも近世の天皇に関する独自の分析を行わなかったことも大きく影響しているのではなかろうか。なぜなら、中世から近世にかけての「日本国」概念を問題にしようとするならば、単に「日本」や「日本国」の呼称の存在を指摘するのみでは足りず、権門体制論と天皇・朝廷の問題は真正面から取り上げざるを得ないはずだからである。

これまでの検討で明らかなように、近世にあっては幕藩制国家や「徳川国家」の語ではなく、「日本国」の語が国家概念を示す語として用いられていたことは確かなのだから、近世の権力者の「日本国」観が明らかにされるべきである。だが、それは容易なことではない。また、水本氏が天皇・朝廷の問題を充分に扱うことができなかった原因を同氏のみに帰することも妥当ではないだろう。なぜなら、近世の天皇・朝廷の問題については、幕藩制国家論において議論されて以来、それなりに時間が経過し、ある程度の成果は蓄積されたものの、私見では現在、研究史的に有効な展望が得られているとは言い難い状況だからである。

第三節　権門体制論と近世の天皇・朝廷

この点について、さらに私見を述べれば、水本氏も参照した高埜利彦氏の学説は、近世の天皇・朝廷について「江戸幕府の朝廷支配の目的を、私なりに次のように考えて、小論を出発させることにする。すなわち、幕藩領主権力による小農民支配を根幹におく幕藩制国家において、天皇や律令制的な制度や、寺社も含めた広い意味での朝廷に担わされた役割りとは、一つは、将軍や東照権現の権威化を、勅使派遣や婚姻を通して果たすこと。二つは、官位叙任を通じ、諸身分編成に機能すること。三つは、元号や宮号宣下をしたり、国家安全や将軍の病気平癒のために仏教・神道・陰陽道を駆使した諸祈願を行なう、宗教的機能を果たすこと。これら、大まかに三つの役割を、朝廷は幕藩制国家の中で機能すべく、担わされたのである。江戸時代の朝廷は、軍事力・行政力はなく、経済力も幕府に許与された限りのものしかなく、まったくの非権力であった」との認識を示し、そのうえで「二回の朝廷権威をめぐる変容が存在したこと」を指摘するものであった[31]。

すなわち、寛文期から元禄期にみる「幕府の政策変更、つまり支配編成論理の変化」と「朝廷復古」を目指す「霊元天皇の積極的な意図」を根拠に[32]、「元禄期前後」を「第一の変容」期とし[33]、それは「国内外の「平和」な時代に適応した国家支配原理の中で、天皇を含む朝廷のもつ権威が、将軍・幕府権威に協調するように改変された」時期で[34]、天皇・朝廷を「幕府権力の一部、とりわけ将軍権威の補強のために協調させる時代」であり[35]、あわせて文化・文政期には「朝廷権威の自立と浮上」を認め[36]、当該期を「第二の変容」期とし[37]、当該期の「国内外の矛盾と危機意識の昂揚の中で、危機回避のために朝廷権威は公家や門跡のモビリティーを前提に、自力浮上し、やがて従来の将軍・幕府を中心にすえた国家秩序を解体に向かわせ、ついには、明治維新とその後の近代国家秩序の中枢に天皇は位置づけられることになる」とした学説である[38]。

高埜氏の基本的認識は、幕府が天皇・朝廷の上に立ち、幕府の下にある天皇・公家は権力ではなく権威であるというものであり[39]、その権威としての機能とその変容を前述のように整理したわけだが、高埜説の当否は本書の各部各章で検討するとして、ここでは大きく三つの問題を指摘しておくべきだろう。

一つめは、高埜氏のいうほど、幕府は権力、天皇・朝廷は権威というように、近世の政治権力はきれいに整理できるものだろうかということである。強大であるはずの幕府権力がそれ自体で完結しなかったところに歴史的問題が潜んでいるはずだが、議論の最初から権力と権威の棲み分け論を展開してしまうと、あらゆる事例をその整理に沿わせてしまう結論先取りに陥る危険がある。確かに幕府にとっては、天皇・朝廷が権力を追求せず、幕府の意のままの存在に甘んずるほうが好都合だろうが、それはあくまでも現代人からの希望的観測にすぎず、実際にはそれが実現しなかったところに問題があるのではなかろうか。

二つめは、高埜氏にとって異論のあることかもしれないが、筆者の見るところ、同氏の幕府観は幕府権力の強大さを積極的に認定しつつも、幕府の政治そのものについては、高埜氏も批判するところのいわゆる武断政治から文治政治への転換という通説的理解の域をやはりほとんど出ていないのではないかということである[40]。高埜氏は平和の持続にともなって幕府の支配のあり方が変化していくというみずからの幕府観と天皇・朝廷の動向を整合的に解釈しようとしたが、その際、天皇・朝廷の動向の記述に重きを置いたため、同氏のいうほどに幕府と天皇・朝廷の間の上下の差は叙述に反映されず、したがって、幕府の優位といういわば当然のことを叙述の中で何度も強調せねばならなくなり、高埜説は、近世があたかも幕府と天皇・朝廷との関係変化の過程であったかのような印象を強く残すことになった。

のちに高埜氏はこの学説の基となった日本史研究会大会報告について「これは朝尾先生の徳川三代（寛永期）までの成果を引き継ぎ、近世中・後期も含めた近世朝幕関係史を報告したものであった」と回顧したが[41]、前述の高埜説の二つめの問題とも関わって、同説の三つめの問題点はこの高埜氏自身による自説の位置づけにある。

高埜説は、すでにみたように幕府の天皇・朝廷に対する優位を前提に、幕府に必要な限りにおいての権威として天皇・朝廷の姿を叙述し、近世を通じた朝幕関係とその変容を展望したものであった。しかし、その高埜氏が継承したとする朝尾直弘氏の学説（論文「幕藩制と天皇」および著書『将軍権力の創出』）は、朝尾氏によると「黒田俊雄氏の領主制論批判に共感した部分が大き」く[42]、「黒田氏の議論を時代を下げて考えるとどうなるかという発想」から黒田氏の権門体制論をふまえており[43]、近世の天皇の問題については「朝幕関係もしくは古代的権威というような視角」では捉えられないとする認識から出発していた[44]。おそらく朝尾氏は黒田氏の「ほとんど世界に比類ない強力な封建王政として、天下万民に君臨した」「織豊政権、さらには江戸幕府」という認識[45]を共有しているると思われ、朝尾氏はそのような強力な権力が結集され打ち立てられざるを得なくなる背景として百姓の動向を重視し、権力者の「政権構想」には百姓への対抗が存在したのではないかという仮説を検証するため「政治史」という方法を提起した[46]。

その権力者の「政権構想」を解明する中で朝尾氏は天皇・朝廷の問題を扱ったのであり、「朝幕関係」の視角によらずに「それぞれの段階における天皇の位置と役割を事実のうえで確認」し、「政権を失い、事実上は権威をもほとんど失ったにもかかわらず、天皇家と朝廷は存続し、近代に再生した」「この事実の歴史的な意味と位置づけを明らかに」することを目指した[47]。そこでの朝尾氏の具体的検討課題の一つは、かつて黒田氏が近世の天皇について「権門体制の遺制は残り、天皇と将軍との儀礼的関係など論ずべき点が多い」ものの、「国家権力の機構を具体的・客観的に問題とするかぎり、天皇が国王の地位になかったことだけは、ともかくも明言しておきたい」と述べたことの検証であったろう[48]。

すなわち、朝尾氏は石山本願寺の降伏過程における正親町天皇の動向に関連して「現実政治に影響を残している天皇の地位の処置は、本願寺対策もふくめて広い観点から、織田政権の前に客観的に提起されていた」と述べるとともに[49]、豊臣政権が「まったく近世的な新しい権威」として後陽成天皇の「権威」をたてなおしたことを重視し[50]、その後の家康の行動と後陽成天皇との確執を描いたが[51]、それは家康による「慶長十六年の後水尾天皇擁立によって変化をとげ[52]」、「慶長十六年以降の家康の政治目標は、将軍家による主権の確立、換言すれば公・武・寺社を通じ、とくに権威の源泉的地位を固めつつある天皇と朝廷の完全な統制に向けられ」たとし[53]、「徳川体制にもとづく国制の基本的骨格を示すもの」として「武家諸法度」と「禁中幷公家諸法度」をあげ、「両法度が同時に制定されなければならなかったところに、近世の武家権力が天皇および朝廷を統制することなしに、統一をはたしえなかった事情を読みとることができる」とするとともに、(54)当時の「内外の条件が、天皇を固有の統治文化、および習俗を体現する象徴的権威として、幕藩体制のもとに位置づけさせた」が、家康は「武家官位の独立」を「法度として上から制定」し、「天皇（朝廷）が官職制的編成をもって、武家を直接に統括する可能性」は「断」ったものの、「法度制定後一年を経ずして家康の死去したことが、この制度の定着をしばらく先に延ばし、また、これに見合ったかたちの政治権力の編成が完成するのにも、なお若干の時日を要せしめることになった」とした。(55)

そのうえで朝尾氏は、その後の秀忠が「将軍の権威と権力をいちじるしく強固にした」とし、(56)「秀吉や家康のような超越的人格を失っ」た後の秀忠は、(57)「主従制的と官職制的の二つの武家編成の方式を止揚し、新しい編成原理を樹立しようとする志向」を示し、「一方では、天皇権威の自己への吸収を、他方では、禁裏・公家以下への法度政治の適用による統一的編成への行動を、かれの政治は志向した」と捉えた。(58)

そして、朝尾氏は「元和六年の和子（東福門院）入内から寛永七年（一六三〇）の明正天皇即位にいたる過程は、両者が撚りあわされた縄のようにからみあいながら進行した過程であ」り、その後の幕府は「統治文化の儀式と習俗の温室的な保存をめざし」、「織豊以来の武家の課題は、秀忠政権のもとにおいて基本的に解決された」とし、「統一の結果を示す上洛」として寛永十一年（一六三四）の徳川家光による上洛を展望したのだが、(59)これらはすなわち、朝尾氏が黒田氏のように近世の天皇を「国王の地位になかった」(60)と断ずるのではなく、むしろ織田信長存命中の現実政治の場における正親町天皇の影響力は信長も無視できないものであったこと、信長の横死後も秀吉による新たな形での後陽成天皇の積極的活用があったことを率直に認め、そのような天皇を徳川家がいかに制御しようとしたかをまさに「それぞれの段階における天皇の位置と役割を事実のうえで確認(61)」しながら慎重に叙述しようとしていたことを示している。

おそらく高埜氏は、時期的にその後を描いたことから、自説について朝尾説を継承したものだと位置づけたのだろう。しかし、朝尾説は行論の行き着く先として、近世の天皇について「固有の統治文化、および習俗を体現する象徴的権威」あるいは「統治文化の儀式と習俗の温室的な保存」という慎重な表現を用い[62]、近世の天皇を当時の体制に位置づけることの難しさを表現しようとしていたが、高埜説にはそのような慎重さはない。高埜氏の立論の仕方はその冒頭から近世の天皇・朝廷をめぐるかなり単純化された機能論・役割論を整理・展開し、近世の天皇・朝廷を高埜氏の理解の鋳型にはめ込んでから自説を展開させるというもので、この論法は朝尾氏のそれと相当相違しており、また朝尾氏が自説を構築する過程で黒田氏の権門体制論とその後の近世への展望を批判的に継承していた点についても、高埜説においては権門体制論とその後の議論へのこだわりが見られない[63]。

例えば、高埜氏が近世の天皇・朝廷について「天皇や律令制的な制度や、寺社も含めた広い意味での朝廷[64]」と表現したことなどは、黒田氏の権門体制論とその後の展望への賛否は別としても、黒田説を注意深く視野に入れていたならば到底あり得ないことである。筆者は、朝尾説と権門体制論との関係に、高埜氏がほとんど無自覚だったのではないかと疑わざるを得ない。高埜説については、朝尾説とのずれを明確に認識したうえで、近世における天皇の機能・役割を正確に把握しなおすことはもちろんのこと、近世において天皇の存続した理由を機能論・役割論のみで説明しようとするのではなく、より深いところで考察しなおすことが必要であり、そのような観点からの、高埜氏自身による再検討が求められているのではなかろうか。

だが、かといって、朝尾説に問題が皆無であるのかというとそうでもない。朝尾説によって、織豊期から家光期に至る「主体としての権力」がみずからの「政権構想」に天皇・朝廷をいかに位置づけて権力を形成したのか[65]についての見通しが得られたことは間違いないが、残念ながらその後の家綱・綱吉期を扱った論文「将軍政治の権力構造」では天皇・朝廷の問題はほとんど扱われなかった[66]。

また朝尾氏は、著書『鎖国』において近世の国家が東アジアにおいてどのように位置づけられたのかを描いたものの、同書を含む朝尾説では「将軍家による主権の確立[67]」過程において天皇・朝廷がどのような位置づけを与えられたのかという問題が、主に法制と官位制を中心として論じられた[68]。そのため、そこでの天皇・朝廷の問題は、どうしても国内的問題として説明されがちとなり、朝尾氏のいう、天皇・朝廷を徳川将軍家に位置づけさせた「内外の条件[69]」のうちの「外」的条件については「この時期の徳川政権が東アジアに進出したヨーロッパ＝カトリック諸国の宗教イデオロギーと対抗して、固有の神道に新しいよそおいをこらし、三教一致の神国思想を対外的に鼓吹していた事情[70]」の存在が示唆されるにとどまり、朝尾説においては、近世日本の国家の存立と天皇・朝廷との関連性について、国内的には「統治文化の儀式と習俗の温室的な保存[71]」が、対外的には「神国思想」の存在が重視される結果となった。

第四節　「政治史」の発展的継承と本書の課題

しかし、その後、朝尾氏は論文「一六世紀後半の日本――統合された社会へ」において、文禄・慶長の役の際、名護屋城に集結する大名たちの姿を描く中で、「大名ばかりでなく、これまでそれぞれ自分の国や在所にいた給人・奉公人たちが遠国での普請に動員され、その国や他の諸国の同僚たちと日々顔をあわすことになる。ここに文字どおり統合された武士の「社会」が九州の西端の地に出現するのである。この「社会」は戦時の強制動員とはいえ、そこにつどう人々に対し、国・在所を超えた日本国の文化、とりわけ京都を中心とした上方の都市文化と、その日本国をさらに超えた広い天下の文物について教育する学校となり、一大博覧会の役割を結果としてはたすことになった」と指摘し[72]、「拡大された秀吉の天下は、しかし、具体化すればするほど現実との差に由来する脆弱性を暴露してい」き、「かれらは朝鮮と明のあいだにも言語・風俗ばかりか、国家の利害関心に違いのあることを停戦・講和交渉をつうじ知ることになる。拡大された天下のなかには、言語・文化を異にする諸国家が独自な風土のもとに存在したのであったが、そのことを前提にした外交は秀吉の時代にはまだ成立していなかった。かれらはようやく実体としての天下と国のあいだに国家のあることに気づかされた」という重要な指摘を行い、豊臣政権末期から国際的に立ち現れてくる「日本国」の姿を描いた(73)。

問題は、その「日本国」と天皇・朝廷との関連性なのだが、朝尾氏は黒田氏の用いる「国王」の語を当初から使用せず、天皇が「日本国」の「国王」であったか否かという黒田氏の議論の仕方ではなく、終始「天皇」の語を用い、「(室町幕府の――引用者註)将軍が逃亡したあと天皇をふくめどのような体制をつくるかは、新しい国家にとっての課題であった」とし(74)、「国家規模の法制としては、形骸と化しながらも律令制度が存在していた」ことをふまえ(75)、「武家の心性と制度を軸に律令制度をも道具として使いこな」した信長(76)と「律令官位制の武家による再編成」を行った秀吉(77)、その「秀吉のつくりだした秩序の構造、すなわち官位制によって編成された武家国家における豊臣体制、これを清算す」べく「武家の官位と公家の官位をはっきり分かち、これを禁中幷公家諸法度に明記するとともに、前者については自己の掌中におくことに成功した」家康(78)「に共通する天皇・公家以下への対策をもし一言で表わすとすれば、「申沙汰《もうしさた》」の論理ともいうべきものが浮かび上がってくる」とし(79)、三者が「武家の論理と必要によって朝廷行事をおこな」ったことを指摘したが(80)、それはとくに「秀吉にとっては、武家国家の秩序を正当化し、権威を荘厳するうえで欠くことのできないものであ」り(81)、「公家家職の問題は、武家国家の国家的アイデンティティの探求に深くかかわってきた」が(82)、「法度政治をめざした徳川家康」の制定した「禁中幷公家諸法度」は「東アジア世界における日本の国家としての独自性を習俗・文化にもとめようとする志向がつよく働いたものといえる。天皇はこれらの文化的アイデンティティの保持・継承に役割をはたすことをもとめられていた」と説明した(83)。だが、この説明は、それまでの朝尾氏の「政治史」における天下人の行動の叙述に比すると抽象度が高く、しかも最終的には天皇の文化的側面からの機能・役割を強調した筆致となっている。

筆者が考えるに、朝尾氏のいう豊臣政権末期から国際的に立ち現れてきた「日本国」が、敗色の濃厚な対外戦争を指導した秀吉の没後も維持され、徳川将軍家に引き継がれていった中での天皇・朝廷の機能と役割の問題は、やはり現実政治の場から具体的に説明されるべきではなかろうか。

また、朝尾氏が「元和元年（一六一五）七月七日の武家諸法度、七月十七日の禁中幷公家諸法度が徳川体制にもとづく国制の基本的骨格を示すものであることはいうまでもない。両法度が同時に制定されなければならなかったところに、近世の武家権力が天皇および朝廷を統制することなしに、統一をはたしえなかった事情を読みとることができる[84]」と述べて重視した「禁中幷公家中諸法度[85]」は、橋本政宣氏によれば「徳川氏が豊臣氏を滅ぼした大坂夏の陣の翌々月の慶長二十年七月、「武家諸法度」「諸宗本山本寺法度」と相次いで出されたものである。いわばこれらは三者一体のもので、戦捷の余威に乗じてその機を逸せず発布されたもの」だとされており[86]、それは黒田氏のいう「公家・寺家・武家[87]」に対し、朝尾氏の述べるように家康が「法度として上から[88]」臨んだと解釈できるから、確かに朝尾氏の指摘するように「それ（「禁中幷公家中諸法度」――引用者註）は、やはり日本史における新しい国制の確立を物語[89]」る事柄であった。

しかし、橋本氏によると、その「禁中幷公家中諸法度」は天皇のことを指して第一条で「天子」と呼称し、第十四条で「国王」と表記していた[90]。さらに塚本学氏は家康の「武家諸法度」の「註釈」の「出典」をふまえ、「元和法度」における「参勤作法之事」について、その「註釈」の「出典」である「続日本紀」の「京裏二十騎已上不得集行」の句が、数もそのまま命令事項に生かされている」ことを指摘し、「参勤作法なる語も、将軍家への参勤でなく、天皇への参勤と解される。元和法度衣裳之品条の君臣上下可為各別の君臣が、将軍または大名とその臣の意でなく、君は天皇の意であることも、寛永十二年法度のこの部分に、公卿以上という語が出ることからたしかであり、右の解釈の傍証とするに足る[91]」と述べている。だとすると、ここで問題にされるべきは、朝尾氏のいう「新しい国制」においても、依然天皇の呼称として「天子」「国王」「君」の各語が用いられたことの意味だろう(92)。これは、藤田覚氏が「天皇と朝廷も、天皇は日本の王、帝王であるとの意識を持ち続けていた(93)」と指摘するところの天皇の主観的な自意識とはまったく次元の異なる問題であり、あくまでも家康らがどのような概念でみずからの体制の中に天皇を位置づけようとしていたのかという問題である。

その意味で、朝尾氏の「政治史」が黒田氏による権門体制論とその後の近世への展望に影響を受けて構築されたものであったとするならば、朝尾氏は、近世における「国王」は天皇ではなく将軍だとした黒田氏の所論(94)に対する見解をより明示する必要があろうし、朝尾氏が織田信長について論じたように、豊臣家から徳川家への権力継承過程およびその後の徳川将軍家による権力行使過程における天皇・朝廷の機能・役割についても、天皇家・武家・寺社の動向をトータルに捉えながら、それぞれの行動の背景と意味を具体的に論ずる必要があろう。

そのようなことを可能にする検討材料を見出すことはなかなか困難かもしれないが、例えば当時、対外的にも政治的意味を有し、朝尾氏のいう、まさに「日本歴史において非常に特殊な位置にある」ところの天下人の神格化(95)、すなわち豊臣秀吉と徳川家康の神格化の問題（織田信長については後述のとおり別途考慮するつもりである）は、近世の「日本国」の存立における天皇・朝廷の機能・役割とそれらが求められた背景について、天皇家・武家・寺社の動向を視野に入れながら具体的に議論し得る問題だろうし、朝尾氏の「政治史」の正面に据えられるべき問題だと思われる。

もちろん朝尾氏は別の論文「東アジアにおける幕藩体制」の中で両者の神格化について「近世の特色は、権力者が国土の守護神として祀られたところにある」とし(96)、近世日本の国家が成立するうえで天下人の神格化が果たした役割に言及しているのだが、朝尾氏の論文にあっては、天下人の神格化に天皇・朝廷の関与した事実は記されるものの、当時その関与が成り立ち、要請された背景については、秀吉と家康の抱いた神国思想の存在を示唆するのみという、簡潔な叙述となっている。また後述の藤井讓治氏の指摘にもあるように、そもそも豊国大明神と東照大権現は、秀吉・家康の当初の遺言とは異なる神格であり、秀吉・家康の神格化の意味を生前の彼らの神国思想から説明することが妥当であるかは疑問である。しかも朝尾氏自身、天下人の神格化に天皇・朝廷が関与していた事実と神国思想との関連性を積極的・具体的に論証しているわけではない。

その論証を試みた高木昭作氏は、近世において天皇・朝廷が存続した背景の一つとして神国思想を捉えたものの、家康より後の神国思想については関心が低く、家康以後の近世の神国思想の質的変化の有無を検証することなしに「近世の神国思想は、近世を通じてさして変化することはなかったと思われる」と結論づけてしまった(97)。そのため、現実の政治の場において求められた天皇・朝廷の機能については検討されないまま、近世における天皇・朝廷の存続理由が神国思想の存在に収斂されてしまった(98)感は否めない。

また近年、秀吉・家康の神格化の過程における天皇・朝廷の関与について藤井讓治氏は、「家康を神に祝うことは天皇を抜きにして行うことはありえなかったが、秀吉のときには「新八幡」を希望した秀吉側の意向を後陽成天皇は押しとどめ「明神」としたのに対し、家康の場合は朝廷抜きで「権現」か「明神」かが議論され、最終的には将軍秀忠の意として「権現」と決し、そのうえで神号の奏請が後水尾天皇になされ、さらに具体的な神号も撰ばれたものを天皇が決めるのではなく、将軍秀忠の意向に従い決定された。このように、家康の神号決定は、将軍側の優位のもとに進められ、天皇の役割はそれを調えるに過ぎなかった。少なくとも、この神号決定の過程は、近世前期における天皇と将軍との関係を象徴するものの一つとなった」と結論したが(99)、私見では両神号の決定過程には再検討の余地が残されており、そこでの天皇・朝廷の関与のあり方やその意味についても、いわゆる機能論・役割論のみではない別の角度からの評価が必要ではないかと考えている。

天皇によってのみ可能であった天下人の神格化が近世の「国土の守護」にあたって重要な役割を期待され、また果たしていたのではないかという朝尾氏の見立て[100]は、それらが近世特有の事例であるがゆえに蓋然性の高いものと思われる。だからこそ、なぜ天下人の神格化が近世の政治において複数回も求められ、それらがいかなる過程で実現し、その後どのように取り扱われたのかという問題は、近世の「日本国」の存立における天皇・朝廷の意味を具体的に問い、また朝尾氏の「政治史」を発展的に継承するためにも、ぜひ検討されねばならない課題なのではなかろうか。

そこで本書は、そもそも豊臣秀吉や徳川家康の神格化が、なぜ近世前期の政治過程において要請され、それらはどのように実現したのかを解明し、そこでの天皇・朝廷の行動と意味を再検討するとともに、その後の徳川将軍家が天下人の神格や天皇・朝廷といかに向き合い、それらをどのように位置づけたのかを、もともと朝尾氏の「政治史」の射程に入っていた綱吉期までを視野に入れ、叙述してみたい。その過程では必然的に、黒田氏が中世と近世の天皇の歴史的性格を論ずる際に使用した「国王」の語について、それを近世で使用することの妥当性についても検討することになるだろう。

第五節　王権論に対する本書の立場

黒田氏は、近世の「国王」は天皇ではなく「幕藩体制においては将軍」だとしたが[101]、同氏は「国王」の語について「封建関係の最高の地位（国王）[102]」あるいは「制度上、支配層内の序列の最高位者でありそれゆえにまた支配権力発動の際の代表者でもある[103]」とし、「今日社会科学や歴史学で用いられる国王という概念の最も基本的・実体的な内容は、このことであろうとおもう」という意味で用いていた[104]。その一方で黒田氏は、その「国王」の地位が天皇から将軍へと移行していく過程として足利義満の「日本国王」号にも注目している[105]。すなわち、黒田氏における「国王」号は、西洋史における封建制下の「国王」号[106]と東洋史における漢字文化圏の「国王」号、そして日本史上の「国王」号、さらに政治学的な意味での「国王」号とが混同されたものであり、このことが黒田氏の天皇論を不正確にしているのではないかと筆者は考えている。

黒田氏は「「日本国王」と称してはばからなかった足利義満の幕府体制によって天皇の国王としての地位は著しく名目化し、応仁の乱以後はその名実ともの喪失段階を迎える。しかし、豊臣秀吉の「尊皇」によって礼教的権威の源泉としてのみ再興され、徳川家康の晩年の禁中並公家諸法度によってそれが確定した。天皇はこうして国王であることを否定され、江戸幕府が掌握する国家権力の観念的装飾の機構として存続し、幕末を迎える」とし、[107]「中世の天皇制はこのようにして没落し終焉する。ところが、それがまたどのようにして近世の天皇制として再興されたのか。それは、織豊統一政権による正親町・後陽成両天皇への態度、さらに元和元年（一六一五）の豊臣氏滅亡直後の武家諸法度および禁中並公家諸法度の制定、そして寛永六年（一六二九）の紫衣事件にいたる一連の過程のなかから、究明されるはずである。近世の天皇制は、この過程で政策的な計算から再興されたのであって、本質的には幕藩体制のための「権威の源泉」の役割の一部を果たすものとしてむしろ新たに創出されたとさえいえるものであろう。それが絶対に国王としての地位や権威の存続でなかったことは、紫衣事件で厳しくみせつけられたはずであって、実際近世の天皇は、幕藩封建国家権力の根幹たる主従制ヒエラルヒー（封建王政）の頂点の存在ではなく、また国政についてはその中心部分はもとより実質的ないかなる部分にも関与せず、ただ限られた儀礼にのみ関係する存在であったのである」と断言したが、[108]そこでは前述の「禁中弁公家中諸法度」における「天子」や「国王」・「君」の語意が黒田氏によって検討されているわけではなく、また近年の紫衣事件の評価も黒田氏のそれとは異なっているから、[109]同氏による近世への展望が現在そのまま通用するわけではない。

「国王」の語も、すぐれて歴史用語なのだから、前述の「国家」や「日本国」と同様、もし論文中で使用するならば、日本史上の文脈における用法などを正確に検討したうえで使用されるべきものだろう。そのような検討をふまえたうえで、天下人の神格化とそれへの天皇の関与の意味については議論される必要があると思われるが、この点をいち早く明確に指摘した学説として、堀新氏の学説に言及せねばならない[110]。

堀氏は、「国内史料上の「王」「国王」は、基本的に天皇を指す」とした上で[111]、「史料上の「王」＝天皇を政治史に組み込み、なおかつそれを律令制以来の「国制」や「伝統」などによって過大評価することなく、当時の人々の意識や歴史認識にもとづいた権力構造を解明したいという問題関心からのもの」として「「王権論」の枠組みで議論を展開して」おり[112]、この議論は「天下人の神格化の問題を解く鍵にもなろう」との見通しを示し[113]、「鎌倉・室町・江戸幕府権力を独立した一つの王権とはみなさない。また、織豊権力＝織豊期の王権でもない」とし、「鎌倉以降の幕府権力や織豊権力は王権の構成要素ではあるが、単独で一つの王権を構成していたわけではな」く、「天皇権力・上皇権力だけでなく、将軍権力（幕府権力）に置き換えられる語義として王権を使用すべきでない。天皇・上皇にせよ、将軍・天下人（信長・秀吉）にせよ、これらが単独で王権を構成するのではなく、公武両勢力が合体することではじめて王権たりえるのではないか」と述べ[114]、「少なくとも南北朝から明治維新まで、日本の中世・近世国家は公武結合王権によって構成されていたが、織豊期にその王権構造が大きく転換し[115]」、「豊臣期の王権は、三国国割構想に明らかなように、秀吉（武家勢力の首長）が天皇・関白の上位に立つ構造であった。この構造は、「王」＝天皇を中核とする中世王権の構造とは異なっていた。この転換の背景には、武威にもとづく「唐入り」があった。大陸征服構想という共通性からすれば、この転換は織田権力段階にあったのではないか」とし[116]、「織田信長・豊臣秀吉は自らを〈日本国王〉と認識し、さらには〈中華皇帝〉へと展開した。その背景には天下統一という武威への自信と、明の衰退という東アジア情勢の変化があった」と主張している[117]。

堀氏の使用する「〈日本国王〉」や「〈中華皇帝〉」の語は同氏によると「現実に存在する地位ではなく、分析概念である」というが[118]、残念ながらこの概念の使用が堀氏の議論を不正確にしている感は否めない。なぜなら、この堀氏の概念は、「信長の大陸征服構想」と「秀吉の「唐入り」」を重視して案出されたものでありながら、[119]同氏は「文禄五年（一五九六）九月の、秀吉への日本国王冊封」とそれへの秀吉の反応の問題について「重要な問題」としながらも「改めて考えてみたい」としてその検討を先送りしているからであり、[120]しかも行論の過程では秀吉の「対外侵略に「叡慮」が持ち出されることはない」とする事実誤認も見受けられるからである。[121]したがって、筆者としては、堀氏の学説には再検討の余地が多く残されていると考えざるを得ない。

また堀氏が「武家政権をあえて王朝と呼ぶことで、天皇・天皇制の相対化を意図したもの」として「影響を受けた」という山本博文氏の「王権論」・「王朝論」についても、[122]例えば山本氏はヨーロッパの事例に言及後、「日本の場合でも、天皇家において血統が絶対条件であったことは周知のことで、鎌倉・室町幕府＝王朝においても将軍＝王になるのは源氏＝天皇家の末裔であった。秀吉の場合は、その欠点を補うために、日輪神話や落胤説などが唱えられたし、家康の場合は吉良家から系図を取得して源氏の末裔を称した」[123]などとするが、山本氏の王の語の使用方法は当時の用法をふまえたものではなく、山本氏独特のもので、それは筆者の見るところ山本氏のいう「統一政権を創出した織田、豊臣、徳川の三氏の権力」[124]の強大さを表現する一つの比喩に近い。

しかも山本説は氏姓の問題について、天皇の「姓を賜うという賜姓機能は、ウヂを政治的秩序の中にくみこんで大王に奉仕させる、天皇制の最も重要な機能である」[125]ことを重視せず、姓を下賜された者も系譜上では天皇の裔孫につらなり、王の資格者であると強調するのだが、これは「姓を賜わって臣籍に下す」[126]という氏姓を賜ることとの根本的意味を忘却した議論である。山本説は、天皇と「統一政権を創出した織田、豊臣、徳川の三氏」[127]との間にさえ厳然と存在した越えられない壁・大きな段差の存在をかえって曖昧にしており、また徳川家宣以外の徳川歴代将軍が実際には王号を称さなかったことの意味を説明しないまま、研究者の立場から徳川将軍家に王号を付与してしまうなど、当時の実態よりも山本氏自身の分析概念の運用のほうを優先させすぎていることから、筆者としては今のところ山本説にも依拠できない[128]。

なお、堀説を支持・援用する形で近年、別の角度から議論を展開した深谷克己氏は「織豊時代、徳川将軍時代も入れて、公武結合王権とされることには、十分根拠がある」としたうえで、「そのような結合・和融の関係も、古代史からの歩みとして見れば、それが王権からの政権の分出、かつ「別所」化であったことにはちがいない。その根本原因は、古代王権の弱化であった。武家政権もまた、武家内部の抵抗、寺社勢力の抵抗などの中にあり、政権としては力を増したが、王権と相互に依存しあう性格を持ち続けた」とし、「中世王権も近世王権も、大きく見れば政権の分出によって生き延びたと言える面があるが、こうした政権「別所」化の日本王朝も、東アジア法文明圏では曖昧さをごまかすことができ」、「古代以来の「鬼道」性を引きずる王権は、政治から完全に手を引くのではない。王権も、「別所」の政権も同一の政道論を身につけるべく努力をしたのである。王権の側は実力を持たず、政権の側が政治を執行していく関係になるが、王権の長が王であり政権の長が覇者である」と述べ、天皇と武家の存在を「王権」とそこから「「別所」化」した「政権」と把握し、両者を王覇論で整理している[129]。

さらにそこから深谷氏は「「王権」の解釈には広義と狭義の解釈がありえるが、いずれにしても「王権」と「政権」の関係は、どれほど和解の状態であっても、波風一つ立たない静謐なものではない」とも述べ、「「王権」の内部からの「政権」奪取願望、「政権」の側からの「王権」上昇願望、それら避けがたい対抗が、王者・覇者の個人を超えた広がりの中から形をなしてくる」とし、「大きく見て、結合、和融の関係の下で近世国家が抱え込んだのは、「二王《におう》」化へせり出す現象、あるいは「二王」化の願望、それを表す言説や事象、人事による表現である」と指摘して、「自他ともに「公武」の区別をわきまえ」ながらも「将軍国王化の願望は、人の次元だけではなく、さまざまな物象にまで仮託させて現れてくる。徳川将軍家を少しでも「身上り」させたいという願いは、徳川家の内からも起こった。家康の場合は、「王」化願望というよりは貴種化願望を実現しようとした。家康は自らは神格化し、天皇家と外戚的に血縁関係を打ち立てることに意欲を示した」というように、[130] 徳川家康の神格化の問題をも展望するのである。

だが、深谷氏の用いる王覇論のみで天皇と武家の存在を理論的に説明・整理できないことは当時の儒学者による議論で明らかであり、[131] またケイト・W・ナカイ氏によれば、天命を失ったはずの天皇家が存続していることの説明に新井白石は苦慮し、そこで実際には天命論と王覇論が組み合わされたりしたものの、結局なぜ覇者たる武家は（天命に必要な徳を備えている場合）いつまで経っても王者になることができないのかという難問に突き当たり、徳川将軍家に天命が下るべきであることを願意して、将軍の国王化を試みたが白石の思いどおりの形では実現しなかったことが指摘されている。[132] 注意すべきは、体制を観測する儒学者の理論が天命論と王覇論の組み合わせであったことはすでに明らかだが、天下人とその子孫たちの理論は依然明らかではないということである。渡辺浩氏によると、白石の特異性は、時の将軍徳川家宣と一致して政策を実行できたところにあるといわれるから、[133] その意味で家宣政権期は天皇と武家をとりまく天命論と王覇論の理論的克服を将軍と儒学者が一体となって本気で目指したことのわかる特殊な時期だといえようが、家宣以外の徳川歴代将軍がどのような理論でみずからの体制運営と天皇の関係を理解しようとしていたのかについては、まったく別の検討が必要なのである。

深谷説は王覇論のみに依拠しすぎており、またそこから展開された「「二王」化」[134] の問題についても、家康・秀忠・家光はあくまでも天皇家の外戚として行動し、徳川将軍家の血を引く男性皇族の即位を目指したが「挫折」したこと、[135] 実際には史実として以後の徳川将軍家は天皇家の外戚となることを再び試みはするものの[136]（家継と家茂）、それらは深谷氏のいう「「二王」化」には程遠かったことを正確に評価できておらず、深谷説における「「二王」化」論は深谷氏自身が述べるように「根拠の不確かな伝聞情報」[137] に多くを依っていることに注意すべきである。

そして、徳川将軍家に先立つ豊臣秀吉の問題について深谷氏は「「中華皇帝化」（東アジア法文明圏における政治的最上位の座の奪取）を望んで中華王朝に対する侵略行動を強行した」ものとして「日本と中国・朝鮮間の「壬辰戦争」を捉え[138]、「壬辰戦争によって「中華皇帝化」の欲求を断たれ」たとしているが[139]、そこでは堀説と同様、万暦帝による秀吉の日本国王冊封とそれへの秀吉の反応の問題は考慮されていない。筆者は、深谷氏のいう秀吉の「「中華皇帝化[140]」」論や徳川将軍家の「「二王」化」論に、現段階で依拠することには慎重でありたい。

したがって、現段階の私見によれば、近世の「日本国」の歴史的性格とそこでの天皇の政治的位置については、当時の具体的状況を丁寧に把握し、黒田説・朝尾説など各学説の問題点を克服しながら、より精緻に再検討して説明しなおしていく必要があるということになろう。

（1）小沢弘明「国民国家研究をめぐる一二のテーゼ」（久留島浩・趙景達編『アジアの国民国家構想――近代への投企と葛藤――』青木書店、二〇〇八年）二七九頁。また、塩川伸明『民族とネイション――ナショナリズムという難問――』（岩波書店、二〇〇八年）は、民族・エスニシティ・ネイション・国民国家・ナショナリズムなどの用語の多義性を指摘し、論者によって定義の異なる用法を整理して再定義する必要性を提起した。ただし、同書にも基本的な事実誤認がある。例えば、同書の八頁～九頁に「日本語の「民族」と「国民」は、ともに英語で言えばネイションとなる（というよりも、元来、ネイションの二通りの訳語として、この二つの日本語が生まれた）。ヨーロッパ諸語におけるネイション（英）／ナシオン（仏）／ナツィオーン（独）／ナーツィア（露）の意味は、それぞれの国と時代によって多様であり、単純一筋縄では理解できない複雑性をもっている」とあるが、ここでの「日本語の「民族」と「国民」」について、「元来、ネイションの二通りの訳語として、この二つの日本語が生まれた」という指摘は誤解である。試みに『日本国語大辞典』を参照されたい。

（2）藤井讓治『幕藩領主の権力構造』（岩波書店、二〇〇二年）五〇五頁。

（3）白川部達夫「総説――幕藩制国家論の展開――」（村上直編『日本近世史研究事典』東京堂出版、一九八九年）、村田路人「幕藩制国家と国郡制」（村上直編『日本近世史研究事典』東京堂出版、一九八九年）。

（4）勝俣鎮夫「はじめに――転換期としての戦国時代――」（同『戦国時代論』岩波書店、一九九六年）四頁。

（5）勝俣氏の「国民国家」の語法については、早島大祐「戦国期研究の位相――中世、近世、そして現代から――」（『日本史研究』第五八五号、二〇一一年五月）一三七頁～一三八頁が他の研究者からの批判を整理しており、その早島「戦国期研究の位相」一三八頁では「戦国期の国民国家論については、その根幹である戦国法の理解に批判が寄せられており、戦国大名の目指した国家像については再検討の余地が出ているというのが研究の現状である」との指摘がなされている。

（6）勝俣鎮夫「第Ⅰ部　国民国家の形成　第一章　戦国大名「国家」の成立」（同『戦国時代論』岩波書店、一九九六年）九頁。なお、勝俣氏は高柳氏の学説に註記して「高柳光寿「中世史の理解――国家組織の発達について」『日本歴史』8・9・10、一九四七・四八年。」（六一頁）とするが、正しい本題は「中世史への理解」であり、のちに高柳光壽『高柳光壽史学論文集』上（吉川弘文館、一九七〇年）に再録されている。

（7）前掲註(4)勝俣『戦国時代論』一〇頁。

（8）石井進『日本中世国家史の研究』（岩波書店、一九七〇年）二一頁。権門体制論については、黒田俊雄「中世の国家と天皇」（家永三郎他編『岩波講座　日本歴史』六、中世二、岩波書店、一九六三年、のち黒田俊雄『日本中世の国家と宗教』岩波書店、一九七五年に再録、のち同『黒田俊雄著作集　第一巻　権門体制論』法藏館、一九九四年に再録、本書での引用は『黒田俊雄著作集』による）を参照のこと。

（9）前掲註(8)石井『日本中世国家史の研究』二一頁。

（10）超歴史的となる危険性については、前掲註(1)塩川『民族とネイション』三〇頁～三二頁にも「近代主義の観点を過度に強調すると、前近代とのつながりを過小評価することになりかねないが、それは批判を招く余地がある。「ネイション」という言葉を近代的な意味に理解するなら、ほとんど同語反復的に「ネイションは近代の産物だ」という結論が出てくるが、その胚芽や素材のようなものについては、近代以前にさかのぼって捉えることも可能であり、実際、そうした観点からの近代主義批判もしばしば提起されている。アンソニー・スミスは師のゲルナーの近代主義が行き過ぎていることを批判し、近代的ネイションには前近代の「エトニ」という原型があるという見方を提起して、多くの人に影響を及ぼした（『ネイションとエスニシティ』）。ボブズボームはより「近代主義」寄りだが、それでも「プロト・ナショナリズム」（いわばネイションの原型）に注目することで、歴史的背景を取り込もうとしている（『ナショナリズムの歴史と現在』）。（中略）こうした問題提起には一定の意義があるが、その際、近代的ネイションの原型となったもの――スミスのいう「エトニ」――の持続的安定性ばかりを強調するなら、やや原初主義に近づき、非歴史的な固定化に陥ってしまう。前近代におけるエスニックな共同性も、それぞれの時期ごとにさまざまな条件下でつくり出され、また変容してきたはずである。そして、それが近代的ネイションに接続するとしても、それは必ずしも「同じ」カテゴリーとして引き継がれるとは限らない。中身――どのような伝統や文化をもつ民族か――が変わりうるのはいうまでもないが、「民族」の区切り方――どの集団を「一つの単位」とみなすか――も可変的であり、ありうべき複数の選択肢の中から特定のものが、近代国家の形成過程で選択される。スミスの所論はゲルナー流近代主義の行き過ぎを是正する限りで一定の意味をもっているが、前近代における「エトニ」の把握において、やや本質主義（実在論）に傾きすぎている観がある。本書は、私自身の関心と視野の限界から基本的に近代以降の時代を対象とするが、もっと古い歴史にさかのぼりつつ構築主義的視覚を生かすことも、理論的には可能なはずである」という言及がある。塩川著書では、前近代については捨象されており、その検討を行うためには独自の取り組みが必要なのである。

（11）神田千里『島原の乱――キリシタン信仰と武装蜂起――』（中央公論新社、二〇〇五年）二三九頁～二四〇頁。

（12）水本邦彦『全集日本の歴史　十　徳川の国家デザイン』（小学館、二〇〇八年）一一頁～一二頁。なお、この部分についてはすでに、渡辺浩「いつから「国民」はいるのか――「日本」の場合――」（『ＵＰ』第三九巻第二号、二〇一〇年二月）六頁が「「国民」という用語、「みずからの国家・社会」という表現には違和感がある。例えば「社会」という語のみならず、そのような観念自体、未だ無かったのではないか。「世の中」「世間」と sociey とは、大きく異なる概念である」と批判している。

（13）前掲註(12)水本『徳川の国家デザイン』一九九頁。

（14）前掲註(8)石井『日本中世国家史の研究』二一頁。

（15）「寛永二十一年正月十一日付木俣清左衛門他宛井伊直孝覚」（朝尾直弘監修・彦根市史近世史部会編『久昌公御書写――井伊直孝書下留――』彦根市教育委員会、二〇〇三年）三九頁。

（16）前掲註(12)水本『徳川の国家デザイン』一二頁。

(17)前掲註(12)水本『徳川の国家デザイン』一二頁。
(18)前掲註(12)水本『徳川の国家デザイン』一二頁、および前掲註(2)藤井『幕藩領主の権力構造』四七一頁〜四七七頁。
(19)前掲註(2)藤井『幕藩領主の権力構造』四七七頁〜四九六頁。
(20)「天正十五年六月十九日付豊臣秀吉キリシタン禁制定書案」(長崎歴史文化博物館編『列福式関連特別企画展バチカンの名宝とキリシタン文化〈ローマ・長崎 信仰の証〉』長崎歴史文化博物館、二〇〇八年、九一頁、公益財団法人松浦史料博物館所蔵)、前掲註(12)水本『徳川の国家デザイン』一七二頁〜一七三頁。
(21)「天正二十年六月三日付毛利輝元宛豊臣秀吉朱印状」(東京大学史料編纂所編『大日本古文書 家わけ八ノ三 毛利家文書』東京大学出版会、一九七〇年覆刻)一六四頁〜一六八頁。
(22)「寛永十六年四月二十五日付細川光尚宛細川忠利書状」(東京大学史料編纂所編『大日本近世史料 細川家史料』十四、東京大学出版会、一九九四年)一五八頁〜一五九頁。
(23)前掲註(12)水本『徳川の国家デザイン』一二頁。また、深谷克己『東アジア法文明圏の中の日本史』(岩波書店、二〇一二年)五六頁も「「日本」「日本国」の呼称は、その後はさまざまな場で用いられるようになり、近世では「天下」がそれとほぼ同じ意味合いになる」という不正確な見解を示している。
(24)「正保三年十月二十二日付木俣清左衛門他宛井伊直孝覚」(朝尾直弘監修・彦根市史近世史部会編『久昌公御書写――井伊直孝書下留――』彦根市教育委員会、二〇〇三年)七五頁〜七六頁。
(25)『江戸幕府日記』寛永十六年七月四日条(藤井讓治監修『江戸幕府日記 姫路酒井家本』第八巻、ゆまに書房、二〇〇三年)三七六頁。
(26)『康道公記』(東京大学史料編纂所所蔵原本、東京大学史料編纂所「所蔵史料目録データベース」)寛永十二年十月十八日条。
(27)前掲註(8)石井『日本中世国家史の研究』二一頁。
(28)前掲註(12)水本『徳川の国家デザイン』三三〇頁・三三二頁。
(29)前掲註(12)水本『徳川の国家デザイン』二一三頁〜二一六頁。
(30)前掲註(12)水本『徳川の国家デザイン』二一五頁。

(31) 高埜利彦「江戸幕府の朝廷支配」(『日本史研究』第三一九号、一九八九年三月、のち同『近世の朝廷と宗教』吉川弘文館、二〇一四年に再録、本書での引用は『近世の朝廷と宗教』による)二一頁。

(32) 前掲註(31)高埜『近世の朝廷と宗教』四二頁~四三頁。

(33) 前掲註(31)高埜『近世の朝廷と宗教』四〇頁~四六頁。

(34) 前掲註(31)高埜『近世の朝廷と宗教』五二頁。

(35) 前掲註(31)高埜『近世の朝廷と宗教』四六頁。

(36) 前掲註(31)高埜『近世の朝廷と宗教』五一頁。

(37) 前掲註(31)高埜『近世の朝廷と宗教』四六頁~五二頁。

(38) 前掲註(31)高埜『近世の朝廷と宗教』五二頁。なお、高埜氏と着眼点は異なるものの、幕藩制国家論の立場からは「幕藩制国家にとって将軍専制を維持するためには公武和融の枠組みが必要であり、もっとも適合的な天皇に作り替えることを強行したことが初期の朝幕確執として現象した、と論じ、朝廷は公儀の金冠として、幕藩制国家の権威の部分に定置された」と述べた深谷克己氏による研究もある(深谷克己「近世天皇論」、村上直編『日本近世史研究事典』東京堂出版、一九八九年、五七頁)。

(39) 後藤雅知・斎藤善之・高埜利彦・塚田孝・原直史・森下徹・横田冬彦・吉田伸之編『身分的周縁と近世社会9 身分的周縁を考える』(吉川弘文館、二〇〇八年)所収「Ⅱ 書評に応える」の高埜利彦「書評に応える 三枝暁子氏の書評『朝廷をとりまく人びと』(第8巻)」一七四頁、同書所収「Ⅲ 討論「身分的周縁を考える」」の「5 三枝書評をめぐって」二二二頁~二二四頁における高埜利彦氏の発言。

(40) 高埜利彦「一八世紀前半の日本——泰平のなかの転換」(朝尾直弘他編『岩波講座 日本通史』十三、近世三、岩波書店、一九九四年、のち高埜利彦『近世の朝廷と宗教』吉川弘文館、二〇一四年に再録、本書での引用は『近世の朝廷と宗教』による)四六五頁は「近世中期の幕府政治を説くのに、武断か文治か、尊王か否か、そういう観点で特徴づけるのが、いかにことの一面にしか及ばないものであるか」と指摘している。確かに高埜氏は「武断」や「文治」という語を用いていないものの、筆者の見るところ、幕府の支配のあり方が変化するという見方自体では共通しているのではないか。私見では、その幕府の支配のあり方に変化を見出す議論自体に無理があり、幕府権力の本質を見誤らせる恐れがあるように思われる。

すでに丸山眞男氏は昭和四十一年（一九六六）に「いわゆる幕藩体制の「文治主義」も、他方における武断主義や東洋的法治主義とけっして根本において背反するものではなかった。慶長二十年（一六一五）、最初の「武家諸法度」における第三条「法度に背く輩、国々に隠し置くべからざる事」「法はこれ礼節の本也、法を以て理を破るも理を以て法を破らざれ」等が、寛永六年（一六二九）の武家諸法度以後、削除されたこと、これに代って寛永十二年の諸士法度の劈頭に「忠孝をはけまし、礼法をたゝし、常に文道武芸を心かけ、義理を専にし、風俗をみだるべからざる事」が現われ、天和三年（一六八三）綱吉の武家法度の劈頭に、「文武忠孝を励し、礼儀を正すべきの事」が掲げられたことが、先にのべた四代将軍以後、大名取潰しの緩和など一連の諸政策とともに、武断主義あるいは法家的統治から、儒教的文治主義への統治原理の転換の symptom として論ぜられてきた（私もかつてそのように論じた）。しかしそれは統治原理の変更ではなく、「天下泰平」の現実的進行と見合って、アクセントが移動しただけのことである。〈文治主義はある意味で最初からあったし、武断主義は最後までそれと併存した。〉」と講義している（丸山眞男『丸山眞男講義録［第六冊］日本政治思想史１９６６』東京大学出版会、二〇〇〇年、一四七頁）。この丸山氏の観点をもう少し参照すべきではなかろうか。

(41) 高埜利彦「近世朝幕研究の立脚点」（『朝尾直弘著作集　第三巻　将軍権力の創出』月報2、二〇〇四年一月）四頁。
(42) 朝尾直弘『将軍権力の創出』（岩波書店、一九九四年）あとがき（のち同『朝尾直弘著作集　第三巻　将軍権力の創出』岩波書店、二〇〇四年に再録、本書での引用は『朝尾直弘著作集』による）三六一頁～三六二頁。
(43) 朝尾直弘「「将軍権力」の創出（一）」（『歴史評論』No.二四一、一九七〇年八月、のち同『将軍権力の創出』岩波書店、一九九四年に再録、のち同『朝尾直弘著作集　第三巻　将軍権力の創出』岩波書店、二〇〇四年に再録、本書での引用は『朝尾直弘著作集』による）七頁～八頁。
(44) 朝尾直弘「幕藩制と天皇」（原秀三郎他編『大系　日本国家史』三、近世、東京大学出版会、一九七五年、のち朝尾直弘『将軍権力の創出』岩波書店、一九九四年に再録、のち同『朝尾直弘著作集　第三巻　将軍権力の創出』岩波書店、二〇〇四年に再録、本書での引用は『朝尾直弘著作集』による）二〇二頁。
(45) 前掲註(8)黒田「中世の国家と天皇」四五頁。

(46) 朝尾直弘『将軍権力の創出』(岩波書店、一九九四年)の「まえがき」(のち同『朝尾直弘著作集　第三巻　将軍権力の創出』岩波書店、二〇〇四年に再録、本書での引用は『朝尾直弘著作集』による)iv頁、朝尾直弘『朝尾直弘著作集　第四巻　豊臣・徳川の政治権力』(岩波書店、二〇〇四年)の「自序」iii頁〜iv頁。
(47) 前掲註(44)朝尾「幕藩制と天皇」二〇二頁。
(48) 前掲註(8)黒田「中世の国家と天皇」四五頁。
(49) 朝尾直弘「「将軍権力」の創出(二)」(『歴史評論』№二六六、一九七二年八月、のち同『将軍権力の創出』岩波書店、一九九四年に再録、のち同『朝尾直弘著作集　第三巻　将軍権力の創出』岩波書店、二〇〇四年に再録、本書での引用は『朝尾直弘著作集』による)三〇頁。
(50) 前掲註(44)朝尾「幕藩制と天皇」二一二頁〜二一四頁。
(51) 前掲註(44)朝尾「幕藩制と天皇」二一八頁〜二二二頁。
(52) 前掲註(44)朝尾「幕藩制と天皇」二二一頁。
(53) 前掲註(44)朝尾「幕藩制と天皇」二二三頁。
(54) 前掲註(44)朝尾「幕藩制と天皇」二二四頁。
(55) 前掲註(44)朝尾「幕藩制と天皇」二二五頁〜二二六頁。
(56) 朝尾直弘「将軍政治の権力構造」(朝尾直弘他編『岩波講座　日本歴史』一〇、近世二、岩波書店、一九七五年、のち朝尾直弘『将軍権力の創出』岩波書店、一九九四年に再録、のち同『朝尾直弘著作集　第三巻　将軍権力の創出』岩波書店、二〇〇四年に再録、本書での引用は『朝尾直弘著作集』による)二三七頁。
(57) 前掲註(56)朝尾「将軍政治の権力構造」二四〇頁。
(58) 前掲註(44)朝尾「幕藩制と天皇」二二七頁。
(59) 前掲註(44)朝尾「幕藩制と天皇」二二七頁〜二二九頁。
(60) 前掲註(8)黒田「中世の国家と天皇」四五頁。
(61) 前掲註(44)朝尾「幕藩制と天皇」二〇二頁。
(62) 前掲註(44)朝尾「幕藩制と天皇」二二五頁・二二八頁。なお、「統治文化」という語の重要性については、平川新「近世天皇論の過去と現在――パラダイムの逆転――」(片野達郎編『正統と異端――天皇・天・神――』角川書店、一九九一年)一三七頁〜一三八頁を参照。

(63) 前掲註(39)後藤他編『身分的周縁を考える』所収「Ⅲ　討論「身分的周縁を考える」」の「5　三枝書評をめぐって」二二二頁〜二二三頁で三枝暁子氏が「公家は、権威ではあっても権力ではなかったというご指摘について、そうした位置づけの中味について、もう少しくわしくお聞きしてみたいと思います」と発言したことに対して高埜利彦氏は「封建制下で、全国の土地所有権というのは将軍に握られています。それが戦国、中世段階とはまず違う。言い方を変えれば、中世の国家については、たとえば黒田俊雄さんは権門体制、永原慶二さんは「職の体系」とおっしゃるけれど、やはり単独の一元的な統一国家権力というイメージはなかなかつくれないわけです。少なくとも武家政権と朝廷の存在は両立していますから。しかし近世になると、天皇・朝廷というのは幕府の下に入るという理解を私はしています。中世の人は公武関係と言うけれども、併立する公武の関係ではなく、幕府という統一権力の下に必要なかぎりで取り込まれて、その下で天皇・朝廷機能を果たしていたように思う。もちろんそういう機能を持っているのだったら国家権力の一部ではないか、だからそれをになっている公家は広義の権力の一部ではないかという理解もしようと思えばできます。しかし、僕は狭義では権力ではないと思っています。あくまで幕府の下に完全に掌握されているというべきです」と応答している。ここでは、前掲註(8)黒田「中世の国家と天皇」四五頁で示された近世に対する黒田氏の見解に賛同しているように見えるが、そのことは明言されておらず、また黒田氏が同じく前掲註(8)黒田「中世の国家と天皇」四五頁で述べた「権門体制の遺制」の問題にも言及はない。

一方、前掲註(8)黒田「中世の国家と天皇」四六頁が「日本中世の国家権力機構の特色」としての「被支配人民の上に全体としておおいかぶさっていた国家権力機構」について、「それはおそらく、近世の幕藩体制という機構の成立に決定的な前提条件となり、政治形態および国家観念に伝統的な規制力として、作用したであろう。そのことをぬきにして、ただ日本にも抽象的一般的な封建国家が存在したことだけを追究していたのでは、幕藩体制の特質を把握することができないのはもとより、世界史のなかでの日本史の位置をも、正確に把握することができないようにおもわれる」とした点について、高埜氏はいかなる見解を持っているのだろうか。黒田氏に対する高埜氏の立場はとてもわかりにくい。このわかりにくさは、朝尾氏の行ったような、黒田氏の権門体制論と「権門体制の遺制」をめぐる近世史の立場からの検証が、高埜氏自身の手によっては正面から行われていないことに原因があるのではなかろうか。
(64)前掲註(31)高埜『近世の朝廷と宗教』二一頁。
(65)前掲註(46)朝尾『将軍権力の創出』の「まえがき」iii頁～iv頁、前掲註(46)朝尾『朝尾直弘著作集　第四巻　豊臣・徳川の政治権力』の「自序」v頁。
(66)前掲註(56)朝尾「将軍政治の権力構造」二六八頁～二八五頁。
(67)前掲註(44)朝尾「幕藩制と天皇」二二三頁。
(68)朝尾直弘『日本の歴史　第十七巻　鎖国』(小学館、一九七五年、のち同『朝尾直弘著作集　第五巻　鎖国』岩波書店、二〇〇四年に再録、本書での引用は『朝尾直弘著作集』による)一〇〇頁～一〇二頁・一一五頁～一二四頁・一五九頁～一六八頁。
(69)前掲註(44)朝尾「幕藩制と天皇」二二五頁。
(70)前掲註(44)朝尾「幕藩制と天皇」二二五頁。
(71)前掲註(44)朝尾「幕藩制と天皇」二二八頁。
(72)朝尾直弘「一六世紀後半の日本――統合された社会へ」(朝尾直弘他編『岩波講座　日本通史』十一、近世一、岩波書店、一九九三年、のち朝尾直弘『朝尾直弘著作集　第八巻　近世とはなにか』岩波書店、二〇〇四年に再録、本書での引用は『朝尾直弘著作集』による)二七四頁。
(73)前掲註(72)朝尾「一六世紀後半の日本」二七六頁～二七七頁。
(74)前掲註(72)朝尾「一六世紀後半の日本」二七八頁。
(75)前掲註(72)朝尾「一六世紀後半の日本」二七八頁。
(76)前掲註(72)朝尾「一六世紀後半の日本」二七八頁。
(77)前掲註(72)朝尾「一六世紀後半の日本」二七九頁。
(78)前掲註(72)朝尾「一六世紀後半の日本」二七九頁。
(79)前掲註(72)朝尾「一六世紀後半の日本」二七九頁。
(80)前掲註(72)朝尾「一六世紀後半の日本」二七九頁。

(81) 前掲註(72)朝尾「一六世紀後半の日本」二八三頁。
(82) 前掲註(72)朝尾「一六世紀後半の日本」二八四頁。
(83) 前掲註(72)朝尾「一六世紀後半の日本」二八四頁～二八五頁。
(84) 前掲註(44)朝尾「幕藩制と天皇」二二四頁。
(85) 本書は、橋本政宣『近世公家社会の研究』(吉川弘文館、二〇〇二年)五二八頁・五九五頁の指摘に従い、「禁中并公家中諸法度」の呼称を用いる。
(86) 前掲註(85)橋本『近世公家社会の研究』五二九頁。
(87) 前掲註(8)黒田「中世の国家と天皇」二六頁。
(88) 前掲註(44)朝尾「幕藩制と天皇」二二五頁。
(89) 前掲註(44)朝尾「幕藩制と天皇」二二六頁。なお、この点について、黒田説・朝尾説・橋本説を引いていないが、前掲註(23)深谷『東アジア法文明圏の中の日本史』一二二頁・一二四頁は「大事なことは、大坂の陣の直後、江戸公儀、徳川氏が最も強盛の力を持った段階に、同時に朝廷、諸大名、諸本山に対して憲法的な法令を発したということである。それは、近世日本の最上位の支配権力の配置、近世的公武寺権門の役割分担、あるいは「国家の形」を内外に示したということにほかならない。つまり、「禁中并公家中諸法度」「武家諸法度」「諸宗諸本山法度」は、東アジア法文明圏の内部に存在する周辺王朝日本国(王権と政権が総体として公儀権能を分掌)が、外に対しても意識して、独自の国家形態を宣揚することを目指して整えられた、教諭性の強い法令であった。対外宣言ではないが、東アジア世界の中に位置づくための制度化ではなかったかと思われる。その宣言の中に、東アジア化と日本化の両面が、相克的というより相補的に表面化している」とし、「近世化に際しての天皇・公家・寺社家、さらには武家のつくり替えの過程を集約したものが、三つの権門勢力に対する法制化であった」とする。深谷氏のいう「王権と政権」については、この本書序論の第五節で別途言及することにしたい。
(90) 前掲註(85)橋本『近世公家社会の研究』五六六頁・五七八頁・五八二頁・五九二頁。
(91) 塚本学「武家諸法度の性格について」(『日本歴史』第二九〇号、一九七二年七月)二九頁～三〇頁。
(92) 実は天皇の語を用いて議論すること自体、歴史学的には困難をともなうが、本書では皇位にある人物を便宜的に天皇と称している。皇位にある人物の呼称について、近世におけるそれに注意を促し、天保期における「謚号・天皇号再興」の問題を取り扱った研究は藤田覚『近世政治史と天皇』（吉川弘文館、一九九九年）第八章。

（93）藤田覚『天皇の歴史06　江戸時代の天皇』（講談社、二〇一一年）一九頁。

（94）前掲註（8）黒田「中世の国家と天皇」三六頁・四五頁。

（95）朝尾直弘「天下人と京都」（朝尾直弘・田端泰子編『天下人の時代』平凡社、二〇〇三年、のち朝尾直弘『朝尾直弘著作集　第四巻　豊臣・徳川の政治権力』岩波書店、二〇〇四年に再録、本書での引用は『朝尾直弘著作集』による）三一一頁。なお、「天下人」の語について、本書は前掲朝尾「天下人と京都」三〇八頁における「「天下人」とは常識では織田信長、豊臣秀吉、徳川家康の三人にだけ使う、要するに「天下を支配する人」「天下を実力でとった人」という意味の言葉です」という定義に従って用いる。

（96）朝尾直弘「東アジアにおける幕藩体制」（朝尾直弘編『日本の近世1　世界史のなかの近世』中央公論社、一九九一年、のち朝尾直弘『朝尾直弘著作集　第八巻　近世とはなにか』岩波書店、二〇〇四年に再録、本書での引用は『朝尾直弘著作集』による）二〇六頁。

（97）高木昭作『将軍権力と天皇――秀吉・家康の神国観――』（青木書店、二〇〇三年）一四頁。

（98）前掲註（97）高木『将軍権力と天皇』五二頁。

（99）藤井讓治『天皇の歴史05　天皇と天下人』（講談社、二〇一一年）三三七頁。

（100）前掲註（96）朝尾「東アジアにおける幕藩体制」二〇六頁。

（101）前掲註（8）黒田「中世の国家と天皇」三六頁・四五頁。

（102）前掲註（8）黒田「中世の国家と天皇」三二頁。

（103）黒田俊雄「中世天皇制の基本的性格」（同『現実のなかの歴史学』東京大学出版会、一九七七年、のち同『黒田俊雄著作集　第一巻　権門体制論』法藏館、一九九四年に再録、本書での引用は『黒田俊雄著作集』による）三一九頁。

（104）前掲註（103）黒田「中世天皇制の基本的性格」三二〇頁。

（105）前掲註（8）黒田「中世の国家と天皇」四四頁。だが、足利義満の「日本国王」号については、近年の研究成果を参照すると、黒田氏の見解をそのまま採用できるわけではない。近年の研究成果については、村井章介「15世紀から16世紀の東アジア国際秩序と日中関係」(『第一期日中歴史共同研究報告書』、二〇一〇年一月)、村井章介「倭寇と「日本国王」」(荒野泰典他編『日本の対外関係4　倭寇と「日本国王」』吉川弘文館、二〇一〇年)を参照。

(106) 前掲註(8)黒田「中世の国家と天皇」三三三頁。

(107) 黒田俊雄「封建時代の天皇とその役割」(『毎日新聞』夕刊一九七六年十一月六日、のち同『黒田俊雄著作集　第一巻　権門体制論』法藏館、一九九四年に再録、本書での引用は『黒田俊雄著作集』による)三一一頁。

(108) 前掲註(103)黒田「中世天皇制の基本的性格」三三〇頁。

(109) 例えば、斎藤夏来『禅宗官寺制度の研究』(吉川弘文館、二〇〇三年)。

(110) 堀新『織豊期王権論』(校倉書房、二〇一一年)。

(111) 前掲註(110)堀『織豊期王権論』三三〇頁。

(112) 前掲註(110)堀『織豊期王権論』四七頁～四八頁。

(113) 前掲註(110)堀『織豊期王権論』三三一頁。

(114) 前掲註(110)堀『織豊期王権論』二五六頁～二五七頁。

(115) 前掲註(110)堀『織豊期王権論』三〇六頁。

(116) 前掲註(110)堀『織豊期王権論』二六〇頁～二六一頁。

(117) 前掲註(110)堀『織豊期王権論』二六一頁。

(118) 前掲註(110)堀『織豊期王権論』三二一頁。

(119) 前掲註(110)堀『織豊期王権論』二五三頁～二五四頁。なお、ここでいわれている「信長の大陸征服構想」とは、次の松田毅一監訳『十六・七世紀イエズス会日本報告集』第Ⅲ期第六巻(同朋舎出版、一九九一年)二二四頁の「一五八二年十一月五日付、口之津発信、ルイス・フロイスのイエズス会総長宛、一五八二年度・日本年報追信」(東光博英訳)における「ところが信長《(織田)》は、現に都へ来たように(自ら)出陣することに決め、同所から堺まで行くこととし、毛利(氏)を征服し終えて日本の全六十六ヵ国の絶対領主となったならば、シナに渡って武力でこれを奪うため一大艦隊を準備させること、および彼の息子たちに諸国を分け与えることに意を決していた」との記述が典拠とされている。

(120) 前掲註(110)堀『織豊期王権論』二六六頁。なお、堀新「織田政権論」(大津透他編『岩波講座　日本歴史』十、近世一、

岩波書店、二〇一四年）においても、この点は検討されていない。

(121) 前掲註(110)堀『織豊期王権論』三二四頁。秀吉の対外出兵が天皇の見送りを受けて行われ、日本勢が勅命による進駐をしたことについては、山口和夫「統一政権の成立と朝廷の近世化」（山本博文編『新しい近世史1　国家と秩序』新人物往来社、一九九六年）七八頁～七九頁と中村栄孝『日鮮関係史の研究』中（吉川弘文館、一九六九年）二六一頁を参照。

また、前掲註(110)堀『織豊期王権論』二五二頁で堀氏は「徳川将軍が国内向けに「国王」と称したのは「禁中並公家（中）諸法度」のみであり、しかも「国王」と表現されているのは僧正・門跡・院家の任免に関連して「国王大臣之師範者各別」とあるだけなのは気にかかる。江戸幕府に将軍を天皇と並ぶ国王として位置づける意図があったとすれば、同法度の天皇に関する規定や武家官位・改元などの条文においても「国王」という表現がみられるのではないだろうか」とも述べるが、前掲註(85)橋本『近世公家社会の研究』五六六頁・五七八頁・五八二頁・五九二頁を考慮に入れると、徳川将軍家は「禁中幷公家中諸法度」でみずからを国王と称していない。

(122) 前掲註(110)堀『織豊期王権論』三一八頁。山本博文氏の「王権論」・「王朝論」とは、堀氏の引用文献によれば、山本博文「徳川王権の成立と東アジア世界」（水林彪・金子修一・渡辺節夫編『王権のコスモロジー』弘文堂、一九九八年）、山本博文「将軍宣下と幕府・朝廷」（橋本政宣編『近世武家官位の研究』続群書類従完成会、一九九九年）、山本博文「統一政権の登場と江戸幕府の成立」（歴史学研究会・日本史研究会編『日本史講座　第5巻　近世の形成』東京大学出版会、二〇〇四年）である。

(123) 前掲註(122)山本「統一政権の登場と江戸幕府の成立」九八頁。

(124) 前掲註(122)山本「統一政権の登場と江戸幕府の成立」七二頁。

(125) 大津透『古代の天皇制』（岩波書店、一九九九年）三六頁。

(126) 宮内庁書陵部編『皇室制度史料』皇族三（吉川弘文館、一九八五年）二七八頁。

(127) 前掲註(122)山本「統一政権の登場と江戸幕府の成立」七二頁。

(128) なお、すでに熊沢蕃山は、堀氏や山本氏が取り組んだ問題について、近世に生きた学者として鋭い分析を行っている。参考までに蕃山の議論を一部引く。

①『集義和書』巻第八・義論之一（後藤陽一・友枝龍太郎校注『日本思想大系30　熊沢蕃山』岩波書店、一九七一年）一四八頁～一四九頁。

一或問《あるひととう》。他の国にては、誰にても天下を取《とり》ては王となる事なるに、日本にては、かく天子の御筋《おんすじ》一統にして、天下を取《とる》人も臣と称し、将軍にして天下を知《しり》給ふは、いかなるいはれにてをはしますや。

云。中夏は天地の中国にして四海の中にあり。南に六の国あり、西に七の国あり、北に八の国あり、東に九の国あり。是を四海といふ。南を蛮《ばん》と云《いう》、虫にかたどれり。西を戎《じゅう》と云《いう》、いぬにかたどれり。北を狄《てき》と云《いう》、けものにかたどれり。東を夷《い》と云《いう》、人にかたどれり。四海のうちにてすぐれたり。九夷《きゅうい》の内にて朝鮮・琉球・日本をすぐれたりとす。三国の内にては又日本をすぐれたりとす。然《され》は、中夏の外、四海の内には、日本に及《およぶ》べき国なし。是《これこれ》天照皇《しょうこう》・神武帝の御徳によれり。大荒《たいこう》の時、日本の地生《ちせい》の人は禽獣に近し。しかる所に、天照皇の神聖の徳を以て、此国の人の霊質によりて教をなし給ひてより、初て人道明かなり。天照皇は地生にをはしまさず。神武帝、其御子孫にして天統《てんとう》をつぎ給へり。氏《うじ》系図を云《いう》事も、王孫のたゞ人となりて、国土の姓に異なるが故なり。然れども一度《ひとたび》たゞとなりぬれば、天統をつがず地生にひとしきゆへに、天下をとりても帝王の号を得事《うることかな》不レ叶《わず》、三種の神器を身にそへ奉りて、天津《あまつ》ひつぎをふまん事は、天照皇の恐多く、且《かつ》天威のゆるさぬ所あり。日本のあらんかぎりはかくのごとくなるべし。他の国にはなき例なれ共《ども》、日本にては必然の理也。

②『集義和書』巻第八・義論之一（後藤陽一・友枝龍太郎校注『日本思想大系30　熊沢蕃山』岩波書店、一九七一年）一四九頁～一五〇頁。

問。かくのごとくゆへある帝王の天下の、何として武家にはわたり侍りきや。

云。謙徳《けんとく》を失ひ給ひし故に、天下の権威を失ひ給へるなり。むかしは日本国中一国のごとくにて、今の様なる国・郡の大名なかりしなり。都より代官として受領《ずりょう》をつかはし給ふ国々は農兵也。其後王徳をとろへ、国々に我まゝなる者出来《いでき》て、王命を用ひざれば、征伐につかはされし人則《すなわち》其国を治め、子孫はをのづから国主のごとくなれり。国々にては、歴々大名なる者を、官位なければ凡人《ぼんじん》と称し、官位卑《いやし》ければ地下《ちげ》といひて軽しめあなどらるれば、其心に王城をものうき事に思ひうとめり。故に王臣たらんことを願はず、其折節《そのおりふし》、武臣の大家、棟梁《とうりょう》を取《とり》ぬる人あれば、則《すなわち》したがひて主君とし、士の礼儀有事《あること》をよろこびぬ。是《これ》王者の武臣に威をうばゝれ給ひし根本なり。もと武家・公家《くげ》とわかるゝはひがごと也。むかしはなき事也。是も奢《おご》りゆへ出来《いでき》たる事也。

③『集義和書』巻第八・義論之一（後藤陽一・友枝龍太郎校注『日本思想大系30　熊沢蕃山』岩波書店、一九七一年）一五三頁。

問。かならず王者に天下のかへるまじきとは如何なる道理侍るにや。もと日本の主なれば、本にかへりぬべきことにて候。

云。代《よ》をかさねて天下をたもつは天の廃する所なりといへり。しかれ共、王者は天神の御子孫にして地生《ちせい》にあらず。ことに日本にをいて広大の功徳をはします故、天下の権勢をばさり給ひて、やはらかにして上におはしませば、いつまでも日本の主《あるじ》にてをはします道理にて侍り。武家もたとひ天威のゆるし有《あり》とも、みづから王と成《なり》てはむつかしき事也。臣として摂政などの心にて天下を知《しり》給ふは心易き事也。何たる無分別の人有《あり》て王とは成《なり》給ふべからん。又此方よりかへし奉られても末つゞき申《もうす》まじきと申事は、後醍醐《ごだいご》の帝《みかど》の時さへ、公家は日本の人情・時変うとく成給ひて、かへりたる天下を失ひ給へり。今はなを〳〵うとくなり給へば、たとひかへし奉り給ふとも、やがて乱《らん》逆出来《ぎゃくいでき》て本までもあやうかるべく候。武家の人の帝位に上り給はんと、王の天下をとり給はんとは、共に無分別たるべき也。（以下略）

堀氏と山本氏は、現代人としての知識と観測のみならず、当時の人々がふまえた教養や約束事をもう少しふまえる必要があるのではなかろうか。そうでなければ、当時の人々の与り知らない事柄を繰り返し議論することになってしまう。もちろん筆者は、蕃山の見解のみによって議論を進めるべきだと述べているのではない。あくまでも重要なことは、天下人が天皇の位置づけについてどのような認識をもっていたのかということであり、限られた史料の中で天下人の認識を析出することである。その際、現代人である研究者は、近世の人々がふまえた論点・考え方、もっといえば当時の日本をとりまいた漢字文化圏における原則を認識しておく必要があるということであり、その意味で蕃山の議論は参考になる。蕃山の議論が当時の幕閣や公家の意識するところでもあったことは、松澤克行「十七世紀中後期における公家文化とその環境」（『史境』第四三号、二〇〇一年九月）に詳しい。前掲註(122)山本「統一政権の登場と江戸幕府の成立」九九頁のいう「王権の比較史的考察」や松本和也「宣教師史料から見た日本王権論」（『歴史評論』№六八〇、二〇〇六年十二月）七五頁のいう「日本と西欧との王権構造ないし国家構造の比較検討」の提唱へと進む前に、いま一度足下を見直す必要がある。

(129) 前掲註(23)深谷『東アジア法文明圏の中の日本史』六六頁〜六七頁。

(130) 前掲註(23)深谷『東アジア法文明圏の中の日本史』二五四頁〜二五六頁。

(131) それは前掲註(128)に引いた熊沢蕃山の見解からもうかがえる。

(132) ケイト・W・ナカイ著／平石直昭・小島康敬・黒住真訳『新井白石の政治戦略——儒学と史論——』(東京大学出版会、二〇〇一年)第六章・第七章・第八章。

(133) 渡辺浩『日本政治思想史［十七〜十九世紀］』(東京大学出版会、二〇一〇年)第八章。

(134) 前掲註(23)深谷『東アジア法文明圏の中の日本史』二五五頁。以下、この語の典拠は本註に同じ。

(135) 笠谷和比古『関ケ原合戦と近世の国制』(思文閣出版、二〇〇〇年)二四三頁。

(136) 家継の問題は、家宣没後の幕閣および前述の白石による政策の方向性との関連性を念頭に置き、別途検討することが必要だろう。

(137) 前掲註(23)深谷『東アジア法文明圏の中の日本史』二五七頁。

(138) 前掲註(23)深谷『東アジア法文明圏の中の日本史』八一頁。

(139) 前掲註(23)深谷『東アジア法文明圏の中の日本史』八五頁。

(140) 前掲註(23)深谷『東アジア法文明圏の中の日本史』八一頁。

第一部　豊臣秀吉・徳川家康の神格化と天皇

第一章　慶長期初頭の政治情勢と豊国大明神

豊臣秀吉の神格化の過程については、古くから学界の関心事でもあり(1)、近年は河内将芳氏が、豊国大明神号の下賜以前に、秀吉がみずからを新八幡として祝うよう遺命していたらしいことをふまえ、当時、秀吉を祭る新八幡社造営の動きが実際にあったことを解明している(2)。河内氏によれば(3)、その新八幡社は、奈良東大寺大仏殿とその鎮守である手向山八幡宮との関係を念頭に、秀吉の造営した京都東山大仏の鎮守としての役割が期待されていたと思われること、ところが、秀吉の神格は、遺言で示されていた新八幡ではなく、慶長四年（一五九九）四月十六日までに豊国大明神へと変更されたこと、その変更後の神号である豊国大明神は唯一宗源神道の影響下、「豊葦原中津国」の語をモチーフに考案され、秀吉を「和朝の主」と位置づけるものであったこと、しかもその神格は神号下賜の宣命において「兵威」を「異域」にふるう神としても説明されていたことが指摘されており、現在、これが豊臣秀吉の神格化をめぐる研究の到達点だろう。

河内氏は、秀吉の神格化の政治史的意義について、朝鮮半島において遂行中であった慶長の役の戦況とその国内への影響を指摘したうえで、「内憂外患の危機的な状況のなか豊臣政権によっておこなわれたもの」で、「国内に対しては（当時生起していた――引用者註）恠異への対応策として、また国外に対してはなお対峙する姿勢を示すものとして、豊臣政権によって選びとられた施策のひとつだった」と評価した[4]。

その一方、慶長期初頭の政治過程を扱った政治史的研究に目を転ずると、そこでは秀吉の神格化の政治史的意義は論じられないか、あるいは消極的に評価される傾向にあったことに気づく。例えば、高木昭作氏の論文「江戸幕府の成立」では秀吉の神格化に言及がなかったし[5]、朝尾直弘氏は「政権の中核を構成するべき武家領主相互間」における「矛盾を解決するだけの現実的力をもっていなかった」[6]秀吉には「超越神化」のほかに「手がなかった」とし、「ここでの神様は、ただ権力内部の、宮廷内部の矛盾を処理するだけの矮小なものだ」と述べた[7]。のちに朝尾氏は豊国大明神を「王城を守護する」神だとも述べたが[8]、秀吉の神格化の政治史的意義を積極的に評価したわけではなかった。

おそらく、河内氏の研究は、このような研究史上の豊国大明神の取り扱いへの反論としても有効なはずであり、事実、同氏は近著において「秀吉を神として祝うこと＝神格化の問題を「自己」神格化としたり、また「みずからの意志によって」神になったとする、これまでのみかたにはやや慎重である」と述べるとともに、「従来、秀吉神格化をめぐる議論というのは、ややもすれば静態的なものであったり、内むきなものが多かったが、このようにこの時期の豊臣政権をとりまく内外の状況に目をむければ、それがすぐれて動態的なものであり、また国の外をも意識した緊急を要するものであったと考えられよう」としている[9]。

筆者は河内氏の考えにほぼ同感だが、近年では、例えば藤井譲治氏による研究のように、秀吉の神格化を秀吉病没後の後陽成天皇による譲位の動きと関連させて捉え、秀吉の遺言どおりの神格化（新八幡化）に抵抗する天皇の姿を描き、政治過程分析において秀吉の神格化の問題を明確に位置づけようとする研究も出始めている[10]。しかし、その藤井氏の研究においても、秀吉の神格化はもっぱら天皇と故秀吉との対抗関係のみから説明されている。筆者は、遺言の変更も含め、実際には神格化がほとんどすべて秀吉没後に推移した背景と意味を捉えようとする場合、後陽成天皇の立場を視野に入れた分析は確かに必要だと思うが、神格化の過程全体を故秀吉に対する後陽成天皇の対抗意識（この意識自体、検討する必要があるが）のみから解釈してしまうと、秀吉の神格化はもっぱら天皇にとっての問題ということになってしまい、広く慶長期初頭の政治過程に神格化を位置づけることがかえって困難になるのではないかと案じている。

このように、秀吉の神格化の問題を政治史的に位置づけること自体、学界の難題の一つとなっているのだが、その理由について筆者は、河内氏の研究をふまえながらも、なお次の二点が研究史上の問題として残されているからではないかと考えている。

①河内氏も気づいていると思われるが、秀吉の死後、彼の神格化を政策として推進した主体が依然不明であるということである。すなわち、河内氏は秀吉の神格化について叙述する際、主語として「豊臣政権」という語を用いているが(11)、近著では「状況から考えれば、秀吉を新八幡として祝うことは、秀吉本人以上にむしろ残された人々にとって必要だったのではないだろうか」とし、「もちろんその際、その人びとのなかから徳川家康をのぞく必要はないだろう。というよりむしろ、家康は秀吉死後の豊臣政権を代表する存在として主導的な役割をはたしていたと考えたほうが自然である(12)」という重要な指摘もあわせて行っている。しかし、秀吉の神格化の主体についていて、さらに河内氏がこの点を掘り下げて具体的に検証しているわけではなく、同氏の指摘の妥当性も含め、再検討する必要があるのではなかろうか。

②河内氏の研究によって、豊国大明神号に込められた意味の一端は判明したが、なぜ当時、秀吉の遺命した新八幡ではなく、日本国の存在を強調して「兵威」の伸張への期待と称賛の念を込めた神号に変更する必要があったのか、すなわち豊国大明神という新たな神格に期待された具体的内容が、慶長の役とそれをめぐる国内外の諸情勢の影響を示唆する同氏の仮説のほかは依然不明であるということである。

依然①と②が不明であるがゆえに、豊国大明神の問題は、慶長期初頭の政治的重大事件であるにもかかわらず、当時の政治過程から浮き上がってしまっており、豊臣政権末期から徳川政権への移行という日本史上の重要な場面との関連性についても具体的に議論できずにいる。また、周知のように、豊臣家の滅亡後、徳川家康は豊国大明神を祭る豊国社について、社殿を封鎖のうえ、宝物を妙法院へ移動させるなどして退転させたが[13]、それは逆にみれば、徳川政権初期の十数年間、豊国社は徳川将軍家と併存し得るものであったということであり、その退転は、徳川政権にとっての豊国社の役割の終焉であったとも推測されるから、初期の同政権にとっての豊国社の意味も考察せねばならない。

この認識に立って前述の問題点に戻ると、②は①の解明がなければ説明できず、また河内氏自身、「新八幡と豊国とのあいだにどのような違いがあったのかについて考える必要」性をきちんと提起しながら、実際には神格の意味として「兵威」の伸張の部分に重点をおき、軍神である「新八幡と豊国とのあいだには、表面的なへだたりにくらべて、その意味合いにおいてかなり通ずるものがあった」と述べ[14]、新八幡と豊国大明神との共通点を重視したため、豊国大明神という新たな神格が登場した歴史的背景を充分に問題化できなかったことも②の一因としてあるだろう。秀吉の神格化の政治史的意義を議論するためには、新八幡と豊国大明神との相違点に留意しつつ、①の解明がまず重要なようである。

そこで、試みに表1を作成し、豊国大明神が登場するまでの政治過程を整理してみた。すると、確かに新八幡社をめぐる動きは秀吉の病没直後から確認できるが、秀吉の神格化の天皇への披露は、秀吉没後の「豊臣体制」[15]下における権力闘争を経た、徳川家康と前田利家との会談の直後に行われ、しかも実際の神号下賜に至る過程は、前田利家が病没し、石田三成が近江佐和山へ退去して徳川家康の政治的立場が強化された時期と符合することが判明する。すなわち、秀吉の神格化は、「豊臣体制」下における不安定な政治情勢のもとで遂行された政策であ

表1　豊臣秀吉病没直後の政治的主要事件と神格化をめぐる諸動向

（閏月は○で示した）

年月日	事項	典拠
慶長3年8月18日	伏見城で豊臣秀吉が病没。	『史料綜覧』巻13、170頁
8月19日	石田三成が徳川家康殺害を企てる。	『史料綜覧』巻13、170頁～171頁
9月7日	前田玄以が東山で八棟作社頭の縄張りを行う。	『義演准后日記』第1、299頁
9月15日	大仏山寺の地鎮が行われる。	『義演准后日記』第1、303頁～304頁
10月17日	後陽成天皇退位の風聞がある。	『義演准后日記』第1、312頁
10月18日	後陽成天皇が譲位の意思を表明。	『御ゆとの、うへの日記』
11月10日	五大老・五奉行の申し入れとして、改元の由が伝奏より披露される。	『御ゆとの、うへの日記』
11月18日	徳川家康が後陽成天皇の譲位無用の由を色々申す。	『御ゆとの、うへの日記』
12月18日	徳川家康らが大仏鎮守へ参詣。	『義演准后日記』第1、324頁
12月19日	前田玄以が大仏之地社につき吉田兼見と協議。	『舜旧記』第1、161頁
12月24日	徳川家康が梵舜に大仏之社のことを尋ねる。	『舜旧記』第1、161頁
慶長4年正月3日	島津義久が徳川家康との往来を石田三成より詰問される。	『史料綜覧』巻13、183頁
正月5日	豊臣秀吉が大仏鎮守に神として祝われる旨、秀吉の遺体が伏見城にある旨の風聞がある。	『義演准后日記』第2、8頁
正月10日	豊臣秀頼が伏見城より大坂城へ移る。	『史料綜覧』巻13、184頁
	藤堂高虎が石田三成の陰謀を徳川家康へ報じる。	『史料綜覧』巻13、185頁
正月19日	四大老が徳川家康・伊達政宗らの秀吉遺命違反の廉を責める。	『史料綜覧』巻13、185頁
2月5日	徳川家康が前田利家らと和して誓書を交換する。	『史料綜覧』巻13、186頁
2月25日	義演が新八幡宮を見物し、社頭の大半と楼門が完成していること、盡善盡美の様を日記に記す。	『義演准后日記』第2、26頁
2月29日	前田利家が伏見の徳川家康を訪ね、向島への移動を勧める。	『史料綜覧』巻13、188頁
3月5日	前田玄以が秀吉を遺言により阿弥陀峯の大社に祝う旨を奏請する。	『お湯殿の上の日記』26
3月11日	徳川家康が大坂の前田利家を訪問する。	『史料綜覧』巻13、189頁

3月26日	徳川家康が伏見の向島に移る。	『史料綜覧』巻13、190頁
③月3日	前田利家が病没する。	『史料綜覧』巻13、191頁
③月4日	加藤清正らに狙われた石田三成が徳川家康を頼り、近江佐和山に退く。	『史料綜覧』巻13、191頁
③月10日	八条宮智仁親王が日記に「伏見一段しつまる」と記す。	『智仁親王御記』
③月13日	徳川家康が伏見城の西ノ丸に移り、「天下殿」と目される。	『史料綜覧』巻13、192頁
		『多聞院日記』5、83頁
③月21日	徳川家康が毛利輝元に異心なき旨を誓う。	『史料綜覧』巻13、193頁
4月12日	吉田兼見と梵舜が大仏之社で内儀式を行う。	『舜旧記』第1、181頁
4月13日	秀吉の遺体が隠密に伏見城から阿弥陀峯へ移る。	『義演准后日記』第2、42頁
4月16日	大仏鎮守仮殿遷宮が行われる。	『舜旧記』第1、181頁
4月17日	勅使が阿弥陀峯へ派遣され、豊国大明神の神号が下賜される。	『史料綜覧』巻13、195頁
4月18日	豊国社正遷宮が行われる。	『舜旧記』第1、181頁
4月19日	豊国大明神へ正一位の神階が宣下される。	『史料綜覧』巻13、195頁
	豊臣秀頼の名代として徳川家康が豊国社へ参詣する。	『舜旧記』第1、182頁
4月29日	豊臣秀頼が秀吉への神号下賜を謝して宮中へ白銀等を献ずる。	『史料綜覧』巻13、195頁

註：東京大学史料編纂所編『史料綜覧』巻十三（東京大学出版会、一九六五年覆刻）、弥永貞三他校訂『史料纂集　義演准后日記』第一（続群書類従完成会、一九七六年）、『御ゆとの丶うへの日記』（宮内庁侍従職東山御文庫保管）、鎌田純一校訂『史料纂集　舜旧記』第一（続群書類従完成会、一九七〇年）、酒井信彦校訂『史料纂集　義演准后日記』第二（続群書類従完成会、一九八四年）、『お湯殿の上の日記』二十六（東京大学史料編纂所架蔵写真帳、旧高松宮家旧蔵、現在原本は東京大学史料編纂所所蔵）、『智仁親王御記』（宮内庁書陵部所蔵原本）、竹内理三編『増補続史料大成　多聞院日記』五（臨川書店、一九七八年）をもとに作成。

ることに留意する必要があるのであり、その推進主体に関する議論は、この当時の政治情勢をふまえなければ不可能である。以上をふまえ、本章は、豊国大明神号創出の政治史的意義についても、前述の①と②の検討を通じ、考察を進めたい。

第一節　豊臣秀吉の遺言変更をめぐって

表1の冒頭に示すように、秀吉は慶長三年（一五九八）八月十八日に病没した。先行研究によると、秀吉の神格化は彼自身の口から発せられたものかは不明であるものの、彼の遺言によるとされている[16]。史料1の「一五九八年十月三日付、長崎発信、フランシスコ・パシオ師のイエズス会総長宛、一五九八年度、日本年報」の一節は、先行研究の典拠の一つであり、神格化を望んだ秀吉の最期の意思の在り処を伝えるものである。

【史料1[17]】

最後に太閤様（豊臣秀吉）は、自らの名を後世に伝えることを望み、まるでデウスのように崇められることを希望して、〔日本全土で（通常）行なわれるように〕遺体を焼却することなく、入念にしつらえた棺に収め、それを城内の庭園に安置するようにと命じた。こうして太閤様は、以後は神〔この名は存命中に徳操と戦さにおいて優れていた偉大な君侯たちの特性であり、死後はデウスたちの仲間に加えられると考えられている〕の列に加えられ、シンハチマン、すなわち、新しい八幡と称されることを望んだ。なぜなら八幡は、往昔のローマ人のもとでの（軍神）マルスのように、日本人の間では軍神と崇められていたからである。

これによると、秀吉はみずからの遺体を荼毘に付すことなく伏見城内に安置することを命じ、神として「シンハチマン、すなわち、新しい八幡」と称されることを望んだという。河内将芳氏によれば、この「シンハチマン、すなわち、新しい八幡」の神号は、山科言経の日記『言経卿記』の慶長三年（一五九八）十二月二十五日条に「一、備前守（比定者不明）呼之、東山新八幡社神職事相望之間、昨日吉田二位（兼見）弟神龍院（梵舜）ニ談合之間、備前守召寄了、談合了」[18]とある記述を初見として確認できるといい、醍醐寺三宝院門跡義演の日記『義演准后日記』の記述からは社殿の建立も確認できるという[19]。確かに河内氏も引く『義演准后日記』の慶長四年（一五九九）二月二十五日条にも「新八幡宮見物、上人（木食応其）引導、驚目了、盡善盡美、社頭凡出来、楼門過半出来了」[20]とある。

さらに、同じく河内氏によれば、『義演准后日記』の慶長四年（一五九九）正月五日条に「伝聞、五人御奉行衆（前田玄以・浅野長政・増田長盛・石田三成・長束正家）本結ヲ払云々、大閤（ママ、豊臣秀吉）御所御遠行、旧冬迄ハ隠密之故ニ無其儀、高麗国群兵引取之間披露ノ躰也、大仏ニ鎮守建立、神ニ奉祝云々、今日ノ風聞、御葬礼モ可有之欤云々、于今伏見ノ御城御座云々」[21]とあることから、秀吉の死は没後しばらく伏せられたものの、秀吉は京都東山大仏そばに建立された「鎮守」の「神ニ奉祝」られる予定であったことが判明し、新八幡と鎮守は秀吉の神格を祭る施設として同義であり、当初の秀吉の神格化構想としては、奈良東大寺大仏と手向山八幡宮の関係をふまえた、京都東山大仏の鎮守としての新八幡という神格が構想されていたという[22]。前引の『義演准后日記』からは、秀吉の遺体が伏見城に安置されていたこともわかるから、史料1の一連の記述は、国内史料からも裏づけられる形となっている。

このように秀吉の遺言にしたがい、彼の神格化が具体化しつつある中で、後陽成天皇に秀吉の神格化の事実が披露されたのは、史料2の『お湯殿の上の日記』が示すように慶長四年（一五九九）三月五日のことであった。

【史料2】[23]

（慶長四年三月）
五日
雨ふる

いつものことく御せんほうあり、大かう（豊臣秀吉）御すき候につきて、ゆいこんに、あミたのたけ之大しや
にいわゝれたきとのことにて、とくせんゐん（前田玄以）てんそうしゆしてひろう申、まへ〳〵のれいなと候
ハんまゝ、よく〳〵御かんかへ候てよく候ハんよしおほせいたさるゝ、よした（吉田兼見）なとへ御たんかう
のよしあり、とんけゐんとのなる

この披露は、表1にもあるように秀吉の神格化をめぐる事業のかなり進行した段階で行われた。しかし、前田玄以が秀吉の遺言をふまえて披露したにもかかわらず、天皇は先例の勘案と吉田家との協議の必要性を述べ、事実上、秀吉の遺言の再検討を指示した。

したがって、義演が東山大仏殿の造営責任者木食応其(24)の案内で「新八幡宮」を見物した同年二月二十五日から天皇に遺言の披露された慶長四年（一五九九）三月五日までは、おそらく秀吉の新八幡化が企図されていたものと思われる。

一方、『義演准后日記』の同年四月十三日条に「今夕大閤（ママ、豊臣秀吉）御所、伏見御城ヨリ大仏阿弥陀ヵ峯仁奉移之、隠密也、上人（木食応其）御迎ニ参云々、社頭ノ邊ヵ重而可尋之(25)」とあるように、秀吉の遺体が伏見城から東山へと移送されたのは慶長四年（一五九九）四月十三日であり、吉田家で豊国大明神の神体が作成されたのは慶長四年（一五九九）四月十日であったから(26)、おそらく秀吉の神格の再検討が後陽成天皇によって指示された慶長四年（一五九九）三月五日から吉田家で豊国大明神の神体が作成された同年四月十日までの約一ヶ月余の間に、豊国大明神号は案出されたということになろう。なお、その新たな神格である豊国大明神について河内氏は史料3の『豊国大明神臨時御祭礼記録』(27)の一節（傍線部分）を用いて由来の一端を説明している(28)。

【史料3】

同年慶長三年戊戌八月十八日、太閤大相国豊臣朝臣秀吉公、悲哉、時至リ無常之風来《テ》御歳六十二ト申陰《ニ》有《レ》為之雲一給《フ》。（中略）任二御遺言之旨一、東山阿弥陀峯《ガ》地形《ヲ》平《ラケ》、建二立《シ》社壇一、鏤二金銀《ヲ》一、甍並《ヲ》、継レ軒《ヲ》巍々堂々《トシテ》奉レ移二御身體於宮内《ニ》一。吉田神主二位兼見奉而《ウケタテマツテ》号《ス》二豊国大明神《ト》一。言《ロハ》日本之惣名《ヲ》豊葦原中津国《ト》云ヘル故也。太閤大相国秀吉公者、依レ為二和朝之主《アルジ》一、奉レ号二豊国大明神《ト》一。

（傍線は筆者による）

すなわち、豊国大明神は、「日本之惣名」である「豊葦原中津国」の語から抽出した「豊国」という語を冠した大明神号として新たに案出されたものだという。このことをふまえ、本節が問題としたいことは、なぜ秀吉の遺言はそのまま用いられず、彼の神格は新八幡から豊国大明神に変貌せねばならなかったのかということである。この点について、史料4の『伊達日記』の一節はよく引用されてきた史料である。

【史料4】(29)

秀吉公《（豊臣）》新八幡ト祝可申由御遺言ニ候ヘドモ。勅許ナキニヨツテ豊国ノ明神ト祝申候。東山ニ宮被相立候。

すなわち、後陽成天皇の勅許が得られず、秀吉の神格は新八幡ではなく豊国大明神になったというのである。天皇の勅許の有無については、『本阿彌行状記』にも「豊臣殿《（秀吉）》御老年の後、御他界候はゞ新八幡宮と祝はれ度よし、御内々御願ひ有之といへども、日月地に落ず、勅許なく其御沙汰御延引之内に御他界、依て秀頼公《（豊臣）》、淀殿御願ひにて、豊国大明神と祝はれ給ふといへども、知術計りにて、仁徳は露ほどもなければ、今は豊国の御宮も名計りにて悲しむべし(30)」という記述がある。しかし、新八幡での神格化について、秀吉が生前から勅許を願っていたのに、勅許が延引して秀吉の死に間に合わなかったとある点は本節でみた一次史料の記述とも齟齬があるし、しかもそこでの豊国大明神号は、勅許が得られなかったことをうけた豊臣秀頼と淀殿の願いによる新八幡の代替策の所産でしかない。とくに『本阿彌行状記』の記述には豊臣家滅亡後の偏見が見え隠れするから、これをそのまま採用することには慎重であったほうがよいだろう。

一方、史料2を引く藤井讓治氏は近著で「八幡が天皇家の祖先神でもあって後陽成天皇が嫌ったのか、また神号選定に関与したのが唯一神道の吉田兼見であったためか、結果は秀吉の思い通りとはならず、「豊国大明神《とよくにだいみょうじん》」と決する。ここにも秀吉に抗う後陽成天皇の姿を垣間見ることができるだろう」と述べている(31)。確かに史料2で秀吉の遺言の実行について、先例の勘案や吉田家との協議の必要性を指摘して慎重姿勢を示したのは後陽成天皇であった。だが、神格変更の原因のすべてを後陽成天皇の秀吉への対抗心と「吉田兼見や梵舜の影響(32)」に帰することは妥当だろうか。筆者はそう思わない。なぜなら、従来意識されてこなかったが、京都東山での秀吉を祭る施設の建設に際しては、家康が万事指示したという史料5の『戸田左門覚書』の記述もあるからである。

【史料5】(33)

此年《本ノマ、》《前年ニアルヘシ》山城国東山阿弥陀峯の下に太閤《(豊臣秀吉)》御廟所を被建、内府公《(徳川家康)》萬事御差引被仰付、事調て、翌慶長四年八月十八日内府公を始天下の大名参詣、豊国大明神と勅額下され、正一位太政大臣の贈号を給り、将軍塚のならひ阿弥陀峯に彼死骸を壷に入、朱ニてつめ、棺槨ニ納ム

この史料は、家康に仕えた戸田氏鐵の覚書であるが、当時関係者しか知りえない秀吉の埋葬方法についての記述もあり、それは元禄元年（一六八八）に秀吉の墓が盗掘された際の状況を記した『野宮定基日記』の内容と符合していることから、(34)当該史料の信憑性はあると考えてよいだろう。すなわち、史料5をふまえるならば、秀吉の神格変更の背景について、従来の後陽成天皇や吉田家の存在のみならず、徳川家康の意向の存在も考慮する必要があると思われるのである。(35)

その家康の存在や秀吉の病没直前からの後陽成天皇の体調不良も(36)考慮しながら表1を検討すると、秀吉の神格化の天皇への披露（史料2）が秀吉の病没直後や秀吉の死の公表された慶長四年（一五九九）正月ではなく、慶長四年（一五九九）三月五日であった理由も推測が可能となる。すなわち、表1によれば、秀吉の病没直後から東山での建築工事は始まっていたが、家康の政治的立場はまだ石田三成らとの関係から盤石ではなく、慶長三年（一五九八）十月からは体調の思わしくない後陽成天皇による譲位の意向表明やそれへの対応にも家康らは奔走していた。(37)その譲位問題が一段落した後、同年十二月に家康は梵舜へ「大仏之社」のことを尋ねて関心を示しているが、翌慶長四年（一五九九）正月から二月にかけては五大老・五奉行による政争の只中であり、前田利家と徳川家康との間で政争の鎮静化が図られた時期がほかならぬ慶長四年（一五九九）三月ごろであった。秀吉の神格化

について、天皇への披露が同年三月五日となった背景には、少なくともこのような当時の後陽成天皇自身と徳川家康の政治的位置をめぐる「豊臣体制」の不安定な状況もあっただろう。

だが、秀吉から後事を託され[38]、前田利家とともに「豊臣体制」を主導していた家康の政治的立場は、慶長四年（一五九九）閏三月三日の利家の病没で一挙に浮上し、「天下殿」と称されるまでになる[39]。秀吉の神格化事業も、利家の病没後にあっては、家康の意向抜きに進めることは困難であったろう。前述のように、秀吉の神格は、おそらく慶長四年（一五九九）三月五日から同年四月十日の間に、新八幡から豊国大明神へ変更されたものと思われるが、それは当然、家康の了承の下に行われただろうし、その神格を変更することの家康にとってのメリットもまた検討される必要があるのではなかろうか。

第二節　豊国大明神号の創出と後陽成天皇・豊臣家・徳川家康

徳川家康が豊国大明神と豊国社の創出に関与し、それらは家康を利したとの観測は、当時のキリスト教関係者の記録にも見られる。フェルナン・ゲレイロ編『イエズス会年報集』第二冊第一巻所収の「一六〇三、〇四年の日本の諸事」（史料6）はその一例である。

【史料6】[40]

一六〇四年に彼《（豊臣秀吉）》を崇め、日本の主要な神の一人として奉祀するようなことに決めた（七回忌臨時大祭）。（中略）（内府）がこうしたのは、世俗のこれらの栄誉をもって、（太閤）《（豊臣秀吉）》から受けた恩恵に感謝の意を表し、あわせて（太閤）に対し抱いている敬意と崇敬や、死後もなお彼の名誉を高めたいという気持ちを、その太閤に恩義を感じている人々に示し、これをもって彼らをさらに有り難がらせ、彼らの歓心を買って、自己に対する忠義と愛において彼らが決して欠けることのないようにしようとしたために過ぎない。（中略）そして、このような訳で太閤のためにすでに豪奢きわまる神社（豊国神社）が作られており、それは現在日本にある全神社の中でもっとも華麗かつ豪華な寺社であり、そこで、毎年、彼の命日（邦暦八月十八日）に、神に対するかのようにすこぶる壮麗な祭礼が営まれてきた。

これは、慶長九年（一六〇四）の豊国社臨時祭の挙行をめぐる家康の目的を分析したものであり、同様の指摘としては、臨時祭により「徳川と豊臣とのあいだの亀裂の広がりの押さえこみがはかられ」、臨時祭は「一面では家康の豊臣氏尊重の態度を演出するものであった」が、「民衆の不安や不満をそらせるためのいわばガス抜きとしての役割を担っていた」という藤井讓治氏の指摘もある。[41] しかし、どちらも慶長九年（一六〇四）時点の分析であるほか、肝心の豊国大明神の神格の内容や豊国社の状況が不明なため、これ以上は議論が進まなかった。

その新たに生み出された豊国大明神の神格の内容などについて、なにぶん慶長期初頭のことゆえ、史料の残存状況はよくないが、史料7の「豊国大明神縁起稿断簡」（写真1）は、豊国大明神と豊国社の創出に関与した吉田家に遺され、豊国大明神の神格などを説明した管見の限り唯一の史料でかつ学界でも未検討の史料であることから、検討しておく必要があるだろう。

【史料7】[42]

豊臣の大相国（豊臣秀吉）ハ、これよりさき其身古今の良将にて、たゝ豊蘆原の国のミにもあらす、朝鮮国にいたるまて、みな掌内に帰せしめ給ひしかは、大明の国王（万暦帝）より遊撃将軍を勅使として、日域震旦他膓なからん旨を約し、件々の衣服等《御装束を》を大相国（豊臣秀吉）并に従一位吉子（北政所〈高台院〉）のおほんために　贈りぬ《献られ給ぬ》、相国（豊臣秀吉）感悦斜ならすといへとも、衣冠巳下ハ先我国の風俗を専とし給ふゆへ、着せしめ給事さのミたひ〳〵にハあらさりき、かくて四夷八蛮《ハチバン》ハいよ〳〵辮《クミカミ》をとくといへとも、とし去、年来りて無常の怨敵をハふせき得す、いにし慶長三年八月日つゐに薨御し給ひにき、凡相国たる其人の吊礼、旧例なきにしもあらねと、封国の儀もよのつねなれは、別勅をもつて豊

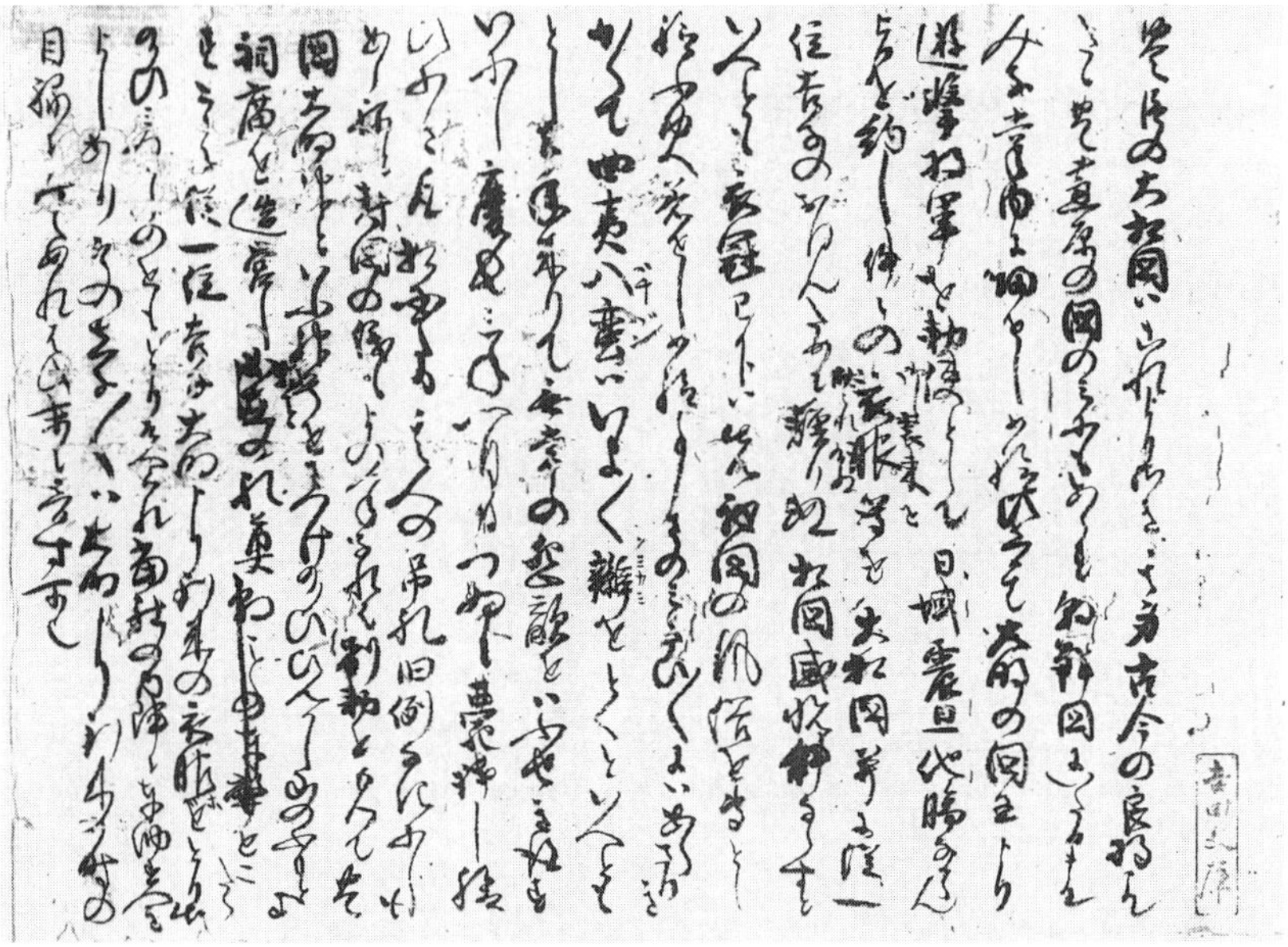

写真１　「豊国大明神縁起稿断簡」(天理大学附属天理図書館所蔵〈吉田文庫〉)

国大明神といふ神号をさつけ給ひ、ひんかし山
のふもとに祠廟を造営し、如在《朝こと》の礼奠、朝こと
の奉幣をこたらす、こゝに従一位吉子大明より
到来の衣服等をとり出給ひ、ミなく〳〵のをもと
りそへられ、当社の内陣に奉納すへきよしあり、
そのしなく〳〵ハ大明より到来の時の目録にみえ
ぬれは、此末にしるす所也

これは、おそらく未完成の『豊国大明神縁起』の草稿の一部であり、筆跡は神龍院梵舜のものと見える(43)。縁起の草稿という性格上、豊国社の立場から豊国大明神の神格と豊国社の内陣の様子が記されている。そこでは、明国の万暦帝による秀吉の日本国王冊封の事実(44)について、明国から使者が遣わされて日本と中国との間には邪心のないことが約定されたとしたうえで、万暦帝を皇帝ではなく「国王」と記して降格させ、冊封時に秀吉と諸大名へもたらされた明国の冠服(45)も同国から秀吉に「献」じられたものとするなど冊封の矮小化が図られており(46)、生前の秀吉が明国の冠服を普段あまり身につけず、衣冠につい

ては日本国の風俗を尊重していたと述べて日本国の存在を強調したうえで、病没した秀吉への豊国大明神号下賜を命じた後陽成天皇の別勅が定置され、北政所（高台院）による豊国社内陣への明国の冠服（秀吉のみならず他の者のそれも含めて）の奉納が特記されている。[47] 史料7は明国と万暦帝の地位を降格させて日本国と天皇の存在を強調する意図の下に記述されており、北政所（高台院）が秀吉と他の者[48]の明国冠服を豊国社内陣へ奉納したとの記述は、日本国の明国への従属の証となる冠服を、天皇の生み出した神の名の下に封印したとも読める内容になっている。[49]

確かに史料7の冒頭では秀吉の武威も強調されているから、豊国大明神の神格をめぐる河内説は妥当といえる。しかし、史料7は同時に、当時なぜ秀吉の遺言どおりの新八幡ではなく、日本国の別名をモチーフとした新たな神号が案出されたのかという点について、冊封による明国への従属という、文禄五年（一五九六）から慶長期初頭にかけて日本国が置かれていた状況との関連性をも考慮する必要性を提起している。

中野等氏によると、慶長の役を遂行した秀吉は、明国からの冊封を拒絶するために戦争を遂行したのではなく、むしろ万暦帝からの冊封に耐え、明国との関係は維持しつつ、あくまでも李氏朝鮮との戦争として慶長の役を戦おうとしていたという。[50] その冊封を受容した秀吉が病没した当時、あとに遺されたものはといえば、明国からの冊封を受容した日本国そのものであったことは確認しておく必要があるだろう。

さらに指摘したいことは、史料7において、豊国大明神号の創出と豊国社のデザインへの、後陽成天皇のみならず北政所（高台院）の関与も明記されていることであり、[51] 豊国大明神号は吉田家が実務を担いつつ、後陽成天皇・豊臣家、さらに前節と本節冒頭の分析もふまえるならば徳川家康も加えた三者の意図によって生み出された神格の可能性があるということである。この観点に立てば、表1にあるように慶長四年（一五九九）四月二十九日、豊臣秀頼が神号下賜を謝して宮中の関係各位に白銀等を献上したことにも納得がいく。秀吉の遺言と異なるにもかかわらず、豊臣家にとっても豊国大明神号は受容可能なものだったのである。それでは、そのような神格の創出を受容した三者それぞれの立場とはいかなるものか。ここでは、とくに後陽成天皇と豊臣家の立場を中心に検討しよう。

文禄の役から慶長の役にかけての後陽成天皇の立場については、天皇が秀吉の渡海を止めるために発した「年月日未詳豊臣秀吉宛後陽成天皇宸翰女房奉書」(52)の位置づけや、文禄の役の日明講和交渉に際して、秀吉が和平条件の提示前に天皇の裁可を得ようとした点を中心に、これまでも議論されてきた。だが、「年月日未詳豊臣秀吉宛後陽成天皇宸翰女房奉書」については、それを天正二十年（一五九二）五月十八日に秀吉の表明した後陽成天皇の北京動座を含む「三国国割」への拒否文書と捉え、「豊臣政権が実存の天皇によって掣肘をうけた」事例と評価し、その後の秀吉が「天皇の相対化」へ向かった重要な契機とする見解(53)や、そもそも「年月日未詳豊臣秀吉宛後陽成天皇宸翰女房奉書」は天正二十年（一五九二）末には放棄されていた天皇の北京動座計画と切り離して理解すべきだとする見解(54)に分かれており、これを機に秀吉が「天皇の相対化」へ向かったのかについても、説は分かれている(55)。

ここで各論者の用いる「相対化」という語は曖昧だが、筆者の理解では、秀吉と天皇との一体度の低下あるいは秀吉による天皇への依存度の低減という意味で用いられているようである。また、日明講和交渉において、秀吉が秀次を通じて天皇の裁可を仰いだとされる問題についても、その効力の評価は定まっているわけではない(56)。

しかし、後陽成天皇が秀吉の朝鮮出兵に積極的に関与していたことは、まず、天皇が天正二十年（一五九二）三月二十六日に秀吉の名護屋出陣を見送ったことで明らかであり、秀吉は天皇の前で下馬して一献を賜り、二人は衆人環視の中、高らかな声で言葉を交わした(57)。その天皇の見送った軍勢は勅命を奉じた軍勢として朝鮮半島に進駐し(58)、さらに秀吉から北京動座を求められた天皇は、『鹿苑日録』に「十三日（天正二十年六月）。斎了侍鳳闕聯句。百韻了也。

主聖（後陽成天皇）曰。自大閤（ママ、豊臣秀吉）御入唐云々。然者予（西笑承兌）可被召連之由。聖帝（後陽成天皇）直仁勅言也。欽而抵頭諸矣(59)」とあるように、みずからも中国大陸へ赴く考えを西笑承兌に示し、彼に大陸への同行を命じたのである。そして、「慶長三年十一月八日付島津義弘宛近衛前久書状」の一節に「抑去十月朔日（慶長三年）、従大唐以数万騎人数、御要害へ取詰候処ニ、即時ニ被切崩、三万余被討捕之由、扨々御手柄と云無比類次第、名誉御高名無申計候、外聞実儀目出度存候、龍伯（島津義久）老満足非大形候、其趣　禁裏（後陽成天皇）へも申入候、叡感難申盡候(60)」とあるように、朝鮮半島での戦況は天皇の耳にも届けられていた。

その後陽成天皇の存在が戦争当事者間で問題とされる(61)契機となったのは、次の「一五九六年（九月十八日付、都発信）十二月二十八日付、長崎発信、ルイス・フロイスの年報補遺」が示すように、日明講和交渉に際し、万暦帝が秀吉の冊封を検討した時であった。

【史料8】(62)

（太閤）（豊臣秀吉）が自らの努力と勇敢さで日本国六十六カ国を己が支配下においた時に、内裏（後陽成天皇）に対して（太閤は）私人であり、また日本国王（後陽成天皇カ）に服しており、（内裏）が以前のままの品位ある地位を保つことを許しているのは、ふさわしくもなく都合も悪い。もし（太閤）がそのような（身分）を放棄したなら、予（万暦帝）が国王の冠と称号を贈るであろう。

秀吉を万暦帝に従属する日本国王とすることで戦争の終結を図ろうとするに際し、万暦帝は、天皇と秀吉との関係の解消を求め、跡部信氏によれば、交渉担当者の内藤如安は北京での「冊封の可否判断のための審問」で天皇について「すでに織田信長に殺されてしまったと虚偽を回答」した(63)。同氏によると、内藤如安らの行動は「巨大な中華帝国およびその皇帝権威との接触が、価値観の変更をせま」ったゆえであり、「対外戦争の行きづまりにより秀吉の武威が挫折しかけたとき、ようやく日本国王としての天皇の地位も動揺するきざしをみせた」という(64)。史料7と前引の中野等氏の研究によれば、天皇との関係解消が前提となっていた秀吉への日本国王冊封は、解釈の差こそあれ、日本国内でも有効だと捉えられていたから、秀吉亡き後の後陽成天皇にとっては、まさにそこが問題だったのではなかろうか。

中野等氏によれば、慶長三年（一五九八）十月に五大老は明国・李氏朝鮮との「和議の成立を諦めてしまったかのようであ」り[65]、五大老が明国・李氏朝鮮との実質的な和平交渉を行うことすら困難であった以上、天皇が外交交渉で明国に秀吉の日本国王号の廃止を求めることもまた不可能であった。推測を含むが、表1にあるように後陽成天皇が秀吉亡き後に譲位の意思を表明した事情もこのあたりにあったと思われるのであり、徳川家康から譲位を諫止された天皇は、先例による裏づけの乏しい新八幡号や「相国たる其人の吊礼」（史料7）で秀吉を弔ったとしても、肝心の秀吉の日本国王の地位までは清算できないことから、明国と故秀吉との間に結ばれてしまった関係に割って入り、かつ引きつづき在位する以上、秀吉亡き後の日本国にみずからを再び位置づけなおすため、自身の命令（史料7でいう「別勅」）による、日本国の存在を強調した新神号を秀吉に下賜して秀吉の政治的立場を再定義し、みずからの存在のみならず、日明対等いやそれ以上に日本優位の日明関係を国内に印象づけようとしたのではなかろうか。

一方、豊臣家にとって、秀吉の神格化に際し、遺言であった新八幡ではなく、豊国大明神号を受容する意義があったとすれば、いかなるものであったか。この点については、後継者秀頼の神仏に対する基本姿勢を考慮する必要があるだろう。というのも、周知のように秀頼は秀吉没後、彼の名において諸寺社の再興・修理をさかんに行ったからである。木村展子氏によると、秀頼の幼少期を含み、諸寺社の再興は慶長十二、三年（一六〇七、〇八）ごろまで行われ、慶長十三、四年（一六〇八、〇九）以降は秀吉以来の大仏殿造営に集中し、慶長十九年（一六一四）に大仏鐘銘事件を迎えたといい、「秀頼がなぜこのような膨大な数の寺社を造営したのかという問題」は「豊臣氏の財力削減を目的として家康が進言したもの」という「通説を交えた憶測が示されるにとどまって」きたという。[66]木村氏は、秀頼による「寺社造営」の「造営年代と地域」の整理・検討から秀頼の一大名としての「領国経営」との関連を指摘したが[67]、残念ながら木村氏もその点についての当時の史料を具体的に提示しているわけではない。だが、慶長十五年（一六一〇）の奥書を有した太田牛一晩年作の『豊国大明神臨時御祭礼記録』[68]の次の一節は、秀頼の諸寺社再興が日本国内において当時どのように見られ、評価されていたかを示す貴重な史料の一つといえよう。

【史料9】[69]

大明之帝王（万暦帝）虚誕表裏不二似合一次第也。一犬吠《ホユレハ》レ虚、萬犬吠《ホユル》レ虚《ヲ》、上濁故、下流不レ清《カラ》、下萬民至迄《ニ》不レ成二正路一、爾《シカモ》盗人也。依レ之仏法衰癈也《モ》。日本者雖レ為二小国一、五常正従《クシテ》二秀頼公（豊臣）一被二仰付一、国々大社大伽藍、悉御再興、仏法真最中堅固也。

ここでは、日明講和交渉が明国の欺瞞により破綻したとして批判するとともに、そのような詐術を働く明国では仏教も廃れたが、日本国は小国であるのに、秀頼が諸寺社をことごとく再興させて仏教は堅固に根付いているとされている。明国の立場を降格させた史料7と共通する論調だが、秀頼の諸寺社再興は、明国に対する日本国の優越を示す論拠とされているのである。しかも、秀頼が専念した大仏殿の造営は、当時、秀吉の神格の豊国大明神に「擁護」されて行われるものとして、他ならぬ秀頼により発願されていた[70]。秀吉を失い、明国からの冊封という事実のみが遺された豊臣家にとって、明国に対する日本国の優越を国内的に示すための、豊臣家自身による諸寺社再興を後押しする神は、秀吉の遺言した新八幡よりも、むしろ日本国の存在を強調した豊国大明神号のほうがよりふさわしいと判断された可能性はあるだろう。

そして、豊国大明神号創出の背景の一つとして、さらに考えられることは、次の「一五九六年（九月十八日付、都発信）十二月二十八日付、長崎発信、ルイス・フロイスの年報補遺」に記された状況の影響であり、文禄五年（一五九六）から慶長期初頭の秀吉のみならず、豊臣政権全体が明国からの冊封によって直面したみずからの立場の変化である。

【史料10】(71)

（シナ）国王《（正誤表にて国主を訂正、万暦帝）》の冊書は非常に大きくて重い黄金の板に書いて黄金の函に納めてあったが、その中にはまた太閤《（豊臣秀吉）》のための衣服と王冠が納めてあった。同様に別の函には、彼の奥方の（北）政所様のために王妃の称号を入れた王妃の冠が納めてあった。シナ国王はこれ以外に、シナの称号と位官のついた公家の服二十重ね二組を贈ったが、それはシナ国王から明らかに指名された二十名の国主たちのためのもので、その筆頭は（小西）アゴスチイノ（行長）であった。（中略）こうして日本人（諸臣）は、あたかもシナの封建家臣のような身分に留まったのであった。

すなわち、万暦帝から叙任された者には秀吉夫妻のみならず、徳川家康以下の諸大名も含まれていたのであり(72)、冊封は実質的に豊臣政権を丸ごと抱え込む性質のものであった。このような状況が、家康ら諸大名を含む秀吉亡き後の豊臣政権をして、冊封からのある程度の解放を図るため、日本国の立場を明確化した豊国大明神号の創出を受容せしめたのではなかろうか。

秀吉亡き後、明国に従属した形となってしまった日本国に遺された天皇と豊臣家、そして徳川家康を含む豊臣政権の構成員たちは、日本国と明国・李氏朝鮮との和平交渉を開始できない以上、まずは国内において各々の足場を固めなおし、日本国とその政権が明国に敗戦・従属しているわけではないことを表明する必要に迫られていたと推測されるのである。そのために、後陽成天皇・豊臣家・徳川家康を含む豊臣政権は、まず万暦帝に従属する日本国王となってしまった故秀吉自身を豊国大明神という日本国の存在を強調した新たな神として位置づけなおし、尊崇の対象とすることで、政権の求心力の維持を図ろうとしたのではなかろうか。

第三節　徳川家康の源氏改姓と豊国大明神

前節までの検討では豊国大明神の創出をめぐり、後陽成天皇・豊臣家・徳川家康の三者それぞれに秀吉の遺言変更を受容する動機があったのではないかと推定し、とくに後陽成天皇と豊臣家の立場を中心に考察した。それでは、徳川家康個人にとり、豊国大明神号の創出に利点があったとすれば何だろうか。だが、この問題は史料5で家康の関与が明らかとはいえ、難問である。なぜなら、従来秀吉没後の家康の政治的立場は、慶長五年（一六〇〇）の関ヶ原合戦前後を舞台に議論されてきたからであり[73]、最新の研究も、大老・奉行制下で協調しつつ、同制度における強固な合議制を打破できない家康の姿を描いているからである[74]。その後の家康の征夷大将軍職就任等は周知の事柄であっても、そこに到達するまでの家康の立場には不明な点が多く、いかにして家康が次への契機を摑んだのかは依然説明の困難な問題なのである。

このような研究状況下、豊臣政権後を見据えた家康の行動は、主に家康の源氏改姓問題を中心に考察され、家康がいつごろから次を見据えていたのかという議論がなされてきた。そこでは、藤原・源・豊臣の各姓を行き来した家康の姿について、家康の最後の源氏改姓が将軍職就任を射程に入れたものとして注目され、その改姓の時期が議論の焦点となっており、具体的には天正十六年（一五八八）とする笠谷和比古氏の説[75]、慶長五年（一六〇〇）とする岡野友彦氏の説[76]、慶長二年（一五九七）の足利義昭の病没後付近とする小和田哲男氏の説が提示され[77]、最近は岡野説をふまえて秀吉から家康への豊臣授姓（羽柴名字との関連から文禄三年〈一五九四〉ごろと推定）を考慮すべきとした堀新氏の説も加わり[78]、議論は豊臣政権をめぐる笠谷氏の「豊臣関白政権の下に徳川将軍制を内包するような形での、権力の二重構造的な国制[79]」という理解への批判に向かっている。だが、史料上、家康の最後の源氏改姓の時期は依然不明であり、したがって、関ヶ原合戦前の家康のスタンスもはっきりせず、秀吉の神格化に対する家康の立場も当然ながら検討できなかった。

ところで、秀吉から家康への豊臣授姓についてはすでに早くから中村栄孝氏が史料的に指摘しているから(80)、豊臣政権下の家康はある時期から豊臣姓であったとの前提に立つと、むしろ家康が豊臣から源への改姓を企図した始期のほうが重要な論点となるのではなかろうか。

この点について、まず従来指摘されてこなかったが、秀吉の病没の約一ヶ月前、『舜旧記』の慶長三年（一五九八）七月十三日条に「伏見内府家康《(徳川)》見舞罷、糒十袋、進物申也、次サイミ帷一・曝一ツ、内府《(徳川家康)》より給、又家康系図下書来也(81)」とあり、家康が系図の作成を開始していること、さらに、やはり秀吉病没の直前、『言経卿記』の慶長三年（一五九八）八月七日条に家康が『公武大躰略記』に関心を示したとあること(82)、その四日後に家康が実際に『公武大躰略記』を取り寄せたことは重視すべきだろう(83)。なぜなら、この書物は禁裏・后宮・親王・執柄家（五摂家）・三家（公家の凡家）・武家等の項目順に各家の来歴と官職を整理し、武家の項目は「征夷大将軍源義政《(足利)》。御先祖は清和天皇の御孫経基の王をば六孫王と申き。彼経基の王。天徳五年六月十五日。源朝臣姓を給はせ給ひき」の文に始まり、「新田惣領大舘次郎家氏」に至って「得川」などを「何も御当家の累葉也」と説明している書物だからである(84)。家康によるその閲覧は、家康が秀吉の病没直前に各家の来歴と、そこでの源姓の位置に関心を有していたことを示すものと思われるのである。

そして、この秀吉の病没直前の慶長三年（一五九八）七月から八月にかけての家康の行動が源氏改姓への具体的な準備行動であったことは、次の史料が示すように、慶長四年（一五九九）七月に家康が源姓を表記した外交文書を発簡していることで明らかだと思われる。

【史料11(85)】

大泥国之　御書

日本国　源家康（徳川）　報章
大泥国封海王噫哩噠哪哪李桂　足下
今茲（慶長四年四月）孟夏所呈
本朝之表文、披而読之、則似不移寸歩而対高顔、抑去歳（慶長三年）八月
大閤（ママ、豊臣秀吉）俄然而帰泉下、闔国皆用令嗣秀頼（豊臣）相公号令、如寡人者蒙顧命而輔佐
嗣君也、幸而到遠方遐陬、治政不減往日、
本邦風俗、来使親見之、不及註記、竊聞、
貴国依　足下義気、国家安寧、人民和平、遠近懐其東者、可不嘉尚乎、維時所運送之方物、珍禽異産、献諸
嗣君、何圖寡人亦得
貴国芳信、遠方厚意不勝感戴、已後弥商舩去来、珍器売買、可随
足下所欲、邦域之中海濱陸路、制禁賊徒、雖隔万里海雲、堅交盟、則其情不異毘第、莫訝、為表卑忱、甲冑
貳具献之、采納多幸、時是孟秋而涼風未至、残暑尤甚、為国宜自嗇、不備
　　龍集己亥（慶長四年七月）孟秋上旬
　　　御印

従来、なぜかこの史料は家康の源氏改姓問題を論じるうえで看過されてきたが、中村孝也氏も慶長四年（一五九九）の家康の文書としており(86)、この史料をふまえるならば、少なくとも家康は慶長四年（一五九九）七月までに源姓を対外的に称していたことになる(87)。今後の新史料の発見等によっては、さらなる検討が必要となるが、今のところ、家康が秀吉の病没直前に豊臣から源への改姓を企図し、慶長四年（一五九九）秋までに改姓を実行した可能性は排除できないと思われる。

この点をふまえると、慶長四年（一五九九）三月五日から同年四月十日までの間に、秀吉の遺言であった新八幡ではなく、新たな豊国大明神号が創出され、それを家康が個人としても容認した理由は比較的明瞭となる。確かに藤井譲治氏が述べるように「八幡」は「天皇の祖先神」であったが[88]、同時にそれは源氏の氏神でもあった[89]。もし家康が秀吉の病没と新体制を視野に入れ、秀吉の病没前後に豊臣から源への改姓に動いていたとすれば、家康は秀吉に新八幡となられると困ったのではないか。なぜなら、秀吉自身が八幡神の一系列として源氏の氏神に連なってしまうからであり、家康は秀吉の死後も氏神としての秀吉に従属せねばならなくなるからである。慶長期初頭の政治情勢下、日本国の存在を強調する豊国大明神号の創出は、家康の個人的な政治的立場からも絶好の選択であったといえるのではなかろうか。

最後に、その後の豊国大明神・豊国社をめぐる動向を展望して本章を終えたい。跡部信氏によれば、徳川政権に至っても日明間の上下関係を意識する者と両国の相等を意識する者は併存したが、藤井譲治氏によると、慶長二十年（一六一五）の豊臣家の滅亡以降、国内外の情勢は変化し、日明間の交渉においても「日本の地位の相対的上昇がはかられ」、その後は「日本を核とする日本型華夷秩序」が形成されていくという[90]。そのような動きは、本章に照らすと、豊国大明神を生み出した三者の一角（豊臣家）が政治的に徐々に後退してついに崩れ去り、日本国が豊国大明神の下での世界観から解放される過程ともいえ[91]、当初の豊国大明神の役割は、まさに豊臣家の滅亡とともに終わったのであり、またその豊臣家の滅亡前後にあっては、天下人から天皇に期待される役割・行動内容もまた、豊臣秀吉存命中あるいは「豊臣体制」におけるそれとは異なる様相を呈することになった。すなわち、慶長十九年（一六一四）十二月十七日、大坂冬の陣に際して後陽成上皇が勅命講和の提案を行ったことに対し、家康が「和睦之儀不可然、若不調則令軽天子命、甚以不可然也」と述べて謝絶したことや[92]、元和元年（一六一五）七月十七日に「天子」の優先すべき行動を明記した「禁中幷公家中諸法度」第一条の条項を設けたことなどは[93]、少なくとも家康が、信長や秀吉のように政治の節目で天皇を直接的に政治の表舞台に立たせて天皇にも当事者の一翼を担わせ、場合によっては戦争にも関与させるという天皇のあり方ではなく、信長や秀吉とは異なる家康ならではの天皇の位置づけ方を追求した末の結論であったように思われるのである。

（1）宮地直一「豊太閤と豊国大明神」（同『神祇と國史』古今書院、一九二六年）、千葉栄「豊国社成立の意義」（『東洋大學紀要』第七輯、一九五五年三月）、魚澄惣五郎「豊國社破却の顚末」（同『古社寺の研究』国書刊行会、一九七二年）、三鬼清一郎「豊国社の造営に関する一考察」（『名古屋大学文学部研究論集』九八〈史学三三〉、一九八七年三月、のち同『織豊期の国家と秩序』青史出版、二〇一二年に再録、本書での引用は『織豊期の国家と秩序』による）、西山克「豊臣『始祖』神話の風景」（『思想』№八二九、一九九三年七月）。
（2）河内将芳「豊国社の成立過程について――秀吉神格化をめぐって――」（『ヒストリア』第一六四号、一九九九年四月、のち同『中世京都の都市と宗教』思文閣出版、二〇〇六年に再録、本書での引用は『中世京都の都市と宗教』による）三二七頁～三三三頁、河内将芳『秀吉の大仏造立』（法藏館、二〇〇八年）一六五頁～一八〇頁。
（3）前掲註(2)河内「豊国社の成立過程について」、前掲註(2)河内『秀吉の大仏造立』第四章。
（4）前掲註(2)河内『秀吉の大仏造立』一八八頁。
（5）高木昭作「江戸幕府の成立」（朝尾直弘他編『岩波講座　日本歴史』九、近世一、岩波書店、一九七五年）。
（6）朝尾直弘「近世封建制論をめぐって」（岡田章雄他編『日本の歴史』別巻・日本史の発見、読売新聞社、一九六九年、のち朝尾直弘『朝尾直弘著作集　第八巻　近世とはなにか』岩波書店、二〇〇四年に再録、本書での引用は『朝尾直弘著作集』による）三三二頁。
（7）朝尾直弘「豊臣政権論」（脇田修司会『シンポジウム　日本歴史10　織豊政権論』学生社、一九七二年、のち朝尾直弘『朝尾直弘著作集　第四巻　豊臣・徳川の政治権力』岩波書店、二〇〇四年に再録、本書での引用は『朝尾直弘著作集』による）一〇〇頁。
（8）朝尾直弘「東アジアにおける幕藩体制」（朝尾直弘編『日本の近世1　世界史のなかの近世』中央公論社、一九九一年、のち朝尾直弘『朝尾直弘著作集　第八巻　近世とはなにか』岩波書店、二〇〇四年に再録、本書での引用は『朝尾直弘著作集』による）二〇六頁。

（9）前掲註（2）河内『秀吉の大仏造立』一八九頁～一九〇頁。

（10）藤井讓治『天皇の歴史05　天皇と天下人』（講談社、二〇一一年）二五八頁～二七〇頁。なお、跡部信「秀吉独裁制の権力構造」（『大阪城天守閣紀要』第三七号、二〇〇九年三月）、堀新『日本中世の歴史7　天下統一から鎖国へ』（吉川弘文館、二〇一〇年）、跡部信「豊臣政権の対外構想と秩序観」（『日本史研究』第五八五号、二〇一一年五月）は、秀吉の神格化に言及したとしても政治過程とは別に扱うか、神格化に言及しない場合もある。

（11）前掲註（2）河内「豊国社の成立過程について」、前掲註（2）河内『秀吉の大仏造立』第四章。

（12）前掲註（2）河内『秀吉の大仏造立』一八九頁。

（13）『大日本史料』第十二編之二十二、六七頁～一二二頁。このことからすると、もはや寺社も権門ではなくなっていることは明らかである。

（14）前掲註（2）河内『秀吉の大仏造立』一八六頁～一八七頁。

（15）秀吉没後の「国制の構造」としての「豊臣体制」については、朝尾直弘「幕藩制と天皇」（原秀三郎他編『大系　日本国家史』三、東京大学出版会、一九七五年、のち朝尾直弘『将軍権力の創出』岩波書店、一九九四年、のち同『朝尾直弘著作集　第三巻　将軍権力の創出』岩波書店、二〇〇四年に再録、本書での引用は『朝尾直弘著作集』による）二一八頁。以下、この語の典拠は本註に同じ。

（16）前掲註（2）河内「豊国社の成立過程について」三三一頁。

（17）松田毅一監訳『十六・七世紀イエズス会日本報告集』第Ⅰ期第三巻（同朋舎出版、一九八八年）一〇八頁。家入敏光訳。なお、以下、本書では『十六・七世紀イエズス会日本報告集』各期各巻からの引用文において括弧付きの語もそのまま表記しているが、各括弧の意味は、同書の凡例によると「〔　〕内はテキストにある補足語、（　）内は訳者の補足語、または注に入れるべき短文」を示すとのことである。

（18）『言経卿記』慶長三年十二月二十五日条（東京大学史料編纂所編『大日本古記録　言経卿記』九、岩波書店、一九七五年、一一七頁）。

(19) 前掲註(2)河内「豊国社の成立過程について」三二八頁～三三一頁。

(20)『義演准后日記』慶長四年二月二十五日条（酒井信彦編『史料纂集　義演准后日記』第二、続群書類従完成会、一九八四年、二六頁）。

(21) 前掲註(20)『義演准后日記』慶長四年正月五日条（八頁）。

(22) 前掲註(2)河内「豊国社の成立過程について」三三〇頁～三三三頁。なお、鍛代敏雄『神国論の系譜』（法藏館、二〇〇六年）一五三頁は、秀吉存命中の八幡信仰との関連性を指摘している。

(23)『お湯殿の上の日記』二十六（東京大学史料編纂所架蔵写真帳、旧高松宮家旧蔵、現在原本は東京大学史料編纂所所蔵）慶長四年三月五日条。旧高松宮家旧蔵本は先行研究がよく使用する続群書類従完成会本の底本である。続群書類従完成会本は底本を正確に翻刻しているわけではないので、注意を要する。

(24) 木村展子「豊臣秀頼の作事体制について」（『日本建築学会計画系論文集』第五一一号、一九九八年九月）一九〇頁。

(25) 前掲註(20)『義演准后日記』慶長四年四月十三日条（四二頁）。

(26)『山城国大仏新社勧請事等雑記』（天理大学附属天理図書館吉田文庫所蔵）。

(27) 前掲註(2)河内「豊国社の成立過程について」三三四頁～三三五頁。なお、前掲註(1)三鬼「豊国社の造営に関する一考察」二九八頁、津田三郎『秀吉の悲劇　抹殺された豊臣家の栄華』（PHP研究所、一九八九年）二五頁、倉地克直『近世の民衆と支配思想』（柏書房、一九九六年）一七四頁にも同様の指摘はある。

(28)『豊国大明神臨時御祭礼記録』（財団法人神道大系編纂会編『神道大系　神社編四　宮中・京中・山城国』財団法人神道大系編纂会、一九九二年）四頁～五頁。

(29)『伊達日記』下（塙保己一編『群書類従』第二十一輯、続群書類従完成会、一九六〇年、二五九頁）。このような秀吉の新八幡化に対する勅許の有無の話について、柳田國男「人を神に祀る風習」（柳田國男『定本　柳田國男集』第十巻、筑摩書房、一九六二年）四七七頁～四七九頁は「何に出て居るかを知らぬが」としつつ「多分それには何かの誤聞があつたので、人を新に祀つて之を八幡と謂ふことに、或は此時代頃から段々と、反對が多くなつて來たことを意味するのでは無からうかと思ふ」とし、「此頃から急に其不都合を感ずる者が出來て來たとすれば、以前には別に相當の解釋又は理由があつたのを、追々に忘却してしまつたものと見るの他は無い。何となれば元は所謂新八幡の實例が幾らでも諸國にあつて、それには殆と皆容易ならぬ由來談を伴うて居るからである」という見解を示している。
(30)『本阿彌行状記』（正木篤三『本阿彌行状記と光悦』中央公論美術出版、二〇〇四年、一一九頁～一二〇頁）。
(31) 前掲註(10)藤井『天皇の歴史05　天皇と天下人』二六七頁。
(32) 前掲註(2)河内「豊国社の成立過程について」三三五頁。曽根原理『神君家康の誕生——東照宮と権現様——』（吉川弘文館、二〇〇八年）二二頁も、神号の「変更は、吉田家の影響力を示す」としている。
(33)『戸田左門覚書』（『成簣堂叢書　戸田左門覚書』民友社、一九一四年）。
(34)『野宮定基日記』十二（宮内庁書陵部所蔵原本）元禄元年十一月一日条。
(35) その意味で、前述した前掲註(2)河内『秀吉の大仏造立』一八九頁の指摘は重要であるが、残念ながら河内氏は徳川家康の関与とその意味について、家康による「梵舜ら吉田神道」との「接触」や家康の「諸大名をひきいての参詣」を指摘するのみで、具体的に考察しているわけではない。また、鍛代敏雄「基調講演　神国論の系譜」（『神道宗教』第二〇六号、二〇〇七年四月）四〇頁は、「なぜ新八幡の遺言が通らなかったのか。おそらく、のちに源氏長者に就く家康が横矢《ママ》を入れた可能性が高いのではないかと想像されます」とするが、残念ながら論拠を示していない。
(36) 前掲註(10)藤井『天皇の歴史05　天皇と天下人』二五八頁～二六五頁。
(37) 前掲註(10)藤井『天皇の歴史05　天皇と天下人』二六〇頁～二六四頁。前掲註(10)跡部「秀吉独裁制の権力構造」二三頁～二四頁によれば、当初、前田利家・前田玄以・増田長盛・長束正家に徳川家康が「対峙する構図」であったが、家康は「みずから天皇に譲位のとりやめを説得するという責任ある態度をと」り、「毛利輝元と連絡をとり意見を交換した」といい、家康は「自身も対立構造が凝固しているとは思っていなかった」し、利家病没前の「合議の枠内につなぎとめられ」ていたという。
(38) 前掲註(1)三鬼「豊国社の造営に関する一考察」二八九頁によれば、慶長三年（一五九八）八月五日の秀吉の遺言に神格化の件は含まれていなかった。
(39) 中村孝也『徳川家康文書の研究』中巻（日本学術振興会、一九五九年）四〇五頁～四〇六頁。
(40) 松田毅一監訳『十六・七世紀イエズス会日本報告集』第Ⅰ期第四巻（同朋舎出版、一九八八年）一七七頁。岡村多希子訳。

(41)　藤井讓治『集英社版日本の歴史⑫　江戸開幕』(集英社、一九九二年)三二一頁。

(42)　「豊国大明神縁起稿断簡」(天理大学附属天理図書館吉田文庫所蔵)。天図第八七〇〇号・平成二十六年十月六日付けで掲載許可、天理大学附属天理図書館本翻刻第一一六三号。なお、筆者は平成二十二年(二〇一〇)四月三日の日本史研究会三月例会における「徳川家康の対天皇政策とその基調」と題した報告の配布資料として、天理大学附属天理図書館長のご許可をうけ、本史料の写真と翻刻を紹介したことがあるが、その際、本史料の文字・性格について、跡部信氏・橋本政宣氏・藤田恒春氏からもご意見・ご教示を得た。

　ところで、この史料について、芦原義行「豊国社の祭礼について——豊国社の神事並びに運営を中心に——」(『日本宗教文化史研究』第一七巻第一号、二〇一三年五月)一一四頁は「縁起が何時の段階で作成され、如何に利用されたのかを明確にする必要があろう」とし、筆者が「豊国大明神縁起稿断簡」は梵舜の手になるのではないかと推定した点についても「管見の限り、梵舜の日記である『舜旧記』には本史料に関する記述を確認できず、特定は困難だろう」と指摘する。筆者も初出論文その他の作成時、梵舜の日記等は検討したが、芦原氏の指摘どおり、この縁起の草稿に関する記述は発見できなかった。したがって、筆者は、その筆跡から作者を梵舜と推定した。いま芦原氏に求めたいことは、この「豊国大明神縁起稿断簡」の作者について、梵舜の筆跡の諸例を収集して推定した筆者の方法に対する芦原氏の所見の提示である。すなわち、芦原氏はこの史料の筆跡を誰のものと見るのかということを示す必要があるのである。この史料は早くから公開されていたが、これまで残念ながら研究者の検討対象となっていなかった。しかも、「断簡」である。検討対象時期が近世初期ということもあり、史料残存状況の厳しい中で史料の性格等を議論せざるを得ない。芦原氏は、この「豊国大明神縁起稿断簡」の翻刻と大意を示しながら(翻刻と大意は芦原義行「豊国大明神の盛衰」〈『龍谷日本史研究』第三六号、二〇一三年三月〉一〇七頁〜一〇八頁、前掲芦原「豊国社の祭礼について」一二六頁〜一二七頁は大意のみ)、この史料の位置づけを行っていない。芦原氏が、すでに筆者の提示していた検討材料をどのように批判し、当該史料をいかに理解するのかを述べなければ、せっかくの討論も不成立となってしまう。

(43)　「年未詳七月二十一日付新宮左近宛神龍院梵舜書状」(蘇峰先生文章報國五十年祝賀會編『成簣堂古文書影百種』、明治書院、一九三六年の「八五　神龍院梵舜自筆書状」の写真、『大日本史料』第十二編之二十五の二四二頁は同書状を元和二年〈一六一六〉のものと比定している)の筆跡と、天理圖書館編『天理圖書館叢書第二十八輯　吉田文庫神道書目録』（天理大學出版部、一九六五年）二〇七頁で「梵舜筆」とされる『諸家譜』（天理大学附属天理図書館吉田文庫所蔵・吉六二―一七）におけるカタカナのフリガナの筆跡から、史料7は神龍院梵舜の手になるものと思われる。

(44)　中村栄孝『日鮮関係史の研究』中（吉川弘文館、一九六九年）一九七頁～二〇三頁。なお、岩沢愿彦「秀吉の唐入りに関する文書」（『日本歴史』第一六三号、一九六二年一月）七五頁によると「大陸出兵に関する豊臣秀吉の意図は、天正十三年九月既に譜代の重臣に対して公表されている」といい、秀吉が文禄の役に踏み切った原因とその評価については、高瀬弘一郎『キリシタン時代の研究』（岩波書店、一九七七年）第一部をふまえ、平川新「前近代の外交と国家――国家の役割を考える――」（『近世史サマーフォーラム２００９の記録』近世史サマーフォーラム２００９実行委員会、二〇一〇年三月）が興味深い検討を行っている。

すなわち、前掲平川「前近代の外交と国家」一三頁～一五頁は「なぜ秀吉の征服構想が、中国・朝鮮だけではなく、琉球・台湾・ルソンを含めた東アジア全域にまで広がったのか」という問題意識から「秀吉がポルトガルとスペインによるデマルカシオン体制、つまりイベリア両国による世界植民地化戦略というものを知らないはずはない」と見て、「秀吉の海外征服構想を単に国内的契機の延長や中国の冊封体制からの自立・克服ととらえるだけでよいのだろうか、と思わずにはいられません。イベリア両国の世界戦略を知ったことが、秀吉の外征意欲を触発し、単に朝鮮や中国ということだけでなく、東アジア全域（中国・朝鮮・琉球・台湾・マニラ）の征服構想へと展開したのではないか」とし、あわせて「秀吉による朝鮮出兵は、失敗したとはいえ、スペイン勢力に対して日本の軍事力の強大さを否応なく知らせることになったようです」と評価している。

だが、本書序論が堀新氏や深谷克己氏に対して指摘したことと同様、平川氏は万暦帝による秀吉の日本国王冊封とそれへの秀吉の反応の問題を考慮していない。秀吉による対外戦争を歴史的に評価するうえで、秀吉が主観的にみずからどのような立場で何を目指して広範な支配予定領域に臨もうとしていたのかという問題と、実際にもたらされた事態との差異は、冷静に区別・認識される必要がある。

なお、文禄の役に際しての秀吉の目的については、なるほど平川氏のいうように、カトリック教国の動向を視野に入れる必要があるとすると、次の事柄は考慮しておくほうがよいのではないか。例えば、松田毅一監訳『十六・七世紀イエズス会日本報告集』第Ⅰ期第一巻（同朋舎出版、一九八七年）二八四頁の「一五九二年十月一日付、長崎発信、ルイス・フロイスのイエズス会総長宛、一五九一、九二年度・日本年報」（家入敏光訳）には「しかし困難や艱難の新たな機会がなかったわけではなかった。それは（老）関白《豊臣秀吉》殿が次のように言ったことからも明白である。「もしシナ征服が首尾よく終ったら、予《豊臣秀吉》は国替えを実施し、キリシタン諸侯には朝鮮国とシナを与え、代りに日本国における彼らの旧領を異教徒の諸侯に与える所存である」と。このようなことは、キリシタン全体をまったく破壊し破滅させるものであり、キリシタンはいずこにも居処を失ってしまうであろう」とあり、秀吉は朝鮮半島の戦場へ赴いたキリシタン大名について、戦後そのまま中国大陸・朝鮮半島へ転封することを示唆したという。ルイス・フロイスは松田毅一監訳『十六・七世紀イエズス会日本報告集』第Ⅰ期第一巻（同朋舎出版、一九八七年）一八六頁の「一五九〇年十月十二日付、長崎発信、ルイス・フロイスのイエズス会総長宛、一五九〇年度・日本年報」（清瀬卓訳）でもキリシタン大名の転封の可能性に言及している。前掲平川「前近代の外交と国家」一〇頁は同じ事案を対象にしたイエズス会の記録であっても、記主の宣教師によって内容の異なることを指摘し、また神田千里「戦国日本の宗教に関する一考察」（『東洋大学文学部紀要』第六一集・史学科篇・第三三号、二〇〇八年三月）六八頁〜六九頁はイエズス会の記録の「古写本とエヴォラ版カルタスとを対比すると」内容に異同のあることを指摘しているから注意を要するが、少なくともフロイスの記述を参考にすると、秀吉はキリシタン大名を文禄の役で動員し、出陣させたまま海外へ転封することで、彼らを事実上の国外追放に処することを念頭に置いていたのかもしれない。

一方、だからこそイエズス会の宣教師たちにとっては、松田毅一監訳『十六・七世紀イエズス会日本報告集』第Ⅰ期第二巻（同朋舎出版、一九八七年）三二六頁の「一五九六年（九月十八日付、都発信）十二月二十八日付、長崎発信、ルイス・フロイスの年報補遺」（家入敏光訳）が「なぜならもし朝鮮戦役に終止符が打たれていたとしたら、太閤《豊臣秀吉》が幾つかの領国と地位の交替をしたであろうことは確実だったからである。それらの間には有馬、大村、平戸、五島があり、これらの地ではキリシタン宗門が非常に活発で盛んであったが、もしこれらの地方が異教徒の殿たちに転封されたなら、（キリシタン宗門）は容易に消滅させられたかも判らぬからである。しかし朝鮮戦役が継続され、この戦役中にこれらの殿《トノ》が太閤のために尽力している限り、地位に何らの変革は起こらぬであろう」というように、文禄の役から慶長の役への戦争継続は必要なこととされた。

（45）後述するが、前掲註（44）中村『日鮮関係史の研究』中の二〇一頁・二一一頁にあるように、明国からの「職帖・冠服」

は、秀吉のみならず、北政所をはじめ、家康以下の主な諸大名にも与えられた。この時の冠服については、河上繁樹「豊臣秀吉の日本国王冊封に関する冠服について——妙法院伝来の明代冠服——」(『學叢』第二〇号、一九九八年三月)、同「爾を封じて日本国王と為す——明皇帝より豊臣秀吉へ頒賜された冠服——」(『国際服飾学会誌』№一六、一九九九年九月)を参照のこと。

(46) この点、日本の明に対する態度の複雑さと曖昧さは、跡部信「秀吉の朝鮮渡海と国制」(『大阪城天守閣紀要』第三一号、二〇〇三年三月)二〇頁と前掲註(10)跡部「豊臣政権の対外構想と秩序観」六一頁~六四頁・八〇頁~八一頁が指摘し、日本は明を格上としながら、冊封使の動作を格下のそれと見、冊封を誇りもしたという。

(47) なお、前掲註(46)跡部「秀吉の朝鮮渡海と国制」二一頁によれば、吉川広家は冠服を杵築大社に奉納し、「寄進状では、秀吉を「帝位」につけた「太明皇帝」の語に敬意をあらわす闕字が置かれ、冠服拝領を栄誉と思う心情がすなおに記されていた」。

(48) 前掲註(45)河上「豊臣秀吉の日本国王冊封に関する冠服について」八五頁~八八頁は、「妙法院に伝存し、かつ勅諭の頒賜品目録に記載されていない」「五点の服」の存在を指摘し、これらが諸大名に与えられた物である可能性を示唆している。

(49) この点、前掲註(45)河上「豊臣秀吉の日本国王冊封に関する冠服について」の紹介する上杉神社所蔵の上杉景勝の冠服や前掲註(47)の吉川広家の例との関係を考慮する必要があるが、秀吉と諸大名の万暦帝への意識は一様ではなかった可能性がある。なお、当時の豊国社の外観等については、『イギリス商館長日記』一六一六年十一月二日条(東京大学史料編纂所編『日本関係海外史料　イギリス商館長日記』訳文編之上、東京大学、一九七九年、五五七頁~五五八頁)に「またこれら二つの聖堂《(方広寺大仏殿・三十三間堂)》から西の方に少し離れて、タイクス様《(豊臣秀吉)》、別名クワムベコン殿〇関白殿。の廟〇豊国廟。が立っているが、これが驚嘆すべきもので、私《(リチャード・コックス)》としてはどちらかというとただ感嘆させられてしまうばかりで言葉では言い表せないのである。それはまことに巨大な建物で、内部も外部も嘆賞すべき見事な細工で、他の聖堂の孰れよりも遙かに優れていて、その内部には象嵌し黄金で鍍金した黄銅で表面を覆った多くの柱があり、しかも板敷の床はとても黒くて黒檀のように光っていた。しかし我々《(リチャード・コックスら)》は堂内に立入ることを許されず、僅かにいくつかの窓すなわち格子から内部を覗くことを許されただけであった。また遺體(或いは灰〇遺骨。)が安置されている場所へ行くには、讀者は一部は金鍍金した黄銅で、一部は黒い木すなわち黒檀でできた非常に大きな階段を八ないし九歩すなわち八、九段登らなくてはならない。また、遺體の傍には常燈明がひとつ燈っており、ボズすなわち異教の聖職者がひとりこれを見守っている。そして、この場所のあたりの細工の見事さについてはそれを記述することは私の記憶の範囲を超えており、私に言えることはただ、これこそかくも著名な皇帝の入るに相應しかろうということだけである」とある。

(50) 中野等『秀吉の軍令と大陸侵攻』（吉川弘文館、二〇〇六年）二九〇頁〜二九三頁・二九六頁〜二九七頁。なお、松田毅一監訳『十六・七世紀イエズス会日本報告集』第Ⅰ期第二巻（同朋舎出版、一九八七年）三二一頁の「一五九六年（九月十八日付、都発信）十二月二十八日付、長崎発信、ルイス・フロイスの年報補遺」（家入敏光訳）には、万暦帝からの冊封をめぐる秀吉の受け止め方に関連し、蜂須賀政家邸における秀吉の「シナ国王《（万暦帝）》が予《（豊臣秀吉）》に対して非常に立派な礼を尽くしたからには、予は彼に対して栄誉と敬意を払い、返書においても、またその他のすべてにおいて彼の助言と判断に従わぬわけにはゆくまい」という発言が記録されている。この発言によれば、秀吉は冊封を好意的に解釈したようである。一方、中野氏は秀吉の冊封観について、この蜂須賀邸における秀吉の発言を引用せず、李氏朝鮮の黄慎の記録を引用し、秀吉は冊封に耐えたと叙述している（中野『秀吉の軍令と大陸侵攻』二九〇頁）。

(51) 北政所（高台院）の立場については、跡部信「高台院と豊臣家」（『大阪城天守閣紀要』第三四号、二〇〇六年三月）を参照。そこでは、豊国社との関係について、関ヶ原合戦前の「財産保全のための」秀吉の遺品の奉納（一一頁）などが指摘されている。

(52) 京都国立博物館編『京都国立博物館蔵　宸翰――文字に込めた想い――』（京都国立博物館、二〇〇五年）三四頁〜三五頁。なお、京都国立博物館編『宸翰　天皇の書――御手が織りなす至高の美――』（京都国立博物館、二〇一二年）一七二頁〜一七三頁においては、文書名が「女房奉書」ではなく「消息」と変更されている。

(53) 中野等『豊臣政権の対外侵略と太閤検地』（校倉書房、一九九六年）二一頁〜二二頁・三一頁〜三三頁・四五頁〜四六頁。

(54) 前掲註(46)跡部「秀吉の朝鮮渡海と国制」一一頁〜一二頁。

(55) 前掲註(46)跡部「秀吉の朝鮮渡海と国制」一三頁〜一四頁・二二頁は、秀吉が「朝鮮渡海制止勅書」の受領後も「渡海を呼号しつづけた点」を重視し、「勅書は秀吉を拘束できなかった」とし、「明らかに秀吉は、天皇よりも大名たちへの映りを重んじていた」と見て、「天皇の地位を相対化する難問」の表面化は日明講和交渉時とする。

(56) 前掲註(53)中野『豊臣政権の対外侵略と太閤検地』三四頁は、天皇の意思確認のため、明国の使節を名護屋に留めたことのみ指摘し、中野等『戦争の日本史16　文禄・慶長の役』(吉川弘文館、二〇〇八年)一三〇頁は、秀吉が秀次を通じて講和条件を天皇に伝え、秀吉は「勅許を得た」とする。前掲註(50)中野『秀吉の軍令と大陸侵攻』二一四頁～二二〇頁は、天皇の件に言及していない。前掲註(46)跡部「秀吉の朝鮮渡海と国制」一四頁～一六頁は、秀吉が「だいじな交渉のゆくえ」を天皇に伝えたことから、秀吉が天皇から「思いどおりの「勅定」を引きだせるという確信」と「自信」を有していたと見て、「叡慮」が「政策遂行のための機関」となっていたと指摘する。一方、北島万次『豊臣政権の対外認識と朝鮮侵略』(校倉書房、一九九〇年)三四六頁～三四七頁は、勅使が明国の使節の帰国に間に合っていない点を指摘し、秀吉は講和交渉を「勅許を得る手続きを経ないでおこなった」とする。

(57) 『兼見卿記』十八(宮内庁書陵部所蔵謄写本)天正二十年三月二十六日条、『鹿苑日録』三十(辻善之助校訂『鹿苑日録』第三巻、続群書類従完成会、一九六一年、五八頁～五九頁)天正二十年三月二十六日条。後陽成天皇の行動については、山口和夫「統一政権の成立と朝廷の近世化」(山本博文編『新しい近世史1　国家と秩序』新人物往来社、一九九六年)七八頁～七九頁が他の事例も含めて言及している。

(58) 前掲註(44)中村『日鮮関係史の研究』中、二六一頁。

(59) 『鹿苑日録』三十一(辻善之助校訂『鹿苑日録』第三巻、続群書類従完成会、一九六一年、七〇頁)天正二十年六月十三日条。

(60) 『大日本古文書』家わけ十六ノ一、島津家文書之一、島津家文書二九七号、二五三頁。

(61) 前掲註(46)跡部「秀吉の朝鮮渡海と国制」二二頁。

(62) 前掲註(50)松田監訳『十六・七世紀イエズス会日本報告集』第Ⅰ期第二巻の二七六頁。家入敏光訳。松田毅一他訳『フロイス日本史2　豊臣秀吉篇Ⅱ』(中央公論社、一九七七年)三〇五頁も参照。跡部信氏のご教示による。

(63) 前掲註(46)跡部「秀吉の朝鮮渡海と国制」二一頁。

(64) なお、前掲註(50)松田監訳『十六・七世紀イエズス会日本報告集』第Ⅰ期第二巻の二八三頁の「一五九六年(九月十八日付、都発信)十二月二十八日付、長崎発信、ルイス・フロイスの年報補遺」(家入敏光訳)に「(太閤《豊臣秀吉》)としては、自らが日本国の最高の栄誉に昇り、祖先から（継承している）という理由で、日本国全土の総国主となっている本来の国王、内裏《（後陽成天皇）》を廃位させ、その笏杖と王冠とを簒奪するという唯一つのことのみが残っていた」とある点について、跡部氏は「秀吉自身に皇位簒奪の意志があったとみるかれ《（ルイス・フロイス）》の観察には賛成できない」とし、「講和の劇的破局が冊封の意義をあいまいにした」と見て、「秀吉自身は制度上の王位に挑戦するような行動をおこさなかった」とする。前掲註(46)跡部「秀吉の朝鮮渡海と国制」二二頁～二三頁。この点、秀吉晩年の天皇観については、前掲註(53)中野『豊臣政権の対外侵略と太閤検地』四九頁～五一頁が「御掟」・「御掟追加」について「天皇の存在を相対化し」、「従来の叡慮に替えて『太閤様御法度御置目』自体を権原に据えた新たな公儀権力の構造を提示したものとして評価」したこととの関連が論点となろう。また、寺嶋一根「部会ニュース・近世史部会　文禄慶長期における豊臣秀吉の「御引直衣」着用について――参内・御礼の場面に注目して――」（『日本史研究』第五五六号、二〇〇八年十二月）が、秀吉による御引直衣の着用を指摘したことも考慮すべきである。なお、御引直衣については、京都国立博物館・高倉文化研究所編『天皇陛下御在位十年記念　宮廷の装束』（京都国立博物館・高倉文化研究所、一九九九年）一八頁～一九頁に写真と解説がある。

(65) 前掲註(50)中野『秀吉の軍令と大陸侵攻』三六二頁～三六三頁。

(66) 木村展子「豊臣秀頼の寺社造営について」（『日本建築学会計画系論文集』第四九九号、一九九七年九月）一七一頁・一七三頁～一七六頁。

(67) 前掲註(66)木村「豊臣秀頼の寺社造営について」一七五頁～一七七頁。

(68) 財団法人神道大系編纂会編『神道大系　神社編四　宮中・京中・山城国』（財団法人神道大系編纂会、一九九二年）解題。

(69) 前掲註(28)『豊国大明神臨時御祭礼記録』四頁。

(70) 吉田洋子「豊臣秀頼と朝廷」（『ヒストリア』第一九六号、二〇〇五年九月）四七頁、「方広寺大仏殿再建豊臣秀頼願文写」（妙法院史研究会編『妙法院史料』第五巻、古記録・古文書一、吉川弘文館、一九八〇年、二七八頁～二七九頁）。

(71) 前掲註(50)松田監訳『十六・七世紀イエズス会日本報告集』第Ⅰ期第二巻、三一九頁。家入敏光訳。

(72) 前掲註(44)中村『日鮮関係史の研究』中、二〇一頁・二一一頁。「景勝公御年譜」巻十八の慶長元年秋九月二日条（『上杉家御年譜』三・景勝公〈2〉、米沢温故会・井形朝良、一九七七年、一一八頁～一一九頁）。

(73) 前掲註(5)高木「江戸幕府の成立」一一八頁～一二一頁。
(74) 前掲註(10)跡部「秀吉独裁制の権力構造」二四頁～二八頁。
(75) 笠谷和比古『関ケ原合戦と近世の国制』（思文閣出版、二〇〇〇年）第六章。
(76) 岡野友彦「家康生涯三度の源氏公称・改姓」（二木謙一編『戦国織豊期の社会と儀礼』吉川弘文館、二〇〇六年）。
(77) 小和田哲男「徳川家康の源氏改姓問題再考」（『駒沢大学史学論集』第三五号、二〇〇五年四月）。
(78) 堀新「豊臣秀吉と「豊臣」家康」（山本博文他編『消された秀吉の真実――徳川史観を越えて――』柏書房、二〇一一年）。
(79) 前掲註(75)笠谷『関ケ原合戦と近世の国制』一三〇頁。
(80) 前掲註(44)中村『日鮮関係史の研究』中、二〇四頁～二〇五頁・二一一頁。前掲註(72)「景勝公御年譜」巻十八の慶長元年秋九月二日条（一二三頁～一二四頁）には徳川家康宛の「劄書」が引かれており、そこにも「豊臣家康」とある。
(81) 『舜旧記』慶長三年七月十三日条（鎌田純一校訂編『史料纂集　舜旧記』第一、続群書類従完成会、一九七〇年、一四一頁）。
(82) 前掲註(18)『言経卿記』慶長三年八月七日条（二八頁～二九頁）。
(83) 前掲註(18)『言経卿記』慶長三年八月十一日条（三一頁）。
(84) 『公武大體略記』（塙保己一編『群書類従』第二十八輯・雑部、続群書類従完成会、一九五九年）六五八頁～六六〇頁。
(85) 『異国近年御書草案』（異国日記刊行会編『影印本異国日記――金地院崇伝外交文書集成――』東京美術、一九八九年）一八四頁。伊藤真昭他編『相国寺蔵西笑和尚文案――自慶長二年至慶長十二年――』（思文閣出版、二〇〇七年）五五頁の157に当該史料の「今茲」から「不備」までの本文案が収められているが、文言に若干の異同がある。
(86) 前掲註(39)中村『徳川家康文書の研究』中巻、四二一頁～四二二頁。
(87) 『異国近年御書草案』については、中村質「解説」（異国日記刊行会編『影印本異国日記――金地院崇伝外交文書集成――』東京美術、一九八九年）二三五頁～二三六頁によると、「原表紙」の「左肩に「異国近年御草書案」とあり、その下に「以学校幷本上州所持本写之、慶長十三戊申七月如意珠日、於駿府功畢」を三行に割り、右肩に宛先七カ国名を記す。（中略）崇伝は慶長十三年七月、元佶のもとで外交文書を担当することになったので、前例を知るべく彼らの所持本を手写したもの。底本はほどなく散逸したらしく、崇伝によるこの写本だけが伝存する」といい、「所収御書（返簡）の年次は、関ケ原の戦によって徳川氏が日本の統治者となる以前の慶長四年七月から、承兌死亡直前の慶長十二年十月までのもので、承兌が起草した返書ということになる」という。史料11が西笑承兌の起草になるという点は、前掲註(85)伊藤他編『相国寺蔵西笑和尚文案』五五頁の157に史料11とほぼ同様の本文案が収載されていることからも裏づけられよう。

(88)　前掲註(10)藤井『天皇の歴史05　天皇と天下人』二六七頁。

(89)　『野宮定基日記』三十二（宮内庁書陵部所蔵原本）元禄八年八月十七日条。

(90)　前掲註(10)跡部「豊臣政権の対外構想と秩序観」八一頁〜八二頁、藤井讓治「一七世紀の日本――武家の国家の形成」（朝尾直弘他編『岩波講座　日本通史』十二、近世二、岩波書店、一九九四年）四三頁〜四九頁。なお、豊国大明神・豊国社のその後については、前掲註(27)倉地『近世の民衆と支配思想』一七四頁〜一八九頁も参照のこと。

(91)　また、これより前、慶長十年（一六〇五）に後陽成天皇が「地球儀の上に描かれた地図を見ることを希望した。それは彼にとって非常に珍しいものであり、まるで奇跡のようにその眼に映じた。そこで、彼の家臣の一人に地理を教えてくれるよう求め、同人の説明によってそれを理解した」（松田毅一監訳『十六・七世紀イエズス会日本報告集』第Ⅱ期第一巻、同朋舎出版、一九九〇年、九頁のD・バルトリ著『イエズス会史』抜粋〈一六〇五、〇六年補遺〉鳥居正雄訳）とされていることも、その後の後水尾天皇・後陽成上皇を含む天皇家のスタンスに何らかの影響を与えただろう。

(92)　『大日本史料』第十二編之十七、一頁〜三頁。家康の発言は『駿府記』慶長十九年十二月十七日条（『大日本史料』第十二編之十七、慶長十九年十二月十七日条、一頁）。『大坂冬陣記』慶長十九年十二月十七日条（『大日本史料』第十二編之十七、慶長十九年十二月十七日条、一頁）は家康の発言を「扨義不可然、若不成則軽天子命、甚以不可也」とする。この勅命講和の提案について、それが後水尾天皇からではなく、後陽成上皇からのものであったことに注意し、またその提案がそれまでの上皇と家康との関係の推移をふまえ、「要求をとおすことが目的の介入ではなく、二人の和解の成果をたしかめるための上皇からの歩み寄り」だったとしたのは跡部信「大坂冬・夏の陣」（『歴史読本』第四七巻第七号、二〇〇二年七月）一一八頁〜一二〇頁である。なお、跡部氏は家康の反応について、「天皇家の力をかりずとも和平はすでに目前なのだから、この場合、提案の全面拒絶がもっとも順当な選択肢であった。このおりの家康の対応をとらえて、十五世紀以来つづいてきた天皇家による戦争介入に終止符を打ったものとの歴史的意義をあたえる見解もあるが（今谷明《いまたにあきら》『武家と天皇』）、講和を提案した上皇の動機と心算に照らして、そうした評価は正当なのか」（前掲跡部「大坂冬・夏の陣」一二一頁）とするが、筆者はこの時に家康が信長・秀吉と異なる立場を明確化したことを重視している。

　なるほど確かに跡部氏のいうように、家康が天皇の力を借りなければならない必要性は低かったかもしれない。しかし、家康は講和という政治問題への直接関与にともなって上皇や天皇の背負うことになるリスクを明確に意識しており、そのリスクを上皇側へ伝え、それは回避されるべきであることを謝絶理由として提示することで、上皇または天皇の行動に明確な線を引いたのである。これは、上皇の体面を傷つけないための修辞でもあったろうが、単にそのような修辞のみであるならば別の表現もあり得ただろうから、家康の謝絶文言はそれまでにない上皇に対する政治的メッセージとして案出されたものであったのではないかと筆者は考えている。跡部信氏の『歴史読本』所載論文については、同氏のご教示による。

（93）『大日本史料』第十二編之二十二、一六一頁〜一六二頁。「禁中并公家中諸法度」の第一条については、その意味や「御学問」の性格をめぐる議論がこれまでにあり、松澤克行「近世の天皇と学芸——「禁中并公家中諸法度」第一条に関連して——」（国立歴史民俗博物館編『和歌と貴族の世界　うたのちから　歴博・国文研共同フォーラム』塙書房、二〇〇七年）二一〇頁〜二一一頁は同条について「天皇を政治の世界から排除して、文化の領域に封じ込める」ものと捉えられた段階から「必ずしも天皇を非政治化することを狙ったものではな」いと理解されるようになった段階へと「再検討が加えられ、従来の条文理解が改められつつある状況である」と整理している。なお、前掲松澤「近世の天皇と学芸」二一六頁は同条が「天皇に先ずは「君主」としての素養を身に付けることを求める」という「趣旨」であったとし、「「君主」」の語については「朝廷という小世界における治者」という文言を補っている。
　筆者は、「禁中并公家中諸法度」が発せられるまでの天皇の政治的立場・行動をふまえ、なぜ慶長二十年すなわち元和元年（一六一五）に第一条のような条文が必要と判断されたのかという観点から解釈することが大切なのではないかと考えており、条文の文言の意訳や後世の法度の運用のあり方によって天皇が君主か否か、政治的存在か非政治的存在かと議論することにはやや無理があると考えている。

天下人の神格化については、これまでさまざまな議論が積み重ねられてきた(1)。しかし、豊臣秀吉と徳川家康の神格化は、彼らの望みどおり実現していない点に特徴があり(2)、例えば、徳川家康の神格である東照大権現について見ると、そもそも家康の遺言は、次の『本光国師日記』の元和二年（一六一六）四月三日条に記されたような内容であった。

【史料1(3)】

一、相国様《徳川家康》御煩。追日御草臥被成。御しやくり。御痰なと指出。御熱気増候て。事之外御苦痛之御様体ニて。将軍様《徳川秀忠》を始。下々迄も御城に相詰。気を詰申体。可被成御推量候。伝奏衆《広橋兼勝・三条西実条》上洛之以後。事之外相おもり申躰候。拙老《以心崇伝》式義ハ。日々おくへ召候て。忝御意共。涙をなかし申事候。一、一両日以前。本上州《本多正純》。南光坊《天海》。拙老御前へ被為召。被仰置候ハ。臨終候ハ、御躰をハ久能へ納。御葬礼をハ増上寺ニて申付。御位牌をハ三川《三河》之大樹寺ニ立。一周忌も過候て以後。日光山に小キ堂をたて。勧請し候へ。八州之鎮守に可被為成との御意候。皆々涙をなかし申候。

（一つ書きの読点・傍線・波線は筆者による、以下同）

これは先行研究が必ず言及する箇所だが、家康の遺言は元和二年（一六一六）四月三日の「一両日以前」に行われ、聴き取った面々は本多正純・天海・以心崇伝であり、その内容は傍線部分であった。この遺言では、祭祀の方法についての具体的指示はなかったが、先行研究によれば、家康は当初唯一宗源神道で埋葬されながら、山王一実神道に基づき権現号により神格化され、その立役者の一人が天海であった(4)。その天海の関与の深さを端的に示す史料は、次の、寛永十六年(一六三九)から寛永十七年(一六四〇)にかけて制作され、日光東照社へ奉納された『東照社縁起』仮名本第三の一文だろう。

【史料2】(5)

源君(徳川家康)の御違例、日をへてよはらせおはしませは、自今以後いよ〳〵君を守護し、国を治給はむ事のみ大将軍秀忠(徳川)公にいとこまやかに御遺言有けれは、秀忠公かなしひに堪給はす、哽咽し給ひけるとそ、さて天海(南光坊)をめして、法華止観の深義、山王神道の玄奥をつたへ、現地安穏、後生善処の御ほいを遂たまふそ有かたくおほえ侍る、かくて御はふりの事は、先当国久野寺にをさめ、一回の光景を送り、時々神号の事奏聞をへて授賜るへきにをいては、大織冠のためしをあふきて、日光山へ移し、しからは神を当嶺に降して、永く国家を擁護し、子孫を視そなはさん事、たかふましきよし、御誓約ありて、元和二年四月十七日、七十五歳にて安然として薨御し給ひぬ、(以下略)

ここでは、遺言を聴いた人物は天海のみとされ、しかも傍線部分の家康の遺言も史料1と異なる。天海自身、この相違は気にしており、事実、『東照社縁起』真名本上巻の末尾には「家門繁盛、氏族永栄、必守山王神道、不可交他流、但作法可准多武峯、子孫繁茂故也、自兼日御掟也、而御遷化後少々雖有相違儀、重而台徳院殿(徳川秀忠)被達叡聞、如源君(徳川家康)御遺告決定了、如斯始末、一點無曇」(6)とあって、みずからの立場を正当化している。

このような相違の要因について、先行研究では古くから天海の動向に帰する論調が多く、例えば、崇伝のいう家康の遺言(史料1)について、天海はみずからも聴いたそれを否定し、独自に聴いたとする家康の別の遺言の存在を主張したこと、また、天海は家康の祭祀を唯一宗源神道で行うことを否定し、大明神号での神格化案についても徳川秀忠の面前で豊国大明神の末路に言及して斥け、山王一実神道での祭祀と権現号での神格化を主張したことなどが強調されてきた。(7) しかし、そのような天海の行動は、一部先行研究の指摘するように「頗る潤飾する所がある」史料に基づいて描かれており、(8) 天海の当時の主張内容については不明な点が多い。先行研究ではこの点があまり認識されないまま、家康の遺言を実行しようとした天海が、崇伝らの多少の抵抗をうけながらも、比較的スムーズに東照大権現号（これさえ遺言にはなかった）を創出させたかのような印象を強めている。(9)

一方、この家康没後の取り扱いをめぐる路線対立の収拾と葬法の途中変更については、その判断主体を徳川秀忠とし、秀忠の面前における崇伝・天海の議論の時期と、秀忠の心境の変化の時期、山王一実神道・権現号の採用決定の場所および時期を、秀忠の動静分析に基づいて論じた浦井正明氏の業績がある。(10) なるほど、確かに当時、この種の問題を秀忠の判断ぬきで議論できようはずがない。ところが、不思議なことに先行研究では、曽根原理氏と藤井讓治氏以外、(11) この浦井氏の業績を反映させていないのである。

天下人の死の取り扱いという、当時の最高水準の政治問題をもっぱら天海の動向から評価することは、天海の存在の過大評価となるし、東照大権現号登場の歴史的意味の矮小化にもつながりかねない。筆者は、浦井氏の業績をふまえるならば、秀忠の動向を視野に入れて東照大権現号創出の歴史的意義を再検討することが必要と考えるが、しかし、件の浦井氏をしても、東照大権現号の創出過程における秀忠の意図の存在を述べながら、その意図の中身までは検討できていないし、家康の葬法の途中変更という異常事態の背景解明の必要性を的確に指摘しながらも、その背景を最終的に秀忠の意図とは別の所で議論している。(12)

この理由について筆者は、浦井氏および他の先行研究が少なくとも次の四点を検討できていないからだと考えている。すなわち、①そもそも家康の神格化の方法変更を主張した天海の介入とその秀忠の容認は家康の埋葬後であったが、そのような事後介入と変更を可能にした当時の具体的状況、②その介入の際、天海が秀忠に説明した論理の内容、③天海の攻撃対象の唯一宗源神道側、とくに神龍院梵舜と吉田家当主の対応、④これら①から③をふまえて最終的に秀忠が山王一実神道と権現号の採用によって目指した事柄の内容、の四点である。そこで本章は、これら四点について、一次史料を中心に丹念に再検討しつつ、新史料も用い、東照大権現号の創出に込められた徳川秀忠の政治的意図に迫ってみたい。

第一節　徳川家康の久能山埋葬前後の状況

ここでは、家康の葬法をめぐり、その変更を主張した天海の事後介入が可能となった当時の具体的状況を解明するため、久能山において徳川家康が埋葬される前後の状況を検討しておきたい。まず、次の『本光国師日記』の元和二年（一六一六）四月十六日条によると、家康の容体は四月十一日より食事も受け付けないほどに悪化した。

【史料3】[13]

一、相国様（徳川家康）御煩。追日御草臥被成候。此十一日（元和二年四月）ゟハ。一切御食事無之。御湯なと少参候躰候。もはや今明日之躰ニ候。何ともにかく〳〵敷義無申計候。貴様（板倉勝重）其地□□御周章従是察申候。一、先書如申。任御遺言旨。御躰をハ久能ニ納。神ニ御祝可被成由ニ候。好折節（時節）神龍院（梵舜）在府被申候而。作法共被成御尋候。一、於増上寺御弔御中陰可被仰付ニ付而。頓而増上寺江戸へ可被返遣候旨候。御葬礼ハ有之間敷由ニ候。

さらに、傍線部分によれば、史料1の遺言の実現方法について、「好折節」に駿府に「在府」していた神龍院梵舜に「作法共」を「被成御尋」た。この「御尋」の主語が不明だが、梵舜の日記の『舜旧記』によると、元和二年（一六一六）四月十五日条に「金地院（以心崇伝）ヨリ公方様（徳川秀忠）御用トシテ書状来、則令登城、神道・仏法両義、御尋之所也」[14]とあり、翌十六日条には「相国（徳川家康）之御事、以神道之義、神位ニ駿州久能へ遷座之義ニ相定、被仰出也」とあるから、史料3の「御尋」は『舜旧記』の「御尋」を指すと思われ、史料3の「御尋」の主語は秀忠としてよいだろう(15)。だが、ここでより重視すべきは、なぜ梵舜が家康病没時という「折節」に駿府にいたのか、という点である。

梵舜の日記の『舜旧記』によると、梵舜は元和二年（一六一六）三月二十四日に駿府へ到着したが(16)、翌二十五日には駿府城へ登城し、「吉田(兼治)ヨリ進上」の「神道御秡」を徳川家康へ献じている(17)。梵舜の駿府下向は、家康への「神道御秡」献上が目的であった。問題はその後も梵舜が駿府に滞在した理由だが、『舜旧記』によると、献上後、家康の「一段御感入之由」が崇伝から梵舜へ伝達され、梵舜は秀忠らへも挨拶を済ませたところ、崇伝から使があって再度呼び出され、そこで崇伝から「大御所様(徳川家康)御諚之趣、御物語」があった(18)。この三月二十五日時点の崇伝は四月三日の「一両日以前」に行われた史料1の家康の遺言をまだ聴いていないはずである。「大御所様(徳川家康)御諚之趣」は、すでに表明された「神道御秡」への礼とは別の内容と見るべきだろう。しかし、「大御所様(徳川家康)御諚之趣」を聴いた梵舜の反応は「神慮忝義也」とあるから(19)、梵舜に史料1の遺言の大枠が伝えられた可能性はある。いずれにせよ、梵舜はこのやりとりの後、「神道御秡」を献上済みにもかかわらず、駿府に滞在しつづけるのである。そして、元和二年（一六一六）四月十七日の「巳刻過」(午前十時半過ぎ)、ついに家康病没の時を迎える(20)。次の史料は、家康病没後の事態の推移を伝える『本光国師日記』の元和二年（一六一六）四月二十一日条である。

【史料4(21)】

一、右之書中ニ如申入候。相国様(徳川家康)之儀。中〱可申様も無之仕合ニ候。十七日(元和二年四月)夜。久能へ移シ御申候。本上野殿(本多正純)。土井大炊殿(利勝)。安藤帯刀殿(直次)。成瀬隼人殿(正成)。松平右衛門殿(正綱)。内膳殿(板倉重昌)。秋但馬殿(秋元泰朝)。中山備前殿(信吉)。幷南光坊(天海)。拙老(以心崇伝)も罷越候。中和州(中井正次)奉ニ而。御仮屋社頭以下。俄造営御普請等も。彦九兵。壽学奉ニ而。急速出来。則十九日(元和二年四月)之寅之刻。御廟ニ被相納候。神に被為祝候故。神龍院(梵舜)取沙汰被仕候而。厳重之御作法共相済候而。廿日(元和二年四月)之暁。各帰府候。（中略）一、今日廿二日(元和二年四月)。公方様(徳川秀忠)御忍にて御社参候。一、同今日(元和二年四月二十二日)。公方

様当地を被為立。江戸へ還御候。今晩ハ清水御泊と申候。

これによると、家康の遺体は病没の日のうちに久能山へ移され、そこには本多正純らをはじめ、天海と崇伝も立ち会った。「御仮屋社頭以下」の造営が「急速出来」してから、四月十九日の「寅之刻」（午前四時・四月二十日未明のことカ）に家康の遺体は「御廟ニ被相納」れ、傍線部分によれば、この間の作法は梵舜が「取沙汰」し、「厳重之御作法共相済」んだ後、前述の面々は駿府へ戻った。なお、秀忠の参拝は四月二十二日とあり、同日、秀忠は江戸への帰途に就いたとあるが、浦井氏によれば秀忠の出立は延期された模様である[22]。このように崇伝は、駿府滞在中の梵舜による「厳重之御作法」とそれを見届けた面々の様子を主に描いているが、件の天海の事後介入については、次の『本光国師日記』の元和二年（一六一六）五月十二日条の波線部分で事の次第を振り返る形で言及している。

【史料5[23]】

一、相国様《（徳川家康）》御ゆいこんの旨ニ而。久能へ納。神ニいわゝせられ。吉田代《（兼治）》ニ先神龍院《（梵舜）》在府故。作法共申沙汰被仕候。御神号ハ重而勅使可在之通ニ御座候キ。然所ニ南光坊《（天海）》何角存分之儀御座候而。少々出入共御座候ツル。拙老《（以心崇伝）》ハ。神ならは吉田可存儀と申候を。南光坊神道をも存知之様ニ被申候ツル。一圓我等ハかまい不申候。此儀をからかい申様ニ。其地へも聞え申候哉。別成儀にてハ無御座候間。可御心安候。（以下略）

すなわち、天海が「存分之儀」を主張して「少々出入共」があったとあり、天海は「神道をも存知之様ニ被申」たという。問題は、この天海の事後介入の時期だが、浦井氏は『慈性日記』の元和二年（一六一六）四月二十日条に「御城にて大僧正《（天海）》と国師伝《（以心崇伝）》長老と、大御所様《（徳川家康）》ヲ神ニ齋候へとの御遺言ニ付而［　　］問答候也[24]」とあることを根拠に、久能山での作法終了後、関係者が駿府へ戻った四月二十日としている[25]。今のところ、これ以外に直接的な史料を見出せないから、従うべき見解だろう。さらに浦井氏は、四月二十二日の秀忠の久能山参詣時、まだ祭祀方法は唯一宗源神道の線で検討されていたこと、翌四月二十三日の駿府城における秀忠と天海・慈性の面会の事実を指摘したうえで、当初の予定より遅い四月二十四日に江戸へ出立した秀忠が、四月二十五日に崇伝の江戸参府を命じていること等から、四月二十五日に「秀忠の考えが変わった」と見ている。(26) 筆者も同様の見解である。

この間の事情について、崇伝は史料5をさらに言い換え、事態を振り返り、『本光国師日記』の元和二年（一六一六）五月二十一日条で次のように記している。

【史料6】(27)

一、先面向ハ神ニ被為祝分ニ而候故。御仏事ハ御内々之様子ニ相聞へ申候。神ニ被為祝候ニ付而。拙老(以心崇伝)ハ吉田(兼治)可仕義と　御前へも申上。幸神龍院(梵舜)在府ニ付而。先取沙汰被仰付候。御神号并御位以下。従禁中(後水尾天皇)被　仰出。其上勅使。上卿以下御下向。其時吉田神主被罷下。御遷宮以下之作法可有之との義ニ候処ニ。南光房(坊カ、天海)被申候様ハ。山王神道とて。別而存知之由候。吉田ハ山王の末社ニ而候なと、。種々様々被申掠候故。何となく相延申候。拙老とからかい候様ニ。世上ニもさた有之由候。定而其地へも左様のさた可有之候。右之様子迄ニ候。御気遣候間敷候。（中略）吉田之神道と被相妨。山王之神道とやらんニ日本国が成可申か。かやうの珍敷義ハ前代未聞と存候。（後略）

波線部分からは天海の発言の様子が若干知られるが、残念ながらその詳細はわからない。従来、天海の事後介入について、一次史料から議論しにくかった原因はこのあたりにあるのだろう。天海の介入をうけて秀忠は、元和二年（一六一六）五月三日、梵舜に大明神号と権現号との差異を問い合わせ、梵舜は大明神号と権現号に「上下之差別ハ無之由」を答えつつ、大明神号での神格化を主張したが、(28)『慈性日記』の元和二年（一六一六）五月二十六日条に「御城へ南光坊(天海)ヲ被為召、大御所様(徳川家康)ヲ権現御齋可被成候、頓而上洛候へとの事、被仰出候」(29)とあるように、秀忠は家康を権現号で神格化することを決し、天海・板倉重昌・林永喜に上洛を命じて「相国様（徳川家康）被為神祝之儀被得　勅諚[30]」ようとしたのである。

第二節　久能山における神龍院梵舜の作法の歴史的位置

不明な点の多い天海の当時の主張内容は次節で検討するが、それにしても、このように秀忠が家康埋葬後の方針転換をよしとし、かつそれを促した天海の事後介入自体、いったいなぜ可能となったのだろうか。浦井氏も述べるように、これは「一見乱暴とも思える方針の大転換」であり、その背景は「どうしても明らかにしておかなければならない[31]」。

この点について筆者は、史料5と史料6の傍線部分の再検討を提言したい。すなわち、史料5の傍線部分によれば、当時あくまでも崇伝は、梵舜について「吉田（兼治）代ニ」作法を行ったにすぎないと認識していたことがわかり、しかも史料6の傍線部分には、のちの神号・神位伝達の勅使下向時に「其時吉田神主（吉田兼治）被罷下。御遷宮以下之作法可有之」とあって、事態が順調に推移していれば、勅使とともに吉田家当主が下向し、あらためて「御遷宮以下之作法」を行う予定であったことが知られるのである。

一方、浦井氏は史料6について「少なくとも家康の死の直後には、神号や位を朝廷より受けるについて、まず勅使の下向を仰ぎ、その神号勅許を待って吉田家の当主が日光への遷宮以下いっさいの作法を司るという手筈までが決められていた」とし、史料6の「遷宮」の場と勅使および吉田家当主の下向先を日光と理解しており、元和二年（一六一六）五月段階での日光「遷宮」の議論は早いと留保したのか、「この場合の遷宮とは勧請を意味していると考えた方がよいだろう[32]」としている。

だが、もし浦井氏の考えるとおり日光のことを想定した記述だとするなら、史料6の筆者の崇伝は家康の遺言どおりに「勧請」と記すのではなかろうか。さらに、後述する元和二年（一六一六）七月六日から同月二十七日にかけて、朝廷では家康の神号が検討されるが、(33)そこで示された権現号の勘文は「日光山依可為勧請」や「是又日光依勧請」の文言で始まっている。(34)この間、確かに天海は日光での「遷宮」を目指して文献の検討などに奔走しているが、(35)少なくとも元和二年（一六一六）七月段階までの日光は家康の遺言どおり「勧請」の場であったのである。

したがって、史料5と史料6をふまえるなら、少なくとも崇伝側は、かつて秀吉の遺体を豊国社へ遷して豊国大明神として祭った際、吉田家当主の吉田兼見と子息・兼治が宣命使を迎えて「遷宮」と称する祭祀を執行したように、(36)当時、徳川家康についても吉田兼治によって久能山での「遷宮」が執行されるべきだと観念していたものと思われる。いわば梵舜は駿府滞在中に吉田兼治の代理で祭祀を執行したにすぎず、唯一宗源神道の立場からは、久能山での祭祀自体が勅使と吉田兼治の下向まで未完であったのである。

史料5と史料6は久能山での祭祀が未完であることを述べた史料であり、日光のことにまで言及したものではないと考えられる。だからこそ、元和二年（一六一六）四月十九日の祭祀直後、四月二十日というタイミングで天海は、神道の大枠を変えずに、久能山ではなく日光での祭祀やり直しを視野に入れ、唐突の感はありながらも一連の流れに介入して秀忠に意見具申できたと推測されるのであり、それを秀忠も了承したということなのだろう。

第三節　天海の意見具申の内容と徳川秀忠による権現号奏請

さて、その天海による秀忠への意見具申の内容であるが、前述のように、一次史料の『本光国師日記』からはその詳細までを把握できなかった。それでは、当時の天海の意見具申の内容を知ろうとするにあたり、手がかりはまったくないのだろうか。

この点について筆者は、『羅山林先生外集』所収の史料7を用いることは可能ではないかと考えている。史料7はすでに辻善之助氏も引用するが、積極的に活用しておらず、またなぜか他の研究者も用いていない。しかし、林羅山は家康の病没前後、「二年(元和)御不例のとき日々御傍に候し、四月十一日(元和二年)御座近くめされて、密におほせをかうぶり、薨御のゝち江戸に至り、また駿府にかへりて御文庫の書籍を尾張、紀伊、水戸の三家にわかち、本朝の旧記及び希世の書はこと〴〵く江戸の官庫に蔵む(37)」という活動をしており、内容こそ異なるものの、崇伝らと同じように家康の遺言を直接聴くことができた人物である。おそらく羅山は、駿府城内において当時生起した家康の遺言論争についても見聞することがあったものと推測される。したがって、筆者は、先行研究が用いる諸史料よりも、『羅山林先生外集』所収の史料7のほうが、当時実際に行われた天海の意見具申の内容をよく伝えているのではないかと思うのである。では、史料7を検討してみよう。

【史料7(38)】

始ハ宗源の神道にて、我国上古の風儀にまかせ、卜祝のものとりおこなふへかりしを、常ニ仏法を好ミましませハ、いかてか三宝を忌にくむ神にならせたまふへきにや、豊国の社をしてこほちすてたまハんやうにいつも仰られしなと天海(南光坊)僧正しきりに訴申されけれは、将軍家(徳川秀忠)けにもとおほされて、さらは両部習合和光同塵の神になしまひらせ、　朝に申、御神号を贈らせたまふへしとそ、使節都へのほりけれは、　主上(後水尾天皇)春秋富セましまます、公卿僉儀ありて、　大権現にならせたまふ、明年四月(元和三年)、下野国日光山に遷宮あるへきにさた賜りぬ

これによると、天海の主張は波線部分に示されている。すなわち、家康は常に仏法を好んでいたのだから、どうして唯一宗源神道による神のような「三宝を忌にくむ神」になられることなどできようか、生前の家康は豊国

社を壊してしまおうといつも仰っていたという内容である。確かに豊国社への言及はあったようだが、豊国大明神の末路を引き合いに大明神号での神格化案を斥けたという先行研究の議論とは若干ニュアンスが異なり、あくまでも天海は、仏教を好んだ家康がなるべき神とは何か、という問題提起をしたものと考えられる。興味深い点は、傍線部分に徳川秀忠の反応が記されている点であり、秀忠は天海の問題提起をなるほどと受け、ならば「三宝を忌にくむ神」ではなく「両部習合和光同塵の神」として祭り、朝廷に神号を奏請しようと述べたという。

このやりとりからは、従来指摘されてきたような、天海の強烈な自己主張は感じられず、当時の天海の意見はあくまでも生前の家康の志向から立論されていたらしいことがわかり、だからこそ秀忠も天海の意見具申を受け容れやすかったものと推測される。

第四節　吉田家による対抗運動とその論理および限界

では、この間、天海の攻撃対象とされた唯一宗源神道側、すなわち吉田家は対抗措置をとらなかったのか。従来、この点については、梵舜の動きを中心に論じられる傾向にあり、例えば、浦井氏は『舜旧記』の元和二年（一六一六）五月十一日条の「次金地院（以心崇伝）ヨリ呼来、京都伊州（板倉勝重）ヨリ禁中作法神道之義、吉田（兼治）ヨリ主之執行、自餘申分不謂之由申来、殊神体遷宮ハ、吉田数度仕之由、書状ニテ申来也」[39]という記事を意訳して紹介している。すなわち、梵舜は崇伝から呼び出され、板倉勝重が書状で「禁中作法神道之義」は吉田家が「執行」してきていること、とくに「神体遷宮」は吉田家で「数度」行っている旨を知らせてきたと告げられた。これは五月三日の秀忠による下問の八日後であり、浦井氏もいうように板倉からの報知はタイミングとして遅く[40]、従来は天海の攻勢と秀忠の心境の変化を前に諦観するほかない崇伝と梵舜の姿が描かれてきた。

しかし、史料を子細に検討すると、唯一宗源神道側は手をこまねいていたわけではなく、元和二年（一六一六）

五月二十六日に秀忠が家康を権現号で神格化すると決定した後、在江戸の梵舜は対抗の動きに出ている。すなわち、『舜旧記』の元和二年（一六一六）五月三十日条には「板倉内膳（重昌）・南光坊（天海）・永喜（林）三人、久能御神号望申ニ上洛也、俄左吉ヲ差上、書状委細ニ吉田（兼治）へ申上也、則両伝奏（広橋兼勝・三条西実条）迄宛之由可然之由、申上也、加様申所ニ此三人板倉周防（重宗）下迄被待延引也(41)」とあり、これによると、板倉重昌・天海・林永喜の三名が神号勅許を目指して上洛しようとしたものの、延期されたことがわかるが、より注目したい内容は傍線部分である。梵舜は吉田家当主の吉田兼治に情勢を報告する書状を送り、以後の運動は武家伝奏宛に行うとよい旨を具申している。前述の三名は元和二年（一六一六）六月十一日に江戸を発ち(42)、家康の神格化をめぐる路線対立の場は京都へ移ることとなった。

ところが、その矢先、吉田家と梵舜は思いもよらぬ不幸に見舞われる。従来の研究ではまったく言及されていないのだが、あろうことか当主の吉田兼治が元和二年（一六一六）六月五日に亡くなってしまったのである(43)。この知らせをうけて梵舜は元和二年（一六一六）六月二十二日に帰洛の途につき、七月三日に京着している(44)。はたして吉田兼治の没後、梵舜と吉田家は家康の神格化問題にどのように対応したのだろうか。その様子の一端を伝える史料が次の『本光国師日記』の元和二年（一六一六）七月十八日条である。

【史料8(45)】

一、神道之儀ニ南光坊（天海）。板内膳（重昌）なと上洛。于今無下向候。上方ニ而之取沙汰。定而烏丸殿（光広）ゟ可被仰入候。吉田（兼英）ゟも可有御左右候間。具ニ可被聞召候。色々之出入共候而。咲止成儀ニ候。

ここからは、天海や梵舜らが集結した「上方」でも「色々之出入共」があり、吉田家は態度表明をしたことがわかるが、『舜旧記』の元和二年（一六一六）七月四日条の「早朝、広橋大納言（兼勝）へ参、単物一ツ・帷一ツ令持参也、久能之義、一々尋也、依而公義別而執奏事候間、当家（吉田家）中分者立間敷之由候、依時不申達義、是非理一圓體也(46)」という記述からも、吉田家にとって「上方」の情勢は相当厳しいものであったことがうかがわれる。すなわち、梵舜は武家伝奏の広橋兼勝に「久能之義」を尋ねたが、広橋は「久能之義」が公儀からの「別而執奏事」であることを理由に、吉田家の「中分者立間敷之由」を答えている。

　これまでの史料をふまえると、吉田家側は、当主兼治の没後、兼英と梵舜が元和二年（一六一六）六月初旬から七月初旬にかけて運動を展開した模様だが、その首尾はよろしくなく、事実、七月五日に梵舜は、家康生前より久能城の守りを託されて引きつづき家康の遺言と秀忠の指示で久能山での祭祀も任されていた榊原清久（のち照久）に宛てて、吉田家の主張が天海らの主張に抗し得ない現状を諦めの境地で書き送っている。[47]

　従来はこれらの状況から、公儀の威光を背景に権現号と山王一実神道で家康を祭る路線が推進されていく様と、それを半ば諦めの気持ちで見つめる梵舜らの姿が描かれるに止まってきたが、前述のような、それまでの宮中での唯一宗源神道の役割を考えると、京都での議論の推移について単に公儀の威光のみで片づけることはできず、唯一宗源神道側のいったいどのような主張が斥けられたのかを確認しておく必要がある。この点について、天理大学附属天理図書館の吉田文庫の中に、当時の吉田家の主張を記した「久能御社之事并日光ニ被建寺社之事」と題する史料9があるので（写真2）、その内容を検討しよう。

【史料9】[48]

一、今度久能御社之事、　相国様（徳川家康）任御遺言、神位、公方様（徳川秀忠）神道之義ヲ以テ神位ニ遷座之依御掟、鎮座候、既神
地ヲ地引之時モ御年寄衆御出候而被仰付、卯月（元和二年）十九日ニ御神位座則其時ヨリ御神供已下神道作法ニ備申事、
于今無退転、同月廿二日（元和二年四月）、将軍様（徳川秀忠）厳重御社参、其外御年寄衆御馬廻衆已下、各御伴也、末代迠万歳之処ニ、
南光坊（天海）不謂族巧申、仏名菩薩号頻ニ望申事、無其利、前廉ニ府中之御城ニテ御讃歎之時、不被申上事越度也、
次、久能江御形像御移、十七日（元和二年四月）ヨリ十八日十九日一両日之内ニモ　公儀へ不被申上、剰暫後ニ申入事、無其
謂、仏名菩薩権現号、無先例欤、日本神国也、争神代風儀、不可遠候哉、痛哉、悲哉、右之通天台へ被仰

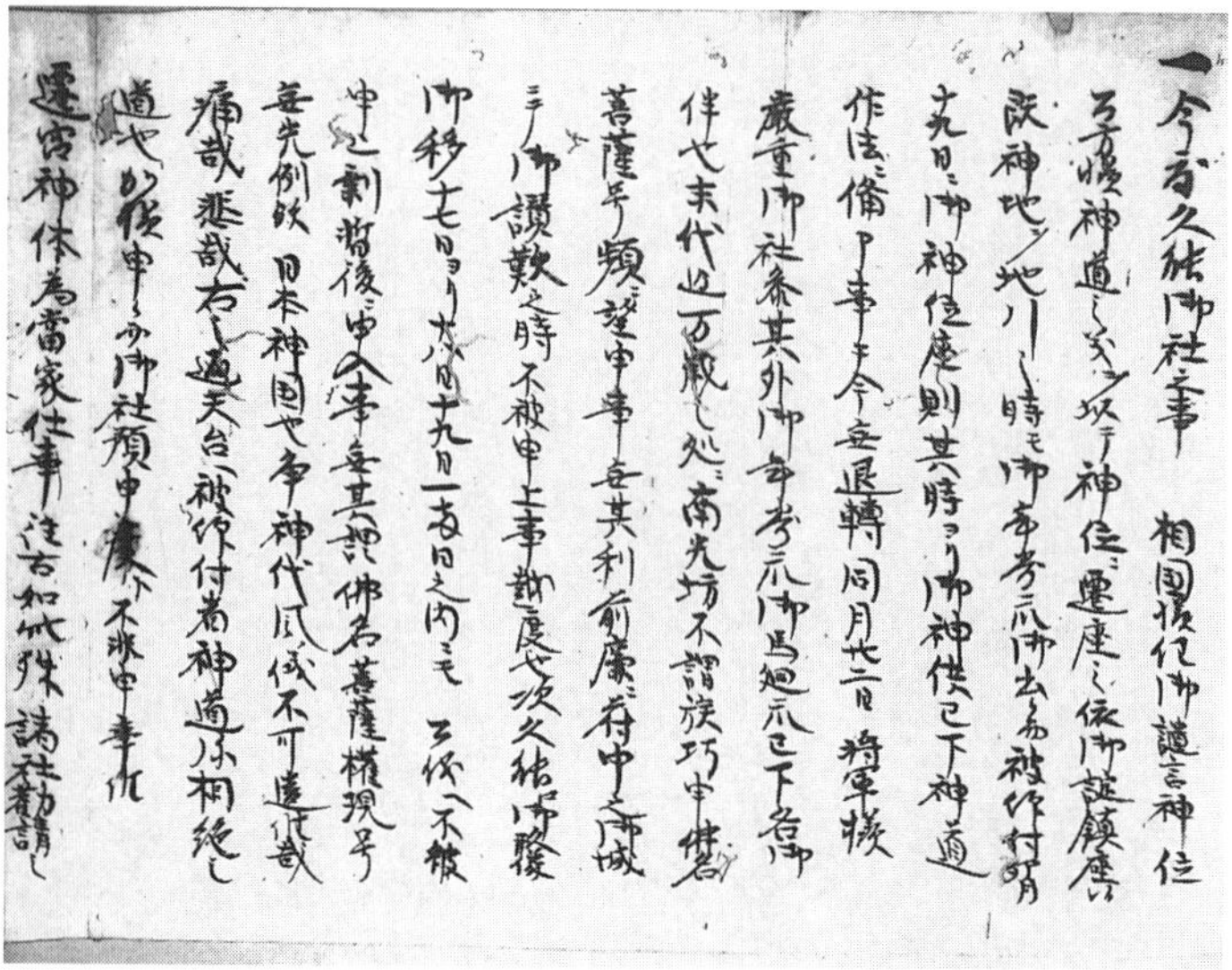

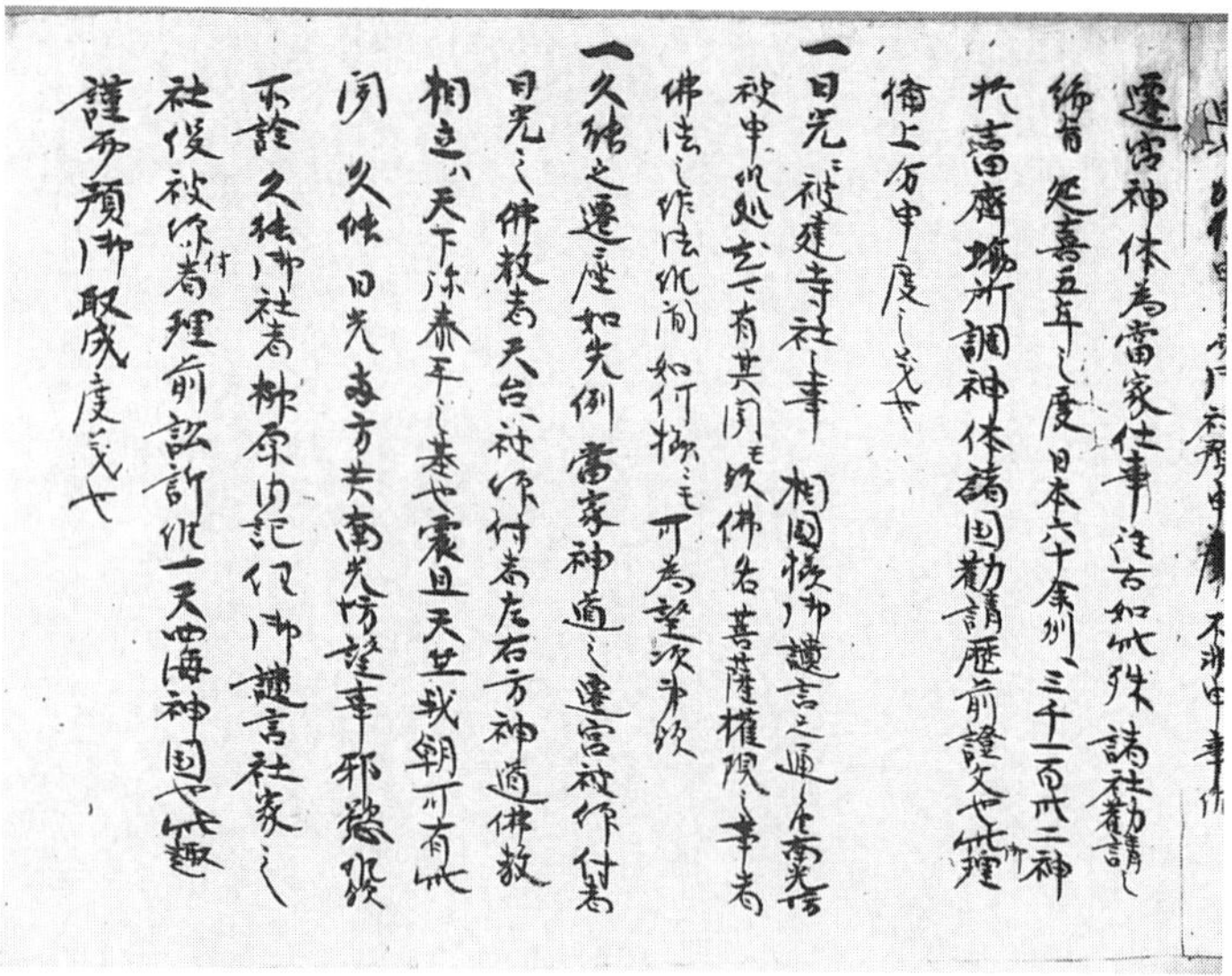

写真２　「兼倶密奏之写其他」のうち「久能御社之事并日光ニ被建寺社之事」
（天理大学附属天理図書館所蔵〈吉田文庫〉）

付者、神道弥相絶之道也、加様申候而、御社預申度ト不非申事候
遷宮神体為当家仕事、往古如此、殊諸社勧請之綸旨、延喜五年之度、日本六十余州へ三千一百卅二神、於
吉田齋場所調、神体諸国勧請歴前證文也、此御理備上分申度之義也

一、日光ニ被建寺社之事、相国様御遺言之通之由、南光坊被申候処、尤可有其聞モ欤、仏名菩薩権現之事者、
仏法之作法候間、如何様ニモ可為望次第欤

一、久能之遷座如先例、当家（吉田家）神道之遷宮被仰付者、日光之仏教者天台へ被仰付者、左右方神道仏教相立ハ天下
弥泰平之基也、震旦・天竺・我朝可有此聞、久能・日光両方共南光坊望事、邪慾候欤、所詮久能御社者榊
原内記（照久）任御遺言、社家之社役被仰○付者、理前訟訴候、一天四海神国也、此趣謹而預御取成度義也

この史料は、吉田兼倶以後の歴代の文書案等を貼り継いだ『兼倶密奏之写其他』に含まれる一紙であり、前述の梵舜の提起をふまえ、吉田家が武家伝奏を通じ、宮中へ提出した意見書の写しと推定され、そこからは従来知られていなかった吉田家の主張の内容が判明する。史料は三ヶ条からなるが、その内容は、①天海は意見があるなら祭祀前の家康の病没直後に提出すべきであったのに、そうしなかったことは落度であり、また祭祀の直後にも意見を述べず、しばらく後に意見を具申したことは問題であること、②天海のいう「仏名菩薩権現号」は先例もなく、日本は神国であり、天台宗に祭祀をゆだねれば神道は絶えてしまうが、この点は吉田家が久能社を預かりたくて指摘しているのではないこと、③これまで吉田家が神勧請をになってきたことは歴然としていること、④天海が日光への寺社建立は家康の遺言だと述べているとすると、そのような話もあるのかもしれず、天海のいう「仏名菩薩権現之事」は「仏法之作法」であるから、その範囲内で望み次第とすればよいのではないか、⑤すなわち、久能山では「当家（吉田家）神道之遷宮」を命じ、日光については仏教の天台宗へ祭祀をゆだねれば、神道と仏教が共存でき、天下泰平にもつながること、⑥天海が久能山と日光の両方を望むことは「邪慾」ではないか、とい

う六点に分けられよう。

　史料9は、史料5と史料6の分析で述べたように、当時やはり久能山における「遷宮」が未完であったことを裏づけるが、そこに介入した天海の行動をタイミングの是非も含めて強く非難する一方、久能山と日光における祭祀を、それぞれ唯一宗源神道と天台宗系の山王一実神道とで分掌する妥協案を提示している点が特徴的である。吉田家は日光を天海に任せる覚悟をし、久能山における唯一宗源神道での祭祀実行を最後の防衛線とした。しかし、その吉田家の主張は容れられなかった。

第五節　徳川秀忠の国家構想と東照大権現号

　吉田家による妥協案の提示は、遅きに失した感はあるものの、神道と仏教の共存を図り得る一具体策の提示ではあった。しかし、実際には一顧だにされず、次の『本光国師日記』の元和二年（一六一六）九月七日条にあるように、天皇から四つの権現号案が示された。

【史料10[49]】

一、板伊州(板倉勝重)。九月四日(元和二年)当地へ下著候。節々参会。上方之儀共相談共申候。　一、伝奏衆(広橋兼勝・三条西実条)も近日下向之上左ニ而候。　一、相国様(徳川家康)御神号之事。東照大権現。日本大権現。威霊大々東光大々右四つ之内。何へ成共。将軍様(徳川秀忠)次第ニ被為定候様ニと内證被遊付。従　禁中(後水尾天皇)被　仰出候。右ハ二条殿(昭実)。菊亭殿(今出川晴季)両人二つヽ、内書之由ニ候。いまた何ニ可被成御定共不被　仰出候。伝　奏衆下向候者。御双談にて可相定と存候。吉田殿(兼英)ハ不被指出。何もかも南光坊(天海)之神道と相聞え申候。

　まさに「吉田殿(兼英)ハ不被指出。何もかも南光坊(天海)之神道」となった瞬間であり、秀忠は元和二年（一六一六）九月十六日までに四つの権現号から東照大権現号を選んだ模様である[50]。吉田家は仏教との共存方法も提案していたのだから、唯一宗源神道の神は決して天海のいう「三宝を忌にくむ神」（史料7）ではなかったが、秀忠は神道の枠組みを維持しながらも、唯一宗源神道のいう「左右方神道仏教相立」（史料9）というあり方を選ばず、家康を「両部習合和光同塵の神」（史料7）として崇めることを決したのである。

ということは、この決定は、かつて崇伝の懸念した「吉田之神道と被相妨。山王之神道とやらん二日本国が成可申か」（史料6）という神道の二者択一の問題ではなく、神道と仏教のあり方をめぐる秀忠の考えの表明ともいえるのであり、秀忠の宗教観・国家観の問題として理解することが大切である。事実、この決定があったからといって、吉田家が懸念したような「神道弥相絶」（史料9）という事態は起こらなかったし、唯一宗源神道も存続したのである(51)。それでは、この決定をした秀忠の宗教観・国家観とはいかなるものだったのか。この点を示す史料は少ないが、次の史料は参考になるかもしれない。

【史料11】(52)

日本国　源（徳川）秀忠　回翰

暹邏国王　麾下

吾邦与

貴域遥依隔滄溟、未及通信、然而商舶之往来略聞風化而不無想像、心今也、令労二使、坤屹實参密・坤備斜葺等、持音書来朝、筆之所記口之所演、以訳通知其心、不動寸歩、如到其境［虫損］目、撃道存者乎、特領六種方物、恵意不残奉

佛而風化無戴之、示諭、可認有道、於吾邦亦開闢以来、儒教伝来　佛法東漸、道其道、法其徳、上在儒家者、須孔夫示之教、立三才五常道、在　佛家者、学　釋牟尼法、持三皈五戒律、下至士農工商、不捨其業、以故、罾典（笁典カ）笁、墳汗牛充棟、亘古亘令、□□崇　佛、在文用文、在武用武、其外風俗、二使所歴覧、不遑縷奉、○吾

邦商士留
貴域者、擢首統叓之告報、實其身之大幸也、毎歳通信之志趣所感無他、必修隣交、薄物土宜録別幅、送之、
未納、為幸、維時季穐順序　自嗇

元和七竜集辛酉九月　日

この史料は、崇伝の『異国日記』に収められた徳川秀忠の暹邏《シャム》国王宛国書の案文である。このような外交文書案から天下人の宗教観・国家観を議論できるかどうかだが、徳川歴代将軍本人がみずからの意向を直接述べた史料が数少ないという事情とあわせ、とくに外交文書案から近世初期の将軍の宗教観・国家観を議論してきた先行研究の方法に従うならば(53)、史料11の内容を検討する価値はあるだろう。また、崇伝はこの案文を秀忠に見せており、秀忠の反応について「文言尤可然旨被成　御諚」と記し、「但、書ノ中、朱ニ付候廿二字（○印の二十二文字）ハ相除可然歟ト被仰出」と付記している(54)。したがって、削除を指示された二十二文字（○印）以外は、秀忠の意思を反映した文章と見て差し支えない。

そこで注目したい文章は傍線部分である。すなわち、ここに示される内容は秀忠の宗教観・国家観に他ならず、それはかつて家康が濃毘数般《ノビスパン》国主に宛てて述べた「抑吾邦者神国也、自開闢以来敬神尊佛、々與神垂跡同而無別矣、堅君臣忠義之道、覇国交盟之約、無渝変者、皆誓以神為信之證(55)」というような神国思想ではない。秀忠は、儒教と仏教を中心に据えた国状を述べており、唯一宗源神道が「日本神国也」（史料9）と強調しても容れられなかった要因は、このあたりにあるのだろう。秀忠が神国思想を採らなかった背景はそれ自体検討課題だが、少なくとも秀忠はみずからの政権運営にあたり、神道に依拠するのではなく、儒仏のうち、とくに文中で平出と闕字を用いた仏教に軸足をおこうとしていたらしいということはいえ、そのような秀忠政権の求心力の一つとなるべき神としての家康が、神道のみに依拠した神であってはその役割を十全に果たせず、仏教界への影響力も却って

減退してしまうとの判断が秀忠にあったものと推測される。(56)

（1）例えば、織田信長の神格化については、その有無をめぐり、朝尾直弘氏と三鬼清一郎氏との間で論争がある。朝尾直弘「幕藩制と天皇」（原秀三郎他編『大系　日本国家史』三、東京大学出版会、一九七五年、のち朝尾直弘『将軍権力の創出』岩波書店、一九九四年、のち同『朝尾直弘著作集　第三巻　将軍権力の創出』岩波書店、二〇〇四年に再録、本書での引用は『朝尾直弘著作集』による）二〇四頁〜二〇九頁・二三一頁。三鬼清一郎「戦国・近世初期における国家と天皇」（『歴史評論』№三二〇、一九七六年十二月、のち同『織豊期の国家と秩序』青史出版、二〇一二年に再録、本書での引用は『織豊期の国家と秩序』による）一八頁〜一九頁。

論争の対象に該当する史料は、松田毅一監訳『十六・七世紀イエズス会日本報告集』第Ⅲ期第六巻（同朋舎出版、一九九一年）一二〇頁〜一二二頁の「一五八二年十一月五日付、口之津発信、ルイス・フロイスのイエズス会総長宛、一五八二年度・日本年報追信」（東光博英訳）である。それによれば信長は「死すべき人間としてではなく、あたかも不滅のもの、すなわち神でもあるかのように諸人から崇められることを望ん」で「摠見寺と称する寺院を建立した」といい、信長は「これを深く崇敬する者が受けるであろう功徳と利益」を列挙し、しかも「日本で広く信仰されている各地の偶像を安土山の寺院に運ばせ」、それは「偶像を（人々が）拝むためではなく、これを名目として彼自ら《（織田信長）》がよりいっそう巧みに崇敬を得るためであ」り、献上された「盆山《ボンサン》と称する石」についても「信長《（織田）》は寺院でもっとも高く諸々の仏《ホトケ》より上になる場所に壁龕もしくは奥まった祭壇風のものを造らせてここにその石を置き」、「信長がかつて述べたところでは、彼自身《（織田信長）》が正しくその神体にして生きた神仏であり、己れ《（織田信長）》以外に世界の支配者も万物の創造者もないとのことであった」とされている。これと同様の記述は、松田毅一監訳『十六・七世紀イエズス会日本報告集』第Ⅲ期第六巻（同朋舎出版、一九九一年）二九三頁の「一五八四年一月六日付、マカオ発信、ロレンソ・メシアよりコインブラ学院の院長ミゲル・デ・ソーザ師宛書簡」（東光博英訳）にもあるが、フロイスのいう「摠見寺」について、千田嘉博『信長の城』（岩波書店、二〇一三年）二四八頁〜二四九頁は、同寺が信長を神として祀った可能性は低く、同寺の本尊は毘沙門天であったとの見解を示している。

また、当時の信長の意識を探るうえでは、松田毅一監訳『十六・七世紀イエズス会日本報告集』第Ⅲ期第四巻（同朋舎出版、一九九八年）二〇〇頁〜二〇一頁の「一五七三年四月二十日付、都発信、ルイス・フロイス師の、フランシスコ・カブラル師宛書簡」（東光博英訳）が武田信玄に対抗する信長の姿を描く中で「信長《（織田）》は、第六天の魔王信長《ダイロク・テンノマオウ・ノブナガ》、すなわち諸宗派に反対する悪魔の王と答えた。というのも、提婆が釈迦の宣教を妨げたように、信長もまた今まで日本のすべての偶像に対する崇敬を妨げたからである。それ故、私《（ルイス・フロイス）》は彼《（織田信長）》が我らの主なるデウスの正義の鞭のように当地の諸宗派の悪しき迷信を罰するため、かつての繁栄を取り戻すことを神の御慈悲において信じている。然して今や異教徒たちは、彼の勝利がこの度かくも急転したのは比叡山や観音に捧げられた寺院を焼き払うという無謀な所行に対する神仏の罰以外の何ものでもないと言ってはばからない。だが、信長はこれをことごとく一笑に付し、日本においては彼自身が生きた神仏であり、石や木は神仏ではないと言っている」と言及していることも一つの参考になるかもしれない。

（2）　豊臣秀吉の神格化については、河内将芳「豊国社の成立過程について――秀吉神格化をめぐって――」（『ヒストリア』第一六四号、一九九九年四月、のち同『中世京都の都市と宗教』思文閣出版、二〇〇六年に再録）や本書第一部第一章などを参照のこと。徳川家康の神格化については、辻善之助『日本佛教史』近世篇之二（岩波書店、一九五三年）、高柳光壽「日光廟の成立――政治は必ずしも純理で行はれない――」（『日本歴史』第六〇号、一九五三年五月）、鎌田純一「東照宮の成立」（『神道史研究』第十二巻第六号、一九六四年十一月）、北島正元「徳川家康の神格化について」（『國史學』第九四号、一九七四年十一月）などを参照のこと。その他の先行業績については、曽根原理『徳川家康神格化への道――中世天台思想の展開――』（吉川弘文館、一九九六年）や山澤学『日光東照宮の成立――近世日光山の「荘厳」と祭祀・組織――』（思文閣出版、二〇〇九年）の各「序章」が研究史をよく整理している。

（3）　『本光国師日記』二十（副島種経校訂『新訂　本光国師日記』第三、続群書類従完成会、一九六八年、三八二頁）元和二年四月三日条の「元和二年四月四日付板倉勝重宛以心崇伝書状案」。

（4）　前掲註（2）に掲出の諸業績など。

（5）　『東照社縁起』仮名本第三（財団法人神道大系編纂会編／西垣晴次・小林一成校注『神道大系　神社編二十五　上野・下野国』財団法人神道大系編纂会、一九九二年、一四七頁）。『東照社縁起』の作成年次については、日光東照宮社務所編『徳川家光公伝』（日光東照宮社務所、一九六三年）一七四頁〜一七七頁。

(6)『東照社縁起』真名本上巻（財団法人神道大系編纂会編／西垣晴次・小林一成校注『神道大系　神社編二十五　上野・下野国』財団法人神道大系編纂会、一九九二年、一二三頁）。
(7) 例えば、前掲註(2)北島「徳川家康の神格化について」、菅原信海「家康公を祀った天海の神道——山王一実神道の本義——」（栃木県立博物館編『第四九回企画展図録　天海僧正と東照権現』栃木県立博物館、一九九四年）など。
(8) 前掲註(2)辻『日本佛教史』近世篇之二の一一二頁。
(9) 例えば、朝尾直弘氏は東照大権現の登場を天海（または家康）を主語として描く傾向にあり、東照大権現号登場過程での崇伝と天海の争いも「小さなこと」と評価する。朝尾直弘「近世封建制論をめぐって」（岡田章雄他編『日本の歴史』別巻、読売新聞社、一九六九年、のち朝尾直弘『朝尾直弘著作集　第八巻　近世とはなにか』岩波書店、二〇〇四年に再録、本書での引用は『朝尾直弘著作集』による）三二頁。
(10) 浦井正明『もうひとつの徳川物語——将軍家霊廟の謎——』（誠文堂新光社、一九八三年）。
(11) 前掲註(2)曽根原『徳川家康神格化への道』、曽根原理『神君家康の誕生——東照宮と権現様——』（吉川弘文館、二〇〇八年）、藤井讓治『天皇の歴史05　天皇と天下人』（講談社、二〇一一年）。
(12) 前掲註(10)浦井『もうひとつの徳川物語』一四九頁〜一六一頁。
(13)『本光国師日記』二十一（副島種経校訂『新訂　本光国師日記』第四、続群書類従完成会、一九七〇年、一頁〜二頁）元和二年四月十六日条の「元和二年四月十六日付板倉勝重宛以心崇伝書状案」。
(14)『舜旧記』元和二年四月十五日条〜同年同月十六日条（鎌田純一校訂『史料纂集　舜旧記』第五、続群書類従完成会、一九八三年、三頁）。
(15) この点について、前掲註(10)浦井『もうひとつの徳川物語』八九頁〜九〇頁も考察するが、秀忠の諮問であることは『舜旧記』と『本光国師日記』で論証可能だろう。
(16)『舜旧記』元和二年三月二十四日条（鎌田純一校訂『史料纂集　舜旧記』第四、続群書類従完成会、一九八三年、二三六頁）。
(17) 前掲註(16)『舜旧記』元和二年三月二十五日条（二三六頁）。
(18) 前掲註(16)『舜旧記』元和二年三月二十五日条（二三六頁〜二三七頁）。

(19) 前掲註(16)『舜旧記』元和二年三月二十五日条（二三七頁）。
(20) 前掲註(14)『舜旧記』元和二年四月十七日条（四頁）。
(21) 前掲註(13)『本光国師日記』二十一（三頁～四頁）元和二年四月二十一日条の「元和二年四月二十二日付板倉勝重宛以心崇伝書状案」。なお、久能山における祭祀の詳細は前掲註(14)『舜旧記』元和二年四月十九日条（四頁～六頁）も参照のこと。
(22) 前掲註(10)浦井『もうひとつの徳川物語』一三二頁。
(23) 前掲註(13)『本光国師日記』二十一（一七頁～一八頁）元和二年五月十二日条の「元和二年五月十二日付板倉勝重宛以心崇伝書状案」。
(24) 『慈性日記』元和二年四月二十日条（林観照校訂『史料纂集　慈性日記』第一、続群書類従完成会、二〇〇〇年、四九頁）。
(25) 前掲註(10)浦井『もうひとつの徳川物語』一二四頁～一二六頁。
(26) 前掲註(10)浦井『もうひとつの徳川物語』一二六頁～一三六頁。
(27) 前掲註(13)『本光国師日記』二十一（二二頁）元和二年五月二十一日条の「元和二年五月二十一日付細川忠興宛以心崇伝書状案」。
(28) 前掲註(14)『舜旧記』元和二年五月三日条（八頁～九頁）。
(29) 前掲註(24)『慈性日記』元和二年五月二十六日条（五一頁）。
(30) 「元和二年六月二十八日付細川忠利宛細川忠興書状」（東京大学史料編纂所編『大日本近世史料　細川家史料』一、東京大学出版会、一九六九年、一六六頁）。
(31) 前掲註(10)浦井『もうひとつの徳川物語』一一六頁。
(32) 前掲註(10)浦井『もうひとつの徳川物語』一四七頁。また、浦井氏は同書一四三頁～一四四頁で史料5を意訳して「祭祀は当時駿府に滞在していた吉田神道の本家名代である神竜院梵舜がいっさいおこなった」と指摘したが、そこを重視せず、「もっとも注目すべき点」として崇伝が本件に一切関与しないと述べた箇所を挙げている。
(33) 『大日本史料』第十二編之二十五の二三八頁～二三九頁。

(34)「徳川家康神号勘文」（国立歴史民俗博物館所蔵高松宮家伝来禁裏本）。国立歴史民俗博物館「データベースれきはく1」における画像を参照のこと。
(35)前掲註(34)。
(36)『豊国社記』（『古事類苑』神祇部三に所収）。
(37)「寛政重修諸家譜」巻第七百七十（『新訂　寛政重修諸家譜』第十二、三九一頁）。
(38)『羅山林先生外集』六之七（国立公文書館所蔵林家旧蔵本、『大日本史料』第十二編之二十五、元和二年十月二十六日条、六九三頁～六九四頁）。
(39)前掲註(14)『舜旧記』元和二年五月十一日条（一〇頁）。前掲註(10)浦井『もうひとつの徳川物語』一四一頁～一四二頁。
(40)前掲註(10)浦井『もうひとつの徳川物語』一四一頁～一四三頁。
(41)前掲註(14)『舜旧記』元和二年五月三十日条（一三頁）。
(42)前掲註(14)『舜旧記』元和二年六月十一日条（一五頁）。
(43)前掲註(14)『舜旧記』元和二年六月十五日条（一五頁～一六頁）。
(44)前掲註(14)『舜旧記』元和二年六月二十二日条と同年七月三日条（一七頁と一九頁）。
(45)前掲註(13)『本光国師日記』二十一（五〇頁）元和二年七月十八日条の「元和二年七月十九日付細川忠興宛以心崇伝書状案」。
(46)前掲註(14)『舜旧記』元和二年七月四日条（一九頁）。
(47)榊原清久（のち照久）については「寛政重修諸家譜」巻第百一（『新訂　寛政重修諸家譜』第二、二七二頁）、梵舜の榊原清久宛書状については『大日本史料』第十二編之二十五の二四一頁を参照のこと。
(48)「久能御社之事幷日光ニ被建寺社之事」（『兼倶密奏之写其他』天理大学附属天理図書館吉田文庫所蔵）。天図第八七〇〇号・平成二十六年十月六日付けで掲載許可、天理大学附属天理図書館本翻刻第一一六四号。
(49)『本光国師日記』二十二（副島種経校訂『新訂　本光国師日記』第四、続群書類従完成会、一九七〇年、六五頁～六六頁）元和二年九月七日条の「元和二年九月七日付細川忠興宛以心崇伝書状案」。

(50)　前掲註(24)『慈性日記』元和二年九月十六日条（五三頁）。
(51)　井上智勝『近世の神社と朝廷権威』（吉川弘文館、二〇〇七年）四九頁～五〇頁。
(52)　『異国日記〈上〉』（異国日記刊行会編『影印本異国日記――金地院崇伝外交文書集成――』東京美術、一九八九年）四三頁。
(53)　朝尾直弘「東アジアにおける幕藩体制」（朝尾直弘編『日本の近世1　世界史のなかの近世』中央公論社、一九九一年、のち朝尾直弘『朝尾直弘著作集　第八巻　近世とはなにか』岩波書店、二〇〇四年に再録、本書での引用は『朝尾直弘著作集』による）二一二頁～二一四頁など。
(54)　前掲註(52)。
(55)　前掲註(52)『異国日記〈上〉』口絵写真と二一頁。
(56)　この点、前掲註(51)井上『近世の神社と朝廷権威』四九頁も、寛永寺編『慈眼大師全集』上（国書刊行会、一九七六年、原本は寛永寺より一九一六年発行）所収の「東叡山開山慈眼大師縁起」等を根拠としながら同様の見解を述べている。

第三章　徳川家光の国家構想と日光東照宮

第一節　近世前期の神国思想をめぐって

日本近世の国家意識の問題については、秀吉・家康の神国思想に注目し、研究が進められてきた[1]。そこでは、彼らの神国思想の構造的段階差が指摘され[2]、秀吉のそれは従来の三国世界観（天竺・唐・日本）を逆転させ、日本を優位に位置づけて「弓箭きびしき国」とし、大陸を「長袖国」とすることで日本優位論を補強したこと、また長崎の茂木がイエズス会に寄進された事実をうけ、秀吉はみずからの領主権を主張する中で「日域の仏法」と対抗的にキリスト教を「邪法」と捉え、キリスト教排斥の論理として神国思想を援用していたことが判明し[3]（本書はこれを「秀吉型神国思想」とおく）、家康のそれは秀吉の思想を「固め」つつ、新たに「君臣関係・大名間の盟約関係」における「神」を根拠とした思想であったことが指摘された[4]（本書はこれを「家康型神国思想」とおく）。朝尾直弘氏は以上をまとめ、神国思想は「対外的な自己主張としてばかりでなく、国内統治の重要な根拠を提供するもの」であったと述べている[5]。

さらに、近世の体制の秩序・合意形成の仕組みとして神国思想を問題とし、その近代への影響を重視したのは高木昭作氏である。同氏はすでに秀吉の「平和」の理論的根拠の一つとして神国思想に注目していたが(6)、その後、朝尾説における秀吉・家康の神国思想の段階差を実証し、従来よりも対象時期を拡げ、家光期を射程に入れた(7)。

高木氏のいう近世の神国思想は、神仏同体の中世的価値観を変貌させながら一つの秩序として社会に浸透したものであり、同氏によれば、その「秩序の決定方法」は「家光の治世を境に大きくかわった」が、その背景には「社会的価値の伝統化」があり、家光による家康尊崇や『東照社縁起』の作成なども、武力による天下統一事業を経ていない家光が次第に「将軍としての権威を身につけようとした」ように、「社会全般に価値の伝統化がおこなわれた」寛永期以後だからこそ求められた行為であったという(8)。

このように高木氏は、中世から近世の神国観の継承・変貌と家光期における「伝統化」の推進・家康尊崇を重視した一方、「近世の神国思想は、近世を通じてさして変化することはなかったと思われる」とも述べている(9)。

しかし、同氏の提示した家光像は特異である。それだけに、そこに権力者の「神」観念の変容を想定しない仮説は成立しにくいと思われるのであり、家光の存在を前後と必要以上に連続させて位置づけることは、かえって彼の営為を「伝統化」に収斂させてしまう可能性がある。

そもそも家光はなぜ神国観に立脚したのか。それはいわゆる「伝統化」に収斂するものなのか。彼の神国観は従来と異なると想定する筆者の場合、これらの点は検討課題であり、そのためには、天皇についても神国観の枠内のみで捉えるのではなく、権力者や禁裏などの天皇観・天照大神観を段階的に把握する必要がある。これは、天皇の「権威」や従来近世を一貫するとされてきた「社稷意識」「国家意識」(10)を相対化するうえでも重要だろう。

ただ、このように近世における「神」の変容が問題化されない原因を、高木説のみに帰することは妥当ではない。なぜなら、それは従来の政治史、徳川家光と日光東照宮（東照社）をめぐる研究史にも一因があるからである。

この点について、家光の家康尊崇をもっぱら重視する見解がある一方、従来の研究は、幕藩制に有効な範囲で天皇が体制を「権威」化した具体例の一部として、神号下賜・勅使派遣・宮号宣下に言及してきた[11]。また、東照大権現という「神」の性格とその変更について、対外関係との関連を示唆した研究もある[12]。さらに、『東照社縁起』の真名本全巻・仮名本の一部を対象としたテキスト解釈・思想史的研究がある[13]。

各研究への私見は後述するが、ここでは先行研究に共通する問題点を指摘したい。それは、先行研究の議論は重要であったにもかかわらず、残念ながら立論過程における、事例の取り扱いに問題があるという点である。すなわち、家光の日光東照宮（東照社）関連政策は寛永十三年（一六三六）から正保三年（一六四六）に打ち出されたが（①寛永十三年〈一六三六〉の日光東照社大造替完成〈寛永十一年〔一六三四〕～〉と『東照社縁起』真名本上巻奉納〈寛永十二年〔一六三五〕～〉、②寛永十六年〈一六三九〉から寛永十七年〈一六四〇〉の『東照社縁起』真名本中・下巻と仮名本五巻の追加作成・奉納、③正保二年〈一六四五〉の日光東照社への宮号宣下と日光例幣使発遣奏請、④正保三年〈一六四六〉の日光例幣使発遣決定[14]）、先行研究はその十年間に生起したさまざまな事象・政策を混同・取捨選択して議論しており、叙述上も十年間の段階差がほとんど反映されていないのである。

また、思想史をのぞく先行研究は、『東照社縁起』の一部（真名本全三巻のうち上・中巻、仮名本全五巻計二十五段のうち第一〈御立願〉と第四〈朝鮮人〉）のみを取り上げ、議論する傾向が強い。もちろん全巻にメッセージ性があるわけではなく、検討対象は一部にならざるを得ないが、それにしても内容的に重要な仮名本第四（鶴）と同（祭礼）・第五（跋）、これらと相互補完関係にある真名本下巻を検討していない点は問題である[15]。

すなわち、家光と日光東照宮（東照社）の関係は再検討の必要があり、このような研究状況が、家光期の「神」の変容と国家意識を問題化できなかった原因だろう。以上をふまえ、本章では、寛永十三年（一六三六）から正保三年（一六四六）に至る家光の日光東照宮（東照社）関連政策を厳密に検討し、家光の政治の方向性（国家構想）[16]とそこでの「神」観念や神国思想の取り扱われ方を解明する。

第二節　日光東照社大造替および『東照社縁起』真名本上巻作成と徳川家光

（1）大造替と縁起作成の当初の目的について

まず、日光東照社の大造替と『東照社縁起』真名本上巻作成の目的について考えたい。大造替は、『日光山御神事記』などによれば、式年遷宮など「諸社造替ノ故事」を参考に行われたと説明されている[17]。また、前節で確認したように、『東照社縁起』真名本上巻はその大造替に合わせて作成された。曽根原理氏によれば、その内容は中世の仏教的色彩が色濃く、主題は山王神道と家康との関係を確定することにあり、その結節点には最澄と天照大神が配置された[18]。本節では、家光がどのような願いを込め、天海に真名本上巻の作成を命じたのかに注目したい。そのことは同時に大造替の求められた背景への理解にも通じるだろう。

筆者は、寛永十三年（一六三六）段階の家光の意図を考察する際には、真名本上巻でまさに家康の言葉として記された「家門繁昌、氏族永栄、必守㆓山王神道㆒、不㆑可㆑交㆓他流㆒、但作法可㆑准㆓多武峯㆒、子孫繁茂故也、自㆓兼日㆒御掟也」という一文の中の[19]、「家門繁昌、氏族栄永」の文言が重要ではないかと考えている。山王神道との関係も、この「家門繁昌、氏族栄永」をかなえる条件として「必守山王神道」と約していることから自然に理解できるのではなかろうか。

なぜなら、実際後年まで、家光は継嗣の問題に悩んでいたからである。家綱の誕生は寛永十八年（一六四一）である。家光が寛永十二年（一六三五）から養子を考えていた点はすでに指摘されている[20]。その具体化は寛永十五年（一六三八）二月の将軍家と尾張光友の婚姻だろうが、これにより継嗣は光友との噂が『オランダ商館長日記』に記された[21]。

このように家光が継嗣に悩む状況は、寛永十二年（一六三五）からしばらく続いていた。寛永十五年（一六三八）

からは伊勢神宮に高家を派遣し、世継ぎ誕生祈願をしていたことが大西源一氏と神宮によって指摘されている。[22]やはり家光は実子誕生を望んでいたのである。

目に見える形での将軍家存続の保障、家光はそれを「神」に祈った。ただ、その方法は前代と異なり、東照社を大幅に作り替え、数ある「神々」のうち山王神道の枠内で東照大権現と天照大神を選択して結びつけ、東照社と伊勢神宮に祈願するというものであった。

（2）寛永十三年段階における徳川家光と伊勢の神々

このような家光の行動を支えた彼の「神」観念とはいったいいかなるものであったのか。それを示す史料は数少ないが、まず寛永十三年（一六三六）段階における家光の「神」観念の一端を考察するため、当時発生した伊勢神宮の争論への家光の対応を手がかりとしたい。

取り上げる事例は、寛永十二年（一六三五）の年末から寛永十三年（一六三六）五月末にかけて発生した伊勢両宮江戸年頭拝賀前後争論である。「江戸年頭拝賀」とは、毎年正月六日、出家・社家衆らが登城し、将軍へ御礼をして祓を献上する儀式である。[23]当初争われた内容は、その伊勢内宮・外宮をめぐる祓献上の順番であった。

『寛永十二年年頭前後争論江戸使中川経国引留』は、江戸へ参府した内宮祢宜の記録であるが、これによると争論の結論は「一、（寛永十三年）五月廿八日ニ被仰出候者、来六日ニ御年礼御請可被遊候、弥先規之通、内宮可為先旨、寺社御奉行方ゟ被仰渡候」とあるように、内宮の勝利に終わった。[24]以後、近世を通じ、祓献上は内宮優先で固定される。[25]この争論自体はすでに間瀬久美子氏が注目し、事実の一部を解明しているが、その全体像を解明したわけではないので、[26]ここでは間瀬氏の研究を補いながら考察を進めたい。

さて、この争論の特徴は、幕府のみで裁許せず、将軍が裁定過程で後水尾上皇と朝廷へも諮問したことにある。

諮問は二度行われ、なかでも二度目の諮問は六人衆阿部重次を派遣して実施され、武家伝奏の江戸参府の際には、家光がみずから三度も下問を行った[27]。先行研究がこの争論に注目した理由もまさにそこにあったと思われるが、残念ながら先行研究では、最終的な裁許権の所在確認を目的としたため、なぜ幕府が朝廷に諮問したのかは「形式」と説明された[28]。だが、上皇・朝廷への諮問は、はたして単なる「形式」であったのか。

そこで、この争論の発生の経緯を確認しよう。前引の『寛永十二年年頭前後争論江戸使中川経国引留』（以下『中川経国引留』と略称）によると、内宮の言い分には「来春御年頭御礼之儀、外宮方より　上々様方に色々と申上置候ニ付、六ヶ鋪可在之、兼而沙汰有之由」とあり、外宮が何らかの異議を唱えたために事態が混乱したとしている。しかし、これはそれまで外宮優先であったのだから不自然だろう。真相は、内宮が最初に異議申し立てをしたところ、『中川経国引留』に「一、同十三《（寛永）》年、江戸表ニ而、寺社御奉行衆ゟ御年礼之義、外宮を先に御請可被遊之旨、被仰出候間、左様ニ相心得可申旨、被仰渡候、依之、我等御老中様方・寺社御奉行様方・其外御役人中様方に致参上、先規より内宮先ニ相務来候、筋目之趣、段々御断申上候、其上、林道春《（羅山）》老方に例年之通、御服致持参、内宮先之御礼之筋目申入候、道春老御留主故、御取次衆へ委細申談候」とあるように、寺社奉行より従来どおり外宮優先の裁定が下ったため、内宮が再運動したのだと思われる。

ここで問題は、『中川経国引留』に「道春《（林羅山）》老御申候者、此間京都へ内宮先ニ候哉、外宮先ニ候や之旨、以勘例御尋被遊候、定而京都より之御返事可有之事と被仰聞候」とあるように、その再度の内宮の運動が容れられ、幕府が寺社奉行の結論を変更し、上皇と朝廷へ諮問した背景である。そこで、契機となった内宮の主張を検討しておこう。官務壬生忠利の日記には、上皇・朝廷へ諮問された際の老中奉書が留められており、それによると、老中奉書には「内宮方申候者、天照大神とハ内宮之義ニ候、遷宮も先ニ御座候間、御礼之義、内宮先ニ申上度由ニ候」とあり、そこで幕府が「古例如何候可有之候哉」と諮問したのである[29]。それでは、この諮問に後水尾上皇と朝廷はどのように対応したのだろうか。

武家伝奏日野資勝の日記『凉源院殿御記』によると、「外宮・内宮前後之義、仙洞《（後水尾上皇）》ニハ無分別候」とあるように、後水尾上皇は「無分別」と述べ、摂家・武家伝奏・吉田家で協議するよう指示している[30]。その協議結果は、寛永十三年（一六三六）正月二十九日、三条西実条から「伊勢内宮・外宮之申分、江戸ヨリ参候折紙幷摂政殿《（二条康道）》・前摂政殿《（一条兼遐）》・近衛殿《（信尋）》・又院《（後水尾上皇）》ノ仰候趣・三条前内府《（三条西実条）》返答・予《（日野資勝）》返答、一紙ニ被書改、板防州《（板倉重宗）》へ」渡されている[31]。

この結果はただちに家光へ伝えられたが、彼の反応は『凉源院殿御記』によると「先度外宮・内宮ノ祢宜御礼之次第之儀申下候様子、不入御気候由候」とある[32]。「寛永十三年二月十四日付藤波友忠宛板倉重宗書状」には「一、江戸へ摂政殿《（二条康道）》ゟ被仰遣候ハ、　内宮先ニ勧上、　外宮四百年程後勧上、雖然依御託宣祭　勅使以下外宮ゟ立、其後内宮へ立候様ニ被仰遣候、（中略）、一、三条殿《（三条西実条）》御書付も右之通ニ似たる事ニて候、一、近衛殿《（近衛信尋）》ゟハ祢宜之御礼次第無御存候、子細之儀ハ於御尋ハ重而御考可被成由ニ御座候」とあるから[33]、摂家も武家伝奏も詳細は不明としたうえで、外宮優先論を答申したようである。

『中川経国引留』における林羅山の発言によれば、「道春《（林羅山）》老御申候者、京都ゟ二条殿《（康道）》　勅答到来候処ニ、外宮為先之旨ニ候、然共、此勅答、外宮方之旧記斗を被引用、不慥義ニ有之候ニ付、又京都江再答被仰遣筈ニ候、此度者阿部対馬守重次を上使ニ被遣筈ニ御沙汰有之候間、左様ニ可被相心得候、定而此度之再答ニ而別条無之、内宮可為先存候と被仰聞候」とあるように、なかでも摂政二条康道の外宮優先論（表2）が問題視された模様であり、そのため朝廷へ再諮問の運びになったという。前引の板倉重宗書状からも、一度目の答申をうけて江戸から再度「然ハ　内宮・外宮神御位高下無御座か」と朝廷へ諮問されたことが判明し[34]、争点は社家の順番争いから「神位」の「高下」へと変化した。

林羅山が『中川経国引留』で述べていたように、再諮問は六人衆阿部重次を派遣して行われた[35]。阿部重次の派

表２　二条康道の勅答（外宮優先論）

内　　容	勅答の根拠
垂仁天皇26年に天照皇太《(ママ)》神を五十鈴原へ遷したものが今の内宮。その480年後、雄略天皇22《(21カ)》年に天照皇太神の託宣により、丹波国（丹後国カ――作成者註）から豊受皇太《(ママ)》神を迎えたものが外宮。諸祭事は豊受宮を先とする。	「造伊勢二所太《(ママ)》神宮宝基本記」＊１
天照大神は他に並ぶもののない祖宗の神であり、諸神・諸臣も抗し得ない。	『古語拾遺』＊２
天照皇太《(ママ)》神とは二宮の通称であり、祖は外宮、宗は内宮である。ゆえに、皇孫は天照大神を敬い、天照大神は豊受宮を敬う。まず豊受宮を祭れとの神勅があり、以来諸祭は外宮を先とする。	「類聚神祇本源」神道玄義篇＊３
元日、諸宮祢宜・内人等は各々神宮を拝する。白散の御酒を供進し、太《(ママ)》神宮司は諸宮祢宜・内人・神郡司等を率い、諸宮を遙拝する。その際には、まず外宮、次に内宮、次に諸宮を拝する。	「延喜式」巻４神祇４伊勢太《(ママ)》神宮＊４
弘仁６年(815)の嵯峨天皇宣旨以降、奉幣使発遣は外宮・内宮の順である。勅使および代々の大樹参宮も同前。両宮江戸年頭拝賀も外宮を先とすべきである。私の参会・礼節等は位次を守るべきである。重事ゆえ、群議すべき。	――――――

註：『寛永十三年二条摂政殿勅答付、自大猷院殿被尋、二条摂政殿三箇条（寛永十三年二条摂政殿勅答）』（神宮文庫所蔵謄写本）をもとに作成。

＊１「造伊勢二所太神宮宝基本記」（『新訂増補国史大系　第７巻　神道五部書』）31頁～32頁。

＊２森秀人編／安田尚道・秋本吉徳校注『新撰日本古典文庫４　古語拾遺』（現代思潮社、1976年）122頁～123頁。

＊３神宮司廳編『大神宮叢書　度会神道大成』前篇（神宮司廳・臨川書店、1957年）693頁～694頁。

＊４「延喜式」巻４神祇４伊勢太神宮（『新訂増補国史大系　第26巻　延喜式』）78頁。

遺自体、それが家光の意思であったことをうかがわせるが、将軍側近の上洛をうけ、酒井忠勝はその処遇について国元（若狭国小浜）へ注意を促している。(36) そもそも当初の寺社奉行の判断と一度目の朝廷の答申は外宮優位で一致していたのであり、それを覆そうとする意思は家光のほかにあり得ない。林羅山が『中川経国引留』で「定而此度之再答ニ而別条無之、内宮可為先存候」と述べていたのはそのためだと思われる。

再諮問をうけた朝廷では、仙洞御所で談合している。その様子を伝える史料が次の武家伝奏日野資勝の日記『凉源院殿御記』である。(37)

摂政殿《（二条康道）》仰ニハ、内宮ハ　天照太神《（ママ）》、外宮ハ国常立尊ニ候、国常立ハ天神、天照ハ地神ニ候間、外宮ヲ先可為也、又嵯峨弘仁より任　託宣之旨、外宮ヲ第一ニ専被用之由、御申候也、内宮ヲ第一被用者証拠無之、目録《（再諮問書）》ニノスル処ハ内宮第一之由斗候也、如何との義也、其後、萩原《（兼従）》ヲ、地下ノ者伺公申候所ノスノコ《（簀子）》マテ召テ、口ヲ被聞召候也、祭主《（藤波友忠）》ヲモ召候也、萩原申候処、神皇正ーノ通ニ申候也、其後、阿野《（実顕）》奥へ伺公ニて被申上候也、又近衛殿《（信尋）》も奥へ伺公也、ヤ、暫間候也、其後、摂家衆御休息之間へ、近衛殿・阿野も被参候て、萩原申上候子細も別ニナク、祭主ハ弥別ノキナク、内宮ヲ第一ニ用申候由也、何ノ子細も不存候由也、アマリニムテ《（無手）》ナル申様也

右之通候得者、内宮ヲ第一ト被用儀無之、外宮ハ嵯峨天皇ノ仰ニテ、弘仁六年より万事ヲ先被用候事ニテ、于今其通ニ候間、外宮ヲ第一ニ可有カトノキニ間《（候脱カ）》、其通三条前内府《（三条西実条）》へ参テ可申由也、（以下略）

ここでは、まず摂政二条康道が天照大神と国常立尊を比較し、国常立尊を上位においた外宮優先論を展開している。また摂政は、内宮にこだわる幕府の意図を問題視し、幕府の再諮問書（表3）は内宮優位の証拠のみ挙げており、客観的ではないと批判している。

前引の老中奉書に記された内宮側の主張にあるように、これまで遷宮は内宮優先で実施されてきた。にもかか

表３　徳川家光・林道春（羅山）からの再諮問

内　　容	再答の根拠
「延喜式」編述の次第も内宮を先とし、外宮を後としている。内宮の祢宜の官位は七位で、外宮の官位は八位である。祢宜の官位は外宮よりも内宮のほうが高い。末社神職の者も、外宮より内宮の者を「延喜式」は多く載せている。「延喜式」所載の祝詞も、内宮を先とし、外宮を後に載せている。	「延喜式」巻４神祇４伊勢太《ママ》神宮 「延喜式」巻８神祇８祝詞＊1
外宮への奉幣使発遣の時も、内宮の祢宜が外宮へ来て差配するという。正親町天皇の時の両宮造替では、公武僉議の上、内宮の遷宮を先に行っている。内宮を先とした先例が多く、徳川将軍家も同様に遷宮を行っている。	――――
大中臣能親（比定者不明――作成者註）は、両宮は別々の神としている。	――――
北畠親房は、外宮を国常立尊・御饌の神ともいう異説を紹介している。	『神皇正統記』＊2
「朝野群載」所載の宣命は、内宮を先に載せている。	「朝野群載」巻12内記＊3
「三代実録」が伊勢両宮を記述する際も、内宮および外宮となっている。	「三代実録」巻11＊4
弘仁年中、外宮を先と定めたとの記述がどこかの家の私記にあったとしても、信用するに足りない。嵯峨天皇以後の公の記録も、内宮を先とし、外宮を後としている。	――――

註：『寛永十三年二条摂政殿勅答付、自大猷院殿被尋、二条摂政殿三箇条（寛永十三年二条摂政殿勅答）』（神宮文庫所蔵謄写本）をもとに作成。

＊1「延喜式」巻４神祇４伊勢太《ママ》神宮（『新訂増補国史大系　第26巻　延喜式』）75頁～97頁、「延喜式」巻８神祇８祝詞（『新訂増補国史大系　第26巻　延喜式』）172頁～173頁。

＊2岩佐正校注『神皇正統記』（岩波書店、1975年）24頁～25頁および68頁～69頁。

＊3「朝野群載」巻12内記（『新訂増補国史大系　第29巻上　朝野群載』）310頁～311頁。

＊4「三代実録」巻11（『新訂増補国史大系　第４巻　日本三代実録』）167頁。

わらず、実はこれまで「別ニナク」「別ノキナク」内宮を優先させてきたという萩原兼従・祭主藤波友忠の告白は、この時期の朝廷の内宮観をよく示している。この祭主らの告白と摂政の主張により、議論は再び外宮優先論へと落ち着くかに見えた。

ところが、仙洞御所での談合に欠席した三条西実条は、後日一つの文献（『代始和抄』）を示し、内宮優先論を展開する[38]。これは彼が「大嘗会」に注目したからであるが、三条西の主張は議論の流れを変え、態度を明確にしていなかった後水尾上皇は三条西に『類聚国史』などの調査を指示し、朝廷としての内宮優先論を構築していくのである[39]。

寛永十三年（一六三六）四月、勅使として江戸に赴いた武家伝奏三条西実条と日野資勝は、家光へ直接「禁中にてハ内宮万事サキノ由」を伝えている[40]。これは、当時の思想的常識であった外宮（国常立尊）上位論[41]を覆す結論であった。その際、家光は武家伝奏に「仙洞（後水尾上皇）之仰・摂政（二条康道）之被仰趣相違、之如何候、如何之儀、禁中ヨリ之御沙汰マキレモ有間敷所、如何候ハ不審ニ思召候、両人（三条西実条・日野資勝）ハ如何存候哉」と尋ね、彼は約一ヶ月半後、そしてその二日後にも同様の下問を武家伝奏に対して行っている[42]。

ここで重要な点は、当時の体制において、朝廷の統一見解表明は構造的に可能であったということである。従来、将軍にただ従属する朝廷の姿が強調されてきたが[43]、それは結果論である。確かに今回、家光の意図が内宮優先論にあるとみた上皇と三条西は、天照大神の曖昧な位置づけを補強し、朝廷の内宮優先論を創出した。しかし、摂政二条康道が当時の常識に従い、一旦は外宮優先論を幕府へ伝達していた事実を看過してはならない。その最初の見解がどのように変更させられていくかに、当時の構造的特質があるのである。

武家伝奏に対する家光の発言を見ると、彼も朝廷の統一見解を否定していない。むしろ求めている感すらある。ただ、今回の場合、その統一見解は家光の天照大神観と相容れないものであったようで、また彼は朝廷の答えが一本化されず、たびたび変わることにも苛立ったのである。そして、その家光の思いを押し戻すだけの根拠が、朝廷にもなかった。従来、天照大神と天皇家は即座に結びつけられ、そこから天皇の「権威」が認定されてきたが、むしろそのような観念の歴史的創出過程こそが重要であることをこの事例は物語っている。

伊勢神宮と日光東照社を念頭に、天照大神と東照大権現の関係を強化することで将軍家の繁栄を祈る家光の思いは、内宮・外宮の曖昧な序列を逆転・確定させた。朝廷は、その後も紆余曲折はあるが[44]、家光に触発され、明確に内宮（天照大神）を意識し始める。

第三節　『東照社縁起』追加作成と将軍権力

次に、『東照社縁起』真名本・仮名本合計七巻の追加作成について、まず問題となるのは、中世の仏教的要素をふまえながらも[45]、なぜ寛永十六年（一六三九）に新たなメッセージを発する必要があったのか、そして、それはいったい誰を対象としたものか、という点である。また、『東照社縁起』仮名本は後水尾上皇の宸筆と摂家・門跡の染筆により作成されたが[46]、〈尊純法親王―天海〉間の書状を検討すると[47]、幕府は腕の疾患で染筆を渋る上皇に宸筆を催促している。さらに、〈板倉重宗―天海〉間の書状からは、幕府が縁起の奉納時期として寛永十七年（一六四〇）四月の家康二十五回忌法要を意識していたことも知られる[48]。これらはなぜなのか。以上の問題点は、当時の「家光の政治目的と政治的信念[49]」を反映しているのではないか。これが筆者の立場である。本節では、まず『東照社縁起』奉納の場とされた家康二十五回忌法要について、その性格を検討したい。

この法要の特徴は、家光の参拝・帰還後、在府の西国大名が参拝し、しかも彼らは社参後、国元への暇を賜った点である[50]。また、『東照大権現二十五回御年忌記』は、法要や大名社参の記述で終わらず、大名への賜暇の場面まで記録している[51]。参勤交代の順番も関係していようが、賜暇大名の大半が西国大名である点は注意すべきである。さらに、法要の意味について、『東照大権現二十五回御年忌記』は巻末で「国家治而福寿長、揚二神風于四海一、垂二芳声于萬世一者、誠可レ祝而可レ崇」という願望を記している。[52] これらの事実は、この法要が単なる回忌法要ではなく、当時の政治状況と何らかの関係を有した儀式であったことを予測させる。

そこで、寛永十六年（一六三九）から寛永十七年（一六四〇）に家光が直面していた課題に目を向けると、山本博文氏によれば、家光は当時、島原の乱を経て、寛永十六年（一六三九）七月から八月にポルトガル人を追放し、彼らの再来航に備えて沿岸防備体制を構築する途上にあり、また当時、一部幕閣らを中心に、オランダと合同でスペインの拠点マニラを攻撃する動きのあったことも知られる。[53]『オランダ商館長日記』の記述からは、そのような武力行使を好まず、日本の中立を目指す家光の意図がうかがわれ、[54] さらに同じく『オランダ商館長日記』に記された井上政重の発言からは、当時の幕府内部にマニラ攻撃推進派と反対派のあったことがわかる。[55] このような状況下、家康二十五回忌法要に前述の願望が込められたのだろう。一方、『東照社縁起』の追加作成過程も、家光がポルトガル人を追放し、マニラ攻撃推進派を抑え込む過程と重なっており、神崎充晴氏によれば、縁起詞書の草案は寛永十六年（一六三九）九月中旬には完成していた。[56]

それでは、その『東照社縁起』追加作成分の内容を分析しよう。仮名本第一（御立願）の一節「伝聞、いにしへ溟滓の蒼海に、三輪の金光有て浮浪す、あめつちひらけ陰陽わかるゝに至て、三輪の金光同しく三光の神聖となつて、其中に化生す、此故に神国たり」[57] は先行研究が注目する部分である。高木昭作氏は、この一節を仮名本第四（朝鮮人）とともに、「将軍の権威」「正当化」のための記述とし、それが『日本書紀』をもとに「天地開闢・国生み・神勅と天孫降臨を前提」とした叙述であると確認したうえで、『東照社縁起』が日本を「三国に卓越した神国」として描く一方、そこで「家康が、国土の生成に先だって出現した神——大日の子孫である天皇に東照宮（ママ）として「神に祝」われ、その神の庇護のゆえに国が平和に繁栄し、かつオランダ、朝鮮が朝貢してくる、と主張している点」を重視し、『東照社縁起』の神国観は従来と系譜を異にするが「同工異曲」だと述べている[58]。

高木氏のいう『日本書紀』はいわゆる「中世日本紀」で、下敷きの記紀の文章は仏教的に加工されており、天皇の存在も仏教的要素に変換されている[59]。それは秀吉型・家康型神国思想の根拠である「伴天連追放令」や「ノビスパン総督宛書簡」でも同様であり[60]、その意味では、『東照社縁起』と秀吉型・家康型神国思想は「同工異曲」なのかもしれない。しかし、それは『東照社縁起』仮名本第一（御立願）と真名本中巻の場合の議論である。『東照社縁起』仮名本第四（鶴）と同（祭礼）・第五（跋）の内容を考慮すると（真名本では下巻が該当）、『東照社縁起』は必ずしも従来と「同工」ではないようである。

つまり、仮名本第四（鶴）と真名本下巻には、確かに秀吉型・家康型神国思想と同様、神仏一体の神国観を表明した部分もあるが、子細に検討すると、そこでは家康型の「ノビスパン総督宛書簡」ならば「開闢以来敬神尊仏」と表現した箇所を「敬神を以て国のさかへとし、祭祀を以て国の法とす」とするなど、とくに「敬神」を強調しており、しかもその部分は後水尾上皇の宸筆なのである[61]。この「敬神」の強調は仮名本第四（祭礼）で受け止められ、良恕法親王が「殊更本朝はあまてるおほん神の御末にて、皇孫降臨し給しよりこのかた、八百萬の神たち、国家をしつめまほり給ふ」と書き進めている[62]。

このように『東照社縁起』において、秀吉型・家康型と異なり、「敬神」が強調され、また近世で初めて「あまてるおほん神」（真名本上巻では「天照太神（ママ）」）[63]の神号が単独で登場したことの意味を考える必要がある。天照大神の露出は、秀吉以来の神国思想の系譜では異質であり、本書はそのような家光の神国思想を「家光型神国思想」とおく。

さらに、本節では、仮名本第五（跋）の「当寰天下をたもちたまふこと、戦を以て戦をやむるは戦といへとも可なり、（中略）、物において柔和の語ありといへとも、象王爪牙の全を蔵にたり、緇素掌をあはす、僉いふ、賢君其国に王たゝし時は、百性四面鉄壁の室に居るかことくなり、（中略）、当寰濁世の国民は、善を勧め悪を懲とも、よこしまなからむことを思はす、賢君忝も賞を以てすれとも、欲に欲をかさね足ぬといふことをしらす、干戈止ことなし、（中略）、且は奢侈又は濁世の所以なり、而に家光《徳川》公御在位年尚し、慈恵のいたり息孺の及ところ、異国なお昵しむ、況親戚に至るおや、国の煙塵を鎮め、人の泰平をいたす、一天曇なし、豈宿植徳本の聖君にあらすや[64]」という文章を重視したい。

この仮名本第五（跋）は、戦争によらず、柔和ながらも内に武力を秘めた家光を描き、彼の存在こそが泰平の源であり、そのような家光の立つ国の百姓は四面鉄壁の部屋にいるようだとするなど重要な主張を含み、なかでも奢侈の記述は、この『東照社縁起』が当時の状況と不可分のものであったことを示している。すなわち、先行研究によると、『東照社縁起』が追加作成された寛永十六年（一六三九）は、家光が奢侈禁止を推進した年に当たり、それは従来、分を過ぎた振る舞い・贅沢によって旗本などが困窮したことをめぐる、主に武家・身分統制の問題として研究されてきた[65]。しかし、「寛永十七年十二月日付未詳西洞院時良宛沢庵宗彭書状」にある「分際ヨリ過分之身持仕候故、事不足々々ニ《マヽ》故、貪欲増長、国家之乱モ在于此之旨被仰候[66]」という家光の発言を考慮すると、彼にとって奢侈の問題は「国家之乱」に直結する問題であった。『東照社縁起』が奢侈に言及した理由も、奢侈による身分秩序崩壊が、家光の実現する泰平を脅かすからに他ならなかった。

それでは、この『東照社縁起』追加作成分は、なぜ対外的危機の意識された家康二十五回忌法要で奉納されたのか。また、その法要に在府の西国大名を参拝させたのはなぜか。

まず確認すべきことは、縁起の作成主体は家光・三家・酒井忠勝・天海・知楽院忠尊だったということであり、しかも草稿は紀伊邸で回覧・検討されたということである[67]。奉納時も含め、大名は縁起を見ていない。したがって、この追加作成された『東照社縁起』は、あくまでも将軍家・三家と染筆者である上皇らの問題であった。

その縁起が二十五回忌法要で奉納された背景には、前述した幕府内の対外戦争肯定派と否定派の対立が影響していよう。とくに紀伊邸での草稿検討は、将軍家との対立が噂される紀州頼宣への配慮であった可能性がある[68]。家康の法要に合わせ、家光の権力掌握過程を三家に再確認させ、泰平という現状の積極的肯定により、非戦・中立という家光の外交方針を三家に提示して結束を図ること、これが追加作成時の家光の意図ではなかったか。仮名本第五（跋）に「異国なお昵しむ、況親戚に至るおや」とあるのはその証左だろう。

また『オランダ商館長日記』一六三九年五月五日条は、肥前平戸松浦家奉行人長村純正の情報として「最近、内裏の宮廷で数人のキリスト教徒が見付けられたが、秘密にされている」と記し、あわせて江戸城内でのキリシタン暴動にも言及している[69]。

家光の眼には、奢侈の問題を含め、まさに国家が中枢から崩壊しつつあると映っただろう。この状況をふまえれば、上皇の再度の宸筆の意味も明確になる。前節で確定された「皇祖神」としての天照大神（仮名本第四〈祭礼に結実〉を「敬神」すること、この必要性を、キリシタン発覚で動揺する上皇らにも再確認させ、体制の引き締めを図ろうとしたということではなかろうか。

残るは、二十五回忌法要に参拝した西国大名の問題である。彼らはいったいなぜ帰国前に参拝したのか。単なる家康尊崇のため、将軍家へのポーズのためだろうか。筆者はそうは思わない。というのも、寛永十七年（一六四〇）、前田光高が東照社勧請を幕府に願ったところ、家光がそれを許可した際の言葉は「光高はわが甥なり、他にあらず、よろしく大権現を祭りたてまつりて　国家を鎮め、かつ軍神とすべし」というものであった[70]。すなわち、まさに家康二十五回忌法要の営まれた寛永十七年（一六四〇）段階の家光は、東照大権現を「国家を鎮める「軍神」と捉えていたのである。対外的危機を意識した二十五回忌法要での東照大権現が「軍神」であったとすれば、そこに西国大名が参拝した意味は明瞭となる。のちに各所領で沿岸防備を担う西国大名は[71]、帰国前に国家鎮護の「軍神」東照大権現に結集したのであり、それが社参を命じた家光の意図であったと思われる。

ここでの注意点は、西国大名は「軍神」東照大権現に結集したのであり、天照大神に結集したのではないということである。だが一方、家光・三家らのみた『東照社縁起』では天照大神が前面に押し出された。これは前節での伊勢の内外逆転がなければ難しかったと思われるが、縁起はキリシタンに言及しておらず、家光型神国思想における天照大神・禁裏・仙洞は、従来のような単なるキリシタンへの対抗軸ではなかった可能性がある。この点を考えるにあたり、寛永十六年（一六三九）七月段階、幕府がポルトガル船来航の禁止を申し渡した際、そこに「神国」は対峙されず、「もはやこの段階になると、キリシタン禁制は議論の余地のない祖法・国是となっている」という藤井讓治氏の指摘は参考となろう(72)。

では、なぜ天照大神は『東照社縁起』で露出したのか。手がかりは、家光の「東照権現像附蒔絵箱入守袋内文書」（日光山輪王寺所蔵）(73)と山本博文氏紹介の「寛永十八年七月五日付酒井忠勝宛徳川家光御内書」（東京大学史料編纂所所蔵小浜酒井家文書）(74)だろう。

井澤潤氏によれば、家光の家康尊崇の証拠(75)として有名な「守袋文書」は、寛永十六年（一六三九）ごろから慶安四年（一六五一）ごろにかけて使用されていたという(76)。そして、写真3によれば、そこには「いきるもしねるもなに事も、みな大こんけんさましたに将くんこともミなしんへあけ候まゝ、な事もおもわくす、しんおありかたく存、あさゆふにおかみ申ほかわなく候(77)」とあるように、将軍は東照大権現と一体だと認識され、その東照大権現は写真4によると「いせ天小大しん、八満大ほさつ、とう小大こんけん、将くん、しんもたいも一ツ也、三しや(78)」とあるように、天照大神・八幡神とも一体だとされている。これらには、家光の主観としての将軍権力観、すなわち将軍と東照大権現・天照大神・八幡神の一体化が表現されており、家光にとっては、それを具現化したものが生身の人間としての将軍・天皇の関係だったのではなかろうか。天皇は当時、家光の血縁（明正天皇は姪、

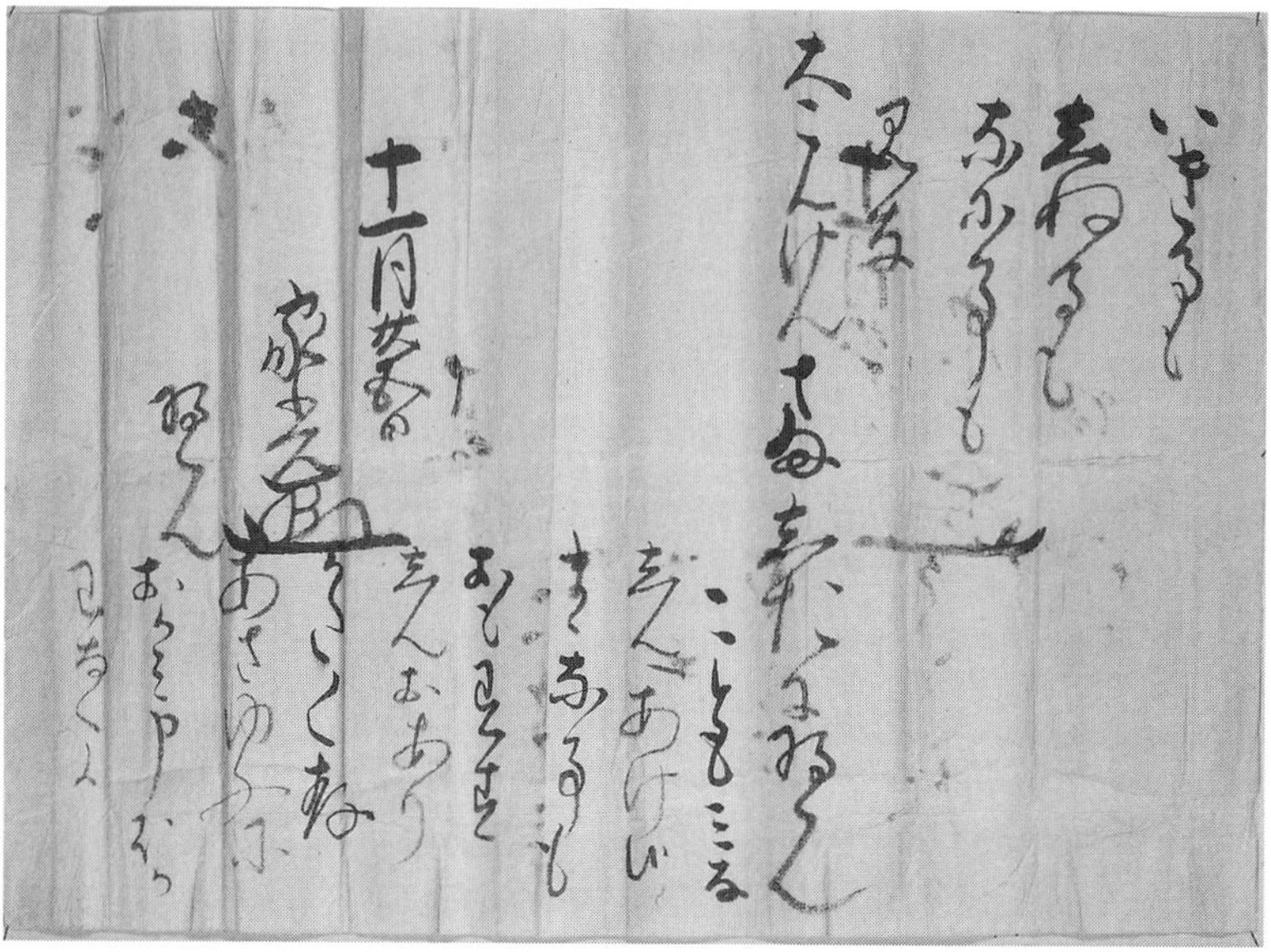

写真3　「東照権現像附蒔絵箱入守袋内文書」2-2
（重要文化財、日光山輪王寺所蔵）

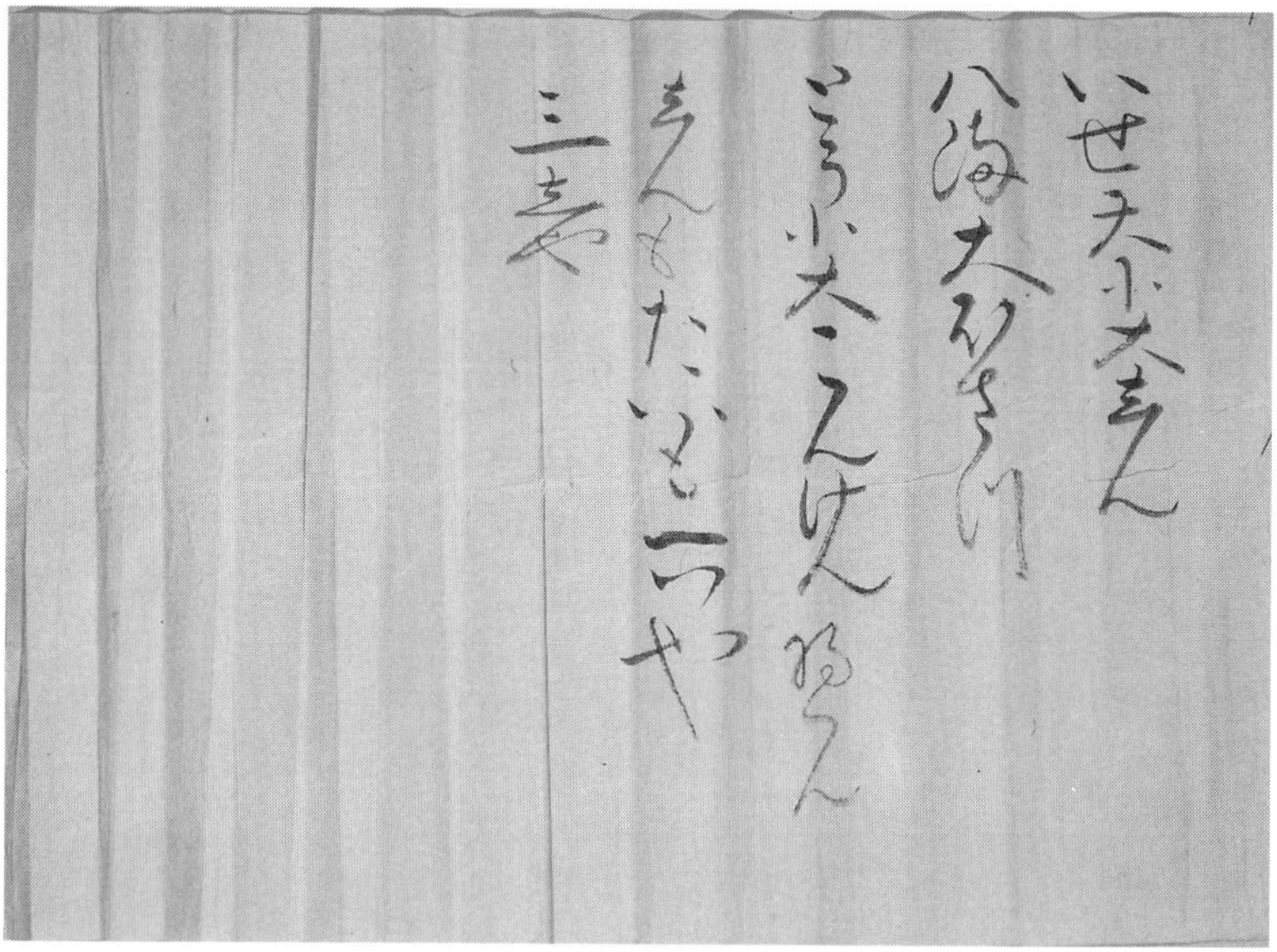

写真4　「東照権現像附蒔絵箱入守袋内文書」6-2
（重要文化財、日光山輪王寺所蔵）

後光明天皇は義理の甥）であり、前節の検討も考慮すると、彼にとって禁裏・仙洞との関係構築は何ら矛盾ではなかった可能性がある。主観的とはいえ、このような家光による将軍協賛の「神々」の再編成も、家光型神国思想の特徴だろう。

そして、寛永期後半の家光の天下認識を示す史料として、前述の山本氏紹介の「寛永十八年七月五日付酒井忠勝宛徳川家光御内書」があるが、そこで家光が酒井忠勝に対し、

此天下の義ハ　こんけん様（徳川家康）御ほねをおられ、ほこさきにて御納被成候て、たいとく院殿（徳川秀忠）ちんきにて御あとつかせられ、代々納たる天下のきハ、からにも日本にもまれなるきに候ニ、其御あとをふせうなる身にてつき候義、ミやうりの程おそろしく候まゝ、いかやうにも天下のつゝきおさまらん義をあさ夕くふうするといへとも、あまつさへ近年ハ病者ニなり、はか〳〵しく天下のまつり事もつとめかね候事、両御所（徳川家康・徳川秀忠）のミやうりの程もいか、思ひ候付、昨日も其段其方（酒井忠勝）へくわしくいひきかせ候、（以下略）(79)

と述べていることからは、苦労の末に家康が矛先で治めた天下はすでに秀忠・家光と三代にわたり受け継がれてきたという「からにも日本にもまれなる」事実の重みに悩みつつ、「いかやうにも天下のつゝきおさまらん義をあさ夕くふう」してきた家光の苦しい立場が容易に想像される。家光は、みずからの天下への臨み方をめぐる、今は亡き祖父・父からの視線、そして内外の諸情勢と今後の歴史の評価を意識していた。

したがって、家光が『東照社縁起』で天照大神を露出させた背景には、対外的危機が切迫化した寛永十六年（一六三九）以降の家光の将軍権力観・「神」観念・天下認識が相互に影響しており(80)、それは家光にとって、武威の補完や支配の正統（当）性のために家康と結合したということのみではなく、国家の内部崩壊への危機感と対外的危機に直面し、いかに将軍中心に禁裏・仙洞・三家・大名を結集させ、なおかつ将軍がいかに精神的・肉体的に持ちこたえるかという問題であったと考えられる。

第四節　東照社への宮号宣下と日光例幣使発遣奏請・決定の政治的背景

しかし、これまでの検討をふまえたとしても、寛永十六年（一六三九）からさらに六年後の正保二年（一六四五）に、東照社へ宮号が宣下された理由は依然不明のままである。なぜなら、家光の意図は、前節までにみた方策である程度はたされたと思われるからである。ところが、家光は仙洞に対し、宮号宣下を奏請するのである。

これについて、先行研究は、家光による家康尊崇の一層の現れ、あるいは東照大権現・幕藩体制・家光自身の権威化、また東照社を当時の外交秩序視覚化の道具立てと理解してその荘厳化をはかったものとし、この時、東照大権現は「関八州の鎮守」から「日本の神」になったと説明する。(81) 確かに事実の一面はそうかもしれない。だが、これらの説明では、なぜ宮号宣下が正保二年（一六四五）なのか、またなぜ宮号であり、なぜそれが太政官符で宣下され、なぜあらためて「神」の性格を変更する必要があったのかが判明しない。

前述の問題を考えるにあたり、まず考慮すべき点は、家光が仙洞へ宮号宣下を奏請した際、何が先例とされたかという点である。禁裏・仙洞の慣習によれば、およそ然るべき先例・根拠がなければ物事は動かない。例えば、のちの輪王寺宮守澄法親王の東下一件の場合、幕府は彼を天海の法嗣として迎えようとするが、後水尾上皇は反対し、青蓮院にて得度の上、尊純法親王の法嗣とするよう求めたことが辻善之助氏により指摘されている。(82)

このことをふまえると、家光が宮号宣下を奏請したとしても、その希少性からして、何らかの然るべき理由・裏づけがなければ実現は困難であったことがうかがわれる。

これまで、その点について「先例」を明確に問題化した研究は管見の限り見出せないが、いくつかの史料・文献には言及がある。例えば、『寛明日記』には伊勢神宮・八幡宮と同等になったと喜ぶ家光の発言が留められており、また、中村孝也氏の『徳川家康公伝』では、臣下に対する宮号は菅原道真の天神（天満宮）以外にないとしている。[83]

しかし、『寛明日記』の記述は、宮号宣下の年を誤記しており、また勅使・奉幣使の人名も誤っている。したがって、家光の発言に関する記述も、信憑性は低くなる。また、当時の史料で菅原道真を先例にしたという記述も見出すことができない。それでは、当時いったい何が先例とされたのか。この点について、参考になると思われる史料は、次の「東照宮位記宣旨竝宣命官符目録」[84]の記述だろう（写真5）。

（前略）

今度一、改社号奉授宮号官符

正保二年十一月三日　日光之義同十七日

改社号為宮号宣命一通

記云　風宮

正應六年（一二九三年）三月廿日官符改社号

奉授宮号預官幣依異国降

伏之御祈也

この文言の典拠を調べたところ、『類聚神祇本源』の伊勢神宮別宮風宮についての記載であることが判明し、その風宮はもと風社で、風社が元寇の際の「神風」を吹かせた論功行賞として宮号を与えられたことは『史料綜覧』でも確認できる。[85]

本節で指摘したいことは、「東照宮位記宣旨竝宣命官符目録」が、今のところ当時の一次史料で確認できる唯一の先例に関する史料だということである。したがって、本節は、はたして元寇の際の事例が家光期に先例として成立し得るのかを検討しなければならない。

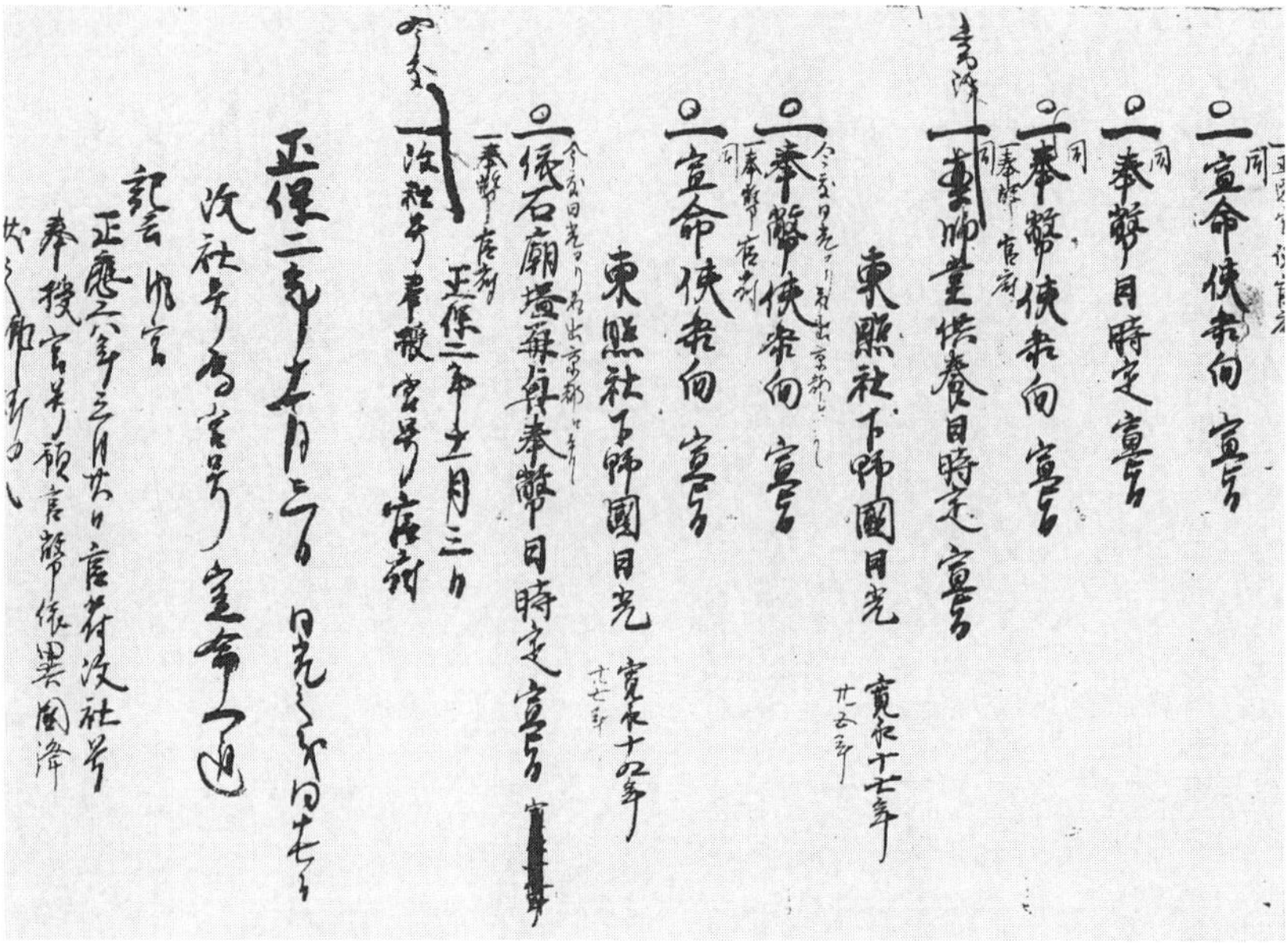

写真５　「東照宮位記宣旨竝宣命官符目録」のうち
「東照社宣旨官符目録　元和三年十二月至正保二年十一月」巻末部分（宮内庁書陵部所蔵）

まず、縁起奉納後の寛永十七年（一六四〇）六月、幕府はポルトガルの使者六十一名を斬殺しており、その決定は寄合を経た家光本人の決定であったことが山本博文氏によって指摘されているが、この斬殺によって、当然のごとく、幕府はこれまで以上にポルトガルからの報復を意識・警戒しなくてはならなくなった(86)。また、もう一点、正保元年（一六四四）の明滅亡があり、北方民族による明朝打倒は幕府に衝撃を与え、明からは幕府に対し、たびたび援兵要請のあったこともすでに判明している(87)。

以上の状況を概観すると、縁起奉納の時点よりも、対外情勢は格段に悪化しているといわざるを得ない。しかし、それだけでは元寇は先例となり得ないだろう。確かに十三世紀の元寇の記憶が十七世紀においても生きつづけていたことは、ロナルド・トビ氏によって指摘されている(88)。ただ、それのみでは不充分であり、元寇段階の鎌倉幕府が直面した状況（宋の滅亡、元使斬殺(89)）と正保期の状況の近似にも注目する必要があろう。だからこそ、「東照宮位記宣旨竝宣命官符目録」に記された先例も力を持ったのだと思われる(90)。

以上をふまえ、本節では、東照社への宮号宣下は対外情勢悪化をうけ、異国降伏の願いを込め、元寇時の風社を先例に家光が仙洞へ奏請し、認められたものと解しておきたい。そして、元寇時の官符による宮号宣下が参照されたからこそ、その先例に従って太政官符も発給されたのでなかろうか。

宮号宣下については以上として、もう一つ、日光例幣使の問題を考える必要がある。これも従来、宮号宣下と同様、権威化・荘厳化の流れで説明されてきたが(91)、本節での宮号をめぐる考察をふまえると、権威化・荘厳化の枠には収まらない側面があるようである。

事実、宮号宣下直後の正保二年（一六四五）十一月、勅使今出川経季に宛てた家光の御内書・覚書を見ると、家光は端的に例幣を「末代日本の有内の事にて候」とし、「ことし中なりとも、らいねん中になりとも」と期限を設けたうえで、「神の御ゐくわう《（威光）》つきせさるやうに」使者の発遣をと願っている(92)。当時、例幣の開始はいつでもよかったのではなく、宮号宣下から時をおかずに実現されるべきものと観念されていたことがわかる。これは、先ほどの宮号をめぐる考察をふまえると、理解しやすいのではないかと思われる。当時の対外情勢をふまえ、国家鎮護の「軍神」東照大権現の神威の問題に関わっていたからこそ、家光は正保二年（一六四五）中か正保三年（一六四六）中の使者の発遣を求めたのだろう。

最後に、伊勢例幣使の問題について考察し、本節での分析を締めくくりたい。伊勢例幣使と日光例幣使は、これまでもともに議論され、日光と伊勢が同格になったことの証拠とする説や日光例幣使の引き換えとして幕府が再興を認めたとする説が出されている(93)。

しかし、第二節・第三節で明らかとなった家光の天照大神観や、それと東照大権現との関係を考えると、これは東照大権現の機能・神威の問題と密接に関わった選択であったと思われる。国家鎮護の「軍神」東照大権現に協賛するのは三社であったから、八幡神が残るが、日光例幣使発遣決定後の正保三年（一六四六）七月二十五日、家光は、伊勢・石清水・賀茂への奉幣を求めている(94)。伊勢例幣使も、国家鎮護の「軍神」東照大権現への協賛の問題として再検討することが必要だろう。

第五節　徳川家康・秀忠の叙位任官文書再作成と東照宮号宣下との関連性

ところで、前節の見解については、すでにいくつかの指摘と批判をうけた。例えば、本章の基となった日本史研究会大会報告の際、質疑応答の場面で山口和夫氏は「家康・秀忠の宣旨・位記の作り直しや、寛永諸家系図伝の作成など、全体的な姓氏の編成し直しの中での、源氏の長者としての達成と、氏神である八幡神との関係について指摘」した(95)。

また、山澤学氏は著書の中で、東照宮号宣下の背景について、筆者の見解では「東照社の社格は伊勢神宮の別宮レヴェルと同格になり、降格してしまう」とし、『東照社縁起』のうち「『仮名縁起』中の二段には、政治性が色濃く刻印されているといわざるをえ」ず、『東照社縁起』は「徳川将軍家を皇胤とし、新田源氏の後裔として君を守り国を治めるべき家職にあることを説き、同時に東照社を第三の宗廟とすること、すなわち東照大権現を皇祖神と同格にまで高めることを志向している」としたうえで、「宮号は、本来、皇祖神たる宗廟のみが天皇の宣下にもとづき称する号」であり、「当該期の認識に基づくならば、東照大権現に対する宮号宣下は、天皇が東照大権現を宗廟として公認するものに他なら」ず、「東照社を宗廟と見なす「東照社縁起」の志向を現実のものとするものであった」とした[96]。

　山口氏のいう徳川家康・秀忠の叙位任官文書の再作成については、米田雄介氏の研究に詳しい[97]。同氏は再作成の経過を「大猷院《ママ》殿御実紀」や『忠利宿禰記』に基づきながら整理したうえで、その再作成が行われた理由について、宮内庁書陵部所蔵「徳川家康以下四代官位次第」に含まれる「官位之次第　永禄九年十二月至元和二年三月」の末尾部分の記述に基づき、徳川家光が家康・秀忠の叙位任官文書のうち藤原姓で表記されているものを源姓に改めるべく再作成を朝廷に要請していたことを解明した[98]。

　この米田氏の成果に基づき、前述のように山口氏は東照宮号宣下と叙位任官文書の再作成との関連性を指摘し[99]、また山澤氏もこの再作成が「宮号宣下と同時」であると理解したうえで、「後光明天皇宣命にみえるように、古御位記、すなわち在世中の家康宛から東照社成立後までに発給された位記や宣旨・宣命が再発給された。同時に秀忠が生前受けた朝廷の叙位任官にかかわる宣旨・位記・宣命なども再発給された。これら再発給の手続きは、同年四月二三日、数え年でわずか五歳（実年齢は三歳）であった世嗣家綱の元服と従三位大納言への任官、これと同日の正二位への昇進を機に開始され、既存の宣旨・位記・宣命の調査が始められた。すなわち将軍家の世継問題を背景におくものであった」とし、「米田雄介の指摘に学べば、この再発給は、単に位記・宣旨・宣命を散逸してしまったためだけではない。家康・秀忠の生前に発給された位記・宣旨などの宛所に藤原姓を記載するものがあり、これを源姓に改めることを目的とするものであった。再発給された位記・宣旨は、家康分は日光東照宮に、秀忠分はその御霊屋のある芝三縁山増上寺に奉納された。これは、将軍家が新田源氏であることを確認する作業に他ならない。これもまた、「東照社縁起」の叙述を現実世界において整合させるものであった。将軍家の次代への継承という課題があるからこそ、東照宮と徳川将軍家の存立の根拠である天皇の勅を「東照社縁起」に整合させたのである」とした(100)。

状況証拠からすると、山口氏や山澤氏の見解には妥当性があるように見えるが、しかし、例えば、山澤氏の議論の運び方には、『東照社縁起』と山澤氏のいう当時の「現実世界」との「整合」性を強調しようとするあまり、性急な所がある。すなわち、山澤氏による叙述のうち「宮号宣下と同時に、後光明天皇宣命にみえるように、古御位記、すなわち在世中の家康宛から東照社成立後までに発給された位記や宣旨・宣命が再発給された(101)」とある箇所などはその典型であり、山澤氏は誤解しているようだが、宮号宣下の宣命にいう位記とは、神階の位記のことであり、この時は「古御位記」すなわち東照宮の従一位の位記が、宮号宣下と昇階にともない東照宮の正一位の位記に改められたのである(102)。この宣命の文章をもって、東照宮号宣下と家康・秀忠の叙位任官文書の再作成とを「同時」だということはできず、このような不正確な議論は、かえって東照宮号に込められた当時の政治的意義の誤解につながる。山澤氏も、なぜ東照宮号が誕生したのかという点に関心があるはずだが、その誕生過程の解明と歴史的評価は、残された数少ない史料の正確な読解と、それに基づく慎重な事実認定によらなければならない。

そのうえで筆者は、当時の家光のいくつかの政治的関心の一つが家綱の成長と家康・秀忠の氏姓にあったとする点には同意したいが、それらと東照宮号宣下との関係については、その有無を含め、より慎重に議論したいと考えている。その理由は、山口氏や山澤氏が前提とする米田氏の研究に、史料的な面での再検討の必要性を認識しているからである。

すなわち、米田氏は幕府側の史料として「大猷（ママ）院殿御実紀」を使用しているが、いわゆる「実紀」は後世の編纂物であるため、史料的に限界のあることは近年指摘されているところであり、また米田氏は「羅山先生年譜」を使うものの、その該当部分を引用せずに意訳している(103)。意訳した結果、厳密に検討されるべき文言が等閑に付されており、また事実経過についても誤解が生じている。同氏が「羅山先生年譜」として引いている史料に該当すると思われる史料を示すと次のとおりである。

先生（林羅山）六十三歳、四月二十三日幼君（徳川家綱）着袴・元服、勅使来賀、捧二品亜相位記　宣旨、其儀厳重、使先生作倭字記、此時有　旨、考　東照大神（徳川家康）官位昇進次第、尾陽義直（徳川）卿献勘文、先生亦預其事、使恕也（林春斎）、馳駅、登日光山、赴久能山、写其所蔵之旧草、早帰啓達之、與義直卿所献併校之、首尾全備、既而考　台徳院殿（徳川秀忠）位記　宣旨次第(104)

これは、『羅山林先生集』に収められた年譜の一部である。正保二年（一六四五）四月二十三日、徳川家綱への叙位任官がなされたが、前引の史料によると、このとき家光から林羅山に命じられたことは二つであった。一つは家綱の叙任に係る「倭字記」を作成すること、いま一つは「東照大神（徳川家康）官位昇進次第」を調査することである。家康の官位昇進次第を調べるに際し、尾張徳川義直が「勘文」を献上し、羅山もまた調査にあたり、子息林春斎を日光山と久能山に派遣して「其所蔵之旧草」を書写させ、早くに帰って結果を「啓達」し、その書写物と徳川義直の「勘文」とを校合して「首尾全備」わったとある。

米田氏の意訳はおおむねこの内容に沿っているのだが、同氏は論文中で「正保二年四月二十三日に家綱の元服の際、東照大神君官位昇進次第について尾陽（尾張徳川）義直卿が勘文を献じ、これに羅山先生が関与」としたうえで、「春斎が日光山に遣わされた理由を記したものは見当たらないが、羅山の命を受けた春斎は日光山東照宮において家康の叙位任官文書の調査に従事し、義直卿の指摘通り、家康の叙位任官文書にいくつかの疑問を発見したのであろう」との解釈を示している(105)。そして、「「大猷院殿御実紀《ママ》」によると、家康・秀忠の文書が四海擾乱の折りに散逸していたため、また『東照宮宝物志』は「東照公の官位記を点検せしめましたところ、缺くるところがありましたから」、家光は紛失していた文書の再発行を求めたとあるが、もとより納得することはできないだろう。確かに一部の文書は紛失しているかも知れない。しかしそのことよりも、これらの文書再発行が尾張の徳川義直卿の行った問題提起（内容は不明）に由来していることに留意すると、文書の内容、すなわち家康の叙位任官文書の中身に問題があると考えるべきである」と結論づけ、その後、宮内庁の史料によって氏姓問題に言及していくのである(106)。

米田氏は、叙任文書の再作成にあたり、徳川義直の存在（と彼の問題提起）を大変重視している。だが、前引の『羅山林先生集』の年譜によれば、他ならぬ家光が家康の官位昇進次第の調査を命じたのであり、徳川義直はその命に応じて「勘文」を献上したにすぎない。官位昇進次第について、義直から問題提起をしたとは書いていない。この誤読は、当初の家光の関心を不明確にしてしまっている。家光は当初、家綱の叙任をうけて祖父家康の昇進次第を参照しておきたかったのであり、義直と羅山はその家光の要望に応えたのみであった。そして、官位昇進次第については、義直の「勘文」と春斎の調査結果を校合した結果、「首尾全備」わって一旦は解決したのである。したがって、『羅山林先生集』の年譜における一連の事実、とくに徳川義直の関与を叙任文書再作成の契機と位置づけることは難しいと筆者は考える。

しかし、米田氏が宮内庁書陵部所蔵の「徳川家康以下四代官位次第」によって指摘した事実、すなわち家光が叙任文書における氏姓に関心を示していたとする点については動かし難いだろう。では、はたして家光が祖父と父の叙任文書の再作成を依頼せねばならないと判断した理由は、その氏姓問題のみであったのか。氏姓の問題のみならば、もう少し早くに気づいてもよさそうなものである。

米田氏も参照する官務壬生忠利の日記『忠利宿禰記』の正保二年（一六四五）閏五月三日条には「飛鳥井前大納言（雅宣）ヨリ人来、予（壬生忠利）参、仰云、今度　家康公（徳川）　台徳院（徳川秀忠）　当御所（徳川家光）官位之事、口宣斗之も有、宣旨有之も有間、宣旨ニ書改可申由江戸ヨリ廿八日ニ立飛脚来、今日院中（後水尾上皇）江得御意申処、両局ニ尋可申仰之由也、明日大外記（押小路師定）令同道可参仰也」[107]とある。これによると、武家伝奏飛鳥井雅宣から呼び出しをうけた壬生忠利は次のようなことを聞かされている。すなわち、今度の徳川家康・秀忠・家光三代の官位に関する件だが、叙任文書は口宣だけのものもあり、宣旨があるものもある、叙任文書については、宣旨に書き改めよと江戸を五月二十八日に発った飛脚が到来して告げてきた、本日、後水尾上皇に伺ったところ、文書発行の実務担当である壬生忠利と押小路師定に命じよとのことである、明日、押小路とともに参上するようにとのことであった。壬生と押小路は、正保二年（一六四五）五月二十日に「官務宣旨調可申」を聞いていたが[108]、閏五月三日の指示は、江戸からの指示に基づいた、より具体的なものであった。ここからは、家光が叙任文書の様式としてとくに宣旨を求めていたことがわかり、宣旨で様式を揃えようとしていたことがうかがわれるのである。このことは、次の『江戸幕府日記』の正保二年（一六四五）五月十五日条からもうかがわれよう。

一、女院（東福門院）御所へ以次飛脚　御内書被遣之

一、両伝奏（今出川経季・飛鳥井雅宣）江東照大権現（徳川家康）御在世之時御官位之宣旨之写八通、右次飛脚ニ被遣之、是者駿州久能御宮ニ有之、

但　将軍宣下之時右大臣之　宣旨也云々、是不足之位記宣旨有之付、今度改被　仰請ニヨッテ也[109]

すなわち、家光は東福門院宛に御内書を届ける便で、武家伝奏宛に家康在世中の宣旨の写し八通を届けたが、それらの写しの原本は久能山にある宣旨であったとされている。ここからは、家光の宣旨への関心が明らかにな

るとともに、前述の林春斎による久能山の調査結果が家光の行動に反映されていたこともわかる(110)。したがって、事実経過としては、家綱への叙任にあたり、家光が家康の官位昇進次第を調べさせた際、叙任文書における氏姓の表記のみならず、様式の不統一にも気づいたという流れであったと思われるのである。

　このように、家光からとくに宣旨の調進が要請されたことをうけ、米田氏も述べるように案文と下書が数度作成されたが、それはその都度、江戸へも提出された模様である(111)。

　ところが、これら叙任文書のうち、宣旨の調進が進む中、前引の『忠利宿禰記』を引きつづき参照すると、正保二年（一六四五）七月二十五日条には「使町口判官（家勝カ・長勝カ）右衛門（左カ）申出、元和三年東照大権現日時定・雑々赦・殺生禁断宣旨以下調可申由也、今出川殿（経季）御対面、仰云、今度宣旨日光ニ有分者其通也、又無之分者申上、東照ニ納之由仰也(112)」とあり、壬生忠利は武家伝奏今出川経季から、叙任文書のみならず、元和三年（一六一七）度の日光東照社造営に係る宣旨調進をも命じられているのである。もちろん米田氏もこのことを認識しているが、米田論文は叙任文書に関心があるため、この事実を位置づけていない(113)。

　筆者がこの事実を重視するのは、その約二十日後の正保二年（一六四五）八月十七日、壬生忠利がみずからの日記に「飛鳥井大納言（雅宣）ヨリ片山将監（比定者不明）被下、仰云、今度東照大権現（徳川家康）・台徳院（徳川秀忠）宣旨延引可有由江戸ヨリ申来也、可其意存仰也(114)」と記しているからである。なんと家康・秀忠の宣旨について、武家伝奏を通じ、作成の「延引」が命じられたというのである。

　筆者は、山口氏や山澤氏のように家康・秀忠の叙任文書再作成と東照宮号宣下との関連性の有無を問題とするなら、その再作成がなぜ延引されたのかを説明する必要があると考える。管見のところ、米田氏を含め、この点を検討した論文を見出すことができない。そこにはいったいどのような背景があったのだろうか。

『忠利宿禰記』の正保二年（一六四五）八月十八日条には「今出川殿（経季）ヨリ人来、予（壬生忠利）・大外記（押小路師定）令同道参、対面、仰云、

予ニ仰ハ、宣旨ニ左弁官下ト有、何の弁ニテも奉行之時尤也、頭中将なとの奉行之時、左弁官下と有哉、如何候、引勘可申由也、其作法勘可申仰也[115]」とある。これによると、武家伝奏今出川経季からの呼び出しをうけて、壬生忠利と押小路師定が今出川と面会している。壬生は今出川から、宣旨の様式のうち、とくにその文言に「左弁官下」とある意味を尋ねられており、各案件について誰が奉行を勤めても「左弁官下」と記すのかどうかを調べるようにと指示されている。今出川の照会は、弁官が出す二種類の宣旨（宣旨と官宣旨）のうち[116]、官宣旨に関することであり、相田二郎氏によれば、宣旨・口宣は叙任文書で用いられることが多いが、官宣旨のうち左弁官の下す宣旨は吉事、右弁官の下すそれは凶事に関するものであった[117]。このことから推すと、ここで今出川が取り上げた宣旨は叙任関係の口宣・宣旨ではなく、吉事に際して下される左弁官の宣旨であったということになる。

　では、いったいなぜ今出川は叙任文書再作成延引の翌日にこのような問い合わせを壬生らに対して行ったのだろうか。考えられる理由は、その照会をした当人が武家伝奏であることからして、延引を指示した江戸の関心がまさにそこにあったからだろう。今出川の照会は、まさに江戸からの照会であったという可能性である。

　そのことは、『忠利宿禰記』の正保二年（一六四五）九月三十日条に「今川刑部（直房）江戸ヨリ上洛也、今度宣旨下書参由也、今出川殿（経季）対面ニテ仰也、又語給、今度宣旨・位記下書、江戸江取ニ参飛脚当月廿日ニ立、江戸江廿二日ニ参、同廿三日家光（徳川）公状披見、今川刑部ニ宣旨・位記京江明日持参可申仰也、乍去、廿五日ニ江戸ヲ立、廿八日ニ京着之沙汰也、今出川殿仰云、宣旨ニ左弁官下と有下ニ下野国東照社ト有、不審也、勘可申仰也[118]」とあることで明瞭となる。ここからは、江戸から高家今川直房が使者として遣わされたことがわかるが、今出川によると、九月二十三日に家光が「宣旨・位記下書」をみたとのことで、家光は今川に対し、翌二十四日に京へ向かい、その下書を持参せよと命じたが、出立が二十五日となり、三日間で京着したのだという。この今川派遣の事実は『江戸幕府日記』にも記録されておらず[119]、非公式の緊急の使者であったことがわかる。

筆者が注目するのは、その今川からの伝言と見られる、今出川の壬生に対する「宣旨ニ左弁官下と有下ニ下野国東照社ト有、不審也」という発言である。今川派遣の経緯と今出川が武家伝奏である点を考慮すると、これは家光の言葉であると考えねばなるまい。八月十七日と同じく、この九月三十日にも官宣旨の様式のうち「左弁官下」の文言が問題とされており、しかもその「左弁官下」の下に「下野国東照社」とあるのは「不審」であるというのである。これは強烈なメッセージである。このとき初めて、いま作成されている宣旨という文書様式の大枠と東照社との関連性が「不審」という形で家光によって指摘され、問題化されたのである。家光は、官宣旨とその他の宣旨との違いを明確には認識せず、両様式をトータルに捉えていた可能性がある。だから、祖父と父の叙任に係る宣旨再作成をもストップさせたのではなかろうか。

第六節　東照宮号宣下の発案時期

それでは、東照宮号の問題はいったいいつ提起されたのだろうか。実はこの点については、確たる説がない。[120]しかし、九月三十日から約二十日後、『忠利宿禰記』の正保二年（一六四五）十月二十三日条に留められた「東照社宣旨目録」には「東照宮ト書目六如此ノ目録二通入」と小書で記されている。[121]ここからは、正保二年（一六四五）に東照社関係の宣旨・太政官符としてどのようなものが調進されたのかが判明するが、それらの文書は各々社号と宮号のものが二パターン作成されたという。すなわち、正保二年（一六四五）九月下旬段階、家光のみた下書には社号が記され、文書様式における社号の位置が問題とされていた。ところが、同年十月下旬段階には宮号を記した文書も作成された。ということは、この間に宮号が勅許されたということである。正保二年（一六四五）九月下旬段階ではまだ宮号の記された文書は存在せず、家光の「不審」をうけて初めて社号と宮号の二パターンの文書が作られたということだろう。東照宮号が提起され、具体化した時期は、正保二年（一六四五）九月から十月ごろとすることが妥当ではなかろうか。

したがって、従来のように家康・秀忠の叙任文書再作成と「同時に」[122]東照宮号の問題が推移したのではなく、東照宮号の問題はあくまでも元和三年（一六一七）度の日光東照社造営関係文書の再作成過程で持ち上がってきたものと考えたほうがよく、叙任文書再作成と東照宮号宣下とを関連づける積極的な証拠は今のところないということになろう。

次に、東照宮号宣下の行われた理由・背景に関する拙論への、山澤氏から寄せられた批判に対して現段階の私見を述べておこう。筆者は旧稿で、宮号宣下については、その実施時期と当時参照された先例を視野に入れた研究が不可欠であると述べた。この考えは今も変わっていない。拙論で引用した史料は「東照宮位記宣旨竝宣命官符目録」のうち「東照社宣旨官符目録　元和三年十二月至正保二年十一月」の巻末部分（写真5）であった[123]。

すなわち、拙論で筆者は、正保二年（一六四五）から正保三年（一六四六）の、まさに東照宮号宣下に関する一連の事実が生起した当時、壬生家の作成した東照社関係の文書リストの中に、正応六年（一二九三）に実施された風社への宮号宣下が『類聚神祇本源』を引きながら先例として書き留められていたことを述べ、その例を根拠に東照宮号が求められたとしても、当時の家光の置かれていた国際政治状況から推して、まったく解釈できない事柄ではないことを述べたつもりであった。ところが、残念ながら山澤氏は、拙論の提示した諸史料に対する氏自身の解釈を示さないまま、もっぱら国内的要因で（とくに「将軍家の次代への継承」という課題のため「徳川将軍家を皇胤とし、新田源氏の後裔として君を守り国を治めるべき家職にあることを説き、同時に東照社を第三の宗廟とすること、すなわち東照大権現を皇祖神と同格にまで高めることを志向している」「「東照社縁起」」を「実態化させた」ものとして）宮号宣下を説明しようとしている[124]。

しかし、この山澤説に従うならば、家光は『東照社縁起』の作成と同時に宮号宣下を求めなければなるまい。

だが、家光はそうしなかったのである。なぜなのか。この点を山澤氏は「実態化」という言葉で切り抜けようとしている。筆者が思うに、山澤氏は、なぜ宮号宣下が正保二年（一六四五）であったのかを徹底的に考え抜いていない。筆者は、その点を当時の政治段階・対外情勢の進行と変化から具体的に説明したつもりだが、対外情勢の問題を捨象するならば、山澤氏はその理由を積極的に説明する必要がある。

さらに、山澤氏の史料操作についていては、より慎重なそれを求めたい。例えば、東照宮号宣下を伊勢神宮・石清水八幡宮に次ぐ東照社の「第三宗廟」化策だと論証しようとした箇所では、北畠親房の「二十一社記」と「慶安元年東照宮法華八講記」を用い、風宮を先例として東照宮号が案出・奏請されたとする拙論の「前提は国家神の構想としては相応しくない」として筆者への批判を展開している(125)。だが、筆者が問題とした点は、東照宮号宣下が家光によって極めて慎重に提起され、実行されていたという点であり、家光は風宮の例に拠らなければ、東照宮号宣下を奏請すらできなかったし、その先例は当時の家光の困難な政治的立場に適合するもので、だからなおさら当時にあっては説得力を持ち得たのかもしれないということであった。

東照宮号宣下は、後世の者が見るほど容易な政策ではなかったし、家光が最初から伊勢神宮などとの同格化を目指すと標榜して実行し得るような政策ではなかった。もし家光が最初から伊勢神宮との同格化を主張すれば、宮中からの反発は必至であり、宮号宣下の実現は困難であったろう。正保二年（一六四五）の家光にとっては、いかに宮号を得るかが重要だったのであり、筆者はその方法をある程度解明したつもりである。東照宮号宣下を実現させた後の、幕府側の結果論的な解釈・宣伝のみに依拠して東照宮号宣下を歴史的に評価することには、筆者は慎重でありたい。また、山澤氏による「二十一社記」の使用は、あまりにも唐突である。もし氏が北畠親房の著述を重要証拠として採用するならば、まずその近世前期における浸透度を説明・論証する必要があるだろう。

ここで、あらためて山澤氏ほか各位に検討を求めたい史料を挙げておく。次の史料は、『譜牒餘録』に収められている、宮号宣下時、家光の使者として〈江戸―京都〉間を往復した高家今川直房に関する「覚」である。

覚

権現様（徳川家康）宮号之御事、正保貳年酒井讃岐守（忠勝）・今川刑部大輔（直房）両人被　仰付、伝　奏菊亭大納言（今出川経季）与相談仕、武家宮号之旧例考可申上旨被　仰出、依之、菊亭考旧例、言上仕候処、為　上使刑部大輔被差遣之、則宮号之勅宣有之、罷下　勅答趣言上仕候

大猷院様（徳川家光）御感悦不斜、於即座為御褒美御知行五百石拝領仕候、重而　上意ニ宜所拝領可仕之旨被　仰出候、因茲、酒井讃岐守江申達、本領井上河内守（正利）上知、武州多摩郡之内、井草村・上鷺宮村・中村拝領仕候、以上

二月日　　今川刑部(126)

これによれば、東照大権現の宮号について、家光が正保二年（一六四五）に酒井忠勝と今川直房に対し、武家伝奏今出川経季と相談しながら「武家宮号之旧例」を調査して言上するよう命じたとあり、この命によって、今出川が「旧例」を考え、家光に言上したところ、上使として今川直房が遣わされたという。前述のように、少なくとも今川の派遣は正保二年（一六四五）九月に確認できるから、この記述はそのころのこととして理解できよう。

すなわち、東照宮号は、伊勢神宮や石清水八幡宮を例に案出されたものではなく、家光はより慎重に「武家宮号之旧例」の探索を命じていたのである。「武家宮号之旧例」は元寇時の風宮の例と矛盾しないと筆者は考えるが、むしろ「武家宮号之旧例」に限定するならば、風宮以外の立案は難しかったのではなかろうか。重要なことは、将軍家光が何を意図・指示したかであり、東照宮号をめぐる当事者以外の史料をいくら多用しても、核心に迫ることはできないのである。

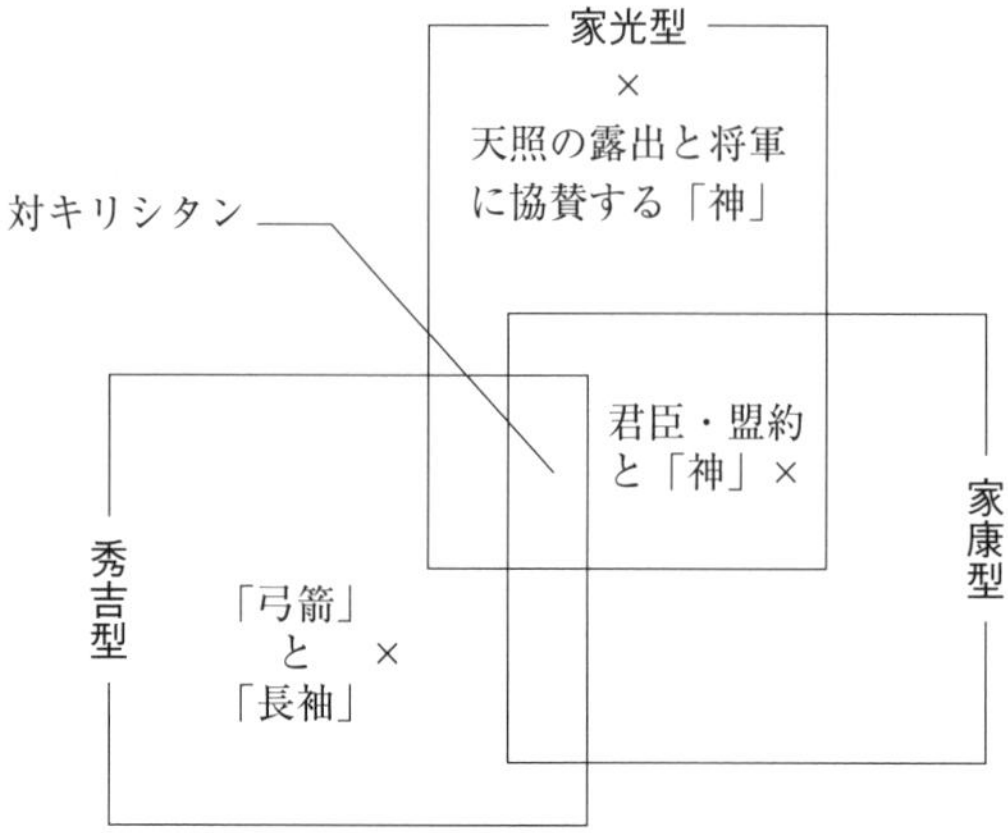

図１　近世前期の神国思想概念図

註：筆者作成

第七節　国家鎮護と徳川家光

以上、ここまでは、徳川家光の国家意識・国家構想を解明する観点から、研究史的に重要な家光の神国思想の分析を行ってきた。その結果、家光の神国観が日本に数ある「神々」のうち、東照大権現とともに天照大神を選択して前面に押し出しており、そこには寛永十三年（一六三六）の家光による伊勢内宮・外宮の序列決定が反映している可能性の高いこと、『東照社縁起』の追加作成と奉納は、ポルトガル人追放後の情勢をふまえ、三家と禁裏・仙洞に結束を促すための行為であり、『東照社縁起』奉納の場である家康二十五回忌法要は国家鎮護の祈りを込めた法要として営まれ、家光はそこに在府の西国大名を参拝させて国家鎮護の「軍神」東照大権現への大名結集を意図したこと、その後の宮号宣下や日光例幣使の問題は、縁起奉納後の対外情勢悪化をふまえ、元寇時の風社（風宮）への対応を先例に東照大権現の神威を強化し、異国降伏を願ったものである可能性の高いことなどが判明した。このような家光型神国思想と秀吉型・家康型神国思想の関係を図1に示したが、各々の特徴と共通部分を互いに含み込んだものが近世前期の神国思想であったと思われる。

これらの分析結果は、島原の乱を経て、家光の直面した課題と勢力がいかに広範であったかを如実に示している。とくに縁起や宮号をめぐる彼の行動は、家光が「神」と向き合う過程であったこともさることながら、キリシタンの動向を含む対外情勢の推移に動揺する禁裏・仙洞・三家・大名・百姓、また動揺の原因である外国と向き合う過程であり、それに対処する自分を支えるべく「神々」を再編成する過程でもあった。その島原の乱後の家光の国家構想を考える場合、重要なことは、彼がいったいどこを向いていたのかという点である。

　本章の節目でもあった島原の乱について、先行研究は、この時「「公儀」は自己本来の階級的利害にめざめ」たと指摘し、以後の政治過程を「将軍権力強化の動向」と理解している[127]。島原の乱後の家光の目線を捉えるためには、まずその島原の乱を、当の幕府がどのように理解し、総括していたのかを具体的に検討しておく必要がある。

　ポルトガル人追放前、井上政重は「有馬天草の紛争と戦争」に関し、「私《(井上政重)》は長崎にいる二人のポルトガル人カピテン〇ドン・フランシスコ・デ・カステロ・ブランコ及びドン・ジョアン・ペレイラと今年長崎にやって来るポルトガル人全員を十字架に懸けたい。そうすれば、代りに、多年当地《(日本または江戸)》で、彼等のために、罪なくして死んだ人々の数だけ集め、数えることができよう」と発言した[128]。また牧野信成も「当地《(日本または江戸)》にはなお著実に勧奨活動や覚醒運動が存在していて、それが以前からそう考えられている通り、アリマやアマクサの地方に起った混乱や叛乱の、また年々数え切れないほど多数の人々が宣教師のためといって殺され、生命を奪われたことの、唯一無二の原因である」と述べている[129]。ここからは、当時の幕閣がキリシタン弾圧と島原の乱を連続的に捉え、そこでの多数の死者を明確に意識していたことがわかる。

　しかし、彼らの発言をそのまま受け止められないことは明らかである。なぜなら、キリシタンらを弾圧したのは他ならぬ幕府であり、彼らの発言には、宣教師とそれを派遣した外国への明らかな責任転嫁が認められ、過去の弾圧を正当化する姿勢が顕著だからである。

　これら幕閣の発言と第三節で検討した『東照社縁起』仮名本第五（跋）の内容を組み合わせると、当時の国家構想の一端が浮かび上がる。すなわち、「宣教師をもたらす外国の侵攻を防げば、キリシタンを含む百姓弾圧はなくなり、弾圧自体もせずに済む。結果として百姓の生命も守られるのだから、将軍中心の確固たる身分秩序に基づいた将軍権力の安定による国家鎮護こそが肝要であり、それは百姓の生命を救うものだ」というものである。

朝尾直弘氏の研究によれば、将軍権力はキリシタン・百姓勢力と対抗する中で創出された[130]。本書での分析もふまえると、その将軍権力は、寛永期後半以降、百姓らとの対抗のみならず、外国（とくにキリスト教国）との戦争も視野に入れながら、過去の弾圧を正当化して百姓らを宥め、新たな対抗勢力を再設定して国内結集を遂げなければ、みずからの将来・存在意義を展望できない段階にあった[131]。日本周辺の情勢が緊迫化する中、オランダ献上の臼砲と榴弾によりヨーロッパ諸国との軍事力の差を認識した家光には、対外的な武威を放棄しつつも侵攻は防がねばならない現実があり[132]、そのための禁裏・仙洞・三家への対応、大名勢力の結集、奢侈禁止の徹底、身分秩序の確定だったのだと思われる。ところが、その後、三社協賛の「軍神」東照大権現と将軍の合同により実現されるはずであった国家鎮護の基礎部分、すなわち百姓の生活と大名の所領は寛永飢饉で壊滅的打撃をうけ[133]、家光は、国家鎮護実現のためにも、内政のあり方そのものの再検討を余儀なくされるのである。

従来、家光の政治は、ある到達点として議論されることが多かった。例えば、寛永十一年（一六三四）の家光の上洛は「統一の結果を確認し、示威する儀式であ」り、「だからこそ、家光の上洛はこの一度」とされている[134]。しかし、沢庵の書状や『オランダ商館長日記』、あるいは第四節で言及した「正保二年十一月二十七日付今出川経季宛徳川家光御内書」を見ると、寛永十八年（一六四一）から寛永二十一年（一六四四）と正保期にかけて、家光の上洛計画の存在がうかがわれる[135]。これは何を意味し、また上洛が見送られたのはなぜだろうか。

一つは、「日本国」を形成するうえで、禁裏・仙洞への対応が、依然家光にとって課題であった可能性である[136]。しかし、飢饉による諸国の疲弊で巡見使派遣が中止されたように[137]、将軍上洛も中止されたのではなかろうか。また、家光が奢侈を禁止した以上、その提唱者が豪華な行列で上洛すれば、それは政策の論理的矛盾であり、寛永十一年（一六三四）のような上洛は現実的ではなかった。結果として将軍家は江戸に在府し、家綱も江戸で将軍宣下を受けたが、それは生前の家光が望んだ本来の姿ではなかった可能性がある。

また、もう一点、ロナルド・トビ氏は、家光が大御所政治を志向したとの注目すべき見解を示しており、それが実現しなかった理由は、ひとえに家光の「早逝」に帰せられるという[138]。筆者もその可能性はあったと思う。というのも、前述のように家光は「此天下の義ハ　こんけん様《（徳川家康）》御ほねをおられ、ほこさきにて御納被成候て、たいとく院殿《（徳川秀忠）》ちんきにて御あとつかせられ、代々納たる天下のきハ、からにも日本にもまれなるきに候ニ、其御あとをふせうなる身にてつき候義、ミやうりの程おそろしく候」という認識の下で「いかやうにも天下のつゝきおさまらん義をあさ夕くふう」してきたからであり[139]、家光が亡き祖父や父と同じような形で将軍職と天下を家綱へ確実に譲ろうとしていたと考えても不思議ではない。

しかし、家光の将軍権力は、飢饉を受けてまだ再建途上である。国家鎮護を目指すべく動き出した矢先、体制の矛盾が表面化した。家光政権の寛永末期から慶安期は、その国家鎮護を果たし得る将軍権力構築のため、国家の基礎部分から再検討する過程であった。家光は、まさに国家鎮護を果たし得る将軍権力となった時、家綱へ将軍職を譲る考えだったのではなかろうか。だが、それは家光の急逝で果たされなかった。家光の構想は未完のまま、数え十一歳の家綱と遺臣らに引き継がれる。

のちの第二部・第三部では、綱吉政権期までを射程に入れながら、第一部で天下人の神格化とそれにともなう諸動向に明確な関与を求められていた天皇・公家とは、天下人やその後の徳川歴代将軍から体制上どのように位置づけられた存在であったのか、また一方の天皇と公家自身はみずからをいかなる存在として理解していたのかを考察し、あわせて以後の徳川歴代将軍は自身の祖先が化身した神とどのように関わり、またそれを生み出した天皇をどのように理解していたのかを検討したい。

（1）朝尾直弘『日本の歴史　第十七巻　鎖国』（小学館、一九七五年、のち同『朝尾直弘著作集　第五巻　鎖国』岩波書店、二〇〇四年に再録、本書での引用は『朝尾直弘著作集』による）、深谷克己「公儀と身分制」（原秀三郎他編『大系　日本国家史』三、近世、東京大学出版会、一九七五年、のち深谷克己『近世の国家・社会と天皇』校倉書房、一九九一年に再録、のち同『深谷克己近世史論集　第三巻　公儀と権威』校倉書房、二〇〇九年に再録、本書での引用は『深谷克己近世史論集』による）。

（2）前掲註（1）朝尾『朝尾直弘著作集　第五巻　鎖国』八六頁。

（3）朝尾直弘「東アジアにおける幕藩体制」（朝尾直弘編『日本の近世1　世界史のなかの近世』中央公論社、一九九一年、のち朝尾直弘『朝尾直弘著作集　第八巻　近世とはなにか』岩波書店、二〇〇四年に再録、本書での引用は『朝尾直弘著作集』による）二〇七頁〜二一二頁。

（4）前掲註（3）朝尾「東アジアにおける幕藩体制」二一二頁〜二一四頁。

（5）前掲註（3）朝尾「東アジアにおける幕藩体制」二一四頁。

（6）高木昭作「「秀吉の平和」と武士の変質――中世的自律性の解体過程――」（『思想』№七二一、一九八四年七月、のち同『日本近世国家史の研究』岩波書店、一九九〇年に再録、本書での引用は『日本近世国家史の研究』による）一五頁〜一八頁。

（7）高木昭作「寛永期における将軍と天皇」（歴史学研究会編『民衆文化と天皇』青木書店、一九八九年）、高木昭作「秀吉・家康の神国観とその系譜――慶長十八年「伴天連追放之文」を手がかりとして――」（『史學雑誌』第一〇一編第一〇号、一九九二年十月）。両論文とも、のち同『将軍権力と天皇――秀吉・家康の神国観――』（青木書店、二〇〇三年）に再録、本書での引用は『将軍権力と天皇』による。

（8）前掲註（7）高木『将軍権力と天皇』一三頁〜一四頁、六九頁・八四頁。

（9）前掲註（7）高木『将軍権力と天皇』一四頁・五〇頁。

（10）宮地正人『天皇制の政治史的研究』（校倉書房、一九八一年）三四頁〜三五頁。

（11）日光東照宮社務所編『徳川家光公伝』（日光東照宮社務所、一九六三年）、高埜利彦「江戸幕府の朝廷支配」（『日本史研究』第三一九号、一九八九年三月、のち同『近世の朝廷と宗教』吉川弘文館、二〇一四年に再録、本書での引用は『近世の朝廷と宗教』による)。
(12) 前掲註(1)朝尾『朝尾直弘著作集　第五巻　鎖国』二五六頁～二五七頁、前掲註(3)朝尾「東アジアにおける幕藩体制」二〇六頁～二〇七頁、藤井讓治『徳川家光』(吉川弘文館、一九九七年)二〇五頁、山本博文『鎖国と海禁の時代』(校倉書房、一九九五年)一九七頁～一九八頁・二一二頁など。
(13) 曽根原理「『東照社縁起』の基礎的研究」(『東北大学附属図書館研究年報』二八、一九九五年十二月)、同「『東照社縁起』の基礎的研究(承前)」(『東北大学附属図書館研究年報』二九、一九九六年十二月)、同『徳川家康神格化への道――中世天台思想の展開――』(吉川弘文館、一九九六年)。
(14) 『東照社縁起』作成年次の研究史、あるいは家光の日光東照宮(東照社)関連政策の事実については、前掲註(11)日光東照宮社務所編『徳川家光公伝』を参照。
(15) 例えば、前掲註(7)高木『将軍権力と天皇』四九頁～五〇頁・七五頁～七八頁・八五頁～九九頁など。真名本と仮名本の相互補完関係は、別格官幣社東照宮社務所編『東照宮宝物志』(別格官幣社東照宮社務所、一九二七年)一七四頁～一七七頁を参照。
(16) 本書で「将軍権力」や「構想」の用語を使用する場合、筆者は朝尾直弘『将軍権力の創出』(岩波書店、一九九四年、のち同『朝尾直弘著作集　第三巻　将軍権力の創出』岩波書店、二〇〇四年に再録、本書での引用は『朝尾直弘著作集』による)の「まえがき」を念頭においている。また、「国家構想」とは、朝尾氏の「作業概念」である「政権構想」に国家間関係の要素を加味し、家光が諸外国との関係上、「日本国」をどのようにイメージし、運営しようとしていたのか、その方向性を説明するための本書における用語である。
(17) 財団法人神道大系編纂会編/曽根原理校注『続神道大系　神社編　東照宮』(財団法人神道大系編纂会、二〇〇四年)三頁。前掲註(12)藤井『徳川家光』一九六頁～一九九頁は、「大造替の最大の目的は、家光の家康に対する敬信にもとづいて東照大権現二十一神忌を執行すること」とし、朝鮮通信使の社参にも言及している。
(18) 前掲註(13)曽根原『徳川家康神格化への道』第三部第三章。
(19) 『東照社縁起』真名本上巻(財団法人神道大系編纂会編/西垣晴次・小林一成校注『神道大系　神社編二十五　上野・下野国』財団法人神道大系編纂会、一九九二年、一一二頁)。同書の「解題」一四頁によると、真名本上巻は後水尾上皇の宸筆である。

(20)　朝尾直弘「将軍政治の権力構造」(朝尾直弘他編『岩波講座　日本歴史』一〇、近世二、岩波書店、一九七五年、のち朝尾直弘『将軍権力の創出』岩波書店、一九九四年に再録、のち同『朝尾直弘著作集　第三巻　将軍権力の創出』岩波書店、二〇〇四年に再録、本書での引用は『朝尾直弘著作集』による)二六七頁。

(21)　『オランダ商館長日記』一六三九年五月七日条(東京大学史料編纂所編『日本関係海外史料　オランダ商館長日記』訳文編之四〈上〉、東京大学出版会、一九八三年、五三頁〜五四頁、原文編之四〈東京大学、一九八一年〉四三頁)。

(22)　大西源一・神宮『大神宮史要』(神宮司廳教学課、二〇〇一年)三七四頁、神宮司廳編『神宮史年表』(戎光祥出版、二〇〇五年)一三二頁。

(23)　靫矢嘉史「近世神主の江戸城年頭独礼――大宮氷川神社・府中六所宮を事例に――」(『早実研究紀要』第三七号、二〇〇三年三月)。

(24)　『寛永十二年年頭前後争論江戸使中川経国引留』(神宮文庫所蔵原本)。以下、本史料からの引用である場合、史料名を本文で示し、註記は省略する。

(25)　例えば、『江戸幕府日記』寛永十七年正月七日条(藤井讓治監修『江戸幕府日記　姫路酒井家本』第九巻、ゆまに書房、二〇〇三年、五九頁)などを参照。なお、争論以前は外宮が先に祓を献上していた。例えば、『江戸幕府日記』寛永八年正月六日条(藤井讓治監修『江戸幕府日記　姫路酒井家本』第一巻、ゆまに書房、二〇〇三年、三八頁)。

(26)　間瀬久美子「神社と天皇」(永原慶二編者代表『講座　前近代の天皇』第三巻、天皇と社会諸集団、青木書店、一九九三年)二三七頁〜二三八頁。そこでの事実の経過・解釈も再検討を要する。

(27)　前掲註(26)間瀬「神社と天皇」。ただし、間瀬氏は阿部重次の派遣を考慮していない。

(28)　前掲註(26)間瀬「神社と天皇」二三八頁。

(29)　『忠利宿禰日記』二(宮内庁書陵部所蔵取要本)寛永十三年正月二十二日条。

(30)　『凉源院殿御記』十一(国立公文書館所蔵謄写本)寛永十三年正月二十四日条。

(31)　前掲註(30)『凉源院殿御記』十一、寛永十三年正月二十九日条。

(32)　前掲註(30)『凉源院殿御記』十一、寛永十三年二月九日条。

(33)『伊勢両宮祢宜年頭御礼前後相論記』（宮内庁書陵部所蔵藤波家旧蔵本）。

(34) 前掲註(33)。

(35)『江戸幕府日記』寛永十三年二月六日条（藤井讓治監修『江戸幕府日記　姫路酒井家本』第五巻、ゆまに書房、二〇〇三年、七四頁）も阿部重次の京都派遣を記録している。

(36)「寛永十三年三月十一日付酒井忠勝書下」（小浜市史編纂委員会編『小浜市史』藩政史料編一、浦谷音次郎、一九八三年、一七七頁）。

(37) 前掲註(30)『凉源院殿御記』十一、寛永十三年二月十八日条。

(38) 前掲註(30)『凉源院殿御記』十一、寛永十三年二月十九日〜二十日条。三条西実条の示した文献は「宗祇、後成恩院（一条兼良）へ御尋申候カナ書ノ物」であった。小森崇弘氏のご教示によると、この文献は『代始和抄』に該当するとのことである。

(39) 前掲註(30)『凉源院殿御記』十一、寛永十三年二月二十二日条〜二十三日条。

(40) 前掲註(30)『凉源院殿御記』十一、寛永十三年四月五日条。

(41) 鎌田純一「近世における天照大御神論」（神道文化会創立三五周年記念出版委員会編『天照大御神（研究篇二）』財団法人神道文化会、一九八二年）。

(42) 前掲註(30)『凉源院殿御記』十一、寛永十三年四月五日・五月十九日・五月二十一日条。

(43) 前掲註(11)高埜『近世の朝廷と宗教』。

(44) 間瀬久美子「伊勢・賀茂正遷宮前後争論をめぐる朝幕関係覚書」（今谷明・高埜利彦編『中近世の宗教と国家』岩田書院、一九九八年）を参照のこと。

(45) 前掲註(13)曽根原『徳川家康神格化への道』第三部第三章。

(46) 神崎充晴「「東照社縁起」制作の背景」（小松茂美編『続々日本絵巻大成　伝記・縁起篇八　東照社縁起』中央公論社、一九九四年）。以下、染筆者名は同論文を参照した。なお、前掲註(19)『神道大系　神社編二十五　上野・下野国』の「解題」一四頁によると、真名本中・下巻の染筆者は「親王・公家」とあるが、特定できない。

(47)「寛永十七年二月七日付天海宛尊純法親王書状」（日光市史編さん委員会編『日光市史』史料編・中巻、一九八六年、一五一頁〜一五二頁）。

(48)「寛永十七年二月二十一日付天海宛板倉重宗書状」（寛永寺編『慈眼大師全集』上巻、国書刊行会、一九七六年、七六八頁～七六九頁）。そして、事実、『東照社縁起』の追加作成分は家康二十五回忌法要で日光東照社に奉納された。『東照大権現二十五回御年忌記』（前掲註〈17〉『続神道大系　神社編　東照宮』六一頁）。

(49) 前掲註(7)高木『将軍権力と天皇』八六頁。

(50)「寛永十七年四月二十三日付細川忠興宛中沢一楽書状案」（東京大学史料編纂所編『大日本近世史料　細川家史料』十三、東京大学出版会、一九九二年、八頁～九頁）。

(51)『東照大権現二十五回御年忌記』（前掲註〈17〉『続神道大系　神社編　東照宮』六〇頁～六一頁、七二頁～七三頁）。

(52)『東照大権現二十五回御年忌記』（前掲註〈17〉『続神道大系　神社編　東照宮』七六頁）。

(53) 山本博文『寛永時代』（吉川弘文館、一九八九年）、同『幕藩制の成立と近世の国制』（校倉書房、一九九〇年）、前掲註(12)山本『鎖国と海禁の時代』。

(54)『オランダ商館長日記』一六三九年五月七日条（前掲註〈21〉『日本関係海外史料　オランダ商館長日記』訳文編之四〈上〉五五頁、原文編之四の四四頁～四五頁）。家光の同様の発言は、マカオ封鎖計画の際も行われた。前掲註(12)山本『鎖国と海禁の時代』一九〇頁～一九二頁。

(55)『オランダ商館長日記』一六三九年五月二十日条（前掲註〈21〉『日本関係海外史料　オランダ商館長日記』訳文編之四〈上〉五八頁～五九頁、原文編之四の四七頁～四八頁）。

(56) 前掲註(46)神崎「『東照社縁起』制作の背景」一七三頁。

(57)『東照社縁起』仮名本第一（前掲註〈19〉『神道大系　神社編二十五　上野・下野国』一四〇頁）。後水尾上皇宸筆。

(58) 前掲註(7)高木『将軍権力と天皇』四九頁～五〇頁。なお、高木氏は『東照社縁起』の神国思想について、「対外関係と国内統治を包摂するイデオロギー」だとも述べている（五〇頁）。しかし、この結論では朝尾氏の解明した家康の神国思想との差が問題化できず、家光の神国思想が「異曲」となった意味も捉えられない。

(59)「中世日本紀」については、平雅行「神仏と中世文化」（歴史学研究会・日本史研究会編『日本史講座　第4巻　中世社会の構造』東京大学出版会、二〇〇四年）一八〇頁を参照。

(60) これらの文面は、前掲註(3)朝尾「東アジアにおける幕藩体制」二〇九頁・二一三頁を参照。

(61)『東照社縁起』仮名本第四（前掲註〈19〉『神道大系　神社編二十五　上野・下野国』一五一頁）。
(62)前掲註(61)。
(63)『東照社縁起』真名本上巻（前掲註〈19〉『神道大系　神社編二十五　上野・下野国』一二一頁）。真名本上巻の「天照太神」の選択は前節の争論以前である。
(64)『東照社縁起』仮名本第五（前掲註〈19〉『神道大系　神社編二十五　上野・下野国』一五七頁）。天海筆。
(65)前掲註(7)高木『将軍権力と天皇』六五頁〜六八頁、前掲註(12)藤井『徳川家光』一三〇頁〜一三六頁、前掲註(53)山本『寛永時代』一八九頁〜一九二頁。
(66)「寛永十七年十二月日付未詳西洞院時良宛沢庵宗彭書状」（辻善之助編註『沢菴和尚書簡集』岩波書店、一九四二年、一九八頁）。
(67)『江戸幕府日記』寛永十六年十一月四日条・同年閏十一月三日条（藤井譲治監修『江戸幕府日記　姫路酒井家本』第八巻、ゆまに書房、二〇〇三年、六〇四頁・六四六頁）。知楽院忠尊については、武部愛子氏のご教示を得た。
(68)高木昭作「本多正純の改易をめぐって」（『栃木県史研究』第八号、一九七四年十一月、のち同『日本近世国家史の研究』岩波書店、一九九〇年に改題して再録、本書での引用は『日本近世国家史の研究』による）一九三頁〜一九五頁、前掲註(53)山本『寛永時代』一六頁〜一七頁。小宮木代良「明末清初日本乞師」に対する家光政権の対応――正保三年一月十二日付板倉重宗書状の検討を中心として――」（『九州史学』第九七号、一九九〇年五月）一四頁〜一九頁、小宮木代良「明清交替期幕府外交の社会的前提――牢人問題を中心として――」（中村質編『鎖国と国際関係』吉川弘文館、一九九七年）二五四頁〜二五六頁も参照のこと。
(69)『オランダ商館長日記』一六三九年五月五日条（前掲註〈21〉『日本関係海外史料　オランダ商館長日記』訳文編之四〈上〉三八頁〜三九頁、原文編之四の三三頁〜三四頁）。なお、『康道公記』（東京大学史料編纂所所蔵原本、東京大学史料編纂所「所蔵史料目録データベース」）寛永十二年十月十八日条の「寛永十二年十月十七日付三条西実条・日野資勝宛板倉重宗書状」には「此中きりしたん之穿鑿仕候へハ、昨日此書物を仕事不罷成候て、きりしたん欠落仕候由申候間、写進上申候、禁中方ニも御座候様に申候間、御鳥飼・仕丁・御公家衆被召仕候上下男女共ニ一札を被仰付、御覧可被成候」とある。村井早苗『天皇とキリシタン禁制――「キリシタンの世紀」における権力闘争の構図――』（雄山閣出版、一二〇〇〇年）一六六頁はこの書状の内容を検討していないが、すでに幕府は禁裏のキリシタンを認識していた。
(70)『天寛日記』寛永十七年十一月二十八日条（前田育徳会『加賀藩史料』第貳編、清文堂、一九七〇年複刻、九八一頁～九八二頁）。中野光浩「諸大名による東照宮勧請の歴史的考察」（『歴史学研究』No.七六〇、二〇〇二年三月、のち同『諸国東照宮の史的研究』名著刊行会、二〇〇八年に再録、本書での引用は『諸国東照宮の史的研究』による）二四四頁。
(71) 前掲註(53)。
(72) 藤井讓治「一七世紀の日本――武家の国家の形成」（朝尾直弘他編『岩波講座　日本通史』十二、近世二、岩波書店、一九九四年）五四頁。
(73) 第一九号・平成二十六年六月十五日付けで掲載許可。日光山輪王寺に伝わり、多くの先行研究が言及してきたが、近年、井澤潤「御守袋文書にみる徳川家光の心理」（『駒沢史学』第七五号、二〇一〇年十月）による詳細な研究が発表された。
(74) 山本博文「新発見の小浜酒井家文書」（『東京大学史料編纂所　研究紀要』第七号、一九九七年三月）。東京大学史料編纂所所蔵小浜酒井家文書。
(75) 前掲註(11)日光東照宮社務所編『徳川家光公伝』一六二頁～一六八頁。
(76) 前掲註(73)井澤「御守袋文書にみる徳川家光の心理」六二頁。
(77) 日光山輪王寺所蔵。前掲註(73)井澤「御守袋文書にみる徳川家光の心理」五六頁・七七頁。
(78) 日光山輪王寺所蔵。前掲註(73)井澤「御守袋文書にみる徳川家光の心理」五〇頁・七七頁。
(79) 前掲註(74)山本「新発見の小浜酒井家文書」七九頁。東京大学史料編纂所所蔵小浜酒井家文書。
(80) 前掲註(12)山本『鎖国と海禁の時代』一九七頁～一九八頁と二一二頁。
(81) 前掲註(11)日光東照宮社務所編『徳川家光公伝』一七七頁、前掲註(11)高埜『近世の朝廷と宗教』二四頁、山本博文「将軍権威の強化と身分制秩序」（同編『新しい近世史1　国家と秩序』新人物往来社、一九九六年）三〇頁、藤井讓治『集英社版日本の歴史⑫　江戸開幕』（集英社、一九九二年）三一三頁～三一六頁、前掲註(12)藤井『徳川家光』二〇二頁～二一〇五頁。
(82) 辻善之助『日本佛教史　第八巻　近世篇之二』（岩波書店、一九五三年）一四六頁～一四八頁。『羅山林先生別集』一

（国立公文書館所蔵林家旧蔵本）。

(83)　『寛明日記』巻第二八（『内閣文庫所蔵史籍叢刊第67巻　寛明日記』〈二〉、汲古書院、一九八六年、五二頁）正保三年十二月三日条、中村孝也『徳川家康公伝』（東照宮社務所、一九六五年）七一六頁。

(84)　「東照宮位記宣旨竝宣命官符目録」のうち「東照社宣旨官符目録　元和三年十二月至正保二年十一月」（宮内庁書陵部所蔵原本）の巻末部分。宮内書発第一六二五号・平成二十六年十月八日付けで掲載許可。吉田洋子氏のご教示による。

(85)　『類聚神祇本源』内宮別宮篇・外宮別宮篇（神宮司廳編『大神宮叢書　度会神道大成』前篇、神宮司廳・臨川書店、一九五七年、六一四頁～六一五頁・六三〇頁～六三一頁）、東京大学史料編纂所編『史料綜覧』巻五（東京大学出版会、一九六五年覆刻）三九一頁と三九三頁。

(86)　「寛永十七年六月二十三日付細川忠興宛中沢一楽書状案」（東京大学史料編纂所編『大日本近世史料　細川家史料』十三、東京大学出版会、一九九二年、一四頁～一五頁）、前掲註(12)山本『鎖国と海禁の時代』八六頁～八七頁と一〇六頁・一一七頁～一一八頁。前掲註(68)小宮「「明末清初日本乞師」に対する家光政権の対応」一一一頁は、「ポルトガル使節の処刑には、それまでにない決断が伴っており、それだけキリシタン根絶への家光政権の姿勢の厳しさを示すものと言える」とする。

(87)　前掲註(1)朝尾『朝尾直弘著作集　第五巻　鎖国』年表、前掲註(12)藤井『徳川家光』一七九頁～一八三頁、前掲註(53)山本『寛永時代』二二七頁～二三四頁、前掲註(68)小宮「「明末清初日本乞師」に対する家光政権の対応」。なお、川勝守『日本近世と東アジア世界』（吉川弘文館、二〇〇〇年）二二一頁～二二二頁も参照のこと。

(88)　ロナルド・トビ著／速水融・永積洋子・川勝平太訳『近世日本の国家形成と外交』（創文社、一九九〇年）九六頁～九七頁。

(89)　海津一朗『蒙古襲来――対外戦争の社会史――』（吉川弘文館、一九九八年）。

(90)　ただし、元寇が先例だとしても、管見の限り、前掲註(89)海津『蒙古襲来』にあるような諸国への祈禱発令の形跡は寛永・正保期に確認できない。中世以来の祈禱体系の変質も想定できようが、現段階で筆者は、危機の表面化を忌避した家光による祈禱の抑制、または家光が危機の引き受け手を武家と東照大権現に限定した結果と考える。

(91)　前掲註(1)朝尾『朝尾直弘著作集　第五巻　鎖国』二五八頁～二五九頁、前掲註(81)藤井『集英社版日本の歴史⑫

江戸開幕』三一六頁。
(92)「正保二年十一月二十七日付今出川経季宛徳川家光御内書」（『内閣文庫影印叢刊　譜牒餘録』中、国立公文書館、一九七四年、一〇三頁～一〇四頁）、「今出川経季宛徳川家光覚書」（『内閣文庫影印叢刊　譜牒餘録』中、国立公文書館、一九七四年、一〇四頁～一〇五頁）。
(93)前掲註(1)朝尾『朝尾直弘著作集　第五巻　鎖国』二五八頁～二五九頁、前掲註(7)高木『将軍権力と天皇』七四頁。
(94)『忠利宿禰記』（宮内庁書陵部所蔵原本）正保三年七月二十五日条。
(95)拙稿「徳川家光の国家構想と日光東照宮」（『日本史研究』第五一〇号、二〇〇五年二月）〈討論と反省〉の一五〇頁。
(96)山澤学『日光東照宮の成立――近世日光山の「荘厳」と祭祀・組織――』（思文閣出版、二〇〇九年）六六頁・六八頁・七〇頁。
(97)米田雄介「徳川家康・秀忠の叙位任官文書について」（『栃木史學』第八号、一九九四年三月）。
(98)前掲註(97)米田「徳川家康・秀忠の叙位任官文書について」五二頁・五八頁・六八頁。
(99)前掲註(95)。
(100)前掲註(96)山澤『日光東照宮の成立』七〇頁～七一頁。
(101)前掲註(96)山澤『日光東照宮の成立』七〇頁。
(102)別格官幣社東照宮社務所編『東照宮史』（別格官幣社東照宮社務所、一九二七年）二三三頁～二三七頁。
(103)前掲註(97)米田「徳川家康・秀忠の叙位任官文書について」六五頁～六六頁、「実紀」の史料的限界については小宮木代良『江戸幕府の日記と儀礼史料』（吉川弘文館、二〇〇六年）第五章。
(104)『羅山林先生集』（国立公文書館所蔵紅葉山文庫旧蔵本）のうち『羅山先生集附録一之二』。
(105)前掲註(97)米田「徳川家康・秀忠の叙位任官文書について」六五頁～六六頁。
(106)前掲註(97)米田「徳川家康・秀忠の叙位任官文書について」六六頁。
(107)前掲註(94)『忠利宿禰記』正保二年閏五月三日条。
(108)前掲註(94)『忠利宿禰記』正保二年五月二十日条。
(109)『江戸幕府日記』正保二年五月十五日条（藤井譲治監修『江戸幕府日記　姫路酒井家本』第十六巻、ゆまに書房、二〇〇四年）一八八頁。
(110) 前掲註(97)米田「徳川家康・秀忠の叙位任官文書について」六六頁によると、林春斎の江戸帰着は正保二年（一六四五）五月十一日である。
(111) 前掲註(94)『忠利宿禰記』正保二年七月十八日条。
(112) 前掲註(94)『忠利宿禰記』正保二年七月二十五日条。
(113) 前掲註(97)米田「徳川家康・秀忠の叙位任官文書について」四五頁・六一頁～六二頁。
(114) 前掲註(94)『忠利宿禰記』正保二年八月十七日条。
(115) 前掲註(94)『忠利宿禰記』正保二年八月十八日条。
(116) 相田二郎『日本の古文書』上（岩波書店、一九四九年）二三四頁。
(117) 前掲註(116)相田『日本の古文書』上、二四四頁・二五四頁。
(118) 前掲註(94)『忠利宿禰記』正保二年九月三十日条。
(119) 前掲註(109)藤井監修『江戸幕府日記　姫路酒井家本』第十六巻では記述を見出せなかった。
(120) 例えば、前掲註(12)藤井『徳川家光』二〇二頁は「恐らく正保二年（一六四五）四月に年頭の使いとして江戸に下った勅使今出川経季・飛鳥井雅宣に徳川家康・秀忠の任官文書の再発給を求めたおりになされたものと考えられる」とする。
(121) 前掲註(94)『忠利宿禰記』正保二年十月二十三日条。
(122) 前掲註(96)山澤『日光東照宮の成立』七〇頁。
(123) 前掲註(84)。
(124) 前掲註(96)山澤『日光東照宮の成立』六六頁・七一頁・七九頁。
(125) 前掲註(96)山澤『日光東照宮の成立』八頁～九頁・六八頁～七〇頁。
(126)「年未詳二月日付未詳今川刑部覚」（『内閣文庫影印叢刊　譜牒餘録』下、国立公文書館、一九七五年）一〇頁。この史料はすでに観泉寺史編纂刊行委員会編『今川氏と観泉寺』（吉川弘文館、一九七四年）三二頁にも引用されている。なお、その『今川氏と観泉寺』三二頁では、「「御位牌之縁起」（滋賀県野洲郡西運寺所蔵）」（『今川氏と観泉寺』一〇頁）という史料も引用され、家光がそれまでにも宮号宣下を願い出ていたが、なかなか勅許されなかったため、正保二年（一六四五）の勅許を大変喜び、使者の役目を果たした今川直房の功績を高く評価したことが紹介されているが、筆者はその典拠史料を探索したものの、実見できなかった。

(127) 前掲註(20)朝尾「将軍政治の権力構造」二六五頁～二六七頁。

(128) 『オランダ商館長日記』一六三九年五月二十日条（前掲註〈21〉『日本関係海外史料　オランダ商館長日記』訳文編之四〈上〉五九頁、原文編之四の四八頁）。

(129) 『オランダ商館長日記』一六三八年五月十九日条（東京大学史料編纂所編『日本関係海外史料　オランダ商館長日記』訳文編之三〈上〉、東京大学出版会、一九七七年、二〇一頁、原文編之三、東京大学出版会、一九七七年、一五一頁）。なお、彼らの発言については、前掲註(53)山本『寛永時代』九三頁～九四頁も参照のこと。ただし、山本氏と筆者とは、発言に関する理解を異にする。

(130) 前掲註(16)朝尾『朝尾直弘著作集　第三巻　将軍権力の創出』の「まえがき」ⅳ頁。

(131) 新たな対抗勢力の再設定と国内結集については、朝尾直弘「鎖国制の成立」（歴史学研究会・日本史研究会編『講座日本史　第4巻　幕藩制社会』東京大学出版会、一九七〇年、のち朝尾直弘『将軍権力の創出』岩波書店、一九九四年に再録、のち同『朝尾直弘著作集　第三巻　将軍権力の創出』岩波書店、二〇〇四年に再録、本書での引用は『朝尾直弘著作集』による）三一三頁～三一四頁も他の事例から指摘している。筆者は、寛永期後半から慶安期における家光の政策の背景には、将軍と「神」の合同による国家鎮護をいかに実現するかという彼の苦悩があったと考えており、この点が朝尾説に付け加えるべき点だろう。前掲註(68)小宮「「明末清初日本乞師」に対する家光政権の対応」一〇頁～一一頁も参照のこと。

(132) 『オランダ商館長日記』一六三九年六月二十三日条（前掲註〈21〉『日本関係海外史料　オランダ商館長日記』訳文編之四〈上〉九九頁、原文編之四の七九頁）、前掲註(68)小宮「「明末清初日本乞師」に対する家光政権の対応」一〇頁～一一頁、前掲註(12)藤井『徳川家光』一八三頁、前掲註(12)山本『鎖国と海禁の時代』一九七頁。

(133) 藤田覚「寛永飢饉と幕政（一）」（『歴史』第五九輯、一九八二年十月）、藤田覚「寛永飢饉と幕政（二）」（『歴史』第六〇輯、一九八三年四月）。両論文を合わせて「寛永飢饉と幕政」として、のち同『近世史料論の世界』（校倉書房、二〇一二年）に再録、本書での引用は『近世史料論の世界』による。

(134) 前掲註(20)朝尾「将軍政治の権力構造」二四七頁。

(135)「若又来年《(寛永十七年)》上申事成不申候は、、来々年《(寛永十八年)》ニ可為御上洛候間、其時は必御供仕、罷上候て可有御座候」(「寛永十六年閏十一月二十六日付小出吉英宛沢庵宗彭書状」、前掲註〈66〉辻編註『沢菴和尚書簡集』一八五頁)、「通詞たちから次のことを知らされた。即ち、来年《(寛永二十一年)》の第五の月に、皇帝《(徳川家光)》は内裏《(後光明天皇)》に拝謁する為め、京に上ることとなり、この目的の為めに既に準備が行われている由であるが、これに依って、あらゆる品物の価格が高騰することは確実である。何故ならば、陛下《(徳川家光)》のお供をして上洛する数千の人々が、それぞれに、己の装備に善美を盡くそうとするであろうし、これに依って総ての倉庫の財貨は出払ってしまい、殿たちは彼等の金を殆ど使い切ってしまうからである、と」(『オランダ商館長日記』一六四三年十一月二日条〈東京大学史料編纂所編『日本関係海外史料　オランダ商館長日記』訳文編之七、東京大学出版会、一九九一年、一九〇頁〉、原文編之七〈東京大学、一九八九年、一七〇頁～一七一頁〉)、「やかて二三年のうち上洛いたし、御礼申上へくま、」(「正保二年十一月二十七日付今出川経季宛徳川家光御内書」、前掲註〈92〉『内閣文庫影印叢刊　譜牒餘録』中の一〇三頁)。

(136) この点については、拙著『日本近世国家の確立と天皇』(清文堂、二〇〇六年)第二部・第三部を参照されたい。

(137) 前掲註(133)藤田「寛永飢饉と幕政」二八二頁・三一四頁、前掲註(12)藤井『徳川家光』一三七頁。

(138) 前掲註(88)トビ著／速水他訳『近世日本の国家形成と外交』六六頁。

(139) 前掲註(79)。

第二部　身分集団としての禁中・公家中と江戸幕府

第一章　近世の堂上公家と身分制

第一節　公家身分論をめぐる諸問題

一九九八年度（平成十年度）歴史学研究会大会の近世史部会報告で、山口和夫氏は「朝廷は近世の権力の編成を受容した集団の一つで、その長は天皇・院だった」とし、「天皇・院の公家衆に対する支配・編成、院の機構を追究」するとともに、あわせて「公家集団の動向」にも注目し、「新家取り立ての内実や意義、成員倍増の余波、本家・分家の「一家」の関係等を問い、上からの編成の伸展と並行した疎外体《ママ》の形成過程を照射」した(1)。その内容は、同大会報告批判で深谷克己氏が「移動の自由がない小集団の頭が天皇という朝廷観を披露した山口氏であるが、じつはその小集団がさらに大小・新旧の細部集団を形成して、その力学的拮抗の上に現れているのが近世朝廷であることを分析的に明らかにしているのが山口報告」だとし、「朝廷の内在的理解のうえに事態を説明し、さらにそれが生み出す朝廷レベルでの矛盾、課題を見出していくという認識方法を示した」と述べて高く評価したように(2)、その後の研究に大きな影響を与えるものであった。同報告とその前後の山口氏の仕事により(3)、近世の公家に関する職制・法制・家格制での制度的実態・変容の解明が大きく前進したことは間違いない。

その同氏が最近、「公家の身分とは何かということが、自明ではない」とし、「武家と公家の違いとは何か。近世の公家身分とは何か」を問い、故高木昭作氏の役による身分決定論[4]と朝尾直弘氏の地縁的・職業的身分共同体論[5]などをふまえて「日本近世の身分について、研究史上の学説を整理・紹介し」て「高木・朝尾両学説を二者択一的に対立するもの」と理解すべきではないと指摘したうえで、「京都の朝廷で天皇や院に仕え、官位を持ち、豊臣政権・江戸幕府の幕藩体制（石高制）下に領主として、秀吉や将軍家・幕府とも関係した近世の公家衆の場合、その身分を決定したのは何か」という「問題に正面から取り組む必要がある」として著した仕事が「近世の公家身分」と題する論稿である[6]。

そこでは、従来の山口氏の仕事をふまえ、「豊臣政権、江戸幕府はその成立過程で、ともに朝廷という集団を再建・再編して近世化し」て「政権に寄与させた」こと、「公家衆法度」が「近世の公家身分を把握・規定した基本法令」であること、「禁中并公家中諸法度」と「武家諸法度」により「幕府が統制・維持する朝廷に仕える公家と、軍役を担って幕府・将軍家に仕える武家の二つの身分は明確に区分された」ことが主張され、「公家衆法度」と「禁中并公家中諸法度」が「公家身分の基本を定めた」ものと位置づけられた[7]。そのうえで山口氏は「公家としての身分認知の指標」として「昇殿資格、官位・家格、謁見、知行・俸禄等」に注目し、「近世の公家身分は人身掌握と知行給付、法度支配、役儀設定を介して把握・形成・編成されて成立し」、「公家身分を最終的に決定し得たのは、将軍権力であったといえる」とした[8]。

公家身分とは何かを問うべきだとした山口氏の問題意識と課題設定は妥当であり、筆者も共感できる。しかし、同氏の設定した課題が果たされたのかといえば、残念ながら筆者はそう思わない。なぜなら、山口氏の論稿「近世の公家身分」は、幕府による公家の制度的編成の事実の指摘に終始し、事実上、同氏のこれまでの仕事のレビューとなってしまっているからであり、その結論も「公家身分を最終的に決定し得たのは、将軍権力であった」[9]

という、高木説・朝尾説をふまえるなら導き得ない内容に陥っているからである。

そのような内容になった原因は、大きく二つあると筆者は考えている。一つは、確かに山口氏の論稿は、公家を研究対象とはしているが、それをめぐる官位制や家格制・俸禄制など階層内秩序の解明が主内容であり、氏の掲げた「近世の公家身分とは何か」[10]という本源的問題にせまり得る方法が採られていないということであり、いま一つは、その方法的誤りとも関連するが、身分の決定主体に関する高木説・朝尾説への誤解である。

まず第一の原因に関してだが、これまでにも山口氏は近世の公家について、「公家たちが中世に知行した所領や洛中の地子は、そのまま近世に存続した訳ではなかった。秀吉は公家たちの知行を収公し新たに給付し直し」、「知行宛行と朝役・家職の設定を媒介に公家を把握し、天皇の支配下に身分的に編成し掌握した。近世の公家身分は、統一政権によって確立されたのである。公家たちは朝役を全うして身分を維持した。奉仕の対象は、新たな統一政権下の朝廷であった」との認識を示してきた[11]。だが、これらの説明は公家の語や身分の語を用いてはいるものの、極めて制度的な説明である。確かに山口氏のいうように統一政権による公家の掌握方法は制度的変遷を遂げているが、それらはもっぱら統一政権側の問題なのである。統一政権が掌握しようとした公家とは、そもそもいかなる存在であったのかという根本問題が、山口氏の意図に反して、同氏の研究では残念ながら問われていない。

ここで公家の存在の根本問題という時、本書が意図していることは、なぜその人間が統一政権からも階層内からも公家として処遇されるのか、ということである。官位などで処遇・序列化・掌握される前の、生身の状態の人間である公家のありようが問題なのではなかろうか。

例えば、朝尾直弘氏の指摘によると、天正期の公家（天正十四年七月、誠仁親王）は月代を剃っていた[12]。また、天正十四年（一五八六）に誠仁親王が亡くなった際には『多聞院日記』に「廿四日ニ親王様崩御云々、疱瘡ト云ハシカト云、一説ニハ腹切御自害トモ云々、御才卅五才也ト、自害ナラハ秀吉（豊臣）王ニ被成一定歟、天下ノ物恠也[13]」と記され、親王の切腹が噂されたが、これらは天正期までに公家（皇族を含む）と武家の境目が曖昧になっていたことを示す[14]。しかし、この状況は、文禄三年（一五九四）の秀吉による近衛信輔の薩摩国配流一件に至ると、信輔が秀吉に無断で内覧の職を望んだことのほか、「みちかたの儀者着果袴肩衣を帯（衍字）、太刀をさし、菊亭（菊亭晴季）又者民卩卿法印（前田玄以）両人所へ罷越」して「大閤（ママ、豊臣秀吉）へ一円武邊ノ奉公ニ被出」たこと、すなわち信輔が太刀を帯びて朝鮮出兵に従軍しようとしたこと自体が罪とされ、秀吉は「彼者（近衛信輔）腹をも切せ候ハん哉、雖思案仕候、何茂一類有之ニ付而、天下之背御法度令遠慮、只今遠国江流者ニいたし候」と述べ、信輔を切腹させず、流罪に処すというように変化した[15]。

このように近世を通じ、公家と武家の存在を分けていく傾向を徹底させていくと[16]、時代はやや下るが、武家伝奏正親町公通の日記『公通記』の元禄七年（一六九四）九月二十三日条にあるように、公家の高辻長量の処罰一件に際し、その処分をめぐり「武辺之時宜、役義ニ付私欲之者ハ武家之作法ハ切腹ニ候、併公家御作法各別ニ候間、被召上官職可然欤[17]」という認識が関白近衛基熈と武家伝奏との間で共有され、もはや切腹は公家のなすべきことではなく、「武家之作法」と「公家御作法」は「各別」だとされた事例に行き当たる。

したがって、例えば長期的に公家を一身分として俯瞰しようとするならば、統一政権の用意した公家対象の諸制度の変遷のみを取り上げるのではなく、公家という存在そのもの、およびその変質の程度も考慮しなければならず、またそのような変質の程度を踏まえながらも、中世以来、公家という語が幾多の政権の変容を経ながら一貫して用いられてきた以上[18]、公家の語で依然括られつづけ、また括られ得る人々がいたとすれば、それはなぜなのかという点を説明しなければならないのではなかろうか。すなわち、身分としての公家を成り立たせている本源的部分と、時期により変容可能な部分（統一政権から促されて変容する部分と自己変革する部分を含む）の両面に配慮しなければ、公家という身分の存在を歴史的に説明することはできないのではないかということである。そのような研究は、制度史的方法のみによるのではなく、近世身分制の研究として進められる必要がある。その意味で、山口氏が近世身分制の研究史のうち、高木説と朝尾説に言及したこと自体は正しかった。

しかし、前記第二の原因につながることだが、同氏が新稿・旧稿を含め、「公家身分を最終的に決定し得たのは、将軍権力であった(19)」あるいは「近世の公家身分は、統一政権によって確立された(20)」と繰り返し結論してきたことは、残念ながら山口氏が高木説と朝尾説を誤解してきたことを示すものといわざるを得ない。なぜなら、そのような結論は、高木説と朝尾説の内容と相互関係を理解しているならば、到底導き得ない結論だからである。

高木氏が一九七六年度（昭和五十一年度）の歴史学研究会大会における報告とそれをふまえた論文「幕藩初期の身分と国役」において「秀吉・家康は先行する権力の国家的支配を受けつぐものとして、国民を諸身分に編成し、国役を課した」と述べたのに対し(21)、朝尾氏が一九八〇年（昭和五十五年）の第十八回部落問題研究者全国集会における報告とそれをふまえた論文「近世の身分制と賤民(22)」において、百姓・町人の身分は村・町により認定されると述べたことは著名である。朝尾氏は統一政権による掌握の前に対象となる身分（集団）は村や町ですでに成立していたという趣旨を述べ、独自の歴史的過程を経てすでに成立していた各身分（集団）と公儀とのせめぎ合いを重視し、その中での近世身分制の成立を問題にした。同論文が活字として公表される一九八一年（昭和五十六年）十月の約九ヶ月前、朝尾氏自身が一九八〇年度（昭和五十五年度）歴史学研究会大会報告批判において、深谷克己氏・吉田伸之氏に対し、身分の分析について「国家や法による総括体系から出発する立場は転倒している」と述べ、「公儀が百姓身分を法定し、法定された人々によって百姓身分の共同組織が形成されたとみるなら、それは転倒しているし、そのような共同組織は何の矛盾もはらむものではなく、したがって運動の原動力にもならない」と指摘したように(23)、朝尾説の特徴は統一政権による掌握の仕方のみで立論しない点にあり、朝尾説が高木説などを「かなり批判(24)」したことは事実であった。

しかし、山口氏は高木説と朝尾説の「両学説を、二者択一的に対立するもの」と理解すべきではないとする(25)。この点は近世の身分制を考えるうえで最重要の指摘と思われるが、実際、高木氏は後年、朝尾説に賛意を表明し、「近世における諸身分は、近世国家によって強力に編成された側面とともに、それぞれの身分を成り立たせている基盤である集団（中略）が中世以来の自律性を保持している側面を有している」とも述べていた(26)。

ところが、山口氏は高木説と朝尾説の相互関係について、前引のような当事者の公式発言には一切言及せぬまま、「近世身分の特質についての高木・朝尾両学説を、二者択一的に対立するもの捉える（と脱カ、ママ）のは、発表当時も、高埜学説後の現在も妥当ではない」と述べるのみである(27)。すなわち、山口氏は「御師身分」を素材に「近世の身分も、地域社会の認知と国家権力の承認の両方によって成り立つ、と考えてみた(28)」という高埜説に言及する以外、なぜ高木説と朝尾説が対立関係にないといえるのかを、みずからの言葉で説明していないのである(29)。

そのためか、山口氏の新稿・旧稿の叙述は、身分の決定主体を明示する朝尾説の叙述スタイルは採り入れながら、役による身分決定論である高木説を実質的な下敷きにするという、表面的な高木説・朝尾説の融合論となってしまっている。その両説の表面的融合論における結論が「公家身分を最終的に決定し得たのは、将軍権力であった(30)」または「近世の公家身分は、統一政権によって確立された(31)」というフレーズである。しかし、この結論は、それまでの研究史的対立を経て朝尾説に賛意を表明した前引の高木氏の文章や朝尾説自体に照らすなら、およそ高木説と朝尾説のどちらにも該当しない、研究史的にはかえって後退した結論である。もし高木説と朝尾説を真の意味でトータルに捉えて特定の身分の歴史的性格を論ずるならば、当該身分について、国家による編成の側面と、当該身分を成立せしめている中世以来の集団の論理の両方を問題にし得る方法が採られねばならなかった。この点をもう少し詳述しよう。

山口和夫氏が近世の公家身分の「確立」したことを示す史料として必ず言及する根拠史料は、次の「公家衆法度」である。

【史料1】(32)

十二日(慶長十八年七月)　戊辰　雨

一、公家衆　禁中ニ参候衆、従前将軍(徳川家康)御法度之条々アリ、其案、

公家衆法度

一、公家衆家々之学問昼夜無油断様可被仰付事、

一、不寄老若背行儀法度輩者可処流罪、但依罪軽重可定年序事、

一、昼夜之御番老若共ニ無懈怠相勤、其外正威儀相調伺候之時刻、如式目参勤仕候様、可被仰付事、

一、昼夜共ニ無指用所町小路徘徊堅停止之事、

一、公宴之外、私ニ而不似合之勝負并於不行儀之青侍以下拘置輩者流罪同先条事、

右条々相定所也、従五摂家并伝奏其届在之時、可行武家之沙汰者也

慶長十八年六月十六日　(朱印)

各一覧、以後退出了

(以下略)　　(傍線は筆者、以下同)

徳川家康が「家々之学問」と御所における番勤務への精励と法度に違反した場合の量刑、種々の行動規制を公家に命じた有名な法度である。山口氏は、この法度によって公家身分が「確立」したと強調し、知行の給付などと相俟って、公家の身分は最終的に将軍権力が決定したとするのだが、もし身分について国家による編成のみでは論じないとした高木説・朝尾説、また前引の朝尾氏による深谷氏・吉田氏への批判、そしてとくに身分の決定主体に関する朝尾氏の地縁的・職業的身分共同体論をふまえるならば、このような主張はできないはずである。

山口氏は、当時すでに規制対象としての各身分（集団）が存在していたとする朝尾説の骨格を重視せず（朝尾説に立つならば公家身分〈集団〉も独自の論理ですでに存在していたことになる）、あたかも「公家衆法度」とその制定者が圧倒的権力によって公家の身分を確固たるものにしたかのように叙述している。その結果、公家とそれを掌握しようとした江戸幕府との間に存在したはずの諸矛盾・諸問題を充分に問題化できていない。そのためだろうか、山口氏は、論稿「近世の公家身分」において、公家と幕府の間の矛盾の発露と思われる、「公家衆法度」における公家の行動規制条項（史料1の傍線部分）をほとんど問題にしていないないし、江戸幕府にいたり、なぜ公家への行動規制が明文化されて求められたのかについても説明できていない(33)。

もちろん、この点についてては、これまで公家への行動規制の問題が、もっぱら幕府による宮中への強権介入の契機や幕府による公家統制の事例として言及されてきたことも若干は影響しているかもしれない(34)。

しかし、公家身分（集団）は実際にさまざまな独自行動をしており、放埒行為は他の身分（集団）ではさほど問題にならなくとも、それは幕府の求める公家身分（集団）像に抵触するとの判断があったからこその行動規制条項のはずである(35)。行動規制に違反する公家の放埒行為とそれへの対処は、公家の行動原理と幕府の公家観とのせめぎ合いの場である可能性があるのである。

したがって、もし高木説と朝尾説をトータルに捉え、国家による編成の側面と中世以来の公家身分（集団）としての自律性の両面に配慮して近世における公家身分のありようを解明しようとするならば、幕府による公家への行動規制の問題を公家の身分（集団）原理と幕府の公家観とのせめぎ合いの場として位置づけなおし、「公家衆法度」の存在の指摘に終始するのではなく、「公家衆法度」に行動規制条項が盛り込まれるに至った背景と、行動規制違反事案における幕府と公家の双方の対応に注目して検討を試みるべきではないか。そのような検討を行えば、近世前期において、身分としての公家の公家たる所以が幕府と公家の双方で奈辺にあると考えられていたのかを、双方の認識のずれも含め、ある程度明らかにすることができ、公家が身分（集団）としていかなる原理で存在し、他集団と区別され得ていたのかについても、一つの説明が可能になるものと思われるのである。

第二節　後陽成天皇・大御所徳川家康と公家の「外聞」――猪熊事件をめぐって――

慶長十八年（一六一三）の「公家衆法度」（史料1）は、第二条で「行儀法度」に背く者を流罪に処す旨を明記し、他の四ヶ条で公家の勤務態度の是正を命じ、不要な町歩きや不行儀の青侍を抱えることなどを禁じたが、この法度制定の契機になったとされる事件が、慶長十二年（一六〇七）から慶長十四年（一六〇九）にかけて生起した猪熊事件である。(36) この事件は、猪熊教利を中心に複数の公家が禁中の女官衆と密通したこと、その女官衆に後陽成天皇の寵愛者が含まれていたため、天皇が激怒し、その処分を大御所徳川家康に一任したことを主な内容とするが、(37) 注意点は『当代記』に「此中猪熊（教利）は、太閤秀吉（豊臣）時も如レ此儀有し、又此度も随一也」(38) とあるように、猪熊らによる公家の密通自体は豊臣政権期にもあったにもかかわらず、それが開幕後しばらくしてから事件化した背景である。

この点について、次の『当代記』にあるように、事件は単なる公家の密通というより、女官衆らの積極的な行動も重なってエスカレートしていた模様であり、それが天皇の怒りを増幅させた側面はあるだろう。

【史料2】(39)

去年の比より、内裏稀有なること有、主上（後陽成天皇）近習之女房衆、広橋局・唐橋局、以上五人乱形、中にも此両人主上寵愛の女性也、広橋は則広橋大納言（兼勝）女、唐橋は中御門也足（ママ）当時の知者之息女也、縦は傾城かふき女の如く、洛中を出行、専公家九人是に対面、酒盛最愛し、被レ乱ニ臈次一、右九人衆と云は、猪熊（教利）、烏丸（光広）、飛鳥井兄弟（不明、難波宗勝）、大炊中将（大炊御門頼国）、花山院（忠長）、徳大寺（実久）、松木（宗信）、歯薬師兼安か男備後と云者也、御末の女房中より此事を言上す、主上逆

鱗不レ斜、駿府江以二勅使一、右之公家衆局衆を可レ被二斬罪一由被二仰下一、依レ之板倉伊賀守（勝重）駿河江罷下、子細を
問給、猪熊罪科に恐被二闕落一、

しかし、同事件に関する藤井讓治氏の詳細な分析によると、この事件の解決過程は単に激怒した天皇が家康に当該公家と女官への厳重な処罰を求めたというシンプルなものではなく、複雑なものであった。すなわち、事件の糺明は武家伝奏勧修寺晴豊ら四名によって行われ、慶長十四年（一六〇九）七月四日には女官を実家に預けるなど一旦沙汰があったものの、それでは事が終わらなかった(40)。数日後、天皇の意をうけた勧修寺が京都所司代板倉勝重と折衝し、天皇の意向を家康に伝えるよう依頼し、家康も天皇の怒りに理解を示して天皇の意向に従う旨を板倉から勧修寺へ伝えさせており、これをうけての天皇の反応は「此度之儀候而、以来之御法度、御外聞と申、旁急度被仰付度叡慮に候」というものであった(41)。

藤井氏によれば、事件に臨む天皇と家康の方針は「基本的に齟齬していないようにみえるが、なおこれでも決着」しなかった(42)。七月十七日以降、板倉は勧修寺や関白九条忠栄らと相次いで会談し、その会談結果を駿府に持ち帰り、八月四日に家康からの「こうなん（後難）もなきやうに、御きうめい（糺明）かんよう（肝要）」との返答を携えて再度上洛した(43)。これをうけた天皇は「こんとのやうたい、さたのかきりに覚しめし候まゝ、きつと仰つけられ候ハん」として摂家らに「いかゝ御ふんへつ（分別）候やと御たんかう（談合）」し、摂家から「もつとものよし」との回答を引き出したが、摂家らの本音は「猶以可有御穿鑿」という考えであったという(44)。

ここからは、天皇と家康が事件に厳しく対処することでは一致していたものの、その具体策に温度差のあったことがわかる。家康と摂家が糺明や穿鑿の語を用いていたのに対し、天皇は明確に「彼衆悉御成敗之由被仰出」れ、懸案の裁決は、板倉による関係者への尋問を経て、駿府にある家康によって行われた(45)。その内容は「廿三日（慶長十四年九月）、板倉伊賀守（勝重）自二駿河一帰京、公家衆九人西国江可レ被レ流と也、五人之局は東国可レ被レ流と也(46)」というも

のであり、逃亡していた猪熊は「於二九州一押取、籠輿に乗被レ為レ上、九月十八日(慶長十四年)京着」[47]し、次の『当代記』が示すように十一月までには一部内容を変更して刑の執行が終えられたのであった。

【史料3】[48]

十月十日(慶長十四年)、禁中五人の局、伊豆国の島江被レ流、去二日(慶長十四年十月)に出京せられけるか、駿府江は不レ被レ寄、直に被レ通二伊豆一、其體何も髪を剃か、小袖を布子に替、下女貳人相添、五人一所に在島也、

公家衆流罪事、花山院(忠長)は幾か島、飛鳥井少将(不明)隠岐島、松木(宗信)與二大炊侍従(大炊御門頼国)一は薩摩方ゆわうか島、飛鳥井と難波(宗勝)は先駿河へ被二召寄一、烏丸(光広)徳大寺(実久)は御赦免也、猪熊(教利)と兼安の備後両人は、京都浄土寺常善寺にて殺戮也、猪熊最後の體弥露二耻辱一と云々、右の流罪衆、霜月(慶長十四年)可レ為二上旬一と云々、

確認すべきは、公家は全員が流罪に処せられたのではなく、二名の赦免があり、斬罪は猪熊教利と兼安備後のみであったことである。これは、関係者をことごとく成敗すべきだと述べていた天皇の方針と明らかに異なる。なぜ家康はこのような裁決を下したのだろうか。

慶長十五年（一六一〇）に太田牛一が執筆した[49]『今度之公家双紙[50]（猪熊物語）』は家康の発言として「内裏にて左様に大き成御成敗、近代不及承、還而世間之褒貶外聞笑止に存候」という言葉を伝えている。すなわち、家康は宮中で「大き成御成敗」を行うことによる「世間之褒貶外聞」を気にして量刑を抑えたというのである。家康は不祥事で公家が大量に処罰されることで公家に傷がつくことを恐れたのである。

しかし一方、関係者をことごとく成敗せよと主張していた後陽成天皇は、当初から前述のように「此度之儀候而、以来之御法度、御外聞と申、旁急度被仰付度」と述べ、「外聞」を意識するからこその厳罰を主張していた。ここからは、家康と天皇との間で「外聞」の捉え方が異なり、公家の「外聞」を損なわぬための減刑という家康の判断が優先されたことが推測されるのであり、さらなる穿鑿を求めた摂家も「外聞」の損傷を恐れる家康の立

場に同調した可能性がある。

だが、家康らの気にした「外聞」は、すでにかなり傷ついていた。例えば、『今度之公家双紙』は奔放に密通する公家の行動の背景について、「禁中に古しへ高冠の御人様、世に洛（落カ）ふれさせ給ひ、田舎辺りの御住居有し時、か様に遊しけると也、此等類世に多し」(51)と述べ、それを在国時代の悪弊の延長線上に位置づけつつも、公家への批判を次のように列記する。

【史料4】(52)

一、金安（兼安）備後守、是も浄善寺東之河原にて、穢多に縛頸をきられ、哀成有様也、此備後、日本一之徒者にて由所忝帝につかへ奉る妹の讃岐殿に方便くらせ、籌策を廻らし、御公家衆と御上臈様達引合、憂世狂ひをさせ申、朝恩に誇放埒之御働、中々不可勝計、沙汰之限之有様也、御公家衆者家々之学文にも不拘、大事之御公領を塞、民間所愁不知、貪取百姓を令悩乱、御恩恵之程をも不弁、やことなき殿上の雲の上人、奥深く御座候を相軽、誑らかし出し奉り、不思議之茅屋へ呼入奉り、冥加をも不恐敬、随意雅意に相働、酒宴遊興に長し、耽色耽酒、卑賤をも不厭、御盃を給させ、乱臘次、日本一之徒者、民之悪所、天必罰之時節到りぬれハ、其理自ら顕、自滅と乍申、家門之名を貶し、末世之嘲哢口惜敷之事、

一、武家之諸侍ハ、或ハ軍役日々に詮義して粉骨を竭し、或ハ弓馬兵具貯を本として嗜に不得隙を、

一、御公家衆ハ、何之御奉公も無御座、徒に空しく日を送り、所作無が故に、日本一之大悪虐人・徒者之金安備後、其妹讃岐殿兄弟之者と値遇して、哀哉々々、禁掖をも不恐敬、殿上に奥深く宮つかハれ御座す雲の上人、我々之古び傾きたる茅舎へ呼入奉り、主君之御機嫌をも不憚、恣酒宴遊舞の興に長し、沙汰之限の迦法自滅此節なりと、舌を巻ぬ者もなし、

傍線部分によれば、公家は民の苦しみも理解せずに「御公領」を「塞」ぐばかりで、武家に比して「何之御奉

公も無御座、徒に空しく日を送」る存在とされ、だから公家に天罰が下り、「自滅」したのだとされている。当時の「外聞」の一端がこのようであったとすれば、家康はこれ以上の「外聞」の悪化を防ぐ必要があると考えたということだろうか。

史料2の傍線部分にあるように、この事件は「専公家」によって引き起こされた。ということは、彼らはみずからが公家であるとの明確な認識を持ち、相手を選んで奔放な行為に及んでいたことになる。みずから独自に集団化して遊び、「自滅」におよぶ公家を、家康は「外聞」から守ろうとしている。この相反する二つの立場はなぜ併存できるのだろうか。

第三節　秀忠・家光政権による公家の放埒行為への対処方針とその特質

藤井讓治氏によると、「家康は、慶長十五年、「諸家其道之学問・形儀、法度正様可被仰付事」と公家への法度を出すことを伝奏を通じて後陽成天皇に要求した。慶長十七年には、「家々之学問行儀之事、無由断相嗜」と「鷹つかひ申間敷候」ことが、天皇を介することなく家康より伝奏を通じて公家衆に触れられ、公家衆からは伝奏宛に請書が出された。慶長十八年には「公家衆、家々之学問、昼夜無油断様、可被仰付事」で始まる公家衆法度が、宛所もなく家康の朱印状として出され、かつ公家衆からの請書の提出もなかった。慶長二十年の禁中并公家諸法度では、法度の対象のなかに天皇をも包摂し、その形式は天下人家康からの一方的なものであった」という[53]。猪熊事件後、家康らは公家に法度の網を被せたが、にもかかわらず、公家の放埒行為はその後も根絶できなかった。史料5の『春日記録』の元和五年（一六一九）八月二十八日条・同年九月十八日条には次のようにある。

【史料5[54]】

一、廿八日（元和五年八月）、○中略

一、○中略、此中、内裏様(後水尾天皇)、将軍家(徳川秀忠)ト御間無和順、其外公家中行儀法度恣之仕合有之条、五人モ十人モ可被処流罪由風聞也、如何可成哉、驚入次第也、笑止々々、

一、十八日(元和五年九月)、○中略

一、今度従将軍(徳川秀忠)、内裏御法度、幷諸公家行儀法式以外之恣之事共御糺明、既諸公家数多可被処死罪流罪由被仰出候、乍去種々依侘事、六七人流罪也、万里小路殿(充房)・藪殿兄弟(季継・嗣良)・堀川殿(康胤)・中御門殿(宣衡)・安倍久長等也、此外猶有之云々、不知之、

一、女御様(近衛前子)、大聖院(恵仙)比丘尼御所、江戸ニ可被預置由必定候処、達而御侘事故、無異儀ト云々、広橋前内府(兼勝)モ、可有死罪由雖及沙汰、先以無異儀ト云々、此中、内裏ニテ、傾城・白拍子、其外当世流布女猿楽ナト被召寄、旦夕遊覧酒宴等、外聞限沙汰也、盡く将軍(徳川秀忠)御耳ニ入、御腹立不斜義也、依之、御息女(徳川和子)御入内モ御延引也、

ここからは、元和期に至っても慶長期と同様の事態が依然繰り返され、将軍徳川秀忠の苛立つ様子が看取される。また、『本阿彌行状記』には光悦の発言として「当時関白殿下を始めとして、揚名の官にして、政をいらひ給ふことはなく、明暮歌をよみ、香車(キャ)風流ばかりを翫びたまふゆゑ、至て小禄の公家衆は、歌もよまず、大方強飲に酒をたしみ(ママ)、身軽きゆゑ密に勝負ごとの場所へ入込、あるひは貧しき売女やうの者に恥とも思はず馴かよひ、果は其売女を本妻に直し申さるゝ類も内々相聞え候」とする内容も留められている[55]。光悦はその原因を「これ貧敷より事発り、さて〳〵御笑止なるものに御座候」とし、「何卒総公家衆の内へ、三万石ばかり被遣候はゞ、御行儀も直り可申かにて候」と提言した[56]。

公家の貧困が放埒行為の原因か否かはともかく、慶長期・元和期に根絶されなかった公家の放埒行為は、寛永期に持ち越され、筆者不明ながら寛永十五年（一六三八）三月以降に記されて寛永十六年（一六三九）に下冷泉為

景が筆写したという『春寝覚』[57]の公家への痛烈な批判を生み出す。この『春寝覚』の内容については、矢野公美子氏をはじめ、熊倉功夫氏や藤田覚氏による分析があり[58]、そこでは「島原・天草一揆の責任を公家たち支配層の堕落に求める異例の公家社会批判が展開し」ていることなどが指摘されている[59]。

『春寝覚』においては、民の間で「吉利支丹といふ法」が蔓延する背景として「そのみなもとをたつぬるに、上よすさひ下くるしひてせんかたなきまゝに、かゝる宗旨にもとつきてたに、世をわたりなんとおもへる事、そのつみ下にあらすして上にあるへきにや」と指摘されており[60]、その「上」の「つみ」として藤田氏のいう「公家たち支配層の堕落」が列記される。その「堕落」は、『春寝覚』の筆者によれば、「其蛍雪の光の身をてらすへき世とは見へす、滑稽をもと〻してまことすくなく、婬乱にふけりてをのれをわすれ、たま〱しつかにふるまひて書を見る人あれは、あらぬ名をつけてわらひそしる」とあるように、まさに公家の日常生活の「堕落」であり、その日常の「堕落」は内侍所御神楽の中絶や諸々の勅問への懈怠、叙位除目の停滞に結びついていた[61]。

『春寝覚』の筆者は、「東路ハ程遠けれは、よくもしらすかし」、すなわち江戸の状況はわからないがと前置きしたうえで、このような「もはら亡國をまねくに似た」る状況が生起している「此都の中のありさま」が「天地人の三方ともに怪異をあらはし、凶事をしめしける」原因なのだと断じている[62]。かつて熊倉功夫氏は「こうしたさまざまな非難と、幕府の弾圧によって、公家のかぶき精神が追い詰められ、公家自身のなかに幕府認識の変化を生じたことは已むを得ないことであった。幕府より加えられた種々の規制に対して、公家はこれをはねのける力はなく、むしろ法度にいかに抵触せず順応していくか努力したようであった」と述べたが[63]、実際は寛永期中ごろにもなお、公家の放埒行為は存在しつづけたのであり、もはや公家の「外聞」はこれ以上ないほどに損傷した状況だったのではなかろうか。

ところが、不思議なことに、その寛永期には幕府による公家の放埒行為に対する処罰事例がほとんど確認できない。おそらくこのような状況が、前引の熊倉氏の分析に影響しているだろうが、公家の放埒行為が現に存在したにもかかわらず、それを明確には処罰しない幕府の姿勢があったとすれば、それらをどのように整合的に理解すればよいのだろうか。

可能性の一つとして想定されることは、寛永期中ごろの情勢、すなわち『春寝覚』の筆者も明確に認識していたキリスト教の蔓延という当時の状況の影響である。まさに『春寝覚』の成立・筆写と同時期の『オランダ商館長日記』の一六三九年五月五日条には「最近、内裏の宮廷で数人のキリスト教徒が見付けられたが、秘密にされている」とある(64)。また摂政二条康道の日記に留められた「寛永十二年十月十七日付三条西実条・日野資勝宛板倉重宗書状」にも「此中きりしたん之穿鑿仕候へハ、昨日此書物を仕事不罷成候て、きりしたん欠落仕候由申候間、写進上申候、禁中方ニも御座候様に申候間、御鳥飼・仕丁・御公家衆被召仕候上下男女共ニ一札を被仰付、御覧可被成候」とあり(65)、当時は内裏でもキリシタンが発見されるなどの緊迫した情勢であり、キリシタンの摘発こそが当時の幕府の最大の関心事であった。当時の将軍徳川家光は、キリスト教に対抗する神国思想の構築と表明のため、『東照社縁起』の作成などを後水尾上皇や公家を動員して推進していた(66)。その家光の方針からすれば、公家の放埒行為を一々摘発して公家の「外聞」にさらなる損傷を加えぬよう、あえて放埒行為を処分しないという姿勢がとられていた可能性はある。

しかし、やはり幕府が「外聞」を意識するあまり、放埒行為をする公家をかえって処分できないという事例の存在は、さらに節を改めて検討範囲を拡げ、より確度の高い史料によって確かめる必要がある。そして、前節と本節の検討によれば、公家は公家同士で集結し、集団で放埒行為に及んでいた。不行儀とされる事例においても、公家には公家の集団原理が働いていた模様であり、その論理を析出する必要もあるだろう。

その意味では、先行研究によると、家綱政権期から再び幕府による公家処罰の事例が確認されており、その処罰実施の背景としては、若年の霊元天皇と彼を取りまく近習衆により繰り返される放埒行為に危機感を抱いた後水尾法皇・武家伝奏・京都所司代らの断固たる姿勢の存在が指摘されてはいる。(67) 一方、そこでは同種の事案でありながら、当該公家が処罰される事例と処罰されない（より正確には表向の処罰を行わない）事例も存在するようである。(68) 次節では、そのような処罰事案と対応の差がどのような論理と仕組みで生じているのかを検討し、そこで相互に主張・確認されるであろう公家の身分としての集団原理についても考察してみたい。

第四節　武家伝奏中院通茂の禁中・堂上公家論と家綱政権

先行研究が解明した家綱政権期から再び顕著となる不行儀関係の公家処罰の諸事例のうち、本節が注目する事例は見雲重村一件と舟橋経賢一件である。見雲重村一件については、すでに平井誠二氏が詳論しており、事件は、庭田重秀の末子で新家に取り立てられ、後水尾法皇の院参衆でもあった見雲重村が、女一宮の上﨟で勧修寺経広の姪・瑠璃と密通し、彼女を自邸に隠し置いたというものである。(69) 寛文十二年（一六七二）三月ごろに発覚後、同年五月二十三日付の老中奉書で佐渡国流罪が見雲に言い渡され、見雲はのち赦免されたが、復帰はならず、江戸で死去した。(70) この一件について、筆者が付加する事柄はないが、この一件との関連で、本節がより注目したい一件は舟橋経賢一件のほうである。

舟橋経賢一件は、田中暁龍氏の作成した「寛文〜元禄期の公家処罰一覧」に18番（初出論文の表では11番）として登載されており、田中氏が当時の武家伝奏中院通茂の日記『中院通茂日記』に基づき、処罰内容を「方領返上、出家（大原野辺居住）」とし、処罰理由を「病気又家業等不勤日来《（ママ）》、不届之由」と整理したものである。(71)

一見、両件は関連がないようだが、田中氏の典拠の『中院通茂日記』にさかのぼると、両件については、「三雲縫殿頭《（見雲重村）》・舟橋《（経賢）》事等、内膳《（板倉重矩）》物語之時宜一々語之、伊州《（永井尚庸）》難打置之由被申之」(72) とあるように、当時一連のものとして捉えられており、両件について永井は「無遠慮令沙汰可然」、禁裏附前田直勝も「無遠慮可令沙汰」との方針を示し[73]、後水尾法皇は「今度於江戸首尾如何之由御尋、仍三雲（見雲重村）・舟橋（経賢）等首尾言上了、如何様とも与永井伊州（尚庸）可相談之由仰也」とあるように[74]、京都所司代と連携して対処するよう武家伝奏に指示していた。

　それにしても、当時なぜ両件は関連すると理解されていたのか。田中氏の整理によれば、舟橋経賢一件は「病気又家業等不勤日来（ママ）、不届之由」が処罰理由であり、密通の見雲重村一件とは別の案件のように見える。しかし、管見の限り舟橋経賢一件関係記事の初出である『中院通茂日記』の寛文十二年（一六七二）正月二十四日条によると、中院は相役の日野弘資の邸で東園基賢・葉室頼業・千種有能らの話として日野から「舟橋（経賢）事、不義之行世間流布、可申上於法皇（後水尾法皇）欤之由」を聞かされていることから[75]、舟橋経賢一件も彼の密通の容疑案件とされていたことがわかるのである。その意味で両件は密通の関連案件であった。

　ところが、見雲重村一件は密通の相手である勧修寺瑠璃が見雲と行動をともにしており、しかも彼女が女一宮に仕えていたことも影響してか、一足先に断固立件されているのに対し[76]、舟橋経賢一件は関係者の間で見雲重村一件とは異なる雰囲気の下で処分内容の検討が進められている。例えば、中院は相役日野・禁裏附前田直勝との宮中における会談の様子をみずからの日記に「舟橋（経賢）事、〇日野亜相雑談、及滅亡、子孫断絶如何之由、被仰之、可然子孫者相続可然事也、不義之血脉相続之事、無用之事欤之由被談、尤之由返答了」と書き留めている[77]。武家伝奏も禁裏附も、舟橋経賢への処分を行った場合の舟橋家断絶と同家相続の方法を視野に入れ慎重に検討していたことがわかり、三者は「不義之血脉相続之事、無用之事欤」と確認し合っているのである。ここからは、見雲と舟橋との事件の差は、密通に伴う子の有無（舟橋の相手の女性が公家であるかは不明）が関連しているものと推測され、また後水尾法皇も見雲より舟橋の処分のほうに苦慮し、中院は日野とともに永井を訪ねて会談した時の模様について「三雲（見雲重村）縫殿頭事、舟橋式部少輔（経賢）事、法皇（後水尾法皇）仰之趣談之、舟橋事、追放など如何之由雖尋之、如此者難義之由被申之」と日記に記している(78)。

このように舟橋経賢一件は処分を即断し難い案件であった模様であるのに対し、本節冒頭で平井氏の仕事に基づき指摘したとおり、一方の見雲重村一件は、寛文十二年（一六七二）五月二十九日、京都所司代から武家伝奏両名に処分内容が伝達され、見雲は「寛文十二年五月二十三日付永井尚庸宛老中連署奉書」で佐渡国流罪が命じられ、瑠璃については「雖可為同罪、女之事也、被預於(前脱カ、経広)勧修寺亜相之由、口上被申渡」た(79)。

同じ密通案件でありながら、審理の様相は対照的である。それは見雲と瑠璃への処分が言い渡された五月二十九日においても同様であった。すなわち、舟橋一件について、京都所司代からは「舟橋(経賢)事者、密々示父三位(舟橋相賢)、方領被指上病気又家業等不勤、日来不届之由等称之、其後、不宜家内追放可然之由」が言い渡されたのである(80)。田中氏の表はこの記述をもとに作成されたが、事実、舟橋経賢は出家し、方領も返上して、父の舟橋相賢を通じ、大原野あたりの居住を京都所司代に願い出たところ、居住を許され(81)、家の相続については「舟橋相続之事、養子可然」とされた(82)。

なぜ同じ密通案件でありながら、このように処分内容が異なるのだろうか。確かに当初、舟橋経賢の密通一件について、幕府も武家伝奏も疑惑の確証を摑めなかったことは影響したと思われ、寛文十二年（一六七二）六月七日に武家伝奏が経賢の父である相賢に「子息式部少輔(舟橋経賢)、何角有風説、従公義被咎者如何之間、其以前、称病気、其上平生不覚悟之由、返上於方領可然欤之由」を述べたところ、相賢は風説の内容を否定しなかったし、また武家伝奏らの物言いも、何かと不義の風説があるので、幕府の咎め立てを受ける前に手を打ったほうがよいという微妙な言い回しであった(83)。

これほどまでに武家伝奏ら関係者が舟橋経賢一件の処断に配慮する背景とはいかなるものであったのか。その一端をうかがわせる史料が、史料6と史料7である。まず、中院の日記に留められた「寛文十二年五月八日付永井尚庸宛中院通茂書状」を検討しよう。

【史料6】(84)

一昨日者緩々得御意、大慶存候、然者舟橋（経賢）事、昨日少申出候へとも、紛敷候つる故、申伏候、彼不義之事、必定之様ニ沙汰仕候へとも、慥ニハ承候ハん様有間敷存候、先以此義○唯今の分ニてハ事広候ても京江戸斗ニて候武家ニ預ケられなと候てハ、日本国へ名をさらし、彼存生候間恥をさらし申事、難義ニ存候、必《ゝ》彼人一人のミならす、且ハ諸家恥辱にも候へハ、一向死罪ニなされ候ハ各別之事、堂上の名をかうふらセなから、天下に名をさらし申事、難義ニ存候、行末被召返候ハん事にても無之、其上、一分之不義と申にてこそ候へ、上へ対し慮外仕候事にても無之候間、何とぞ御耳へ立申さゝる分にて伝奏なと異見候て、父三位（舟橋相賢）を招候て、此風聞候、若御耳に立候ハゝ、家の滅亡候ハん間、早々追放被仕可然由、指図仕てハ如何候ハん哉、若虚名にて候ハゝ、定而申分可有之候間、其上にてハ実否もをのつから定り可申候、子息之事、家相続ハ達而御理申入度存候、先度法皇（後水尾法皇）にも子息もけからハしきとの仰候、日野殿（弘資）も最前ハ左様にて候、諸家譜代を称し、系図を申候も、俗人と異なるを以て申事と存候、あさましき俗にも無之、不義之人の血脈を公家にましへ、子を立申候事、是又諸家之恥、禁中の御為無勿体事と存候間、子息共ニ追放ニ仕度存候、殊此家者明経の儒ニて、天子之御師をも仕候而、他家と各別之様子細候事にて候、相続ハ一門中にも子共可有之候間、左様ニ候て家を相続仕度存候、所存相伏候も如何と如此候、猶御思案之上、御了簡尤ニ存候、恐々謹言

五月八日（寛文十二年）

永井伊賀守（尚庸）殿　　留主、入夜、返札到来

先刻貴翰忝拝見仕候、明日後日女院（東福門院）様御幸ニ付、岩倉へ　御番所見分ニ罷越、不能即答候、被仰下候趣、奉得其意候、尤之思召と存候、先日も申述候通、沙汰斗にて、実正不承分候ゆへ、得心不仕候、今日之御紙

面にて承届候、弥考申候て、重而可得御意候間、其内御沙汰被成ましく候、尚得貴面候時候、恐惶謹言

これによると、冒頭で舟橋経賢の不義には確証がないと断りながら、中院が舟橋の処刑を回避するため、京都所司代の永井に語った論理は、堂上の舟橋が罪人となれば当人のみならず諸家も日本国に恥をさらすことになり、また後水尾法皇や相役の日野より「子息もけからハしき」とされた経賢の不義の子（ということはやはり経賢の不義は事実であったのか）に相続させれば、不義の人の血が公家に混ざることになり、それは天皇の学問の師となる舟橋の家のみならず、これまで系譜によって俗人と異なることを主張して譜代を称してきた諸家の恥辱ともなるから、経賢の子には相続を辞退させようと考えているという二重三重の論理であった。なお、注目すべきは、この後に留められた京都所司代の返書であり、傍線部分のように、何と永井はこの中院の主張に理解を示している。

次に、中院が永井に宛てたもう一通の書状、史料7の「寛文十二年閏六月三日付永井尚庸宛中院通茂書状」の内容を見よう。

【史料7[85]】

其後者御書札不申入候、事外暑気御無為之由、弥重存候、朔日者従大樹（徳川家綱）種々弥物被遣候て、御機嫌之御事ニ候、貴公（永井尚庸）御気持故と御満足□の御事に候、然者舟橋式部（経賢）事、先度無申分、出家被致候上者、内々之沙汰無疑事候哉と存候、就其、相続之事、先日も申入候通、於彼子息者、難被用存候、殊他家とハ各別之子細ニて、代々帝御学問之御師範にも被参候家ニテ候へハ、不義無道之人者不可叶存候、雖幼稚之子息、彼人之血脉候へハ、穢敷存候、其上只今不義専ニ候、諸家中之戒にも成申候事ニ候、諸家氏姓を申候も、今日俗人与旲なる事に候へハ、諸家之為と存候、惣而禁中と申候ハ、不正を禁する事と存候、然者、かく様の穢敷者、堂上のましわり一向有間敷事と存候、其上、母方園にて候へハ、　主上（霊元天皇）へも不相離候、母方之會尺にて咎をゆるし候様なるも大やけならぬやうニ候、又成人候てハ、御前へも可被召出筋目にて候へハ、殊遠慮仕度候、尤其

身唯今何の弁へ無之事ニ候へとも、人道にはつれたる人の子者其儘たておきかたき事と存候、式部(舟橋経賢)義、無道を申候ハヽ、其罪死をまぬかれす候事候へとも、禁中諸家の外聞故、如此罷成候事と存候、若子息相続候へハ、三雲(見雲重村)よりハ罪ハかろきに成可申候、彼子息(舟橋相賢)も祖父養育せられて、生人之後出家なとニせられ候へハ、彼一分者流浪も不仕相済候事と存候、此等事、能了簡候て可有御沙汰候、恐々謹言

尚々、祖父(舟橋相賢)三位も老年ニ及候、相続之事、如何様とも指図次第由《候間》候、無油断沙汰仕候様にて被頼置候也

(寛文十二年)閏六月三日　　通茂(中院)

永井伊賀守(尚庸)殿

ここでは、史料6における舟橋への流罪等を回避させるための論理がさらに具体化されており、不義の子を相続候補者から外せば、不義の流行る今日にあっては他家への示しにもなり、また禁中とは不正を禁ずるから禁中なのだと念を押し、「か様の穢敷者、堂上のましわり一向有間敷事と存候」と断言して、舟橋の不義の子（「人道にはつれたる人の子」）は公家として認められないと断じている。事実、系図によれば、経賢の子は舟橋家を相続できていない(86)。中院らがこれほどまでに舟橋経賢一件に神経質となった理由の一つは、やはりすでに密通によると推定される子があったからなのかもしれない（その子は公家以外の女性との密通により生まれた子であった可能性もある）。

さらに、これら二通の書状には、舟橋経賢の子について、当該人物が公家であるか否かは氏姓の血脈と人道を基準として公家によって決定される旨が明示されていた。中院にとって、舟橋経賢の不義密通一件は、それが表沙汰となって公家の名の傷つくことを避け、また不義であるがゆえに経賢が処刑される場合も想定し、当該不義の子に舟橋家の相続を認めた結果として予想される公家の血脈の乱れも防止せねばならないという、まさに公家の身分に関わる大問題であった。なお、中院は史料7の傍線部分のように、舟橋経賢が無道を申した場合は死罪だが、「禁中諸家の外聞」のため、このように慎重な処分案を述べるのだとしていた。そして、その処分案を、

系図

- 相賢　左兵衛佐式部少輔博士少納言侍従刑部卿従二位　侍読元禄二年十月十六日薨七十二歳母左兵衛佐兼　治朝臣女
  - 経賢　元宣相又栄相　左兵衛佐式部　少輔正五位下出　家法名常覚
- 隆元　法名正順　有子孫
- 秀敦　相国寺光源院
  - 僧　男子　等妙院
- 女子　末吉妻
- 女子　保科弾正忠正貞室
- 女子　松田如閑妻
- 弘賢　右兵衛佐博士式部少輔少納言侍従刑部卿正二位侍読　正徳四年十月七日薨六十七歳

註：『舟橋家譜』（部分、東京大学史料編纂所所蔵謄写本、東京大学史料編纂所「所蔵史料目録データベース」）をもとに作成。

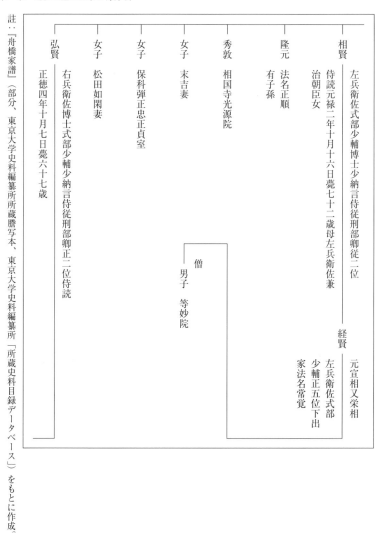

京都所司代は了承したのである。

以上の検討から、従来不明であった公家の公家たる所以のあり処がかなりの程度明らかとなり、また天皇と公家の「外聞」の損傷を避けるため、公家の放埒行為について、あえて処分が行われないか、あるいは減刑される事例も存在したと考えて差し支えないだろう。それは幕府が天皇と公家の「外聞」の損傷を恐れたためであった。

幕府が天皇と公家の「外聞」の損傷を恐れた理由については、舟橋経賢の不義密通一件において、舟橋経賢の処刑を回避するため、武家伝奏中院通茂が京都所司代永井尚庸宛の二通の書状で示した公家の身分（集団）原理とそれに基づく処分案（舟橋経賢出家、その子の出家、舟橋経賢の方領返上、一門からの養子相続）を永井が容認した事例により説明が可能となった。すなわち、中院は、密通により公家の血脈を乱したとされる舟橋経賢を表向き処分しないことで、「氏姓を申」す公家の論理を「外聞」も立つ形で維持すべきだと主張し、しかも公家が公家の身分を決定するとも述べていたが、注目すべきは、その公家の集団原理について、擬制的[87]「氏姓」に依拠する武家の永井が同意していたことであった。このことは武家が公家の「氏姓」の崩壊を決して望んでいなかったことを意味し、だからこそ武家は、みずからも依拠する「氏姓」の淵源である天皇と公家の「外聞」の維持に腐心したのだと思われる。

一方、中院通茂の示した公家身分（集団）の世界と論理は、冷徹かつ強固な壁に囲われ、先行研究の示すような生やさしいものではなかった。近年、公武婚姻の研究もなされているが、本章で述べた事柄や身分制の観点からすると、擬制的「氏姓」に依拠する武家がいくら表面上の貴種化を図ろうとも、本質的に武家が公家になることはできなかったこと、そして公家が武家になることは可能であったことのほうを重視していくべきだろう[88]。

このように考えると、近世を通じ、公家と武家はついにわかり合えない、お互いに別世界に住まう存在だったのではないかとも思われ、だからこそ公家が幕末の体制変革の一翼を担うに至ったのではないかとも予測されるのであるが、一方、実際には公家が武家からの行動規制を完全には受容しなかったものの、天皇や摂政（関白）・武家伝奏をはじめとする公家が武家からの「公家衆法度」や「禁中幷公家中諸法度」を常に意識し、自己規制まで行っていたこともまた先行研究の教えているところである[89]。

血縁的身分共同体ともいうべき公家が[90]、一方で武家に対し、そのような行動をとったことをどのように理解すべきか。この点の考察については、朝尾直弘氏の提示した武家の立場に関する二つの説をふまえるとよいのではないか。一つは、「禁中幷公家中諸法度」において「「好色」の項を削除した幕府のねらい」に関する説であり、幕府が「天皇を生身の人間として権力の一部に包摂することを忌避し、身体・性と切り離した非人格的な、蒸留水のような権威とすることをはか」り、「天皇・公家の男女関係に介入し、きびしい干渉をかさねた幕府の政策はこれと無関係であったとも思えない」とする説[91]、いま一つは、「武家諸法度」についてではあるが、それを天下人から「領主たるものに要求された規範」と捉え、「武家はこの規範にのっとることによってのみ武家でありえた」とする説である[92]。

両説とも示唆に富むが、天皇と公家への行動規制条項も天下人から公家に示された「規範」と見れば、それはまさに近世の所産であるのかもしれない。しかし、本章で明らかになったことは、「非人格的な、蒸留水のような権威」や「規範」に収まりきらない、古代・中世以来の血脈を含む生々しい人間としての本源的部分を有した集団が天皇とそれに仕える公家であったということであり、その武家による無傷なままでの制御は容易ではなく、それは近世の大きな課題でありつづけたということであった[93]。

次章では、本章の分析をふまえ、近世において、身分としての公家が領主としてはどのように位置づけられ、また公家自身はみずからをいかなる領主として認識したのかについて、かつての一権門としての変容にも留意しながら検討してみたい。

（1）山口和夫「天皇・院と公家集団――編成の進展と近世朝廷の自律化、階層性について――」（『歴史学研究』№七一六、一九九八年十月増刊）七五頁。

（2）深谷克己「一九九八年度歴史学研究会大会報告批判　近世史部会」（『歴史学研究』№七一八、一九九八年十二月）四二頁。

（3）例えば、山口和夫「近世の家職」（朝尾直弘他編『岩波講座　日本通史』十四、近世四、岩波書店、一九九五年）、山口和夫「統一政権の成立と朝廷の近世化」（山本博文編『新しい近世史1　国家と秩序』新人物往来社、一九九六年）、山口和夫「朝廷と公家社会」（歴史学研究会・日本史研究会編『日本史講座　第6巻　近世社会論』東京大学出版会、二〇〇五年）。

（4）高木昭作「幕藩初期の身分と国役」（『歴史学研究』通号別冊特集、一九七六年十一月、のち同『日本近世国家史の研究』岩波書店、一九九〇年に再録、本書での引用は『日本近世国家史の研究』による）。

（5）朝尾直弘「近世の身分制と賤民」（『部落問題研究』六八、一九八一年十月、のち同『朝尾直弘著作集　第七巻　身分制社会論』岩波書店、二〇〇四年に再録、本書での引用は『朝尾直弘著作集』による）。

（6）山口和夫「近世の公家身分」（堀新・深谷克己編『〈江戸〉の人と身分3　権威と上昇願望』吉川弘文館、二〇一〇年）九五頁・九六頁・九八頁。公家の身分を扱った研究は数少なく、管見の限り、ほかには高埜利彦「朝廷をとりまく人びと――江戸幕府の統制の下で――」（同編『身分的周縁と近世社会8　朝廷をとりまく人びと』吉川弘文館、二〇〇七年、のち同『近世の朝廷と宗教』吉川弘文館、二〇一四年に再録、本書での引用は『近世の朝廷と宗教』による）が見られる程度である。しかし、高埜氏の論稿については、山口氏が前掲「近世の公家身分」において「近年盛んな「身分的周縁」や「朝廷をとり巻（ママ）く人びと」という視角〔高埜――二〇〇七年〕からでは、朝廷のいわば中核的構成員の身分は拾え切れない」（九七頁）と批判しており、筆者も同感であることから、本書は公家の身分に関する重要な先行研究として山口氏の仕事に注目することにした。

一方、『思想』№一〇八四（二〇一四年八月）は、「交差する日本近世史――日仏の対話から――」と題する特集を組み、ギヨーム・カレ（訳＝高澤紀恵・松本礼子）「歴史の比較・アプローチの交差・概念の再検討――身分的周縁／交差する近世身分論――」を掲載するが、カレ氏は「日本の身分的周縁論は、さまざまな起源をもっている。一九六〇年代以降の被差別民に関する歴史的調査、吉田伸之が行った日用層の研究、天皇制をめぐる考察[37]、そして当然ながら、七〇年代、八〇年代に「社会史」がもたらしたさまざまな議論である」（一七頁）とし、註(37)で高埜利彦編『身分的周縁と近世社会8　朝廷をとりまく人びと』（吉川弘文館、二〇〇七年）と高埜利彦『近世の朝廷と宗教』（吉川弘文館、二〇一四年）を参照すべき文献として列挙している（二七頁）。だが、カレ氏のいう身分的周縁論の「起源」の一つに「天皇制をめぐる考察」があるという整理は、学界でどれほどのコンセンサスを得たものだろうか。日本史にとって、天皇の問題は不可避の重要問題だが、身分的周縁論が当初から天皇の問題を射程に入れていたとはあまり考えられず、しかもカレ氏の挙げた高埜氏の文献はかなり後の時期のものである。カレ氏は、身分的周縁論という方法で「天皇制をめぐる考察」が可能だと考えているのだろうか。筆者は、難しいと考えている。なぜなら、身分的周縁論の「身分」理解は、長い間その不明確さが指摘されてきたにもかかわらず、ほとんどその不明確さが是正されていないからである。カレ氏は、朝尾直弘氏の業績として、なぜか朝尾直弘「惣村から町へ」（朝尾直弘他編『日本の社会史　第6巻　社会的諸集団』岩波書店、一九八八年）のみを挙げているが（一六頁・二七頁、なお「惣村から町へ」は朝尾直弘『朝尾直弘著作集第六巻　近世都市論』岩波書店、二〇〇四年に再録されている）、朝尾氏には「書評　吉田伸之著『近世都市社会の身分構造』」（『年報都市史研究』七・首都性、一九九九年十月）や「私の近世身分制社会の研究について」（『部落問題研究』一七六、二〇〇六年六月）があり、それらでは吉田氏の「身分」理解や身分的周縁論について、かなり根本的な批判がなされている。しかし、その批判が活かされぬまま研究は遂行され、いまや国際的な対話がなされている。筆者は、かつての朝尾氏による批判も視野に入れたうえで、日本国内における身分制研究が然るべき形でまとめられ、学界でのコンセンサスが得られてから海外との対話を進めなければ、正確な日本の身分制研究の現状を海外へ発信できないのではないかと思うが、いかがだろうか。

(7)　前掲註(6)山口「近世の公家身分」一〇八頁～一〇九頁・一一一頁・一二〇頁。

(8)　前掲註(6)山口「近世の公家身分」一一五頁・一一六頁・一二一頁。身分の決定主体については、同一二二頁も「近世の公家身分を決定した主体、知行給付と蔵米・方領米支給の権限の所在は、近世の清華家広幡家・醍醐家設立や下冷泉の再興過程に明らかなように、京都の朝廷で天皇・院を主として完結せず、究極的には将軍権力にあった」と述べる。

(9)　前掲註(6)山口「近世の公家身分」一一五頁。

(10)　前掲註(6)山口「近世の公家身分」九六頁。
(11)　前掲註(3)山口「統一政権の成立と朝廷の近世化」八九頁。
(12)　朝尾直弘『朝尾直弘著作集　第五巻　鎖国』(岩波書店、二〇〇四年)自序。例えば、『言経卿記』天正十五年正月七日条(東京大学史料編纂所編『大日本古記録　言経卿記』二、岩波書店、一九六〇年、二二三頁)、『時慶記』天正十五年正月十一日条(時慶記研究会翻刻・校訂『時慶記』第一巻、臨川書店、二〇〇一年、四頁)。
(13)　『多聞院日記』三十二、天正十四年七月二十六日条(竹内理三編〈辻善之助編〉『増補続史料大成　多聞院日記四』臨川書店、一九七八年、三四頁)。
(14)　池享「戦国・織豊期の朝廷政治」(『一橋大学研究年報　経済学研究』三三、一九九二年七月、のち同『戦国・織豊期の武家と天皇』校倉書房、二〇〇三年に再録、本書での引用は『戦国・織豊期の武家と天皇』による)二一四頁～二一五頁は、「織田信長が、自壊状況にあった公家社会を積極的に解体し、武家社会に再編・統合する志向性をもっていたと思われること」を指摘し、引きつづき二一五頁では「豊臣秀吉は、信長のこうした方向は継承せず、公家社会を武家社会とは別個に再編する方針をとった」とする。
(15)　『駒井日記』坤、文禄三年四月十三日条(藤田恒春編校訂『増補　駒井日記』文献出版、一九九二年、一七一頁～一七二頁)、『多聞院日記』三十八、天正二十年八月二十四日条(竹内理三編〈辻善之助編〉『増補続史料大成　多聞院日記四』臨川書店、一九七八年、三四頁)。
(16)　朝尾直弘「幕藩制と天皇」(原秀三郎他編『大系　日本国家史』三、東京大学出版会、一九七五年、のち朝尾直弘『将軍権力の創出』岩波書店、一九九四年、のち同『朝尾直弘著作集　第三巻　将軍権力の創出』岩波書店、二〇〇四年に再録、本書での引用は『朝尾直弘著作集』による)二二八頁などが指摘する元和六年(一六二〇)からの『公卿補任』における武家官位の記載消滅もその一例だが、本章では、官位制などにおける制度的な公武分離というよりも、存在としての本源的公武分離が念頭にある。
(17)　『公通記』四(東京大学史料編纂所所蔵原本)元禄七年九月二十三日条。
(18)　堀新『織豊期王権論』(校倉書房、二〇一一年)三〇一頁によると、天正期には公家の語を「「くげ」と訓む」という。
(19)　前掲註(6)山口「近世の公家身分」一一五頁。

(20) 前掲註(3)山口「統一政権の成立と朝廷の近世化」八九頁。
(21) 前掲註(4)高木「幕藩初期の身分と国役」一三一頁。
(22) 前掲註(5)朝尾「近世の身分制と賤民」。
(23) 朝尾直弘「一九八〇年度歴史学研究会大会報告批判　近世史部会」(『歴史学研究』№四八八、一九八一年一月)五七頁。
(24) 高木昭作「最近の近世身分制論について」(『歴史評論』№四〇四、一九八三年十二月)六四頁。
(25) 前掲註(6)山口「近世の公家身分」九八頁。
(26) 前掲註(24)高木「最近の近世身分制論について」六六頁、高木昭作『日本近世国家史の研究』(岩波書店、一九九〇年)の「はしがき――問題の所在――」v頁。
(27) 前掲註(25)。
(28) 高埜利彦「移動する身分――神職と百姓の間――」(朝尾直弘編『日本の近世7　身分と格式』中央公論社、一九九二年)三七七頁。
(29) 前掲註(28)高埜「移動する身分」における「御師身分」という把握には疑問が残るし、高埜説における「身分」の語には現代語との混用も目立つ。高埜氏自身、「近世の身分も、地域社会の認知と国家権力の承認の両方によって成り立つ、と考えてみた」(三七七頁)と述べるものの、そのみずからの主張と高木説・朝尾説との関係を説明しているわけではない。したがって、高木説・朝尾説との関係の説明に高埜説は援用できず、高木説と朝尾説の関係は、やはり両説自体の内容と当事者の公式発言から説明されるべきだろう。
(30) 前掲註(6)山口「近世の公家身分」一一五頁。
(31) 前掲註(3)山口「統一政権の成立と朝廷の近世化」八九頁。
(32) 『言緒卿記』慶長十八年七月十二日条(東京大学史料編纂所編『大日本古記録　言緒卿記』上、岩波書店、一九九五年、一九八頁〜一九九頁)。
(33) 山口和夫「朝廷と幕府」(藤田覚編『史料を読み解く3　近世の政治と外交』山川出版社、二〇〇八年)六五頁は「公家衆法度」について「家康が制定した本法度により、公家衆は役儀を規定され行動を規制された。けれども朝廷の抑圧・

弱体化を意図したものではなく、江戸幕府体制下で公家身分と朝廷の秩序を正し、適合的に機能させる趣旨の法令である」としている。なお、前掲註(6)高埜『近世の朝廷と宗教』一七〇頁・一七二頁では、「公家衆法度」が引用されるものの、行動規制条項は省略されている。

(34) 例えば、朝尾直弘「将軍と天皇」（永原慶二他編『戦国時代――一五五〇年から一六五〇年の社会転換――』吉川弘文館、一九七八年、のち朝尾直弘『朝尾直弘著作集　第四巻　豊臣・徳川の政治権力』岩波書店、二〇〇四年に再録、本書での引用は『朝尾直弘著作集』による）一一一頁、藤井譲治「江戸幕府の成立と天皇」（永原慶二編者代表『講座　前近代の天皇』第二巻、天皇権力の構造と展開その2、青木書店、一九九三年）一一八頁～一二二頁・一三〇頁～一三一頁、平井誠二「前期幕藩制と天皇」（永原慶二編者代表『講座　前近代の天皇』第二巻、天皇権力の構造と展開その2、青木書店、一九九三年）一五三頁。

(35) 高木昭作「塚田　孝・吉田伸之・脇田　修編『身分的周縁』」（『歴史学研究』№六七五、一九九五年九月）四四頁は、物乞いをめぐる身分間での規制の違いを例に、「同じ実態にありながら、身分の違いによって、同じ行為が一方では禁止され、他方では許容される。（中略）評者はこの点に、身分のもつひとつの特質、あるいは不思議さを見る思いがすると同時に、安良城盛昭の「身分は理念＝観念である」という指摘（『天皇・天皇制・百姓・沖縄』1989（ママ）、吉川弘文館）を想起する」と述べている。

(36) 武部敏夫「いのくまじけん　猪熊事件」（国史大辞典編集委員会編『国史大辞典』第一巻、吉川弘文館、一九七九年）七六六頁。

(37) 前掲註(36)。

(38) 『当代記』巻五（『史籍雑纂　當代記　駿府記』続群書類従完成会、一九九五年、一五三頁）。

(39) 前掲註(38)。

(40) 前掲註(34)藤井「江戸幕府の成立と天皇」一一八頁。

(41) 前掲註(34)藤井「江戸幕府の成立と天皇」一一八頁～一一九頁、『勧修寺光豊公文案』（『大日本史料』第十二編之六、慶長十四年七月十四日条、四三五頁）。

(42) 前掲註(34)藤井「江戸幕府の成立と天皇」一一九頁。

(43) 前掲註(34)藤井「江戸幕府の成立と天皇」一一九頁、『御湯殿上日記』慶長十四年八月四日条（『大日本史料』第十二編之六、慶長十四年八月四日条、五二八頁）。

(44) 前掲註(34)藤井「江戸幕府の成立と天皇」一一九頁～一二〇頁、『御湯殿上日記』慶長十四年八月四日条（『大日本史料』第十二編之六、慶長十四年八月四日条、五二八頁）、『勧修寺光豊公文案』（『大日本史料』第十二編之六、慶長十四年八月四日条、五三一頁）。

(45) 前掲註(34)藤井「江戸幕府の成立と天皇」一二〇頁、『義演准后日記』慶長十四年八月六日条（『大日本史料』第十二編之六、慶長十四年八月四日条、五二八頁）。

(46) 前掲註(38)『当代記』巻五（一五四頁）。

(47) 前掲註(46)。

(48) 前掲註(38)『当代記』巻五（一五六頁）。

(49) 北島正元「こんどのくげそうし　今度之公家双紙」（国史大辞典編集委員会編『国史大辞典』第六巻、吉川弘文館、一九八五年）一〇一頁。

(50) 『角田文書』（『大日本史料』第十二編之六、慶長十四年七月十四日条、四三三頁）。天下人の気にする天皇・朝廷の「外聞」については、奥野高廣『増訂　織田信長文書の研究』補遺・索引（吉川弘文館、一九八八年）一八三頁～一八四頁に掲載の「烏丸光康・飛鳥井雅教宛判物写」（補遺一八〇）における「然時者禁裏被失御外聞之儀候、左候へハ信長《（織田）》も同前失面目候」（一八三頁）の文言をめぐり、前掲註(18)堀『織豊期王権論』三〇二頁～三〇五頁などによる議論がある。

(51) 『角田文書』（『大日本史料』第十二編之六、慶長十四年十月一日条、六八五頁）。

(52) 『角田文書』（『大日本史料』第十二編之六、慶長十四年十月十七日条、七二七頁～七二八頁）。

(53) 前掲註(34)藤井「江戸幕府の成立と天皇」一四三頁。なお、「禁中并公家中諸法度」の性格については、関白二条昭実の関与の仕方を含め、橋本政宣『近世公家社会の研究』（吉川弘文館、二〇〇二年）第四部第三章による批判がある。

(54) 『春日記録』元和五年八月二十八日条・同年九月十八日条（『大日本史料』第十二編之三十一、元和五年九月十八日条、七一九頁～七二〇頁）。

(55) 『本阿彌行状記』（正木篤三『本阿彌行状記と光悦』中央公論美術出版、二〇〇四年、二九頁～三〇頁）。

(56) 前掲註(55)『本阿彌行状記』(三〇頁)。
(57) 矢野公美子「『春寝覚』解題」(『茶湯　研究と資料』№四、一九七一年六月)。
(58) 前掲註(57)矢野「『春寝覚』解題」、熊倉功夫『寛永文化の研究』(吉川弘文館、一九八八年)第一部第二章、藤田覚『天皇の歴史06　江戸時代の天皇』(講談社、二〇一一年)第一章4。
(59) 前掲註(58)藤田『天皇の歴史06　江戸時代の天皇』七七頁。
(60) 前掲註(57)矢野「『春寝覚』解題」の翻刻部分、二五頁～二六頁。
(61) 前掲註(57)矢野「『春寝覚』解題」の翻刻部分、二七頁。
(62) 前掲註(61)。
(63) 前掲註(58)熊倉『寛永文化の研究』三九頁。
(64) 東京大学史料編纂所編『日本関係海外史料　オランダ商館長日記』訳文編之四(上)(東京大学出版会、一九八三年)三八頁～三九頁、原文編之四(東京大学、一九八一年)の三三頁～三四頁。
(65) 『康道公記』(東京大学史料編纂所所蔵原本、東京大学史料編纂所「所蔵史料目録データベース」)寛永十二年十月十八日条。
(66) 本書第一部第三章。
(67) 平井誠二「江戸時代の公家の流罪について」(『大倉山論集』第二九輯、一九九一年三月)、田中暁龍「禁中並公家諸法度の機能に関する一考察――延宝元年の公家処罰と禁中法度を中心に――」(『日本歴史』第五七一号、一九九五年十二月)、田中暁龍「近世前期朝幕関係史の一視点――寛文～元禄期の公家処罰を中心に――」(『人民の歴史学』第一三〇号、一九九六年十二月)。田中論文は、いずれも田中暁龍『近世前期朝幕関係の研究』(吉川弘文館、二〇一一年)に改題して再録されており、本書での田中論文の引用は『近世前期朝幕関係の研究』による。
(68) 前掲註(67)平井論文・田中論文。
(69) 前掲註(67)平井「江戸時代の公家の流罪について」二八〇頁～二八二頁。
(70) 前掲註(67)平井「江戸時代の公家の流罪について」二八一頁～二八二頁。
(71) 前掲註(67)田中『近世前期朝幕関係の研究』一三二頁～一三三頁。なお、田中氏は見雲重村一件(表の16番・初出論文の表では9番）とあわせ、舟橋経賢一件を「朝廷・幕府双方によって行われた公家の統制強化のあらわれ」（一四六頁）と見ている。

(72)『中院通茂日記』十（東京大学史料編纂所所蔵原本）寛文十二年四月七日条。
(73)前掲註(72)『中院通茂日記』十、寛文十二年四月十四日条。
(74)前掲註(72)『中院通茂日記』十、寛文十二年四月十五日条。
(75)『中院通茂日記』七（東京大学史料編纂所所蔵原本）寛文十二年正月二十四日条。前掲註(67)田中『近世前期朝幕関係の研究』七八頁には「舟橋経賢の不義・放埒事件」との記述もある。
(76)前掲註(72)『中院通茂日記』十、寛文十二年四月十七日条。
(77)前掲註(72)『中院通茂日記』十、寛文十二年四月十八日条。
(78)前掲註(72)『中院通茂日記』十、寛文十二年五月六日条。
(79)前掲註(72)『中院通茂日記』十、寛文十二年五月二十九日条。前掲註(70)。
(80)前掲註(72)『中院通茂日記』十、寛文十二年五月二十九日条。
(81)前掲註(72)『中院通茂日記』十、寛文十二年六月九日条。
(82)『中院通茂日記』十一（東京大学史料編纂所所蔵原本）寛文十二年七月十三日条。
(83)前掲註(72)『中院通茂日記』十、寛文十二年六月七日条。
(84)前掲註(72)『中院通茂日記』十、寛文十二年五月八日条。
(85)前掲註(82)『中院通茂日記』十一、寛文十二年閏六月三日条。
(86)なお、舟橋経賢の跡をめぐる相続問題は、延宝五年（一六七七）に至っても未解決であったことが、当時の武家伝奏の花山院定誠の日記からうかがえる。例えば、『定誠公記』三（東京大学史料編纂所架蔵写真帳、栗田和幸氏原蔵）延宝五年閏十二月十四日条には、

十四日（延宝五年閏十二月）、雨降、向越前守（戸田忠昌）亭、此間一宮ニ宮御深蘇文（御深削または御深曾木カ）之事、首尾能相調、御満悦之段申入候処、忝被存候由被申

（中略）

一、舟橋相続之事相尋候処、経賢（舟橋）子ヲ被立候義、不宜候、経賢出奔之子細不□之様ニ承及、如此人ハ家ヲモ不立候

而も尤之旨也

とあり、同じく『定誠公記』三（東京大学史料編纂所架蔵写真帳、栗田和幸氏原蔵）延宝五年閏十二月十五日条には次のようにある。

十五日（延宝五年閏十二月）、天晴、　法皇（後水尾法皇）へ召候間、梅小路（前脱カ、定矩）中納言・池尻（前脱カ、共孝）中納言ヲ以テ被　仰出云、舟橋事、昨日申上候処、経賢出奔之事、不宜不儀之様ニ被存候、其子ヲ被立事可為如何候、吉田ニ舟橋兄弟坊分ニ有之、其子有之、すす丈（素性）ヲ相尋、立候而可然之旨被　仰出也、今日令参　内　主上（霊元天皇）へ右之旨申上了

（以下略）

(87)「幕藩制社会における擬制的氏族制の主要な形態」の一つとして「武士団の族長制的結合」を挙げたのは、宮沢誠一「幕藩制期の天皇のイデオロギー的基盤――擬制的氏族制の問題を中心に――」（北島正元編『幕藩制国家成立過程の研究――寛永期を中心に――』吉川弘文館、一九七八年、のち藤野保編『論集幕藩体制史　第一期　支配体制と外交・貿易第十巻　封建思想と教学』雄山閣出版、一九九五年に再録、本書での引用は『論集幕藩体制史』による）一〇〇頁～一〇一頁。

(88) 公武婚姻の研究については、例えば、松澤克行「公武の交流と上昇願望」（堀新・深谷克己編『〈江戸〉の人と身分3　権威と上昇願望』吉川弘文館、二〇一〇年）など。公家が武家となる例は、例えば、高家に転じた日野資栄の例である。『寛政重修諸家譜』巻第七六一（『新訂　寛政重修諸家譜』第十二、三四一頁）。

(89) 前掲註(67)田中『近世前期朝幕関係の研究』。

(90) 朝尾直弘「近世の身分とその変容」（朝尾直弘編『日本の近世7　身分と格式』中央公論社、一九九二年、のち朝尾直弘『朝尾直弘著作集　第七巻　身分制社会論』岩波書店、二〇〇四年に再録、本書での引用は『朝尾直弘著作集』による）一一六頁～一一七頁は、武士の苗字のほとんどが出身地名であることと、「中世の公家以下権門の支配者が氏族制以来の血縁に結ばれていたのとは、よほど異なっていた」とする。また、木村修二「近世公家社会の〈家格〉制――「摂家」と「清華家」を中心に――」（藪田貫編『近世の畿内と西国』清文堂、二〇〇二年）二一一頁は、「いうまでもないことだが、全ての人間の体内を流れる血液には、医学レベルの「型」の違いこそあれ、各人ごとに尊卑の差異などありえない。しかし、ここにみる「血脈」の〈血〉とは、その尊卑性が付着した観念物である。（中略）公家社会は、そ

れが極めて高度に現実的な意味合いをもって通用していた社会だった」と指摘する。

(91) 朝尾直弘「一六世紀後半の日本――統合された社会へ」（朝尾直弘他編『岩波講座　日本通史』十一、近世一、岩波書店、一九九三年、のち朝尾直弘『朝尾直弘著作集　第八巻　近世とはなにか』岩波書店、二〇〇四年に再録、本書での引用は『朝尾直弘著作集』による）二八五頁。

(92) 朝尾直弘編『週刊朝日百科61　日本の歴史　近世I―①泰平の世』（朝日新聞社、二〇〇三年、一九八七年発行の新訂増補版）「7―14」頁。

(93) なるほど血脈という点では、前掲註(6)山口「近世の公家身分」九五頁も「公家社会」を「規定」する「要素」の一つとして「出自＝家格・血縁」を挙げているが、同氏の関心は公家をとりまく別の制度的側面のほうにあり、山口氏が血脈の問題を掘り下げて検討しているわけではない。本章の検討は、公家の身分を論ずる場合、血脈の問題のほうがより本質的問題であることを示しているように思う。公家をとりまく官位制や昇殿制などは、公家の集団としての血脈を維持するための手段だったのではなかろうか。

なお、松澤克行「近世の公家社会」（大津透他編『岩波講座　日本歴史』十二、近世三、岩波書店、二〇一四年）五三頁は本章の初出論文について、「後水尾法皇の意向に基づき舟橋家の相続者が決められていることに注目し、公家の身分は氏姓・血脈の論理に基づき公家自身が決定していたのだとする主張である」としたうえで、「舟橋家の相続者決定に際して江戸幕府の関与が排除されたわけではなかった。誰が公家であるのかを決めるに際しては、公家側の意思だけでは完結しなかったのである」と批判する。しかし、筆者は舟橋家の相続が後水尾法皇の意向のみで決まっているとは一言も述べていないし、また幕府の関与があったという当然の議論をしているわけではない。そして、松澤氏の引用する「「中院通茂日記」寛文一二年四月一五日条」（五三頁）も筆者は引用している。その後、同氏は前掲論文の五三頁～五五頁で醍醐冬基と西四辻公碩の家取立の例を引いて自説を主張するが、家を立てる前の冬基と公碩がすでに生身の人間として公家と認識される理由は何かが重要なのである。

第二章　領主としての公家と家綱政権

近世の公家領の多くは山城国北部に相給知行の形で散在している。[1]橋本政宣氏は各公家領の分布状況と知行高を概観し、各公家領が「将軍家の判物・朱印状によって保証された」こと、「原則として各家・各門跡寺院の直支配」で、「全体的にいえば高免」であったことを解明してきた。[2]また、井ケ田良治氏は乙訓郡内の公家領支配の実態を年貢収納や裁判権行使の実態から分析し、公家領における収奪の過酷さと領主支配・財政の限界を指摘して、幕末期の公家領支配の解体と崩壊を展望している。[3]

一方、それら公家領の多くが所在する山城国は、いうまでもなく畿内を構成する一国である。近世の畿内支配構造をめぐる研究史は、「畿内における特殊な封建制」を指摘した安岡重明氏の「非領国」論[4]の批判的継承としての側面を有している。

すなわち、畿内の独自性を「非領国」か「幕府領国」かで論ずることをよしとせず、「「領主制」だけでは畿内の地域編成が捉えられない」とした藪田貫氏の「支配国」論はその代表例であり、[5]同氏は脇田修氏が「近世知行の本質」について「国家支配権の下部への分割委任」とそこでの「領主的所有そのものの否定」を指摘したこと[6]を手がかりに、「支配国」という歴史用語に注目して畿内の地域支配編成原理にせまった。さらに、水本邦彦氏は「従来の幕藩体制論は、意識的、無意識的に、封建領主制論の影響を強く受けながら、幕府と藩の組み合わせから近世国制論を組み立てていたため、そこでは、畿内・近国や関八州などの、いわば零細領主地域は、領域を形成しない特殊地域として宙に浮いていた」と指摘し、「零細領主地域」の「畿内・近国的構造」を「領主的側面と国家的側面」が「分離し、かつ奉行の行政が領主制を覆っている」と把握して、「近世王権の形成が、領主制の原理の否定ないしは形骸化を通じて上から一挙に行われたことに注目するならば、領主制論に立脚して近世国家論、近世国制史を組み立てることには疑問が生じ」ると述べ、「この地域が、関八州と並び、公儀権力〈近世王権〉を政治的・経済的に担保する基幹的地域であることを考えた時、これらの地域においてこそ近世的国制の到達点が見えやすい形で顕在化している」とし、「〈方法としての畿内・近国〉という視角」を提起した。(7)いわば、領主制の否定策と見るか形骸化策と見るかの程度の差こそあれ、また近年「領主制の再評価」が行われているとしても、(8)近世の畿内支配編成原理については領主制のみで論ずることができないという点では一致してきたということだろう。

その領主制の評価とも関連するが、藪田氏は畿内で「国家支配権の下部への分割委任」が「大名権力という形ではなく、「支配国」という形態をとった」原因について「畿内近国に旗本領、役職大名領――「在京賄料」の系譜をひく――および公家・寺社など非武家所領が集中的に存在する事実は重要である。それらの存在は、藩領国のように給人を大名家臣団に編成するかたちでの支配権の吸収を困難にする。それを断行するためには、所領転換か俸禄制への切り換え以外に、手段はないだろう。ところが現実には、そのような事態は生れなかった。よしんば可能性があったとしても、多数の公家・寺社領の存在が最後の障害として残ったにちがいない」からだと説明している。(9)すなわち、同氏は近世畿内の支配編成原理として幕府が「支配国」を選択した原因の一つに公家領の存在を挙げており、幕府による公家領の「所領転換か俸禄制への切り換え」の困難を指摘しているのである。

しかし、藪田氏は山城国の公家領と公家領主の実態を分析しているわけではなく、その立論は摂津国・河内国が対象である。また、水本氏も山城国の「零細領主」の実態から議論を組み立てているわけではない。

不思議なことに、幕府の畿内支配を取り扱った従来の諸研究においては、畿内の所領構成の特徴の一つでかつ山城国自体の特徴でもある公家領が明確な形で位置づけられておらず、公家領の存在は半ば自明のことのように扱われ、肝心の公家の領主意識や幕府の公家領に対する認識も不明のままなのである。

このような状況の背景としては、公家領自体の研究が進展しておらず、それらが主として近世後期を対象に、公家領の零細状況と領主としての公家の能力の限界を指摘するのみで、公家領の存在と領主としての公家を積極的に評価してこなかったことがある(10)。また、地方史料や公家領主側の史料の残存状況にも限界があり、研究対象時期が近世後期にかたよった原因も、おそらくそのあたりにあるものと思われる。

だが、藪田説などをふまえ、幕府の畿内支配編成原理を説明するならば、はたして幕府は畿内で「所領転換か俸禄制への切り換え(11)」を本当に行えなかったのかを検証しなければならないはずであり、その一端にせまるためには、幕府と公家の知行所をめぐる認識とともに、近世を通じ限界を有しながらも公家が領主として存続した背景の解明を進める必要があるのではなかろうか。

ある程度制度が硬直化した段階のみを見て議論・評価しても物事の本質は捉えられない。いま研究史的に求められていることは、公家領の存在とその変遷の有無や領主としての公家の性格を歴史的に評価するためにも、近世前期の公家領を研究対象とし、それへの幕府の認識を解明することであり、そのような研究を可能とする史料的・方法的工夫である。もしそれが可能となれば、従来の畿内支配論や公家領の研究のみならず、近年取り組まれつつある幕府上方支配機構の研究(12)などにもある程度の貢献をすることが可能となるかもしれない。小倉宗氏によれば、「江戸幕府の上方支配機構については、従来、①慶長・元和期の国奉行、②寛永期の上方八人衆、③寛文期における京都町奉行の成立、④元禄期における伏見・堺奉行の一時廃止、⑤享保期の国分けなど、享保期以前における各段階の状況を中心に明らかにされてきた[13]」一方、「所司代や京都町奉行など、京都を中心とする幕府の支配機構については十分な検討がなされておらず[14]」、「所司代や京都町奉行といった京都を中心とする支配機構、および、京都や大坂の機構と江戸との関係については、基本的なことがらさえもほとんど明らかにされてこなかった。こうした状況のもとでは、京都の機構や江戸との関係について全面的に検討するとともに、大坂の機構についてもあらためて検証し、上方の支配機構を総合的に解明することが必要である[15]」という。

そこで本章は、延宝二年（一六七四）四月に発生した山城国の大洪水とそこで被災した公家領の復旧過程に注目する[16]。この大洪水は公家領に壊滅的打撃を与え、おびただしい数の知行所を水損させた。前述のように公家領は相給地であることが多く、一村が水損した場合、その被害は一家に止まるものではなかった。のちに見るように生活基盤である知行所の水損は、被災公家の生活不安に直結したが、歴史的事実としては災害のたびに知行所は幕府によって復旧され、近世を通じ、公家と公家領は存続してきたのであった。本章は、その被災した公家領のうち同国紀伊郡石原村の清閑寺家・坊城家・鷲尾家・竹屋家・難波家・滋野井家の各知行所の復旧過程について、幕府上方支配機構と領主としての公家の動向に注目しながら解明し、幕府の公家領をめぐる認識と公家の領主意識の一端にせまりたい。

第一節　延宝二年の山城国大洪水と同国紀伊郡石原村の公家領主

まず確認しておきたいことは、近世前期の公家領を研究対象とし、かつ公家領をめぐる幕府と公家領主の認識を析出することは、従来の地方史料のみを用いた方法では困難だということである。本節では、かつて大屋敷佳子氏が公表した論文「幕藩制国家における武家伝奏の機能（二）[17]」の「第二章　京都・畿内近国の領域支配」に学び、当該テーマでの研究に際しての新たな史料の使用方法を提案しておきたい。

大屋敷氏は、武家伝奏徳大寺実堅の天保十五年・弘化元年（一八四四）の記録を用い、公家の領主支配をめぐる幕府上方支配機構と武家伝奏との関係について、複数の村々をまたぐ知行所での普請案件と年貢未進案件をめぐり、幕府上方支配機構と武家伝奏・公家領主・村落がどのような手続きで処理に臨んでいるかを解明し、その中で普請案件については「村から直接京都町奉行に普請等の許可を願い出、京都町奉行が、禁裏附・武家伝奏を通じて領主である公家に確認をとった上で許可を与える」という手続きがとられていたこと、その際には「村から直接地頭（公家領主――引用者註）へ既に申し出があった」ケースもあったことを指摘している(18)。

また、年貢未進案件では「まず公家領主から、知行所何処の百姓某が年貢米（代銀）を納めないので」年貢納入を命ずるとともに武家へも伝えるよう「武家伝奏へ願い出」て「京都所司代は、公家所領の年貢問題解決の最終的確認を行なうが、実質的な訴えの調査吟味・裁許処理を行なうのは、所司代の命を受けた京都町奉行であった」ことを指摘し、「京都町奉行は、公家の所領支配に年貢の面からも大きく介入していた」こと、「相給で散在させられた公家所領のあり方が、武家方の介入を招く要素のひとつだったこと」を述べ、「京都町奉行を中心とする武家方は、公家の所領支配、経済活動に様々な面で関与し、一定の枠をはめようとしていたが、その場合の種々の指示・連絡が、公家側へ直接伝えられるのではなく、禁裏附・武家伝奏を通じてなされたこと」を指摘している(19)。

これらの事実は、まさに知行所と幕府上方支配機構の間を取り次いだ武家伝奏の記録を用いたからこそ解明されたことであり、ほかの武家伝奏の記録にも、公家領の支配をめぐるさまざまな事柄が記録されている可能性が高いのである。武家伝奏からの取次への幕府上方支配機構の対応に注目すれば、公家領をめぐる幕府の認識の一端にもせまることができ、公家領支配の実態を叙述しようとする際、武家伝奏の記録を用いた大屋敷氏の方法は再評価されて然るべきではなかろうか。事実、本章が取り上げる延宝二年（一六七四）についても、武家伝奏中院通茂の詳細な記録が遺されている。『中院通茂日記』は、大屋敷論文の扱った時代の約百七十年前のものである。本章の各節では、大屋敷氏の解明した公家領をめぐる天保・弘化期の幕府上方支配機構の対応との差異にも留意しつつ、『中院通茂日記』を中心に、延宝二年（一六七四）四月に発生した山城国の大洪水とそこで被災した公家領の復旧過程について、幕府上方支配機構および領主としての公家の動向に注目しながら順を追って跡づけていく。

さて、山城国は、延宝二年（一六七四）四月十日から降り続いた豪雨により、翌十一日には洪水に見舞われ、甚大な被害をうけた。『中院通茂日記』には次のように記される。以下、とくにことわらない場合は『中院通茂日記』からの引用による。

【史料1】(20)

此中雨天、昨日甚雨、至今日洪水、賀茂川堤所々切了、又堀川水出、三条橋中廿間斗落、依之、五条橋又危云々、後聞、丹波ヨリ桂川筋領地大小損云々、

豪雨により賀茂川の堤が決壊し、桂川筋の領地も水損したことが述べられているが、本章で取り上げる山城国紀伊郡石原村は桂川筋に所在し、石原村に知行所を有する公家領主たちは、延宝二年（一六七四）四月二十一日、武家伝奏の中院通茂に次のような出願をした。

【史料2】(21)

坊城大納言（後広、前脱カ）・清閑寺中納言（熙房）大納言代（共綱、前脱カ）・鷲尾宰相（隆尹）・竹屋前宰相（光久）・滋野井中将（実光）入来、於難波（宗量）所労云々、石原知行八十石宛有之、六人之外無本所云々、此度洪水、堤二百間餘破損、為河原為六人修理難申付、先二三ヶ年者難所務、既ニ百八十石之内迷惑也、所願若両三年以蔵米被下歟、若者知行所替等願、可沙汰之由也、得意了、

可被談合於日野(弘資)之由示了

これによれば、石原村の六名の公家領主は、今回の洪水により領内の堤が決壊したこと、二、三年は「所務」し難く、願わくばその間に蔵米を支給するか、もしくは「知行所替」を検討してほしい旨を武家伝奏に願い出た。その三日後の同年四月二十四日には次のような「口上之覚」が武家伝奏に提出されている。

【史料3[22]】

口上之覚

一、去(延宝二年四月)十一日当地洪水之時分、何茂家領之内、紀伊郡石原村高四百七拾壱石之所、悉就亡所、小身之輩別而及困窮候事

一、当座之水除、土俵竹木等用意、石原小村ニ候へハ、切候堤内外大分之事故、中〱難叶由申候、給人方小地故、可申付様も難成仕合ニ候事

一、田地公儀江被召上、普請等被仰付、本田成候迄ハ以御憐愍御蔵米歟、拝領仕度、念願ニ候、但者(ママ)取替被仰出、被下候者、猶以忝可存候事

(延宝二年)四月廿一日

清閑寺大納言(共綱、前脱カ)家領

一、百石ハ　一乗寺村

一、八十石ハ　石原村　今度水損

一、百二十石ハ　御蔵米ニ而拝領

都合三百石

坊城大納言(後広、前脱カ)家領

一、百石　一乗寺村
一、八拾石　石原村　今度水損
都合百八十石
鷲尾宰相(隆尹)家領
一、百石　一乗寺村
一、七十一石　石原村　今度水損
一、九石　今里村
都合百八十石
竹屋宰相(光久、前脱カ)家領
一、百石　一乗寺村
一、八十石　石原村　今度水損
都合百八十石
難波三位(宗量)家領
一、百石　一乗寺村
一、八十石　石原村　今度水損
一、百二十石　観音寺村
都合三百石
滋野井中将(実光)家領
一、百石　一乗寺村

一、八十石　　石原村　　今度水損

　　都合百八十石

公家らの口上の内容は、四月十一日の洪水によって石原村の知行所はことごとく「亡所」となって困窮していること、決壊した堤の応急措置についても対応できないこと、田地を公儀へ収公し、決壊した堤の普請を命じ、田地が回復するまで蔵米を支給するか、または知行所の「取替」が命じられればなおかたじけなく思うというものであり、六名の領主ごとに被害状況が書き上げられ、とくに石原村の知行所が「水損」と記載されていることがわかる。その後、六名の公家領主は同年五月二十三日に再び次のような「書付」を武家伝奏へ提出している。

【史料4】(23)

坊城・竹屋・難波（坊城俊広・竹屋光久・難波宗量）入来、石原村之事也、書付遣日野（弘資）云々、少々所存談了、自日野書付来了、

四月十一日（延宝二年）洪水ニ付損亡

紀伊郡石原村

高合四百七拾壱石　内

内

八十七石弐斗弐升弐（三）合ハ　　砂置

百拾九石三斗三升六合五勺ハ　　大荒

百七石六斗九升ハ　　永荒

百五拾五石七斗五升五合五勺ハ　　田畑流候残り

惣合四百七拾壱石

口上之覚

一、四月（延宝二年）十一日当地洪水之時分、家領之内、紀伊郡石原村高四百七拾一石之所大形成亡所候、当年者毛付曽
以難成候事

一、今度切候表大堤普請之儀者、従　公儀被仰付候由、且又従先規有来候裏堤、此度大分切申候故、為小地
之給人何共可申付様も無之、百姓中ゟ此裏堤於無之者、田畠仕付申事難成之由、達而訴詔申来候て迷惑
候間、是以従　公儀被仰付被下候様ニ存候事

一、田地之普請、本田ニ成候様、従　公儀被仰付被下候様ニ念願ニ候、樋之事ハ為六人何とて可申付候事

一、百姓中扶持方之儀、訴詔申ニ付、当座之補者遣候へ共、来年度迄百姓飢蝎（渇）之儀、難救事候間、是又従
公儀□（直カ）被下候様ニ希候事

一、当年者石原村皆無ニ候へハ、二百石ニも不及輩之分、別而致困窮候間、内四人者先当年御倉米ニ而拝借
申候様ニ御取成頼入候、此段永井伊賀守（尚庸）殿迄被仰可被下候事

まず石原村の被害状況が数値とともに示され、六名の陳情がさらに詳細なものとなって五ヶ条にわたり記されている。すなわち、①石原村が「亡所」となって当年の「毛付」は困難であること、②今回決壊した堤のうち表堤は公儀普請となるとのことであるが、裏堤も大きな損害を受けており、六名の公家領主では裏堤の普請を行うことができず、百姓からも裏堤がなければ田畑を仕つけることができないとの訴えがあることから、裏堤についても公儀普請としてほしいこと、[24]③田地の回復については公儀によって行ってほしいが、樋の修復は六名で行うつもりであること、④百姓の救済については、当面の救済は行うけれども、来年の救済までは難しく、これについても公儀より行ってほしいこと、⑤石原村の知行所が「皆無」となり、二百石未満の公家領主は困窮していることから、六名のうち四名（坊城・鷲尾・竹屋・滋野井）は「当年御倉米ニ而拝借」を希望するので、京都所司代への取りなしを頼みたいこと、の五点である。

このように一村の相給領主が協同で武家伝奏経由にて京都所司代へ陳情する事例が他村や他の水害案件でも確認できるのかどうかは今後の検討を期したいが、この三日後の五月二十六日、同じく武家伝奏の日野弘資から中院通茂に対し、坊城俊広と竹屋光久が五月二十五日に日野のもとへ「書付」を持参してきた旨の連絡があり、中院はその「書付」を一覧している。

【史料5】(25)

廿六日（延宝二年四月）、己丑、陰晴、自未刻至夜雨、自日野（弘資）使、昨日坊城（俊広）・竹屋（光久）書付持参、取替度之由也、然而昨日令見之了之由示之、然而被置之、被帰了、令見之由也

四月十一日（延宝二年）之洪水ニ而、家領之内、紀伊郡石原村高四百七十壱石之所、大形亡所成、少残地雖有之候、毛付曽以難成候、然者内四人ハ貳百石にも不足輩、別而及困窮候間、依御憐愍所替被　仰付、致拝領候様ニ御肝煎偏頼入候由、永井伊賀守（尚庸）殿江宜被　仰達可被下候

一覧返遣之　上包云　坊城前大納言（俊広）　鷲尾（隆尹）宰相　竹屋前宰相（光久）
滋野井中将（実光）

すなわち、坊城らが日野に提出した「書付」によれば、二百石未満の四名の要求は「当年御倉米ニ而拝借」から「所替」に変化したのである。このように今回の大洪水の被害をうけた公家領主の陳情は要求を転じながら数度におよんだが、いわゆる二百石におよばない公家である「小身之輩」とは当時どのような境遇に置かれていたのだろうか。次の史料は前出の六名とは別の公家たちが同年九月七日に中院へ提出した「書付」の内容である。

【史料6】(26)

入夜、葉室大納言（頼業、前脱カ）・油小路大納言（隆貞、前脱カ）・東園前大納言（基賢）・千種前中納言（有能）・花園前宰相（実満）入来、書付随身也、

一、先年勧修寺（経慶）・飛鳥井伝（雅章）　奏之時、諸家貳百石以下家領輩御加増之儀申達候処、爾今無御沙汰候故、少身

之面々六十余家不応分限、愁着古代衣服、朝参難成、其故連々令零落、少身輩習卑賤俗候間、御加増大望存候事

一、勧修寺・飛鳥井江申入候事、至当年十余年罷成候、其節於江戸御老中江被申入之由事

一、御加増之事者右六十余家之輩所領高貳百石ハ蔵入百石程、高百八拾石・高百五拾石・高百三拾石ハ蔵入八十石・六七十石程ニ候、物成五ツ之知行、高四百石宛ニ罷成候様ニ面々拝領仕度候、納米貳百石無之候而ハ家内之給分扶持方朝夕之雑用難相調候

一、朝衣　朝冠之躰、歩行難成候伝承候、小知行之武家衆馬不被持候由ニ候、出家衆乗物ならてハ出仕不成事ニ候、其故少身家内人数モ十五六人ヨリ内ハ難減少候、其上親族武家人旧好之者難見捨、似合介抱候故、別而嘆存事ニ候

一、近年炎上類火——（墨線引）——在前、仍略之

一、度々類火、指当文書・雑具等新調難成、用意迷惑仕候、毎度公武之恩沢ニ候処、人々小家普請仕無余力候

一、家別金子三百両頂戴之事、年々百両斗家々不足、為補少シ宛他借之処、所存之外、不返弁、其上利借等遅滞故、至今年普通、雖調、指当急用等ニモ欠闕、旁以頂戴所希候

一、当年水損、少身故別而難堪——（墨線引）——

一、水損之事、少身之領分故、不依多少難儀仕候事、年々諸町人台所雑用代物大分遅滞故、用事不承、少身別而指当難調候、伊賀守（永井尚庸）上京次第、被遂御相談、被救急候様ニ願存候

この「書付」によれば、①武家伝奏の勧修寺経慶・飛鳥井雅章の在任中、二百石におよばない公家への加増を申し達したが、今まで沙汰がないので、「少身之面々六十余家」は参内のための衣服も用意しがたく、加増を大

いに望んでいること、とくに手元に二百石は残らなければ生活していけず、「物成五ツ之知行」であれば、四百石の拝領が望ましいこと、②近年は火災も頻発しており（寛文十一年〈一六七一〉・寛文十三年〈一六七三〉の火災を指すか）、生活は困難を極めていること、③さらに延宝二年（一六七四）の水損によって生活に難儀して、町人への支払も滞り、町人が公家たちの用を請けず、「少身」は生活が調い難くなっており、京都所司代に救済を相談してほしいこと、の三点が記されている。

ここからは、延宝期の公家領主が、もともとの生活費用の困窮に加え、火災と水害という不可抗力によってさらに追い詰められている様子が看取される。幕府は新家に対しても知行所を給付するなどしてきたことが山口和夫氏によって解明されており[27]、幕府が無策であったわけではないが、延宝期の公家は生活水準維持の最低条件として手元に二百石は残したいと主張し、まして知行高ですらその二百石におよばない公家は「小身（少身）之輩」であるという観念を保持していたらしいことを新たに指摘しておきたい。

第二節　延宝二年の公家領水損をめぐる幕府上方支配機構の対応

これまでみたように、水損を被った公家領主は武家伝奏に対し、数度にわたり申し入れと陳情を繰り返した。これに対し、武家伝奏と幕府は静観していたわけではなく、対応の様子は同年四月二十四日から確認できる。

【史料7[28]】

自石谷長門守（武清）状

先刻者江戸へ之貴簡被遣候、慥相達可申候、然者先日被成御意候堂上方御領知損申候御方々御所幷御知行之内、何村如何程損申候哉、御書付被遊可申下候、少承度奉存候、江戸へ申遣候儀者、先日も申上候通、不遅儀ニ御座候、其上地方之儀ニ而も御座候間、前田安芸守（直勝）迄被仰聞能も可有御座候哉、何之通にも不慥

儀奉存候、明日御参　内被遊候ハヽ、可奉得貴意候、以上

四月廿四日（延宝二年）　　石谷長門守

中院様（通茂）

すなわち、中院は禁裏附石谷武清からの書状を書き留めているが、それによれば、禁裏附は被害の状況を詳細に記した「書付」を求めているものの、江戸へ申し遣わすことは「不遅儀ニ御座候」との認識も示しており、ただちに江戸へ報知することはしない姿勢で、公家領のことは「地方之儀」であることから、京都町奉行の前田直勝にも伝えるほうがよいのではないかと述べ、翌二十五日に中院が参内した際に話をしたい旨を申し添えている。その翌二十五日の石谷と中院とのやりとりが次の史料である。

【史料8】(29)

廿五日（延宝二年四月）、晴、長谷参宮事申遣伊州（永井尚庸）、留主、今日当座和歌御会也、祇候、逢石谷長門守（武清）、石原村之事、地方之事也、可談安芸守（前田直勝）之由也、（以下略）

四月二十五日にも、石谷は中院に対し、二十四日の書状と同様、石原村のことは「地方之事」であるとの認識を示し、京都町奉行の前田に談ずるべきであると話したようである。この禁裏附の助言をうけ、中院は史料9にあるように翌二十六日、同役の日野と相談の上、禁裏附に提出していた「書付」を取り戻して京都町奉行に転送した。この「書付」の内容は判然としない。おそらく史料7での禁裏附の求めに応じて史料3などを元に武家伝奏が作成したものと思われるが、そこへもたらされた京都町奉行の返答は意外なものであった。

【史料9】(30)

帰路立寄日野（弘資）、（中略）、石原村之事申遣安芸守（前田直勝）之事、相談了、帰宅、石原村書付取返自長門守（石谷武清）取返之、遣之安芸守之処、日野使相副云々、堂上方之義不知之由返答也、

（後略）

なんと京都町奉行の前田は「堂上方之義不知之由」を返答してきたというのである。さきに禁裏附は石原村の案件が「地方之儀」であるから京都町奉行に相談せよとしていたが、京都町奉行は今回の件は「堂上方之義」であるとの認識を示し、したがってみずからの所掌ではなく、「不知」と述べた。この京都町奉行の発言をどのように理解すればよいのだろうか。大屋敷論文における近世後期の京都町奉行の権能を評価するうえでも重要な点である。

この点について、次の史料は、「石原村の案件は「堂上方之義」である」とした京都町奉行の発言の真意をうかがわせてくれる。

【史料10】[31]

（延宝二年五月）二日、乙丑、陰、入夜甚雨、石谷長門守、昨日依契約石原村之書付送於石谷長門守（武清）之処、則入来、談云、昨日向安芸守（前田直勝）、雖談此事、雖地方之事、兎角不可申之由云々、就其、安芸守・長門守所存相談之趣被談之、此事、継飛脚之次如此之書付厳義ニ遣候事、是風如何、不急事也、八月伊賀守（永井尚庸）上洛以後、両伝（中院通茂・日野弘資）奏物語可然歟、於蔵米者三ツ半歟、於相定者可後悔歟、雖替地不可勝最前之地、且於武家者、雖少身不及沙汰之事也、百姓まいる食無之事者、先其分斗唯今申之、地形之義今日之沙汰可然歟之由也、仍然と不被申於日野之由示了、（以下略）

この史料には、五月に入り、禁裏附と京都町奉行が協議した内容が記録されている。それによれば、京都町奉行は石原村の件について「禁裏附は「地方之事」だというけれども、これを江戸へ申し立てるべきではない」と述べたといい、その後に両名が相談した結果の京都町奉行と禁裏附の所見は「このような「書付」を継飛脚のついでに「厳義ニ」江戸へ遣わすという手法はいかがなものか。急ぐことではなく、京都所司代の帰洛を待って、武家伝奏から京都所司代に話す方法がよいのではないか。蔵米支給となれば、支給基準は「三ツ半」だろうが、その基準が確定してしまうと、公家たちがかえって後悔することになるのではないか。また「替地」といえども、元の知行所よりも良くなることはない。武家ならば「少身」といえども取り計らわれることはない。百姓の食糧が不足しているのならば、まずはその分についてのみ江戸へ申すべきである。「地形之義」とは「今日之沙汰」であるべきである」というものであった。

この内容から、史料9で武家伝奏が禁裏附から取り戻して京都町奉行へ転送した「書付」には、石原村の被災状況のみならず、その被災した知行所の代替措置としての蔵米支給か所替を望む公家領主たちの要求も記されていたことがわかる。それに対し、禁裏附と京都町奉行は、「地方之儀」とはそのような領地宛行までを沙汰することではなく、あくまでも百姓の救済など「今日之沙汰」の範囲内であるべきだという認識・定義を示した。だから京都町奉行は、今回の一件について「今日之沙汰」を超える公家領の進退を含むことであるから「堂上方之義」であると述べたのである。被災した知行所の代替措置の検討は京都町奉行の職掌ではなかった。

では、石原村が水損したとして、それがもはや復旧不可能であるか否かの検討と、復旧不可能な場合の対応については、いったいどの機関がいかなる形で対応するのだろうか。次の史料は、その点を考える材料となるものである。

【史料11】(32)

（延宝二年五月）廿三日、丙戌、陰、入夜雨、至翌朝不止、石谷長門守（武清）口上書来、

以手紙奉啓上候、昨日申上候通、桂川筋石原村御取被成候御衆中御家来衆、今日中ニ五味藤九郎（豊旨）所へ被参候様ニ仕度与只今申越候、明日天気次第、右之場所へ見分ニ可罷出由申越候、為其申上候

一、昨日申上候堂上方御領知水損之所々、急度御聞不被遊様、私心得迄ニ承置申度奉存候、くとき申上

様ニ御座候得共、昨日茂申上候通、急度無御座候様、弥御聞届被遊可被下候、不急御事ニ御座候

一、前廉水損ニ付、御家領之替地御請取被成候御方も御座候哉、前廉も申上候得共、左様之御衆も御座候哉、承度奉存、切紙之次而申上事ニ御座候、以上

五月廿三日　　石谷長門守

日野(弘資)様

中院(通茂)様

（以下略）

これによれば、五月二十三日に禁裏附の石谷から武家伝奏の中院に「口上書」が届けられており、そこでは石原村で水損した公家領主の家来を京都代官の五味豊旨のもとへ参集させるよう案内がされるとともに、あくまでも禁裏附の意見として、知行所水損の取り扱い方については急がないよう念が押され、過去の水損で「御家領之替地」を請けた例があるのかどうかを承りたい旨が述べられている。水損した知行所をどのように取り扱うかについては、禁裏附と京都代官で慎重に検討する姿勢が示されており、そのことは次の史料からもうかがわれよう。

【史料12[33]】

廿八日(延宝二年五月)、辛卯、雨、午後参　内、逢長門守(石谷武清)、日野(弘資)先刻参　内、石原村訴詔之事、後書付事被申、兎角先藤九郎(五味豊旨)見分之後、沙汰可然歟之由也、（以下略）

すなわち、禁裏附は、公家の「石原村訴詔之事」は「兎角先藤九郎(五味豊旨)見分之後」に沙汰されるべきことだとし、何よりも京都代官による「見分」を重視しているのである。そして、その京都代官の「見分」の結果は次のようなものであった。

【史料13[34]】

廿日（延宝二年五月）、晴陰、時々雨、未刻許甚雨、雷鳴、石谷長門守（武清）入来、談云、石原村廿六日（延宝二年五月）藤九郎（五味豊旨）行向算之処、坊城（俊広）以下書付分も多損云々、当年可為皆無歟、然而不被見分之由申之、給人五年以来物成書付可給之由示日野（弘資）云々、
又清閑寺（共綱・熈房）・難波（宗量）等如何之由被尋了、（以下略）

京都代官が五月二十六日に石原村へ「行向」い「算」じたところでは、石原村は「当年可為皆無歟」という状況であり、したがって五味は「見分」しなかった。すなわち、京都代官が「見分」しようにもできない被災状況であったということであり、延宝二年（一六七四）の水害がいかに甚大であったかがうかがわれる。事実、幕府は同年の水害をうけ、幕領・私領の被災状況を「見分」するために目付の岡部勝重らを派遣したが、(35)その「見分」は次のように公家領をも対象とするものであり、八月十七日には「見分」のための「水損堤絵図之事」を調えるよう武家伝奏から各公家領主たちに触れることが検討された。

【史料14】(36)

参　内、逢長門守（石谷武清）、水損堤絵図之事、書付被見之、請取了、与日野（弘資）相談、可相触之由示合了

（中略）

口上之覚

当夏洪水ニ付、為見分岡部左近（勝重）幷細井善右衛門（政次）・本多新五兵衛（政興）上京、先摂州・河州、大川表只今巡見、皮（彼カ、ママ）地仕廻候而、山城御領所之分被致見分候、其次而ニ私領方茂見分可有之候、就夫、御領損所者絵図仕立申候、左候ハヽ、私領方茂絵図被仕立にて可有御座候、諸門主・本所方・公家衆領堤川除損所有之所者随（注）〻絵図、右三人衆巡見之節相渡り可然様ニ存候、賀茂・高野・桂・紙屋川・宇治・木津右諸川辺、堤内之公家衆領餘多入組有之由ニ候、絵図仕立様ニ入組候へハ、五味藤九郎（豊旨）方へ右之面々ニより被仰達候得者、相調申儀ニ御座候、其外山川ニ至迄、大破之所者絵図出来可然候、其段、藤九郎（五味豊旨）へも申談候間、右之趣、伝　奏衆へ御相

談被成、追付絵図出来候様ニ可被成候事

別紙

絵図仕様之儀、見分衆巡見之上、壱枚絵図ニ仕立被申候間、面々より仕候下絵図ハ軽ク可然候

一、本堤ハ黒ク

一、川ハ青ク

一、道ハ赤ク

一、今度洪水ニ而切口ハ黄色ニ

右之通、絵図品々仕立候様ニ与御領私領江相触申候事

この武家伝奏から公家衆への「水損堤絵図之事」に関する触は、次の史料にあるように八月二十日には出された模様であり、その旨が武家伝奏からの使者によって京都代官へ報告されている。

【史料15[37]】

廿日（延宝二年八月）、辛亥、晴、今朝遣使於五味藤九郎（豊旨）、水損堤之事相触了、入組之処、定而可申来之間、宜様沙汰頼入之由申遣了、（中略）

藤九郎返答、於川筋者自　公義絵図了、私領堤内損亡之事可書付之由云々、又参安芸守（前田直勝）、相触之義申云々

武家伝奏の報告に対する京都代官の返答では、川筋の絵図は公儀から用意するので、「水損堤絵図之事」には「私領堤内損亡之事」を書きつけるよう指示されているが、その後、武家伝奏は京都町奉行の前田直勝にも触の件を申し遣わしている。ここでようやく京都町奉行が再登場するのであるが、京都町奉行と武家伝奏との折衝は、次にもあるように「水損堤」の件に限られているようである。

【史料16[38]】

巳刻参　内、逢石谷長門守（武清）、談云、逢安芸守（前田直勝）之処、今度水損堤出来、自公義被申付歟、又随知行高被割分之歟、不定之間、其旨連々可申伝之由云々、（以下略）

すなわち、中院は八月二十一日に参内して禁裏附と話をしているが、禁裏附は京都町奉行の話として、今回の「水損堤」については公儀普請となるか知行高割となるかは「不定」であるので、その旨を公家衆にも申し伝えるようにと述べている[39]。京都町奉行の職掌は、水損した知行所の今後の取り扱いのことではなく、あくまでも水害により発生した堤の破損修復の実現や百姓の困窮対策が主であったと推測される。

それでは、五月二十六日の京都代官の「算」をうけ、もはや石原村の知行所が「見分」できないほど水損していることが明らかとなって以降、その後の対応策はどのように決定されたのだろうか。次の史料によれば、前述の「小身之輩」四名による蔵米支給か所替かの要望は七月までに武家伝奏から京都所司代に伝えられた模様であり、慎重姿勢であった禁裏附も、京都代官の所見をうけて江戸にいる京都所司代へ報告することを了承したものと思われる。中院は、その京都所司代からの返書を書き留めている。

【史料17[40]】

貴翰致拝見候、然者坊城前大納言殿（俊広）・鷲尾宰相殿（隆尹）・竹屋宰相殿（光久、前脱カ）・滋野井中将殿（実光）領知石原村、（延宝二年）四月十一日之洪水ニ荒申候付、御蔵米ニ御替有度由、御願之通被仰越候、則老中江も申達候処、右之御衆御家領不残御蔵米ニ御替被成度候ハヽ、重而可被仰聞候、相調可申候、石原村斗御蔵米ニ御替、一乗寺村者其儘地方ニ而被差置、悪敷所斗御替有度との儀ニてハ、爰元之衆なとも相済不申例ニ御座候、堂上方之御衆ニても調置可申様ニ何茂挨拶ニ御座候間、今一往御尋様子可被仰聞候、猶又慈光寺冬仲極﨟領之知行、土御門泰福江庶務仕候様ニ被渡候而可然哉と思召候間、証文可遣由被仰越候、則相調進之候間、御届可被成候、恐惶謹言

（延宝二年）七月九日　　永井（尚庸）――（墨線引）

日野前大納言殿（弘資）
中院前大納言殿（通茂）

京都所司代の永井尚庸の返書からは、興味深いことが判明する。すなわち、坊城ら四名の要望が京都所司代から老中へ伝えられたところ、老中の見解は、四名の各知行所について、残らずすべてを蔵米に切り替えたいのならば調えるので仰せ聞かせてほしい、しかし石原村分だけを蔵米とし、一乗寺村分を地方知行のまま残して悪い知行所だけを蔵米化することは江戸の例にはなく、「堂上方之御衆」も例外ではないとのことなので、いま一度四名の意向を確認してほしいというものであった。そこでは、知行所の部分的な蔵米化は認められない方針がはっきりと打ち出されており、領主は蔵米支給か地方知行かを明確に選択せねばならないという延宝期の幕府による原則が示された。このことは、京都所司代が帰洛してからより一層明確に述べられる。十月二日、武家伝奏の中院は同役の日野とともに永井尚庸と会談し、永井から次のように伝えられている。

【史料18】(41)

巳刻、向日野（弘資）、同道、向伊賀守（永井尚庸）、言談

（中略）

一、石原村之事、所替之事、一向不叶願也、好君伏見殿内義（伏見宮貞致親王妃）御訴訟、従女院（東福門院）雖被仰入、不調之、以蔵米被替之、於江戸者三半成之通也、於上方者人々令才覚之、可為四ツ成、於好君者御別段為五ツ之由被語之、残一所而一所蔵米望之事、不可叶也、於悉者可叶之由也、然而所望蔵米之後、又地方望之事、難叶事也云々、

（後略）

まず石原村の「所替」は一切認められないことが告げられ、伏見宮貞致親王妃が東福門院を通じ同様の「御訴

訟」をしたが、それはうまくいかずに蔵米支給となったとあり、そのうえで延宝期段階の江戸と上方の蔵米支給基準が明示されている。享保期以前の基準は、従来の研究では不明であった(42)。永井によれば、江戸では「三半成」であるが（史料10の禁裏附と京都町奉行の発言も参照のこと）、上方は「四ツ成」で、とくに伏見宮貞致親王妃は「御別段為五ツ之由」とされている。これらの基準が、京都所司代の発言として明記されていることが重要である。

そして、一所を地方知行として残して一所を蔵米化することは叶わず、知行所をことごとく蔵米化することは可能である旨が再び強調され、また蔵米化を望んだ後に地方知行を望むことはできないとしている。このように京都所司代から明確でかつ動かしがたい選択肢が示されて以降、坊城・鷲尾・竹屋・滋野井の四名はいかなる対応をとったのだろうか。同じ十月二日、竹屋が武家伝奏の中院を訪ね、次のような意向を表明した。

【史料19(43)】

竹屋宰相（光久、前脱カ）入来、参　女院（東福門院）之処、御使之事被仰出、依病気御理中入之由也、此次、知行当年及難義之間、一乗寺・石原村者御蔵米可拝領之由也

すなわち、延宝二年（一六七四）の知行は難儀に及んでいることから、一乗寺村・石原村の知行所をともに蔵米化することを望んだのである。それでは、他の者はどのような判断をしたのだろうか。三日後の十月五日、竹屋のほか、坊城・鷲尾の両名がそれぞれの意向を表明しているので、見てみよう。

【史料20(44)】

坊城亜相（俊広、前脱カ）・竹屋宰相（光久、前脱カ）入来、石原村之事、坊城所望領地返上之事、如何之由存之間、蔵米之願者可閣之由也、竹屋弥先日之通、蔵米之事頼入之由也、参　内留主之間、鷲尾（隆尹）入来、石原村之事、所存与坊城同前之由也

坊城は「領地返上之事」を「如何之由」と思い、蔵米化を願わないとしている。鷲尾も坊城と同意見とのことで、ここに知行所のすべてを蔵米化する竹屋と、蔵米化して「領地返上」となることに抵抗を感じ、蔵米化を思

いとどまる坊城・鷲尾とに対応が二分されたのである。残念ながら滋野井の対応は管見の限り不明である。知行所をすべて蔵米支給に切り替えたいという竹屋の意向は、次の史料のとおり、十月三十日に武家伝奏から京都所司代へと伝えられた。

【史料21】(45)

卅日（延宝二年十月）、庚申、雨、遣使伊賀守（永井尚庸）

口上之覚

当夏洪水之節、石原村損亡ニ付、竹屋宰相（光久、前脱カ）儀者為自分普請も難成被存候間、一乗院（寺）村指副、惣家領高百八拾石指上、御蔵米ニ而拝領被仕度由願被申候間、申入候、以上

十月晦日　中院前大納言（通茂）
日野前大納言（弘資）

永井伊賀守（尚庸）殿

そして、十一月十四日、次の史料にあるように、京都所司代から武家伝奏に対し、竹屋の知行所の蔵米化を認める京都所司代宛の老中奉書が示され、蔵米が二条御蔵より支給されることと、竹屋の知行所二ヶ村を京都代官へ引き渡すべきことが告げられた。

【史料22】(46)

十四日（延宝二年十一月）、甲戌、晴、自伊賀守（永井尚庸）使

（中略）

口上之覚

竹屋宰相（光久、前脱カ）殿領地山城国石原村・一乗寺村両所ニ而高百八拾石之事、当夏洪水之節損亡ニ付、御切米ニ被替

度由、願之通先頃被仰聞候、其趣言上之処、御替被遣候由申来候間、可被仰達候、我等方へ之奉書入御披見候

一、御蔵米之義、於二条御蔵相渡申様ニ与申来候間、其御心得候様可被仰達候、手形調持、二条御蔵衆与竹屋殿家来衆御相談、調持参候様ニ可被仰達候、我等可致裏判候

一、竹屋殿被差上候右二村、五味藤九郎（豊旨）ニ被相渡候様ニ可被仰達候、竹屋殿家来衆藤九郎（五味豊旨）方へ案内有之候様ニ可被仰渡候、以上

永井伊賀守（尚庸）

（延宝二年）十一月十四日

日野前大納言（弘資）殿

中院前大納言（通茂）殿

猶以伝　奏衆口上書令返上候

山城国石原村・一乗寺村之内、竹屋宰相知行、当夏洪水之節損亡付而、御切米被替度由願之由、及　高聴ニ候処、被替下候、則証文調、被遣候、右之趣、伝　奏衆迄可被申入候、恐々謹言

（延宝二年）十一月九日

阿部播磨守（正能）

土屋但馬守（数直）

久世大和守（広之）

稲葉美濃守（正則）

酒井雅楽頭（忠清）

永井伊賀守殿

このように竹屋は知行所を全面放棄して、水害からの復旧も目指さず、蔵米取となることを選択した。京都代

官に引き渡された知行所は、その後どのようになったのだろうか。また竹屋家の知行は、史料18で京都所司代が述べたように、蔵米のまま地方知行に復すことは一切なかったのだろうか。次の史料は、京都代官に引き渡された後の石原村の状況を示す元禄十一年（一六九八）の今宮神社の『知行所改覚帳』の一節である。

【史料23[47]】

一、知行所五拾年以来拝領、或は所替有之御方、其村五拾年以来之新田ニ候ハヽ、可レ被二仰聞一候。

右御書付之趣奉二承知一候。弐拾五年以前延宝弐寅年洪水ニ堤切、領分荒地ニ罷成申候ニ付、竹屋様御家領右高八拾石之分、御公儀様え御上ケ被レ成、御蔵所ニ罷成、御代官五味藤九郎（豊旨）様御支配ニ御座候処、延宝六午年御検地被レ為二仰付一、右高八拾石之内川成地無高御捨被レ成、新高六拾九石壱斗五升七合之内、右之通今宮御社領ニ相渡り申候。相残四石七斗四升之分富小路様御方領、但シ古検高ニ而相渡申候事。

これによれば、石原村は幕領となって後、延宝検地を経て今宮社領と富小路家の方領となったことがわかるが、富小路家方領は古検高が適用されたという。この事実をふまえると、そのまま竹屋家の知行所として維持し、坊城家などが選択したように竹屋家の下で同所の回復を図る方法もあり得たと思うが、竹屋家は、すでにみたように延宝二年（一六七四）に蔵米取となることを選択した。ところが、国立公文書館所蔵の『徳川家判物幷朱黒印』七（写真6）[48]からは、竹屋家が貞享二年（一六八五）に山城国葛野郡川嶋村で百八十石を与えられ、再び地方知行となり、しかも所替されていたことが判明する。

ここで想起されることは、知行所をすべて蔵米化することを「領地返上」と捉え、それに抵抗感を覚えていた坊城家と鷲尾家の対応である。困窮する公家の立場に立てば、蔵米取は年ごとの収納率に左右されず、確実に収入が保たれる便利な手法と思われるが、必ずしも当時の公家はそのような発想ではなかったということであり、いちど蔵米化した知行を再びすべて地方知行に直すことを幕府に願うなどした竹屋家の動きの背景には、史料2

山城國葛野郡川嶋村内
百八拾石事令収納永不可
相違之状如件
貞享二年六月十一日
竹屋前宰相殿

写真６　『徳川家判物幷朱黒印』７（国立公文書館所蔵）

でもあったように、あくまでも蔵米取は「両三年」の臨時的措置だという認識と、みずからはもはや権門ではないものの[49]、地方知行こそが領主の姿であるとの意識が存在したのかもしれない。

ここで重要なことは、地方知行を選択するか、蔵米取を選択するかはあくまでも領主である公家の判断に任されていたということである。しかも、延宝期に蔵米取を選択したはずの竹屋家は、史料18の京都所司代の発言に相違して、貞享期には地方知行に復した上に所替まで実現させており、公家領は藪田説の指摘するほどに不動のものではなかった可能性がある。不動に近かったとすれば、それは実際の運用の問題であったろう。

そして、公家を蔵米取とする場合、幕府は支給基準を明示しており、公家は大抵二、三ヶ村にまたがって知行所を得ているが、ある公家について一村が水損をうけたものの、他の一村は無事であったという場合、幕府は一村のみを蔵米取とし、無事であった村を引きつづき地方知行とすることは認めなかった。すなわち、もしある公家が蔵米取を選択するならば、その家は無事であった村の知行所もいったんすべて幕府へ返納して蔵米取に切り替えねばならなかった。これは、老中と京都所司代の発言によれば、江戸における武家の例に配慮してのことであり、「堂上方之御衆」も例外ではないという方針があったからである。

また、蔵米取を選択した場合の延宝期段階の給付基準も京都所司代の発言から明らかとなったが、江戸では「三半成」で、上方は「四ツ成」であった。これらは従来不明であった数字であり、旗本知行を対象とした鈴木壽氏の研究で示された数字とほぼ同様であることから[50]、公家領も旗本領に準じた取り扱いがなされていたことを推測させる重要な数字である。

したがって、近世における公家は、前章の分析によれば、武家も依拠する「氏姓」の淵源として、「外聞」から身を守りつつ、古代・中世以来の血脈の維持・標榜を追求した（させられた）血縁的身分共同体の構成員であったといえようが、本章の分析をふまえると、その公家は、一権門の実質を失いながらも、依然領主として地方知行に極力こだわっており、格としては幕府から旗本に準ずる格の維持を許されつつ存続した領主でもあった。いわば公家は、幕府から領知宛行を通じて旗本に準ずる存在として把握されていたのであり、幕府が公家を領主として存続させつづけたことの意味も、そのあたりにあったものと思われる。

（1）　藪田貫「近世畿内所領構成の特質――「畿内非領国」論の意義と課題にふれて――」（『ヒストリア』第七三号、一九七六年十二月）。
（2）　橋本政宣「江戸時代の禁裏御料と公家領」（『歴史と地理　日本史の研究』第二七九号、一九七八年十二月、のち同『近世公家社会の研究』吉川弘文館、二〇〇二年に再録、本書での引用は『近世公家社会の研究』による）。
（3）　井ケ田良治「江戸時代における公家領の支配構造」（『同志社法学』第一五二号〈三〇巻一号〉、一九七八年五月）。
（4）　安岡重明『大阪大学経済学部社会経済研究室研究叢書第十四冊　日本封建経済政策史論――経済統制と幕藩体制

――』（大阪大学経済学部社会経済研究室、一九五九年）、同『日本封建経済政策史論［増補版］』（晃洋書房、一九八五年）。

（5）藪田貫「「摂河支配国」論――日本近世における地域と構成――」（脇田修編著『近世大坂地域の史的分析』御茶の水書房、一九八〇年）、藪田貫「支配国・領主制と地域社会」（関東近世史研究会編『近世の地域編成と国家――関東と畿内の比較から――』岩田書院、一九九七年）六八頁。

（6）脇田修『近世封建制成立史論　織豊政権の分析Ⅱ』（東京大学出版会、一九七七年）七五頁～七六頁。

（7）水本邦彦『近世の郷村自治と行政』（東京大学出版会、一九九三年）二九六頁～二九八頁。

（8）前掲註（5）藪田「支配国・領主制と地域社会」七〇頁～七一頁。

（9）前掲註（5）藪田「「摂河支配国」論」一八頁～一九頁。

（10）ただし、公家領の所在した地方自治体が編纂した自治体史の中には、すぐれた概説のあるものが見受けられる。例えば、長岡京市史編さん委員会編『長岡京市史』本文編二（長岡京市役所、一九九七年）第一章第二節。

（11）前掲註（5）藪田「「摂河支配国」論」一八頁。

（12）例えば、小倉宗「近世中後期の上方における幕府の支配機構」（『史學雑誌』第一一七編第一一号、二〇〇八年十一月）、小倉宗「近世中後期上方の幕府機構と京都・大坂町奉行」（『史林』第九二巻第四号、二〇〇九年七月）、小倉宗「近世中後期幕府の上方支配機構における京都・大坂町奉行」（『日本史研究』第五六八号、二〇〇九年十二月）、佐藤雄介「京都町奉行・京都代官と朝廷財政――文政～天保年間を中心に――」（『史學雑誌』第一一八編第三号、二〇〇九年三月）の諸研究である。小倉氏の三論文については、いずれも小倉宗『江戸幕府上方支配機構の研究』（塙書房、二〇一一年）に改題して再録されており、本書での引用は『江戸幕府上方支配機構の研究』による。なお、小倉『江戸幕府上方支配機構の研究』一〇頁の「八カ国における幕府の政治や支配を論じる場合の用語としては、「畿内・近国」よりも「上方」の方がふさわしい」との指摘に基づき、本書も原則として「畿内・近国」の語は用いず、一部「畿内」の語を用いるほかは「上方」を使用する。享保改革以前の上方と関東方との区別については、前掲註（5）藪田「支配国・領主制と地域社会」八七頁の「註（9）」における竹内誠氏の発言を参照。

（13）前掲註（12）小倉『江戸幕府上方支配機構の研究』四頁～五頁。

(14) 前掲註(12)小倉『江戸幕府上方支配機構の研究』一六五頁。
(15) 前掲註(12)小倉『江戸幕府上方支配機構の研究』一七頁。
(16) 延宝二年（一六七四）は、六月にも大洪水があり、淀川・大和川の堤も決壊し、河内国・和泉国の田畑に甚大な被害をもたらした。大阪府史編集専門委員会編『大阪府史』第五巻・近世編一（大阪府、一九八五年）六〇〇頁、新修大阪市史編纂委員会編『新修大阪市史』第三巻（大阪市、一九八九年）三九四頁〜三九五頁。
(17) 大屋敷佳子「幕藩制国家における武家伝奏の機能（二）」（『論集きんせい』第八号、一九八三年五月）。
(18) 前掲註(17)大屋敷「幕藩制国家における武家伝奏の機能（二）」二頁。
(19) 前掲註(17)大屋敷「幕藩制国家における武家伝奏の機能（二）」二頁〜四頁。
(20) 『中院通茂日記』二十（東京大学史料編纂所所蔵原本）延宝二年四月十一日条。
(21) 前掲註(20)『中院通茂日記』二十、延宝二年四月二十一日条。
(22) 前掲註(20)『中院通茂日記』二十、延宝二年四月二十四日条。
(23) 前掲註(20)『中院通茂日記』二十、延宝二年五月二十三日条。
(24) ここでいう表と裏とは、川表と川裏のことだろう。川表とは「堤防を境にして、水が流れている方」であり、川裏とは「住居や農地などがある方」である。国土交通省近畿地方整備局大和川河川事務所ホームページ「河川に関する用語集」http://www.kkr.mlit.go.jp/yamato/glossary/04.html より。
(25) 前掲註(20)『中院通茂日記』二十、延宝二年五月二十六日条。
(26) 『中院通茂日記』二十一（東京大学史料編纂所所蔵原本）延宝二年九月七日条。
(27) 山口和夫「天皇・院と公家集団――編成の進展と近世朝廷の自律化、階層制について――」（『歴史学研究』No.七一六、一九九八年十月増刊）七六頁・七九頁〜八〇頁。
(28) 前掲註(20)『中院通茂日記』二十、延宝二年四月二十四日条。
(29) 前掲註(20)『中院通茂日記』二十、延宝二年四月二十五日条。
(30) 前掲註(20)『中院通茂日記』二十、延宝二年四月二十六日条。
(31) 前掲註(20)『中院通茂日記』二十、延宝二年五月二日条。

(32) 前掲註(20)『中院通茂日記』二十、延宝二年五月二十三日条。
(33) 前掲註(20)『中院通茂日記』二十、延宝二年五月二十八日条。
(34) 前掲註(20)『中院通茂日記』二十、延宝二年五月三十日条。
(35) 村田路人『近世広域支配の研究』(大阪大学出版会、一九九五年)二六二頁。
(36) 前掲註(26)『中院通茂日記』二十一、延宝二年八月十七日条。
(37) 前掲註(26)『中院通茂日記』二十一、延宝二年八月二十条。
(38) 前掲註(26)『中院通茂日記』二十一、延宝二年八月二十一日条。
(39) この内容を理解するためには、前掲註(35)村田『近世広域支配の研究』第一部第三章が参考となる。とくに同書の一一一頁～一一二頁に示された原則に照らせば、京都町奉行の述べる「不定」とは、「今度水損堤」が大破であるか小破であるかが「不定」であるということなのだろう。
(40) 前掲註(26)『中院通茂日記』二十一、延宝二年七月十四日条。
(41) 『中院通茂日記』二十二(東京大学史料編纂所所蔵原本)延宝二年十月二日条。
(42) 鈴木壽『近世知行制の研究』(日本学術振興会、一九七一年)二一四頁～二一九頁。そこでは、享保期以前の基準は「推定」として叙述されていた。
(43) 前掲註(41)『中院通茂日記』二十二、延宝二年十月二日条。
(44) 前掲註(41)『中院通茂日記』二十二、延宝二年十月五日条。
(45) 前掲註(41)『中院通茂日記』二十二、延宝二年十月三十日条。
(46) 前掲註(41)『中院通茂日記』二十二、延宝二年十一月十四日条。
(47) 京都市編『史料　京都の歴史』十三・南区(平凡社、一九九二年)三六七頁～三六八頁。
(48) 村和明氏のご教示による。
(49) 藤井讓治「江戸幕府の成立と天皇」(永原慶二編者代表『講座　前近代の天皇』第二巻、天皇権力の構造と展開その2、青木書店、一九九三年)一三〇頁は慶長十三年(一六〇八)段階で「朝廷が公家の所領の進退権をこの段階では持っていた。のちに公家所領の進退権を幕府が握ったことからすれば、公家所領の進退権の掌握は、幕府にとってこの後の朝廷・公家政策におけるひとつの課題となったと思われる」とし、同じく前掲藤井「江戸幕府の成立と天皇」一三八頁は「禁裏御料支配の朝廷から幕府への移管がどの時点でなされたのかは明らかにしえない」としつつ、慶安元年（一六四八）には「禁裏御料の支配は幕府の掌握下に入っている」とする。

(50)　前掲註(42)鈴木『近世知行制の研究』二一四頁〜二一九頁。

第三部　徳川将軍家の国家構想の継承と限界

第一章　天和・貞享期の綱吉政権と皇位

第二部では、慶長・元和・寛永期と寛文・延宝期における天皇・公家の自己認識とそれらへの幕府の認識を検討し、天皇・公家の身分を成立させていた氏姓・血脈の論理の存在とそれを容認する幕府の存在、そしてもはや権門ではないものの、領主としての意識を有した公家の姿とともに、幕府は公家を旗本に準ずる存在として把握していたことが明らかとなった。本章では、その後の綱吉政権による天皇と公家に対する認識について考察する。

さて、朝尾直弘氏は論文「幕藩制と天皇」の中で、近世における天皇の存在の歴史的な説明方法について「朝幕関係もしくは古代的権威というような視角」ではなく、「幕藩制権力構造の研究とかかわらせ、それぞれの段階における天皇の位置と役割を事実のうえで確認」することを提起した(1)。この背景には、教科書検定で近世の天皇が君主であると判定されていたことが明らかとなった「教科書裁判の与えた衝撃」があったが(2)、この論文により、織豊期から家光期に至る「主体としての権力(3)」がみずからの「政権構想(4)」に天皇・朝廷をいかに位置づけて権力を形成したのかについての見通しが得られた。

一方、朝尾氏がその後の家綱・綱吉期を扱った論文は「将軍政治の権力構造」だが(5)、そこでは天皇・朝廷の問題がほとんど扱われなかった。したがって、論文「幕藩制と天皇」のその後が重要な関心事となり、事実、高埜

表4　延宝・天和・貞享期における霊元天皇およびその周辺の動向

（閏月は○で示した）

年月日	事項	典拠
延宝9年（一六八一）2月16日	霊元天皇、関東へ下向する一条冬経に、女御立后・五宮儲君の件について内意を伝える。	『兼輝公記』
5月1日	霊元天皇の内意により、一宮を大覚寺宮の資とするも、一宮が辞退。	『霊元天皇実録』
9月17日	霊元天皇、参内の勅命違反の廉で、一宮を飛鳥井雅豊邸に幽閉する。	『霊元天皇実録』
天和元年（一六八一）10月23日	前権大納言小倉実起ら、佐渡へ流罪となる。	『霊元天皇実録』
天和2年（一六八二）2月18日	鷹司房輔、関白辞職。右大臣一条冬経を関白とすべき旨、幕府の意向が伝わる。	『勧慶日記』
2月24日	右大臣一条冬経、関白に任じられる。	『霊元天皇実録』
3月25日	五宮を儲君に治定。女御鷹司房子の立后も内定。	『霊元天皇実録』
3月26日	関白一条冬経・前関白鷹司房輔に五〇〇石ずつ加増。	『季連宿禰記』
6月27日	儲君五宮が旧後水尾法皇御所へ移徙。	『中井家文書の研究』
9月5日	白川雅喬、一条冬経に、一宮を廃して五宮を儲君としてからの奇恠変異連続の旨を話す。	『兼輝公記』
10月25日	一宮に親王宣下、名を寛清と賜う。	『霊元天皇実録』
12月2日	儲君五宮に親王宣下、名を朝仁と賜う。	『霊元天皇実録』
12月7日	女御鷹司房子に准三后宣下。	『霊元天皇実録』
12月9日	儲君朝仁親王の立太子を来春と治定。	『霊元天皇実録』
天和3年（一六八三）正月21日	儲君朝仁親王の立太子を二月九日と治定。	『霊元天皇実録』
2月9日	儲君朝仁親王の立太子節会が行われる。	『霊元天皇実録』
2月14日	鷹司房子を皇后に冊立。	『霊元天皇実録』
2月29日	将軍使松平頼常らが参内。立坊・立后を賀す。	『霊元天皇実録』
天和4年（一六八四）2月16日	霊元天皇、譲位の内意を洩らす。	『霊元天皇実録』
貞享元年（一六八四）2月25日	京都所司代稲葉正往参内。譲位の内意を聴く。稲葉正往、武家伝奏の関東下向時に伝えるよう指示。	『霊元天皇実録』
2月26日	武家伝奏、関東下向。	『霊元天皇実録』

	3月27日	武家伝奏、参内して江戸の様子を報告し、将軍徳川綱吉による譲位停止の返答を伝える。	『霊元天皇実録』
	4月5日	東宮御所等、火災。	『霊元天皇実録』
貞享2年（一六八五）	2月10日	東宮朝仁親王が新造東宮御所へ移徙。	『中井家文書の研究』
	2月22日	後西上皇病没。	『霊元天皇実録』
	3月7日	後西上皇葬送。	『霊元天皇実録』
貞享3年（一六八六）	3月9日	武家伝奏、関東下向。霊元天皇の譲位の内意とともに、受禅の有無によらず、来春中の皇太子元服を要請。	『霊元天皇実録』
	③月9日	武家伝奏が帰洛。霊元天皇の譲位等について、叡慮次第との幕府の返答を伝える。	『霊元天皇実録』
	11月23日	京都所司代土屋政直宛の老中連署自筆書状が発せられる。	『基量卿記』
	12月4日	大嘗会挙行について、別儀なしとの幕府の返答が届く。	『勧慶日記』
	12月23日	京都所司代土屋政直が参内、演説。	『勧慶日記』
貞享4年（一六八七）	3月21日	霊元天皇、皇太子朝仁親王へ譲位。	『霊元天皇実録』
	3月26日	霊元上皇、仙洞御所へ移徙。	『霊元天皇実録』
	3月27日	幕府、仙洞御料として七〇〇〇石を進上する。	『霊元天皇実録』
	4月28日	東山天皇即位式が挙行される。	『霊元天皇実録』
	11月16日	大嘗会が挙行される。	『堯恕法親王日記』

註：『兼輝公記』六・八（東京大学史料編纂所所蔵謄写本、東京大学史料編纂所「所蔵史料目録データベース」）、藤井讓治・吉岡眞之監修『霊元天皇実録』第一巻・第二巻・第三巻（ゆまに書房、二〇〇五年）、『季連宿禰記』二十六（宮内庁書陵部所蔵原本）、平井聖『中井家文書の研究』第四巻・内匠寮本図面篇四（中央公論美術出版、一九七九年）、『基量卿記』十二（宮内庁書陵部所蔵原本）、『勧慶日記』三十五（『勧修寺家旧蔵記録』四七九、東京大学史料編纂所架蔵写真帳、京都大学総合博物館原蔵）、妙法院史研究会編『妙法院史料』第二巻・堯恕法親王日記二（吉川弘文館、一九七七年）より作成。

利彦氏の論文「江戸幕府の朝廷支配」は近世を通じた朝廷の「二回の変容」論を展開し[6]、その後の諸研究に大きな影響を与えた。のちに高埜氏は同名の日本史研究会大会報告について「これは朝尾先生の徳川三代（寛永期）までの成果を引き継ぎ、近世中・後期も含めた近世朝幕関係史を報告したものであった」と振り返っている[7]。だが、筆者は近世の天皇・朝廷をめぐる研究のうち、とくに綱吉期周辺（高埜説の「第一の変容」期）[8]を対象とした諸研究にはある問題を感じている。なぜなら、高埜氏以後の諸研究は、朝尾氏が否定したはずの「朝幕関係」史として展開されてきたからである。もちろん高埜氏の方法と朝尾氏のそれがまったく別に存在する余地はある。しかし、高埜氏が「朝尾先生の徳川三代（寛永期）までの成果を引き継ぎ」と述べる以上[9]、この方法のずれは、今後の当該テーマの研究の方向性を考えるためにも自覚される必要がある。

そもそも「近世朝幕研究」では、朝尾氏の所論に比して、幕府の動向とその背景をめぐる分析・理解・叙述が不足している[10]。高埜氏は綱吉政権下の「権力編成原理」の転換と「「平和」」を指摘しつつ、「しかし、かといってこのような幕府の政策変更、つまり支配編成原理の変化だけで、この時期の朝廷儀礼や朝儀の復興の数々を理解することはできない[11]」と述べたが、同氏は綱吉政権の意思の在処を当該期の天皇・朝廷の動向から類推する方法を採った。その結果、朝廷内の諸事例は解明されても、その時々の幕府の判断基準が不明なため、綱吉政権の路線は「協調体制[12]」であったとせざるを得ず、その路線は最終的に「幕府から見た時、将軍権力のより一層の権威化のために朝廷権威を協調的に補完させる体制」につながったと結論づけられるにとどまってきた[13]。

しかし、朝幕の「協調」は前後の政権も追求しただろうし、綱吉政権の独自性を示す言葉とは言い難く、ましてその路線がのちのちの体制をも規定したと捉えるのは政治史の単純化である。朝尾氏も述べたように、政治史は段階的に捉えられるべきものである。

本章は、長期にわたる綱吉政権の段階的変化に留意し[14]、その前半の天和・貞享期における同政権の対天皇・朝廷政策の背景について、幕府側の史料も用いながら解明したい。とくに天和・貞享期には、表4のように立太子節会（天和三年〈一六八三〉）と大嘗会（貞享四年〈一六八七〉）の再興があり、また天和二年（一六八二）には右大臣一条冬経が左大臣近衛基熈を超越して関白に就任する「異例」[15]の人事が行われている。さらに霊元天皇は譲位を二度表明するが、綱吉の対応はわずか中一年で百八十度変化する。このように、天和・貞享期の政策は先行研究も注目するとおり特異なのである。筆者は、その背景を綱吉政権の立場から論じ、同政権前半の天皇・朝廷認識の一端にせまりたい。

第一節　天和期の皇位継承者選定過程と綱吉政権

綱吉政権期の朝儀再興のうち、高埜利彦氏は、後土御門天皇の文正元年（一四六六）を最後に途絶した大嘗会の再興（貞享四年〈一六八七〉）に注目し、大嘗会再興実現の背景について、「霊元天皇と朝廷には、「朝廷復古」という言葉に集約される気運の盛り上がりが存在し」たこと、「国内外の安定の中、武威を後退させる代りに、身分や家の序列を重視することで将軍権威の上昇をはかる幕府は、儀礼を重視し、従来の天皇・朝廷の権威を封じ込めるのではなく、朝廷儀礼などを復興させる方針に転換した」ことを指摘してきた。[16]この大嘗会再興の背景をめぐる高埜説の当否は節を改めて後述するが、いま問題として指摘できることは、高埜氏のいう霊元天皇の意思と幕府の政策転換は大嘗会のみから論じられてきたということ、しかもその再興を容認した幕府の意図は依然具体的に解明されていないということである。

一方、大嘗会再興について、高埜氏も参照する武部敏夫氏は、当時それが天和三年（一六八三）の立太子節会再興との関連で、皇太子の身分から即位する場合に大嘗会が不可欠であるとの先例を論拠に朝廷から提起されていたことなどを解明しているが[17]、立太子節会は皇位継承者を内外に宣言する儀式であり、大嘗会と同様、中世以来（貞和四年〈一三四八〉を最後に）途絶していた儀式でもあった[18]。筆者は、大嘗会再興を含む綱吉政権の朝儀再興方針を問題とするならば、武部氏のように立太子節会再興を視野に入れて論じたほうがよいと考える。なぜなら、ともに皇位継承関係の儀式でありながら、立太子節会再興と大嘗会再興との間には四年の開きがあり、その四年間、綱吉政権の朝儀再興方針が同じとは限らず、先行研究が大嘗会再興を根拠に述べた霊元天皇の意思と幕府の政策転換も、綱吉政権期の傾向として一般化できるとは限らないからである。一方、その武部氏の論文は、立太子節会再興の際の幕府による経費節減方針が大嘗会再興に影響していると指摘するが[19]、幕府が両儀式の再興を条件つきながらも最終的に容認した背景をそれぞれ解明しているわけではない。大嘗会再興の背景を多角的に考察するためにも、立太子節会の再興過程を具体的に論じておく必要があるだろう。

さて、立太子節会再興についてはすでに米田雄介氏と久保貴子氏も言及しているが、両氏とも立太子節会再興の事実と幕府の費用負担を述べるものの、なぜ立太子節会の再興が天和三年（一六八三）であったのか、またなぜ幕府が費用を負担してまで再興を容認したのかを述べていない[20]。しかも久保氏は立太子節会の再興過程を霊元天皇の「「院政」実現」路線と「儀式典礼の再興などを実現して自己の力を誇示する」路線の一環と捉えている[21]。

しかし、立太子節会再興に至る政治過程は、慎重に検討したほうがよい。まず、次の史料の検討から始めよう。史料1は関白一条冬経（のち兼輝と改名）の日記の天和二年（一六八二）十二月九日条である。

【史料1】[22]

依召参　内、左府（近衛基熙）・内府（鷹司兼熙）・前殿下（鷹司房輔）被参、以両伝（花山院定誠・千種有能）被仰出云、儲君宮東宮事、御再興既　勅問将軍家（徳川綱吉）、可被任叡慮旨言上、仍来春欲被行立太子后節会、可得其意者、各奏大慶由、有御前召、奏珎重旨、退朝、（以下略）

これは「儲君宮」が「東宮」となること、つまり「立太子」の「御再興」について、将軍綱吉から朝廷に「可被任叡慮」との返答があった場面である。ここでは「儲君宮」と「東宮」が書き分けられている点に注意し[23]、まず史料1に至った過程を把握したい。なぜなら、従来の近世の制度ならば、皇位継承者の表示は「儲君」の呼称で充分であったからである[24]。史料2は史料1の約一年十ヶ月前にあたる『兼輝公記』の延宝九年（一六八一）二月十六日条である。

【史料2】[25]

左衛門督（難波宗量）為　勅使入来、謁之、被伝勅語云、今度両伝（花山院定誠・千種有能）下向序、女御立后事、今度有沙汰、被定儲君五宮云々、為女御之御養子被行親王宣下、其已後可有立后、親王宣下之前例、雖有少々、宣下以後例為連綿旨被仰遣、又武家伝奏以小倉大納言（前脱カ、実起）可被補哉旨武家申之、然而○彼卿不協叡慮事少々有之、可有如何哉旨被仰遣、此等事若於関東老中等於相尋者、如叡慮可申返答云々

すなわち、右大臣一条冬経が江戸下向前に老中の質問に備え、霊元天皇から指示（「勅語」）を受けている場面である。ここからは当時、五宮を「儲君」に定め、五宮を「女御」鷹司房子の「御養子」とし、五宮に「親王宣下」を行ってから「女御」を「立后」する計画のあったことが知られる。この時の天皇の発言に「東宮」や「立太子」の文言はない。

ところが、天和二年（一六八二）十二月の史料1には「立太子后節会」とあったから、史料1より約一年十ヶ月前の史料2は、霊元天皇らの当初計画に立太子の検討はなかったことを示している。そのことは、史料1より約八ヶ月半前の天和二年（一六八二）三月二十五日になっても、同じく一条冬経が日記に「今度五宮儲君事、依相談関東被定之、又女御立后事同被定了」[26]と記し、いまだ立太子に言及していないことからも裏づけられる。

したがって、霊元天皇らは少なくとも天和二年（一六八二）三月二十五日までは「儲君」治定と「立后」による五宮皇位継承者化計画を進めていたが、史料1の同年十二月九日までに、「儲君」の「東宮」化を追加したと考えられるのであり、この約八ヶ月半が立太子節会要請の背景と関連していると筆者は推定するのである。その

間の事情を示す史料の一つが、史料3の『兼輝公記』天和二年（一六八二）九月五日条に記された白川雅喬の発言と一条冬経の感想である。

【史料3】[27]

二位（白川雅喬）語云、今月（天和二年九月）二日夜、禁裏常御所・小御所邊鳴動、其響如雷霆、又常御所・女御殿等搏風、火焔出、其體如炎上、終夜不止、翌日朝見之、如常（無恙云々）、内侍所刀自等慥聞之、見之、又御門警固武士見火焔、奔走、然而近臣・武家伝奏以口舌言破之、不及奏達、無何御慎云々、偶案之、去年（延宝九年・天和元年）被発（廃カ）一宮、以五宮欲被立儲君、以来奇怪変異連続、就中、去冬（天和元年十二月十三日）内宮炎上、今亦如此有災妖、如何、主上（霊元天皇）改過、可被脩徳行欤、

ここからは、天和二年（一六八二）九月の雰囲気として、延宝九年・天和元年（一六八一）に行われたという廃一宮以来、「奇怪変異」が連続し、同年末の伊勢神宮内宮炎上[28]もその延長線上に捉えられる状況のあったことが知られる。

そもそも一条のいう「去年被発（廃カ）一宮、以五宮欲被立儲君」とはどのような状況を指すのか。この点については、いわゆる「小倉事件」とそれにともなう「五宮儲君問題」としてすでに久保貴子氏が分析しているが、同氏によると当該問題に言及した史料は左大臣近衛基熙の日記のみであるといい、霊元天皇の第一皇子の一宮は延宝九年（一六八一）九月十七日の夜に外祖父小倉実起邸より移動させられたが、かつて一宮の儲君化が女御鷹司房子に男子誕生のない場合という条件つきながら後水尾法皇らの意向によって内定されて幕府へ伝えられていた経緯もあって事態は複雑化し、松木宗条の息女と天皇との間に皇子・皇女が生まれ、天皇の気持ちも松木息女所生の皇子（五宮）にうつったことが複雑化に拍車をかけたこと、近衛自身は、当時の武家伝奏花山院定誠らがそのような天皇の感情に取り入り、他の皇子を次々に出家・入寺させる段取りをし、一宮については大覚寺へ入寺させることを幕府へ申し入れ、一宮の大覚寺入寺が幕府の意向として披露されたものの、一宮と外祖父の小倉の抵抗によ

り天皇の逆鱗に触れたものと観測していたことが明らかとなっている[29]。

いわゆる「小倉事件」の始まりだが、久保氏は同事件について、天皇が松木息女所生の五宮への皇位継承を望んだらしいことをふまえつつ[30]、「一宮継躰は故後水尾法皇らによって内約されていたので、これを覆すこと自体、法皇を超えようとする霊元天皇にとって意味のあることであった」と見ている[31]。

久保氏の説明の特徴は、天皇らの意図に注目した点だが、同氏は「天和元年（一六八一）段階で、天皇側が小倉事件を引き起こすほど強引な手段をとりえたのは、幕府から一宮の大覚寺門跡附弟の承諾を得ていたから」と指摘しつつも、「残念なことにこれらに関する幕府側の記録が発見できず、幕府の姿勢を解明することは困難である」として幕府の意図を解明しないため[32]、一連の動きを天皇らの動きのみで評価している。

だが、「小倉事件」は皇位継承者問題でもあり、天皇らの意図はもちろん、一宮の儲君化を内定しながら同宮の排斥を容認した幕府の意図のほうが重要ではなかろうか。なぜなら、久保氏は「小倉事件」の記録として『基熙公記』のみを挙げるが[33]、他の日記からは一宮の移動の様子が具体的に判明し、そこでの幕府の関与が顕著だからである。次の史料は東園基量の日記の延宝九年（一六八一）九月十七日条である。

【史料4[34]】

入夜、伝聞、昨日・今日、両三度、於阿野黄門《季信》被遣小倉亭、一宮可有御参内由度々雖被仰出、無御参之間、人々参入、取出奉了云々、近頃之騒動也、菊亭右大将《公規》・三条亜相《実通》・甘露黄門《方長》等参、其外取次三人、鳥飼侍廿人、仕丁廿人以上、人数六十人余、石川信乃守《（信濃守、成久）》騎馬ニ而、為御迎手者五十斗《（寺脱カ）》参云々、則飛鳥井中将《雅冬》舟橋屋敷へ被奉入、警固武士警衛云々、如何、此後之義恐入事也

ここで注目すべきは、小倉邸に差遣された者たちが、公卿三名とそれに付き従う鳥飼侍・仕丁らをあわせて六十名ほど、そして騎馬の禁裏附石川成久とそれに率いられた「御迎手」が五十名ほどの合計百十名ほどであった

点であり、これは、単に一宮を他所へ移動させたというものではなく、幕府の承認の下での実力行使である。一宮の連行と押し込めは天皇の意思はもちろん、幕府の意思でもあったと解するべきだろう。では、天皇の意思と幕府の意思との関係はどのように捉えればよいのだろうか。この点について、次の『基熈公記』の延宝九年（一六八一）九月二十日条の記述は参考となる。

【史料5】(35)

招油小路前大納言（隆貞）云、（中略）、但戸田越前守（忠昌）以私所存、小倉等罪科之儀も候間、御延引（天和改元）可然之由令申沙汰之様可談合由示之、猶明日可必定旨也云々、且又小倉亜相（実起）可為流罪由治定欤、今度之儀、必不可及　主上御沙汰、従武家一向可申行、必々公家之御沙汰不可有之由、越前守（戸田忠昌）申入云々、

すなわち、油小路隆貞によれば、京都所司代戸田忠昌の個人的見解として、当時検討されていた天和改元は「小倉等罪科之儀」もあることから「延引」してはどうかとの意向が示されたといい、小倉については「流罪」となる見込みであるが、今回の処断は「主上御沙汰」や「公家之御沙汰」ではなく「従武家一向可申行」である旨が申し入れられたという。京都所司代は、天皇と公家の処断権を否定し、あくまでも幕府の判断として小倉の「流罪」を決定する必要があるとの認識である。いったい「小倉等罪科之儀」とはどのような内容であったのか。この点について、勧修寺経慶の日記『勧慶日記』の天和元年（一六八一）十月二十三日条には、京都所司代名の武家伝奏宛覚書が次のように写されている。

【史料6】(36)

所司戸田越前守（忠昌）覚書　小倉大納言（前脱カ、実起）殿背　勅命、不届被思召候、依之、大納言（小倉実起）殿・同宰相（小倉公連）殿・竹淵刑部大輔（季伴）殿佐渡嶋左遷、藪大納言（前脱カ、嗣孝）殿・中園宰相（前脱カ、季定）殿此両人者閉門被仰付之旨、自江戸申来付而、今日於私宅何茂江上意之趣申渡候、右之段、為可得御意、如此御座候、以上

天和元

十月廿三日　戸田越前守（忠昌）

花山院前大納言（定誠）殿

千種前大納言（有能）殿

これによると、小倉とその親族は、「勅命」違反の廉で罪刑が申し渡されている。「勅命」違反とは、一宮の大覚寺入寺拒否の件なのか、それとも史料4にある一宮の参内拒否の件なのか、あるいは両方なのかはまだ判然としないが、重要かつ不思議な点は、幕府が一宮の儲君化を内定しながら、一宮の外祖父らを実際に処断した点である。

このような観点から物事を振り返ると、そもそもこの一宮は寛文十一年（一六七一）の出生当初から朝廷内においても幕府との関係においても特異な取り扱いを受けた皇子であった。例えば、当時の武家伝奏中院通茂の日記には「服部備後守（貞常）入来、語云、（中略）、此次中納言典侍御産之事語之、今度於江戸令沙汰候処、隠密可然之由也、日野（弘資）両人不取持之、備後守（服部貞常）又不知之分可然欤、備後守云、然者不存分可仕也」(37)とあり、禁裏附の発言として、当時の家綱政権が中納言典侍の出産を「隠密」に取り扱ったことが述べられ、武家伝奏も禁裏附も出産に関知しないことが申し合わされている。そのことは一宮の誕生時にも確認でき、同じく『中院通茂日記』には「此間、勢多大判事（治勝）来、密々申云、中納言典侍（小倉）実起卿女夜前若宮誕生之由告之、依為密々御沙汰、不及参内」(38)とあって、一宮が無事に誕生しても「密々御沙汰」の扱いにより参内に及ばずとされたことがわかる。このようなことは、一宮に限らなかったようで、例えば愛宕通福息女・源内侍所生の二宮誕生に際しては『中院通茂日記』に「一、源内侍事、窺法皇（後水尾）候処、流産之義不可有之、但万端可為妨欤、可相談伝奏・永井伊賀守（尚庸）由仰云々、仍予（中院通茂）申云、不及相談於日野（弘資）、万端之妨不限此一事、被遠於道理候事、無不妨、流産之義於無之事者、否之又妨也、可有於叡慮欤之由申入了」[39]とあり、二宮の流産を止める後水尾法皇の発言が記録され、霊元天皇の庶子の処遇に神経を尖らせる周囲の様子が看取される。

このような状況の背景には、寛文十三年（一六七三）の女御鷹司房子の懐妊をめぐり『中院通茂日記』が「向日野（弘資）、向伊州（永井尚庸）言談、（中略）、伊州被談云、一、女御（鷹司房子）御懐妊之沙汰也、如何之由也、惜不知之由答之、皇子於御誕生、可為儲君欤、法皇禁中気色可聞之由也」[40]と記すように、女御が男子を出産すれば、その子が「儲君」になるという観測の存在があっただろう。その延長線上に、久保氏の指摘した、女御鷹司房子に男子誕生のない場合という条件つきの後水尾法皇らによる一宮儲君内定があった。したがって、ここで注意すべき点は、当時まだ女御には男子懐妊の可能性があったのであり、もし女御所生の皇子への皇位継承優先の原則が後水尾法皇存命中に存在したならば、やはり一宮ら庶子は内々の存在とならざるを得ず、小倉らが思うほどに一宮の儲君内定は確実ではなかった可能性があるということである。

そのような状況下、延宝八年（一六八〇）に後水尾法皇と徳川家綱が相次いで病没し、しかも松木息女所生の五宮を溺愛する霊元天皇の感情[41]という要素も加わり、一宮をめぐる情勢は寛文・延宝期から天和期にかけて大きく変化した[42]。とくに女御所生の皇子を皇位継承者とすべきとの方針を霊元天皇自身が放棄したことが大きく、それまで内々の存在であった一宮らの処遇は、霊元天皇がみずからの意思を貫こうとする限り、何らかの結論が出されねばならなくなった。その結論が一宮の排斥であったが、当時の宮中においても、その排斥が歓迎されたわけではなかったことは史料3より明らかである。

だが、そこで幕府が動き、天皇に手を貸した理由は依然不明である。将軍の変わったばかりの幕府は、天皇家における一宮の排斥をどのように理解し、なぜそれを容認したのだろうか。この点を解明しなければ、五宮を儲君・東宮とし、これまで必要のなかった立太子節会を再興する天皇の行動を幕府が容認した理由も不明のままとなる。

　はたして幕府は、天皇家における一宮の排斥をどのように理解し、なぜそれを容認したのか。この点は、幕府が天皇の推す五宮の儲君化・東宮化を容認した背景とも関わるが、次の『江戸幕府日記』からは、その事情の一端が判明する。

【史料7】(43)

一、当今之(霊元天皇)　一宮御事、外祖父小倉大納言方(前脱カ、実起)ニ被成御座之処、大納言(小倉実起)御養育之仕形不宜、其上、為御養生不相伺　叡慮、御灸治等有之、且亦、此　宮　女御之(鷹司房子)御腹ニ而も無之、剰蝕(蝕)降誕旁以難被遊御継　帝、幸当今宮方々之内、大覚寺御門跡御弟子御望付、可被遣哉与、当春両伝　奏花山院前大納言(定誠)・千種前大納言(有能)并戸田越前守(忠昌)参府之節、被　仰進之付而、可被任　叡慮旨被　仰遣処、小倉大納言及難渋、背　勅命、一宮参
内無之様ニ仕、其身迠所労之由ニ而、朝参不仕段、甚　逆鱗之旨、越前守(戸田忠昌)江戸江言上之処、背
勅命之段、重畳不届被　思召、大納言并子宰相(小倉公連)・二男竹渕刑部大輔(季伴)此三人佐州江左遷被　仰付之旨、於越前守宅　上意之趣御目付跡部民部(良隆)・高井作左衛門(清方)申渡之、京都町奉行前田安芸守(直勝)・井上丹波守(重次)并石川信濃守(成久)列座也

すなわち、外祖父の小倉が一宮養育に際して天皇の許可なく一宮に灸を施したこと、また一宮は女御の所生ではない上に天変の日の誕生なので皇位を継承させにくいこと、それゆえに一宮の大覚寺入寺が朝幕間で合意されたが、小倉は一宮を参内させず、みずからも参内しなかったために天皇の逆鱗に触れ、幕府へ小倉の罪状が告げられて、小倉らは処罰されたという。

　したがって、ここからは、第一節の史料5の「小倉等罪科之儀」および史料6の「勅命」違反の廉が、小倉に

よる一宮の養育方法と大覚寺入寺拒否、参内拒否を含むものであったことがわかり、幕府も、一宮の出生・養育環境を理由に、一宮を皇位継承不適格者と断ずる天皇らの意向に同調したことがわかる。なお、史料7に一宮が「剰蝕(蝕)降誕」とある点については、一宮の誕生日である寛文十一年（一六七一）八月十六日の公家日記を参照すると「雨天、月蝕、子ヨリ寅ニ至、（中略）、皇子降誕、母中納言典侍、小倉中納言実起卿女[44]」とあることから、一宮は月食の日の誕生であった。

このように史料7からは、従来不明であった幕府の行動理由の一端が判明するが、その一方で筆者は、史料2に「又武家伝奏以小倉大納言(前脱カ、実起)可被補哉旨武家申之[45]」とあるように、幕府が事件直前の延宝九年（一六八一）に小倉を武家伝奏に推挙していた点を想起すると、「小倉事件」をめぐる幕府の行動理由は史料7のみで即断できず、慎重に検討すべきであり、史料7に至る意思決定主体を幕府と表記するだけでは不足ではないかという思いを強くする。この点を考えるにあたり、次の勧修寺経慶の日記『勧慶日記』の延宝九年（一六八一）九月二十三日条は参考となる。

【史料8[46]】

遠方之間、上方之儀、若虚説可相聞哉と無心元候、実否明白ニ達候様ニ有度旨申、暫而被尋(堀田正俊)云、小倉殿(実起)者常之行状如何之旨被申、答(勧修寺経慶)云、常出逢語儀も無之候間難申、乍去、以風説申者、儒学被好候由、善悪之儀者不存候、仍異情有之様ニ沙汰申候、于時被申云、左様ニ可有之候、今度宮之儀も私(堀田正俊)ナトハ不宜存候由被申、仍申者、其通候、公武御定之上、如此進退笑止ニ存候、第一者宮御為不宜由各申由申処、如何ニも其通ニ候、

此外雖有雑談、難盡筆舌

江戸下向中の勧修寺経慶と大老堀田正俊との会話である。ここで堀田は、勧修寺に小倉実起の素行を尋ねた後、「今度宮之儀も私(堀田正俊)ナトハ不宜存候由」を述べている。それをうけて勧修寺は、一宮儲君化は「公武御定」の件で

あるのに、一宮の「如此進退」は「笑止」であり、一宮のためによくないと公卿たちも話していると応じると、堀田は「如何ニも其通ニ候」と同意しているのである。つまり、ここからは史料7の幕府の判断について、政権の中心人物の堀田[47]は懐疑的・否定的であったことがわかるのである。とすると、史料7の判断をした人物は当時の政権構成から見て将軍綱吉以外にあり得ない。堀田は勧修寺との会話の中で当時の綱吉の対天皇・朝廷政策の基本姿勢について次のように述べている。

【史料9】[48]

禁中方諸事宜儀於有之者、内證ニ而可申越、公方《（徳川綱吉）》ニも上方御作法方宜様ニと被思召候、仍而皆共も又左様ニ存候間、禁中能候へ《（ママ）》共、公方御為ニ成候、公方能候へハ、禁中御為成候間、左様御心得可有之候、公方ハ一度下ニ降御座候へハ、下之精能御存知候而、末々迠之儀宜様ニと被思召候

綱吉は「上方御作法方宜様ニと被思召」ているといい、禁中がよくなれば公方のためになり、公方がよくなれば禁中のためにもなり、綱吉は館林藩主を経ており、下々の事情に詳しいので「末々迠之儀宜様ニと被思召」ているという。この方針に照らせば、綱吉は「小倉事件」が禁中のよろしくない事案であり、したがってそれが将軍自身のためにもならないと考えた可能性はあり、史料2で幕府が武家伝奏候補者に推していた小倉が他ならぬ幕府から直ちに処断された背景には、綱吉と堀田との間に小倉の人物像と事件をめぐる見解の相違があり、綱吉の見解が優先されたと見るのが妥当ではなかろうか。さらに、彗星や日食・月食などの天変地異を恐れた綱吉の性格[49]も影響し、綱吉側に天皇らの事件説明を受け容れ、一宮の存在を否定的に捉える素地があったということも考えられよう。

それでは、綱吉が一宮を排斥し、天皇の推す五宮の儲君化・東宮化を容認したねらいはどのようなものであったのか。その点を考察する前に、一宮を排斥した「小倉事件」後、五宮の儲君化路線を進めた天皇側が、さらに

五宮の東宮化を追加要請した理由を明らかにせねばならない。従来の近世の制度ならば、儲君治定のみで皇位継承者の表示には充分であったこと、「小倉事件」後に一宮と小倉の怨念を畏怖する雰囲気が宮中に存在したことは既述したが、これまでの史料の文言上、儲君のみの下限である天和二年（一六八二）三月二十五日から東宮・立太子の登場する上限の同年十二月九日までの約八ヶ月半の宮中の事情とはいかなるものであったのか。この点について、関白一条冬経の日記の天和二年（一六八二）九月二十一日条は参考となる。

【史料10[50]】

今日未他行、前花山亜相（花山院定誠）来臨、謁之、被告云、明後日儲君（五宮）御方祗候事、座席有所存者可言上之由御内意也、如何、予（一条冬経）云、此宮未無親王宣下、然而被定儲君之上者、不可混自餘皇子、当今（霊元天皇）譲位已前、可為如御対面臣下之時歟、先年当今為親王御時、二条（康道）故太閤不令立東宮給已前、於親王者、雖儲君摂関丞相輩不崇敬先例之旨被称之、正月節朔等不被参賀、然而此儀是為僻事、上古皇子悉有親王宣下、欲被定儲君之宮、即有立坊、依是、於親王之時者儲君未定欤、又立坊断絶後者公家法陵夷時、雖摂関大臣、如法不朝参故、思誤、如此被称之欤、当時雖無親王宣下、依時務被定儲君之上者、如東宮為臣下可崇敬欤、（中略）、又云、立后節会当年難被行、其子細者、当年者於立后者正月之儀式与儲君其礼懸隔、仍不協叡慮、立后・立坊無間可被行御内意也、両ヶ事明春可被行、圓融院立坊・立后同日被行之、載栄花物語、依件例、当日於行之者、用脚等容易、武家儀易協、如何、（後略）

ここで一条冬経は、霊元天皇から花山院定誠を通じ、儲君と摂家の対面のため、儲君の座席に関する意見具申を求められている。焦点は儲君治定・親王宣下・立坊の相互関係が五宮の処遇に与える影響であった。一条は、五宮が親王宣下を受けておらずとも、すでに儲君であり、他の皇子と五宮を混同することはないから、五宮は臣下に対するごとく摂家と対面するとよいとする一方、霊元天皇が識仁親王であった際の例にも言及し、識仁親王と摂家の対面の際は二条康道が「東宮の称号を得ていない親王は、たとえ儲君であっても摂家らは崇敬せず、正月の儀式等でも親王に参賀しない」と発言したことも紹介している。この二条の発言は霊元天皇の記憶にもあったのか、花山院によると天皇は、幕府がすでに認めた立后と同時の立坊を求め、その理由は立后のみの場合、儲君への礼遇と皇后への礼遇に差がつくからというものであった。すなわち、一条は立坊にこだわらなかったが、天皇は五宮の処遇の問題として立坊を重視し、立后と同日ならば経費節減もできるとして幕府との交渉を望んだのである。そこには、表4のように一宮をはじめ五宮ら全皇子に親王宣下が済んでおらず、五宮の地位は儲君の呼称でのみ根拠づけられていたこと、また廃一宮が宮中で歓迎されておらず、史料3のように怪異現象と廃一宮を結びつけて天皇の強引な手法を暗に批判する不穏な雰囲気の存在も影響していただろう。

　このように霊元天皇は廃一宮を経ながら一宮と同様に親王宣下を済ませていない五宮の皇位継承者としての地位保全のために立坊・東宮化を幕府に求め、綱吉がそれを史料1で容認したのである。それでは綱吉のねらいはどのあたりにあったのだろうか。それをうかがわせる史料が、次の甘露寺方長の日記の天和三年（一六八三）九月九日条である。

【史料11】[51]

右大将（花山院定誠）語云、今度於関東　院中　東宮御次第被尋丹後守（稲葉正往）候処、丹後守申云、於京都尋申両伝奏（花山院定誠・千種有能）、則被窺之処、
於院中　太上天皇先段候上、東宮為御慎、院中之次可為　東宮被承候由、令言上処、
大樹（徳川綱吉）思召趣、東宮之次可為　院中云々、別而御崇敬候故、如此　思召候欤、珎重存候由申之云々

　これによると、綱吉は京都所司代稲葉正往に上皇と東宮の座次を問い合わせ、稲葉が上皇の次に東宮であると返答したところ、綱吉は東宮の次に上皇とすべきだと述べ、東宮は別格との認識を示した。これらをふまえると、綱吉は、灸治で身体が傷つき、天変の日に生まれ、勅命に従わない外祖父を持つ一宮を廃止したことにともなう

皇位継承の順位変更・秩序回復のため、五宮の地位を保全しようとする天皇に同調し、立太子節会の再興をも容認したと考えられるのである。

第二節　天和・貞享期の関白・京都所司代人事と徳川綱吉

表4にあるように、廃一宮と小倉実起の流罪後、五宮の儲君治定までに関白の人事が行われ、左大臣近衛基熙を超越して右大臣一条冬経が関白に就任した。先行研究は、この「異例」の人事について、霊元天皇に批判的な近衛を排除したい「天皇の恣意」によるものと説明したが、そこでは当該人事を容認した綱吉政権の意図が分析されていない[52]。しかし、一条冬経の政治的立場を正確に把握するためには、綱吉政権の立場を知る必要がある。

『基熙公記』の天和二年（一六八二）二月二十一日条は当該問題の説明の際に先行研究も使用する史料であり、なかでも同条の「於当職事者、去年（天和元年）戸田山城守（忠昌）在京之時、既有沙汰、不可為左府之由山城守（戸田忠昌）申之間、重而難被仰返由被仰之時、花山院（定誠）前大納言進出、如仰山城守申様定誠則承旨申云々[53]」という記述から久保貴子氏が指摘するように、この人事は早くも天和元年（一六八一）に京都所司代（のち老中）戸田忠昌と武家伝奏花山院定誠との間で検討されていた[54]。同氏は後水尾法皇没後の「霊元天皇を中心とする朝廷再編成計画」と「天皇の「院政」志向」の存在を想定・重視し、関白人事について「筆者は、この件の推進者は天皇側で、幕府はそれを容認したにすぎないと考えているが、幕府がなぜ容認したのかは判然としない」と述べる一方、人事容認の理由として天和期の綱吉政権が「天皇の「院政」志向に気づいていなかった」ことを示唆している[55]。だが、生前譲位が通例の当時[56]、しかも廃一宮などがある中、綱吉政権が天皇の譲位後に無関心であったとは考えにくい。

さきの戸田の発言は「去年（天和元年）戸田山城守（忠昌）在京之時」にあったとある。戸田は京都所司代として天和元年（一六八一）十一月四日に関東下向のため京都を発ち、江戸着後、同年十一月十五日に老中に昇進し、十一月十九日に受領名を越前守から山城守に改め、老中として十二月十日に再び京着しているから[57]、京都での戸田の発言は同年十一月までか十二月中に行われたことになる。まさに「小倉事件」の只中か直後という時期、なぜ戸田がこのような発言をしたのかにこだわるべきだろう。問題は綱吉政権の意思なのである。

戸田が近衛関白の線を早期に否定せねばならなかった理由とはどのようなものだろうか。このような観点から時期をさかのぼって史料を検討すると、戸田が近衛を否定する素地は、近衛が左大臣に就任した当時から存在したことが明らかとなる。次の史料は『基熙公記』の延宝五年（一六七七）十二月十日条である。

【史料12[58]】

花山院前大納言（定誠）被来、有蜜談（密談）事、談云、只今行向諸司代土田越前守（戸田忠昌）方、今度転任之事、関白《東》へ為御相談有仰旨、巨細如昨日申聞、其次左大臣転任之事、則去八日被仰出之由所談、以外発怒云、惣而大臣転任之事、毎度理運之時にも先々御談合、且又此度も左大臣之事、関白へハ可有御相談、所然ヲ理運ノヨシニ而関東へ無御談合事《勅許被仰出》、沙汰之限也、

これによると、近衛の左大臣転任の際、京都所司代戸田への事前談合がなく、戸田は「以外発怒」したという。戸田は過去に近衛から蔑ろにされていたのである。しかも、次の伊達家文書中の「覚」は、戸田の立場からは許し難いものであった。

【史料13[59]】

近衛様（基熙）御口上之覚

（中略）

一、（第四条）其御身（近衛基熙）御才学も無之、ケ様之義被仰入事も、御遠慮之至ニ被思召候へとも、譜代之摂録之臣ニて、已ニ一上ニも被任、此上後之職ニも被補候半ヲ、御辞退可被成義も無之候故、何とそ朝廷之御様子もわけのよろ

しき様ニ被成度思召候か、いか〻可有哉、又ハ唯今迄之通ニ被成候而可然事歟、当分御身持弁かたく思召候ニ付、いか様とも御了簡次第、御異見をも被仰度思食候事、

（中略）

一（第六条）、若右被仰候品、御尤ニ思召候ニおゐてハ、禁中（霊元天皇）御沙汰之義、関白（鷹司房輔）伝奏（花山院定誠・千種有能）一堂仕候上、越前守殿（戸田忠昌）へも被仰通度事、又ハ一堂ニ無之時ハ、関白より越前守殿ヲ御里亭へ被招候て、直々御談合被成候様ニ被成度事、又ハ品ニより直々其許へも御内談被成度事、

これは、山口和夫氏によると、延宝六年（一六七八）に関白らが機能せずに天皇の行動が先行する宮中の状況について、近衛から伊達家抱の連歌師を通じ、伊達綱村経由で老中稲葉正則に「内部告発」したものである(60)。天和期の関白人事との関連で重要な点は引用した第四条と第六条だろう。すなわち、近衛は第四条でみずからの関白就任に意欲を示すと同時に、第六条で宮中の正常化のために関白らと京都所司代の連携を求めたが、これは戸田から見れば、みずからの不行届を江戸城へ内報されたも同然であった。しかも近衛は再び京都所司代の知らぬところで関白就任工作を行ったことにもなり、綱吉政権高官の戸田から見れば、先行研究のいうほど近衛は幕府に協調的な者とはならず、むしろスタンドプレーを行う危険人物となり、戸田は懲罰的な意味も込めて、あえて近衛に打撃となる超越人事を綱吉に具申し実行したものと思われる。

この人事は決して天皇の発案を幕府が易々と容認したものではなく、朝幕間の意思疎通重視策の一環として理解されるべきものである。天和期の綱吉政権は宮中の運営を近衛に託さず、それがたまたま天皇の主観とも一致したということだろう。

このような中、五宮の儲君治定と立太子は、天皇と綱吉が共同で行った廃一宮によって半ば強引に皇位継承候補者とされた五宮の地位保全のために企画された。それは、老中へ転じた戸田らの支持を得た関白一条冬経が武

家伝奏らを通じ天皇の意向を江戸に伝え、将軍綱吉が東宮の五宮を別格と位置づけて廃一宮により傷ついた皇位継承行為の権威と秩序の回復を目指す観点から同意して実現したものであった。その直後、霊元天皇は表4のように五宮への譲位を表明したが、しかし、それへの綱吉の返答は、次の一条冬経の日記の貞享元年（一六八四）三月二十七日条に記されたような内容であった。

【史料14[61]】

御対面、武家伝奏（花山院定誠・甘露寺方長）被告云、御譲位事、於関東委細申達、先例悉入披見、大樹（徳川綱吉）勅答趣、如此事強不可依先例欤、主上（霊元天皇）未令及中年給、東宮（朝仁親王）御幼少也、於此儀者被停止可然欤、仍不及此沙汰云々、（以下略）

綱吉は、天皇が歴代の在位年数などを根拠に譲位を表明した点について、譲位はしいて先例によるべきではないなどの理由で反対した。この綱吉の返答は、幼少の東宮への譲位を認めないという意味で、久保氏のいう「天皇の「院政」志向」を確実に否定するものであった。このように綱吉が譲位に反対しつづければ、譲位を強行でもしない限り天皇の主観は実現せず、貞享元年（一六八四）三月までの綱吉政権は、譲位反対という方法で天皇の動きに対応できていた。

ところが、表4にあるように、わずか中一年後の貞享三年（一六八六）、天皇が再度先例を根拠に譲位を表明すると、綱吉は「将軍家（徳川綱吉）勅答云、主上（霊元天皇）不御老年、最雖不遅事、依吉例被仰下之上者、兎角被任叡慮、不可有子細欤[62]」として譲位を一転して認めている。問題はこのような綱吉の対応の変化の意味であるが、先行研究は検討していないのである。

いったい貞享元年（一六八四）四月から貞享三年（一六八六）閏三月までの間に何があったのか。このような観点から検討すると、まず綱吉政権の陣容の大幅変更に注意する必要がある。すなわち、貞享元年（一六八四）八月二十八日に堀田正俊が稲葉正休に刺殺されたが[63]、戸田の後任の京都所司代稲葉正往は正休の縁者のため籠居となり、同年九月十二日に赦免されたものの[64]、その約一年後の貞享二年（一六八五）九月、京都所司代は稲葉から大坂城代であった土屋政直に交替している[65]。これは通常の人事のようだが、実はそうではなく、それが綱吉の意向であったことは一条冬経の日記の「於関東以土屋相模守（政直）可為諸司代由、大樹（徳川綱吉）被厳命、丹後守（稲葉正往）儀、未申来、近日三枝能登守（守輝）為上使上洛、申渡、尤善悪難斗、呑気、由申之云々小嶌退出、此儀善悪難斗、諸司代役先被命他人、其後被申渡丹後守旨、誠不審[66]」という記述から明らかである。土屋の京都所司代就任が先に決定され、稲葉へは事後に上使から交替が告げられるという異例の手続きである。

この綱吉の異例の対応は、稲葉の江戸帰府後も同様であり、老中戸田忠昌の日記には「稲葉丹後守（正往）義、越後高田へ所替被　仰付候、城破損モ有之候ニ付、一万両拝借被　仰付旨、山吹ノ間老中列座、豊後守（阿部正武）被申渡、京着以後、　御目見無之、同十五日（貞享二年十二月）、丹後守（稲葉正往）京都帰之御目見、無御言葉[67]」とあり、江戸へ帰府後、稲葉には御目見もなく、越後国高田への所替が命じられたあとの御目見の際には言葉もかけられなかった。これは綱吉による京都所司代の更迭人事であった。

この更迭人事の理由については戸田茂睡の『御当代記』に風聞が記されているが[68]、筆者は後任の土屋宛の「老中御書附」に「一、年頭之上使参　内　院参之時斗、相模守（土屋政直）可被致同道候、両伝　奏江振舞之節、相伴被罷越儀者無用候、勿論堂上方幷御門跡方江振舞被相越儀、不入儀候事[69]」という行動規定がある点に注意すべきと考える。京都所司代が宮中で謙りすぎぬよう釘を刺す内容であり、関白一条の日記にも稲葉との関係について「又丹後守（稲葉正往）不意無隠悉告之、向後予（一条冬経）無隔心、不依何事於有疑惑事者可相談[70]」とあり、関白や宮中と近くなりすぎた稲葉の姿勢が綱吉の不興を買った可能性はある。事実、後任の土屋は関白との関係について「御用之節ハ折々関白殿（一条冬経）へハ参候義可有御座候、内々左様ニ被思召可被下候[71]」と江戸へ逐一報告し、綱吉は土屋に「御用之節、折々関白殿（一条冬経）へ参候義申上候処、被聞召届候、かろ〳〵敷無之様ニ相心得可申由[72]」を命じているのである。

綱吉は堀田亡き後に「専制君主」[73]化したというが、その影響が京都所司代人事にも現れ、綱吉は稲葉の下での幕府と朝廷との必要以上の接近と秩序の乱れに忌避感を持ち、稲葉を更迭して土屋に宮中対策を任せたものと思われる。その土屋と綱吉政権は、霊元天皇の二度目の譲位表明について、いかに分析し、なぜ容認したのだろうか。次節で検討しよう。

第三節　貞享期における霊元天皇譲位・大嘗会再興と綱吉政権

本節では、霊元天皇の二度目の譲位表明に対する綱吉政権の対応を扱うが、その際、前節で少々用いた京都所司代土屋政直と江戸城の幕閣との往復書状が留められた『自筆之書状下書』を用いる[74]。これは、国文学研究資料館所蔵の常陸国土浦土屋家文書中に含まれる横帳（法量タテ一四・五センチ×ヨコ四五・五センチ、丁数一〇八）の書状留であり、原題は表紙に「自貞享三丙寅歳十月　自筆之状下書」とある。「自筆之状」は老中奉書等と異なり、土屋の解説によれば「惣而重立ノ御用之義ハ江戸・京都ゟも自筆ニ而相認、外之ものニハかゝせ不申候[75]」というから、右筆にも関与させられない機密事項に関わるものであり、老中など高官が自筆で本文・名乗を記した書状のことである。この史料に、貞享三年（一六八六）の霊元天皇の譲位表明等に関する京都所司代の情勢分析と将軍綱吉以下の考えが記されているので、検討しよう。

次の史料は「貞享三年十一月七日付大久保忠朝・阿部正武・戸田忠昌・牧野成貞宛土屋政直書状案」の一節である。これは京都所司代から老中ら宛の返書であるが、傍線部分は来翰の引用であり、そこには将軍の現状認識が記されている。

【史料15[76]】

一、禁中ニ而今程対御為存入候而勤被申候公家衆無之、御勝手向之義しまり不申様ニ被為聞候、尤修理・出雲（佐野盛綱・久留嶋通貞）

御賄等之義申付候ても、御側向之衆しかと無之候て者万事ニ付宜ヶ間敷と思召候間、東宮（朝仁親王）御即位之砌、両伝（柳原資廉・千種有維）奏と御側向之衆弥被申談、御ついへ成義無之様ニ被相斗候様ニと急度申達候ハヽ、可然思召候、了簡之通無遠慮可申上由奉得其意候、存寄之義遠慮可仕様も無御座、殊被仰下候上ハ猶以私も遠慮不仕候

（傍線は筆者）

すなわち、禁中の勝手向や公家衆の勤務状況の問題点が将軍の耳にも入っていたことがわかり、綱吉は、武家伝奏と側近の公家衆は東宮即位の際によく相談して対処するよう京都所司代から遠慮なく達するべきであるとの考えを示している。これに対して土屋は、その指示を将軍の意向として明示することを求め、つづけて次のような意見を申し述べている。

【史料16】(77)

一、東宮（朝仁親王）御即位以後ハ何とそ各別わけも御座候義ハ各別、諸事院御所ゟ御指引無御座候様ニ、是ヲ第一ニ仕度候、御幼年ニ而、当今（霊元天皇）之御まねヲ不被遊候様ニ仕度候、扨御用向・御作法之義ハ関白（一条冬経）殿・両伝奏（柳原資廉・千種有維）相談之上、私（土屋政直）へも御申聞候様ニ仕候ハヽ、御作法もよく可相成御座候《事もしまり可申と》と奉存候間、此義も弥被遂御相談、其御地ゟ私迄江被仰下候様ニ仕度候、（以下略）

土屋は、東宮（のちの東山天皇）即位後は特別の場合を除き、上皇からの指図は無用とし、これを第一の優先事項にしたいと述べ、東宮が霊元天皇の真似をせぬようにいたしたく、「御用向・御作法之義ハ」関白・武家伝奏と相談の上、京都所司代にも申し聞かせれば事も締まると思われるので、江戸城よりこの旨を指示して欲しいと依頼している。田中暁龍氏の述べるとおり、これをうけて発せられた老中連署自筆書状が、久保貴子氏の紹介した『基量卿記』に記載の貞享三年（一六八六）十一月二十三日付の書状であり、老中は譲位後の霊元上皇による東宮（のちの東山天皇）への指図禁止等を明記し、京都所司代へ伝えた(78)。ところが、田中氏の指摘にもあるように、

土屋はこの内容を天皇へ伝えるに際して「躊躇」し、もし新帝への指図無用の件を早期に伝えて天皇の機嫌を損ねたならば、譲位前のさまざまな御用も停滞することから、譲位後の件は譲位直前に伝えるようにしたいと申し入れている(79)。その該当箇所が次の史料である。

【史料17(80)】

御譲位以後も、御《禁裏》指引不被遊候様ニとの義ハ御譲位前比ニ被仰下候《中参候》様ニ仕度候、花山院（定誠）殿事斗ニ而も御機嫌よく御座あるましく候、其上ニ御譲位以後御指引無之様ニとの御事、旁御ふくれ被成、諸事御こだわり被遊候ハヽ、御譲位前之御用とも相滞、万端無覚束、下々迠之迷惑ニも可有御座候、其外如何と奉存候義も御座候、此節、其御地御用多可有御座候間、申上候も遠慮ニ存候得共、此上何之事もなく御譲位・御即位ともニ首尾よく事済申候様ニと奉存候付、重而存念之趣申上候、（以下略）

田中氏は明確に述べていないのだが、そのような土屋の「躊躇」は、何事もなく無事に譲位・即位を実現させたいとの思いからであった。しかも、土屋は別の老中ら宛の書状で、今後の不測の事態に備え、「院附」の武家を譲位前に上洛させれば安心であり、この代替わりの節目での対応が最も肝心であると陳情している(81)。土屋は、譲位後を想定して天皇周辺で動く人物として「有栖川殿（幸仁親王）・醍醐（冬基）・西洞院（時成）・土御門（泰福）右か様之面々、花山（花山院定誠）と日比入魂之由(82)」を把握しており、霊元天皇在位中の勝手向の浪費や禁中の秩序の乱れをふまえ、譲位後もそれが継続・悪化することを恐れていた。したがって、東宮（のちの東山天皇）が霊元天皇の悪影響を受けないうちに譲位を早期に実現する必要があると考えたのである。

第一節でみたように、そのような中で天皇側から提起された案件が大嘗会の再興であり、それを幕府が容認した背景は不明のままなのであるが、土屋政直の『自筆之書状下書』には、次のように大嘗会再興をめぐる幕閣間のやりとりも記されている。

【史料18(83)】

一、大嘗会之様子も承合候処、式法ニ仕候得ハ大造成事ニ御座候、又かろくも仕候《罷成候》、今度御同心ニ候ハヽ、成程諸覚悟ヲ被成、御即位之下行半之内ニ而可被相調候由ニ御座候、○《左候得者》臨時ニ御物入と申ニも無御座候、其外障ノ義も無御座候由候間、大嘗会被行候様ニ被遊《被遊》候可然候ハん哉と奉存候、左候得者、御即位も四月ニ相成《罷成》、御障も無之内ニ早ク事済可然《候段、乍推参》かと奉存候

すなわち、『自筆之書状下書』で土屋は、大嘗会は大祭ではあるものの、簡略化も可能だとの見解を朝廷から聞いており、もし再興を容認してもらえるならば、朝廷は覚悟して臨時支出を求めないと述べていることを申し添えている。そのうえで土屋は、他に支障もないことから大嘗会を挙行してもよいと思うと述べ、挙行を決めれば大嘗会は十一月であるから即位儀の日程も自動的に決まって四月となり、支障なく速やかに譲位が済むのではないかとの所見を述べている。このことから、幕閣の判断の優先事項は、いかに速やかに譲位を実現するかであり、土屋は大嘗会の件で譲位関係の調整が長引き、譲位の遅れることを危惧し、簡略化して費用も必要ないならば認めたほうが得策であるとの判断をしていたことがわかる。この意見具申をうけて綱吉政権は「旧例之義候間、諸色かろく被成、大嘗会御執行候様ニ両卿(柳原資廉・千種有維)江可申達由」(84)を土屋に指示した。

だが、もう一つの新事実として、次の「貞享四年二月四日付大久保忠朝・阿部正武・戸田忠昌・牧野成貞宛土屋政直書状案」からは、大嘗会再興容認の二ヶ月後、土屋は老中らから綱吉のある心配を伝えられて対応していたことが判明する。

【史料19(85)】

一、大嘗会之事、先日御勝手次第被遊候様ニと被仰越候得共、より〳〵御聞被成候得者、武家之天下之時者無之例之様ニ申候、左候得者、禁裏ニ而も御遠慮可有之義と被思召候、併最早最前相済申上之義ニ候得者、

関白殿(一条冬経)幷両伝奏(柳原資廉・千種有維)江も承合可然候、其御地ゟ急貢(ママ)被仰候事にてハ無御座候間、其心得ヲ以相尋、若右之通ニ候ハヽ、御遠慮被成候様ニ相談可仕旨、事済候以後、さた有之候ハヽ、不念ニ可罷成と思召、被仰下候旨、
奉得其意候、(以下略)

大嘗会再興の容認後ではあるけれども、綱吉は「武家之天下之時(86)」に大嘗会を挙行した例がないとの話を耳にしたといい、もしそのとおりならば禁裏も遠慮すべきだとの考えであった。しかし、もはや容認したことではあるので、慎重に関白らへ話すとともに、もし「武家之天下之時」の挙行例がないのならば「御遠慮」になるよう相談せよと指示している。これは「武家之天下之時」に本来ないものが実行されてしまってからでは遅く、「不念」だからという綱吉の考えからであった。結果的には、土屋が武家伝奏らと調査して「武家之天下之時」にも大嘗会は挙行されていることが確認されて事なきを得たが(87)、ここからは綱吉がみずからの治める「武家之天下」においては、前代・当代・後代の外聞に照らして相応しい宮中儀礼については挙行を容認する姿勢であったことがわかる。

ここでいう綱吉の治める「武家之天下」とは、第一部第三章で引用の「寛永十八年七月五日付酒井忠勝宛徳川家光御内書」において、綱吉の父家光が酒井忠勝に対して述べたところの「此天下の義ハ　こんけん様(徳川家康)御ほねをおられ、ほこさきにて御納被成候て、たいとく院殿(徳川秀忠)ちんきにて御あとつかせられ、代々納たる天下のきハ、からにも日本にもまれなるきに候ニ、其御あとをふせうなる身にてつき候義、ミやうりの程おそろしく候まゝ、いかやうにも天下のつゝきおさまらん義をあさ夕くふう(88)」すべき「天下」であった。

したがって、史料18や史料19などをふまえると、当時、高埜利彦氏のいうような「朝廷から見て妥協のある、古式にのっとらない不満足な大嘗会とはいえ、幕府側がこれを全否定せずに容認したのは、幕府による朝廷統制策の転換の表れであった。国内外の安定の中、武威を後退させる代りに、身分や家の序列を重視することで将軍

権威の上昇をはかる幕府は、儀礼を重視し、従来の天皇・朝廷の権威を封じ込めるのではなく、朝廷儀礼などを復興させる方針に転換した(89)」から綱吉政権下において大嘗会の再興があったのではなく、当時の幕府としては、宮中の勝手向の浪費や秩序の乱れをふまえ、霊元天皇の譲位を早期に実現させる必要があると判断しており、大嘗会の挙行を望む天皇との交渉が長引くことによる譲位の遅延を回避するため、また大嘗会は前代・当代・後代の「武家之天下」にとって挙行しても差し支えない儀式だとの裏づけが得られたから、綱吉は大嘗会の再興を容認したと考えるべきだろう。

京都所司代稲葉正往の更迭後、土屋政直の京着は貞享二年（一六八五）十一月七日であったが(90)、その約四ヶ月後、貞享三年（一六八六）三月八日、土屋は武家伝奏から霊元天皇の二度目の譲位の意向を聴き、「不返事事候得共、御吉例之上者、御尤之由」を返答している(91)。綱吉による譲位容認の約一ヶ月前に京都所司代が容認の感触を武家伝奏に伝えていたことからも、綱吉政権は稲葉更迭後の宮中の状況を土屋に調査させ(92)、天皇から再度の譲位表明があれば容認する判断をすでに固めていたものと思われる。土屋の調査結果と意見具申の内容は、前述したような宮中の勝手向に関する情報や天皇とその周辺による譲位後を想定した水面下の動きなど、天皇在位中の諸問題の報告とそれらの抜本的是正策の提言であったと推測され、綱吉政権は上皇の権限を否定したうえでの霊元天皇譲位の早期実現が効果的と判断したのだろう(93)。

この綱吉政権の判断はある程度功を奏し、譲位後の「貞享四年五月七日付大久保忠朝・阿部正武・戸田忠昌・牧野成貞宛土屋政直書状別紙案」には新帝の東山天皇について「当今（東山天皇）ハ御生付御静ニ御読書等も被成、一段宜候由」とする摂政・一条冬経の発言が記され、土屋も同書状案で「仙洞（霊元上皇）ニも兼而存候様ニ無御座、御譲位以後御しつそニ御つゝしミ被遊候由ニ御座候、朝夕之御料理も殊ノ外軽ク被仰出、且又、下々へ之御いたはりも御座候由ニ候、唯今之通ニ御座候得者、禁裏（東山天皇）・仙洞ともニ重畳之義と寄合候而申事ニ御座候」と述べて、譲位後は宮中の奢侈も改まり、霊元上皇の素行も改善したとの認識を示した(94)。この譲位後、貞享四年（一六八七）十月十三日、土屋は老中となり、京都所司代には内藤重頼が就任した(95)。土屋が綱吉から霊元天皇と宮中の諸問題の善処を託されていたことは、この人事の実施時期からもうかがわれよう。

天和期の将軍綱吉は、天変の日に誕生した一宮を皇位継承不適格者とする霊元天皇の意向に同意し、霊元天皇の「勅命」に違反した小倉実起を断固処罰するとともに、廃一宮により傷ついた皇位継承行為と皇位継承候補者五宮の権威回復を図り、その一環として立太子節会の再興を容認していた。

また、貞享期の綱吉は、京都所司代と宮中との必要以上の接近による馴れ合いによって幕府の威光が減退することを恐れ、京都所司代稲葉正往を更迭するとともに、宮中の奢侈抑制および霊元天皇の素行是正と、霊元天皇の素行の悪影響が次代の東山天皇へ及ぶことを防止するため、一旦は諫止した霊元天皇の譲位を容認し、譲位の早期実現を図って宮中の秩序回復を目指したこと、その過程で霊元天皇から示された大嘗会再興の要望も、右の観点から譲位の早期実現を優先させるために容認していた。綱吉は「武家之天下」の主宰者として、幕府の威光と外聞を意識しつつ、皇位とその担い手である皇族を慎重に管理しようとしていたが、儀式の再興は、あくまでも将軍綱吉の皇位管理政策を実現させるための一つの手段であり、「武家之天下」の許容範囲内で実施される性格のものであった。その綱吉の「武家之天下」にとって皇位とは何であり、その後の政権において皇位の位置づけがいかに変遷していくのかについては、次章で検討しよう。

（1）　朝尾直弘「幕藩制と天皇」（原秀三郎他編『大系　日本国家史』三、東京大学出版会、一九七五年、のち朝尾直弘『将軍権力の創出』岩波書店、一九九四年、のち同『朝尾直弘著作集　第三巻　将軍権力の創出』岩波書店、二〇〇四年に再録、本書での引用は『朝尾直弘著作集』による）二〇二頁。

(2) 前掲註(1)朝尾「幕藩制と天皇」二〇二頁。
(3) 朝尾直弘『将軍権力の創出』(岩波書店、一九九四年、のち同『朝尾直弘著作集　第三巻　将軍権力の創出』岩波書店、二〇〇四年に再録、本書での引用は『朝尾直弘著作集』による)「まえがき」iii頁。
(4) 前掲註(3)朝尾『将軍権力の創出』「まえがき」iv頁。
(5) 朝尾直弘「将軍政治の権力構造」(朝尾直弘他編『岩波講座　日本歴史』一〇、近世二、一九七五年、のち同『将軍権力の創出』岩波書店、一九九四年、のち同『朝尾直弘著作集　第三巻　将軍権力の創出』岩波書店、二〇〇四年に再録、本書での引用は『朝尾直弘著作集』による)。
(6) 高埜利彦「江戸幕府の朝廷支配」(『日本史研究』第三一九号、一九八九年三月、のち同『近世の朝廷と宗教』吉川弘文館、二〇一四年に再録、本書での引用は『近世の朝廷と宗教』による)。
(7) 高埜利彦「近世朝幕研究の立脚点」(『朝尾直弘著作集　第三巻　将軍権力の創出』月報2、二〇〇四年一月)四頁。
(8) 前掲註(6)高埜『近世の朝廷と宗教』四〇頁~四六頁。
(9) 前掲註(7)高埜「近世朝幕研究の立脚点」四頁。
(10) 「近世朝幕研究」という用語・分類については、前掲註(7)高埜「近世朝幕研究の立脚点」四頁。だが、最近、「近世朝幕研究」のなかからも、田中暁龍「貞享期の朝幕関係――京都所司代土屋政直を中心に――」(『桜美林論考　人文研究』創刊号、二〇一〇年三月、のち同『近世前期朝幕関係の研究』吉川弘文館、二〇一一年に改題して再録、本書での引用は『近世前期朝幕関係の研究』による)のように、幕府の政策実施の意図を検討しようとする論文が発表されている。
(11) 前掲註(6)高埜『近世の朝廷と宗教』四〇頁~四三頁。
(12) 前掲註(6)高埜『近世の朝廷と宗教』四五頁。
(13) 高埜利彦「一八世紀前半の日本――泰平のなかの転換」(朝尾直弘他編『岩波講座　日本通史』十三、近世三、岩波書店、一九九四年、のち高埜利彦『近世の朝廷と宗教』吉川弘文館、二〇一四年に再録、本書での引用は『近世の朝廷と宗教』による)四三六頁。
(14) 綱吉政権は延宝・天和・貞享・元禄・宝永の長期にわたる。前掲註(13)高埜「一八世紀前半の日本」も、政権内の変化等を述べるが、明確な形で対天皇・朝廷政策の叙述に反映されているわけではない。深井雅海『徳川将軍政治権力の研究』（吉川弘文館、一九九一年）や塚本学『徳川綱吉』（吉川弘文館、一九九八年）等によれば、同政権を一括りでは議論できない。

(15) 前掲註(6)高埜『近世の朝廷と宗教』四三三頁。

(16) 前掲註(6)高埜『近世の朝廷と宗教』四三四頁～四三五頁。

(17) 武部敏夫「貞享度大嘗会の再興について」(『書陵部紀要』第四号、一九五四年三月、のち岡田精司編『大嘗祭と新嘗』学生社、一九七九年に再録、本書での引用は『大嘗祭と新嘗』による）一二二頁～一二三頁。

(18) 前掲註(17)武部「貞享度大嘗会の再興について」一二三頁。日本学士院編『帝室制度史』第四巻（吉川弘文館、一九七九年）第一編第二章第四節第一款。

(19) 前掲註(17)武部「貞享度大嘗会の再興について」一二四頁～一二六頁。

(20) 米田雄介「朝儀の再興」（辻達也編『日本の近世2　天皇と将軍』中央公論社、一九九一年）一七三頁～一七四頁と一七八頁～一七九頁。久保貴子「天和・貞享期の朝廷と幕府――霊元天皇をめぐって――」(『早稲田大学大学院文学研究科紀要』別冊一四集、一九八八年一月、のち同『近世の朝廷運営――朝幕関係の展開――』岩田書院、一九九八年に改題して再録、本書での引用は『近世の朝廷運営』による）一一三頁～一一四頁と一一九頁～一二〇頁。

(21) 前掲註(20)久保『近世の朝廷運営』一一九頁～一二〇頁。

(22) 『兼輝公記』八（東京大学史料編纂所所蔵謄写本、東京大学史料編纂所「所蔵史料目録データベース」）天和二年十二月九日条。

(23) 前掲註(20)米田「朝儀の再興」一七八頁は儲君と皇太子の呼称の別を扱うが、「もっとも儲君の治定は江戸時代の当初から行なわれていたのではなく、霊元天皇のときに皇太子冊立の儀が再興されるが、その皇太子冊立に先立って、儲君の制が定められたのである」とする点は誤解である。註(24)で後述のように、儲君の呼称は寛永期から確認できる。

(24) 「儲君」の呼称は少なくとも寛永期にはすでに使用されているから、従来の近世の制度ならば、「儲君」治定が皇位継承者の表示であった。拙著『日本近世国家の確立と天皇』（清文堂、二〇〇六年）一八一頁～一八二頁。

(25) 『兼輝公記』六（東京大学史料編纂所所蔵謄写本、東京大学史料編纂所「所蔵史料目録データベース」）延宝九年二月十六日条。

(26)『兼輝公記』七（東京大学史料編纂所所蔵謄写本、東京大学史料編纂所「所蔵史料目録データベース」）天和二年三月二十五日条。

(27)前掲註(22)『兼輝公記』八、天和二年九月五日条。

(28)天和元年（一六八一）の伊勢神宮内宮炎上と天和二年（一六八二）の公卿勅使派遣については、藤田覚『近世政治史と天皇』（吉川弘文館、一九九九年）一六四頁～一七三頁に詳しい。

(29)前掲註(20)久保『近世の朝廷運営』一一〇頁～一一三頁。

(30)前掲註(20)久保『近世の朝廷運営』一一一頁～一一三頁。

(31)前掲註(20)久保『近世の朝廷運営』一一四頁。

(32)前掲註(20)久保『近世の朝廷運営』一一三頁と一二〇頁。

(33)前掲註(20)久保『近世の朝廷運営』一一二頁～一一三頁。

(34)『基量卿記』九（宮内庁書陵部所蔵原本）延宝九年九月十七日条。

(35)『基熈公記』八（東京大学史料編纂所架蔵写真帳、公益財団法人陽明文庫原蔵）延宝九年九月二十日条。

(36)『勧慶日記』二十五（『勧修寺家旧蔵記録』四七二、東京大学史料編纂所架蔵写真帳、京都大学総合博物館原蔵）天和元年十月二十三日条。

(37)『中院通茂日記』三（東京大学史料編纂所所蔵原本）寛文十一年四月十九日条。

(38)『中院通茂日記』五（東京大学史料編纂所所蔵原本）寛文十一年八月十七日条。

(39)『中院通茂日記』十（東京大学史料編纂所所蔵原本）寛文十二年五月五日条。

(40)『中院通茂日記』十四（東京大学史料編纂所所蔵原本）寛文十三年二月十六日条。

(41)前掲註(26)『兼輝公記』七の天和二年六月二十三日条には「主上（霊元天皇）依儲君宮母公（松木宗条息女）御寵愛、愛幸儲君（五宮）之甚」とある。

(42)前掲註(35)『基熈公記』八、延宝九年九月十八日条。なお、石田俊氏は前掲註(24)拙著『日本近世国家の確立と天皇』への批判として、寛文期から延宝期にかけての「幕府の皇位管理のあり方を総合的に論じる必要」を指摘している。石田俊「野村玄著『日本近世国家の確立と天皇』」（『新しい歴史学のために』第二七〇号、二〇〇八年四月）二〇頁。本書は、そのような石田氏の批判を真摯に受けとめ、同氏からの批判に応えようとするものでもある。
(43)『江戸幕府日記』（国立公文書館所蔵謄写本）天和元年十月二十八日条。函号は二五七函四号。
(44)『日記（梅小路定矩カ）』（国文学研究資料館所蔵山城国京都久世家文書）寛文十一年八月十六日条。
(45)前掲註(25)『兼輝公記』六、延宝九年二月十六日条。
(46)『勧慶日記』二十五（『勧修寺家旧蔵記録』四七二、東京大学史料編纂所架蔵写真帳、京都大学総合博物館原蔵）延宝九年九月二十三日条。
(47)辻達也「「天和の治」について」（同『江戸幕府政治史研究』続群書類従完成会、一九九六年）。
(48)前掲註(46)『勧慶日記』二十五、延宝九年九月二十三日条。
(49)前掲註(14)塚本『徳川綱吉』八六頁。
(50)前掲註(22)『兼輝公記』八、天和二年九月二十一日条。
(51)『方長卿記』二十三（国立公文書館所蔵原本）天和三年九月九日条。
(52)前掲註(6)高埜『近世の朝廷と宗教』四三三頁。前掲註(20)久保『近世の朝廷運営』一一七頁～一二〇頁。
(53)『基熈公記』九（東京大学史料編纂所架蔵写真帳、公益財団法人陽明文庫原蔵）天和二年二月二十一日条。
(54)前掲註(20)久保『近世の朝廷運営』一一八頁。
(55)前掲註(20)久保『近世の朝廷運営』一二三頁。
(56)山口和夫「天皇・院と公家集団――編成の進展と近世朝廷の自律化、階層制について――」（『歴史学研究』No.七一六、一九九八年十月増刊）七五頁～七六頁。
(57)前掲註(35)『基熈公記』八の天和元年十一月三日条・同年十二月十日条、『戸田侯秘書御日記』一（国立公文書館所蔵謄写本）天和元年十一月十五日条・同年同月十九日条。
(58)『基熈公記』三（東京大学史料編纂所架蔵写真帳、公益財団法人陽明文庫原蔵）延宝五年十二月十日条。
(59)『大日本古文書』家わけ三ノ五、伊達家文書之五、伊達家文書二二七二号、六九九頁～七〇一頁。
(60)山口和夫「近世の朝廷・幕府体制と天皇・院・摂家」（大津透編『王権を考える』山川出版社、二〇〇六年）二二六頁～二二八頁。

(61)『兼輝公記』十一（東京大学史料編纂所所蔵謄写本、東京大学史料編纂所「所蔵史料目録データベース」）貞享元年三月二十七日条。

(62)『兼輝公記』十七（東京大学史料編纂所所蔵謄写本、東京大学史料編纂所「所蔵史料目録データベース」）貞享三年閏三月十日条。

(63)『柳営日次記』（国立公文書館所蔵写真帳）貞享元年八月二十八日条。

この刺殺事件については、最近、小川和也『儒学殺人事件　堀田正俊と徳川綱吉』（講談社、二〇一四年）のとくに第一章・第二章・第七章・第八章が分析を行っている。すなわち、小川氏は徳川綱吉と堀田正俊との対立関係をふまえ、綱吉がみずから、また稲葉正休を通じ正俊に隠退を勧めたものの、正俊がそれを拒否し、立場を失った正休が正俊を刺殺に及んだが、その「犯行を誘導した人物」（小川著書七二頁、以下の本註における丸括弧内の頁数は同書のもの）として綱吉の存在を示唆するとともに、その「傍証」（七七頁）として「事件後の将軍・綱吉の言動」（同頁）を重視し、「将軍が堀田家を忌避していたことは明らかであろう」（八七頁）としている。綱吉と正俊の対立関係の要因について、小川氏は「綱吉の儒学とは、君臣の名、上下の分、すなわち名分を明らかにし、儒学を儀礼化し、独占することで、文化的な覇権《ヘゲモニー》を握り、独裁的な体制を固めるための手段であった」（二七四頁）が、「正俊の儒学」（同頁）においては「君臣義合の立場をとらず」「諫言は無制限におこなうべきだ」（三〇二頁）という考えがあり、「正俊は諫言のはてに、事件が起りうることを覚悟していた」（三〇六頁）と説明している。

小川氏の分析については、まず前掲註(57)『戸田侯秘書御日記』一の貞享元年八月二十八日条が「石見（稲葉正休）懐中ニ書置有之、筑前守（堀田正俊）へ遺恨有之ニ付討果候ト調」とあることをもう少し考慮したほうがよいように思われる。これは老中の戸田忠昌の日記と思われるから、当時の記録として採用すると、稲葉正休の怨恨説は排除できないだろう。また、なぜ正俊に隠居を勧めた綱吉が、それを拒絶されたからといって、わざわざ正俊の刺殺を仕組まなければならなかったのかという点が気にかかる。なぜなら、綱吉が正俊を所替などにすることは可能だったろうし、まさに将軍の上意で正俊を排斥することが表明されさえすれば、正俊はそれに抵抗することは困難だったろうからである。綱吉が正俊の刺殺を仕組んだか否かの考察と、正俊の刺殺によって結果的に綱吉のとったさまざまな行動についての考察は、きちんと分けてなされる必要がある。

そして、何よりも筆者は、小川氏が綱吉の儒学に関する考察の過程で「天子になろうとする綱吉の強い意志」（二六七頁）の存在を指摘していることに違和感を覚える。もし綱吉が天皇からの禅譲を受けずに天子となってしまったら、儒学を学ぶ意味はなくなってしまうのではなかろうか。私見では、徳川将軍家が天子になる一線を越えることについて、そう安易に考えていたとは思えず、むしろそのようなことを慎重に回避しながら実質的な政権運営をしていたのであって、小川氏が前掲著書の二六六頁〜二六九頁にかけて展開した叙述は粗く、本書の見解・立場とまったく異なっている。

(64)『勧慶日記』三十（『勧修寺家旧蔵記録』四七六、東京大学史料編纂所架蔵写真帳、京都大学総合博物館原蔵）貞享元年九月一日条、『兼輝公記』十二（東京大学史料編纂所所蔵謄写本、東京大学史料編纂所「所蔵史料目録データベース」）貞享元年九月十二日条。

(65)前掲註(63)『柳営日次記』貞享二年九月二十二日〜同年同月二十四日条。

(66)『兼輝公記』十五（東京大学史料編纂所所蔵謄写本、東京大学史料編纂所「所蔵史料目録データベース」）貞享二年九月二十八日条。

(67)前掲註(57)『戸田侯秘書御日記』一、貞享二年十二月十一日・同年同月十五日条。

(68)戸田茂睡著・塚本学校注『御当代記——将軍綱吉の時代——』（平凡社東洋文庫、一九九八年）一〇九頁〜一一〇頁。

(69)「老中御書附」（国文学研究資料館所蔵常陸国土浦土屋家文書）。

(70)前掲註(61)『兼輝公記』十一、貞享元年三月二十一日条。

(71)「貞享三年十一月七日付大久保忠朝・阿部正武・戸田忠昌・牧野成貞宛土屋政直書状案」（『自筆之書状下書』〈国文学研究資料館所蔵常陸国土浦土屋家文書〉、以下、『自筆之書状下書』の所蔵機関名等は省略）。

(72)「貞享三年十二月三日付老中・牧野成貞宛土屋政直書状案」（『自筆之書状下書』）。

(73)前掲註(14)塚本『徳川綱吉』一〇〇頁。

(74)この史料は「常陸国土浦土屋家文書」の一つとして史料館編『史料館所蔵史料目録』第十五集（史料館、一九六九年）六九頁に登載されており、早くから公開されていた。しかし、管見の限り、この史料を初めて使用した論文は前掲註(10)田中『近世前期朝幕関係の研究』の初出論文である。

(75)「貞享三年十二月二十五日付三人・牧野成貞宛土屋政直書状別紙案」（『自筆之書状下書』）。

(76)「貞享三年十一月七日付大久保忠朝・阿部正武・戸田忠昌・牧野成貞宛土屋政直書状案」(『自筆之書状下書』)。前掲註(10)田中『近世前期朝幕関係の研究』一八六頁〜一八七頁は傍線部分も土屋の見解と捉えている。

(77) 前掲註(76)。前掲註(10)田中『近世前期朝幕関係の研究』一八六頁〜一八七頁は当該箇所を引用するが解釈していない。

(78)『基量卿記』十二(宮内庁書陵部所蔵原本)貞享三年十二月二十三日条。前掲註(20)久保『近世の朝廷運営』一二六頁。前掲註(10)田中『近世前期朝幕関係の研究』一八八頁。

(79) 前掲註(10)田中『近世前期朝幕関係の研究』一八八頁。

(80)「貞享三年十二月七日付三人・牧野成貞宛土屋政直覚案」(『自筆之書状下書』)。

(81)「貞享三年十一月十六日付老中・牧野成貞宛土屋政直別紙覚案」(『自筆之書状下書』)。

(82)「貞享四年正月九日付大久保忠朝・阿部正武・戸田忠昌・牧野成貞宛土屋政直書状別紙案」(『自筆之書状下書』)。

(83)「貞享三年十一月二十二日付大久保忠朝・阿部正武・戸田忠昌・牧野成貞宛土屋政直別紙覚案」(『自筆之書状下書』)。

(84)「貞享三年十二月三日付老中・牧野成貞宛土屋政直書状案」(『自筆之書状下書』)。

(85)「貞享四年二月四日付大久保忠朝・阿部正武・戸田忠昌・牧野成貞宛土屋政直書状案」(『自筆之書状下書』)。

(86)「武家之天下之時」とはいつごろからを指すのかについては、例えば、熊沢蕃山は次のように述べ、足利尊氏以後としている。『集義和書』巻第一・書簡之一(後藤陽一・友枝龍太郎校注『日本思想大系30　熊沢蕃山』岩波書店、一九七一年)一一頁。

臣下の権つよくて、一旦君をなやまし奉りし事は、平の清盛も同事《おなじこと》なり。後白河院、頼朝に天下をあづけ給ひてより、武家の世といへり。しかれども、王威過半残りて、全く武家の天下ともいひがたし。されば、後醍醐天皇までは、いにしへの王徳をしたふ者も多かりき。しかる所に、北条の高時、奢《おご》りはまり、天道にそむき、人民うとみたる時節、天下をとりかへし給ひしかば、公家《くげ》に帰したり。しかれども、天皇、道をしろしめさず、賢良を用ひ給はず、昔と時勢のかはりたる事をしり給はざりし故に、うらみいきどをる者多出来《おおくいでき》て、武家の権をしたはしく思ふおりふし、高氏《たかうじ》おこりて天下をとりてより此《この》かた、一向《いっこう》武家の世とはなれり。是より天下の諸大名、大樹《たいじゅ》を主君とし奉りて、天子にはつかふまつらず、陪臣《ばいしん》の、国の君を主とすると同理《おなじり》なり。(以下略)

大嘗会の不挙行の期間について、綱吉の耳にどのような情報が入ったのかは不明だが、実際には前掲註(6)高埜『近世の朝廷と宗教』四三四頁がいうように後土御門天皇以後（将軍は足利義政以後）、大嘗会は途絶していた。

(87) 前掲註(85)。前掲註(86)のように、足利尊氏以後を「武家之天下之時」とするなら、妥当な結論である。

(88) 山本博文「新発見の小浜酒井家文書」（『東京大学史料編纂所　研究紀要』第七号、一九九七年三月）。東京大学史料編纂所所蔵小浜酒井家文書。

(89) 前掲註(6)高埜『近世の朝廷と宗教』四三五頁。

(90) 『兼輝公記』十六（東京大学史料編纂所所蔵謄写本、東京大学史料編纂所「所蔵史料目録データベース」）貞享二年十一月七日条。

(91) 前掲註(62)『兼輝公記』十七、貞享三年三月八日条。

(92) 前掲註(10)田中『近世前期朝幕関係の研究』一七七頁は、貞享三年（一六八六）六月の土屋の調査を解明している。

(93) 綱吉政権の理想とする上皇は明正上皇であり、「貞享三年十一月七日付大久保忠朝・阿部正武・戸田忠昌・牧野成貞宛土屋政直書状案」（『自筆之書状下書』）には「本院様《（明正上皇）》ニハ諸事御質素ニ被遊候故、御勝手も御不如意ニ無御座、其上何之六ヶ敷義も不被仰出、結構成御義、いつれも仕合と悦申候」とある。事実、霊元上皇の処遇については「貞享四年二月十八日付大久保忠朝・阿部正武・戸田忠昌宛土屋政直書状案」（『自筆之書状下書』）に「当今《（霊元天皇）》御譲位以後者、本院《（明正上皇）》御所之格ニ相心得可申」とあるように明正上皇の「格」とされた。

(94) 「貞享四年五月七日付大久保忠朝・阿部正武・戸田忠昌・牧野成貞宛土屋政直書状別紙案」（『自筆之書状下書』）。

(95) 前掲註(63)『柳営日次記』貞享四年十月十三日条。

第二章　元禄・宝永期の徳川綱吉と「かけまくもかしこき日のもとの国」

本章は、前章までの分析をふまえ、その後の徳川綱吉がそれまでの徳川将軍家の国家構想をどのように受け継ぎ、その中で天皇・朝廷をどのように認識し、位置づけていたのかを解明するため、綱吉政権後半の対天皇・朝廷政策とその目的、また綱吉政権と東照大権現・日光東照宮との関係について、政治史的に再検討することを試みる。

高埜利彦氏によれば、綱吉政権の対天皇・朝廷政策については、幕府による「統制機構」をふまえながらも、「この時期の朝廷儀礼や朝儀の復興の数々」の存在が特徴として指摘され、その特徴は、近世初期・前期における「幕府の支配は思いのまま」の段階から「三代将軍までの軍事指揮権にたよった支配方式ではない、「平和」な時代の秩序維持を図る上から、幕府はより一層、将軍権威を高める必要から、朝廷や天皇が担わされた国家に持つ儀礼上の存在意義を必要とした」段階への変容の所産として、さらに「朝廷側の、とりわけ霊元天皇の積極的な意図に着目」して描かれてきた(1)。

この綱吉政権の対天皇・朝廷政策をめぐる評価と説明は、その後、ほかの研究者による朝幕関係史の研究を盛んにさせ、そこでは近世中・後期の朝廷内の法制面・制度面の解明が進み、それら諸制度の歴史的位置づけも、幕府による統制をベースとしたそれまでの機構を再確認したものか、あるいは朝幕協調路線の所産とされ、それらをうけ、高埜氏によって「かくして、幕府から見た時、将軍権力のより一層の権威化のために朝廷権威を協調的に補完させる体制は、これ以後続くことになる」との理解が示されるに至っている(2)。

確かに朝幕関係史として立論した場合、朝廷と幕府との関係が捕捉されればよいから、朝幕協調の指摘自体は誤りではない。だが、近世中期に、家綱政権から綱吉政権、綱吉政権から家宣・家継政権、吉宗政権へと、同じ江戸幕府でありながら互いに性質の異なる政権が推移する中、とくに綱吉政権から家宣政権にかけては、かなり特徴的な対天皇・朝廷政策が打ち出されたにもかかわらず、朝幕関係史の立場からは、当該期の幕府による対天皇・朝廷政策について、前代の政策の再確認をふまえた統制ベースの朝幕協調政策という以上の説明はなされない(3)。すなわち、綱吉政権後、なぜ家宣政権は綱吉政権の政策を継承せず、なぜ新井白石らが天皇との関係を含む将軍の地位を根本的に変革しようとまで試みたのかという(4)、両政権にまたがる「なぜ」の部分への答えを用意できておらず、綱吉政権の対天皇・朝廷政策の基調を朝幕協調路線とするのみでは、次の段階の背景と意味を具体的に説明できないのである。

だが、このような状況に陥った原因については、前述の朝幕関係史の限界以外に、もっと別の問題も想定できるかもしれない。すなわち、これまで近世中・後期を展望する際、必ず起点とされてきた綱吉政権の対天皇・朝廷政策について、それを朝幕協調・儀式再興の線で理解してきたこと自体、正しかったのかという問題である。

従来の綱吉政権の対天皇・朝廷政策に関する議論は、それぞれ政策の実施年に開きがあるにもかかわらず、それらは同一の政策目的で実施されたものとして一括りに理解・説明される傾向にあった。例えば、綱吉政権の対天皇・朝廷政策の特徴とされる諸儀式等の再興等について、各々再興等の時期は異なるのに、各儀式等は時々の具体的政治課題に沿って再興された可能性があるという分析視点はほとんどなく、各儀式等の性格や再興実現の背景分析が実証的に不充分なまま、再興をめぐる歴史的評価が将軍の権威の強化のための朝幕協調という観点から性急に打ち出されており、しかもそれらは将軍の権威強化に関わる問題であるとされながら、一方で綱吉が東照大権現と距離をおこうとしていたことの証拠であるともされているのである。(5) しかし、綱吉政権が約二十九年にわたり存続した政権であったことも考慮すると、その間の政策を政治史的に評価・検討する方法として、従来の議論は妥当性を欠いていると思われるし、綱吉政権による対天皇・朝廷政策と綱吉の東照大権現観との関連性についても、実は論証されておらず、またそれらを将軍の権威強化論としてみた場合には、将軍の権威を強化したい綱吉がなぜ東照大権現と距離をとるのかなど、政策的・論理的矛盾や不整合が生じるのであり、学説としては成立しにくいのではなかろうか。

綱吉政権の対天皇・朝廷政策については、それ自体、従来の評価を再検討することが肝要である。そのためには、すでに早くから朝尾直弘氏により否定されていた「朝幕関係」という視角からではなく、権力者の「政権構想」の解明を重視し、その中で当時の天皇・朝廷の位置づけを問題にする「政治史」という、朝尾氏の提示した方法へと回帰する必要があるだろう。(6)

第一節　綱吉政権期における諸儀式・諸寺社等再興の特徴

前章でも確認したことだが、貞享期の大嘗会の再興は、確かに先行研究のいうように霊元天皇側の要望を最終的に条件つきで綱吉政権側が容れたことにより実現したものであった。(7) しかし、その容認の背景は、霊元天皇の譲位を急いでいた綱吉政権が、天皇の要望を拒否した場合のリスクを計算のうえ、譲位をめぐる交渉の混乱を防止し、かつ譲位に至るまでの時間の長期化を防ぐ観点から、綱吉が前代・当代・後代の「武家之天下」に鑑みて挙行しても差し支えない儀式と判断したからであった。(8)

事実、綱吉は、大嘗会の挙行容認後、「武家之天下」において大嘗会は挙行されたことがないらしいとの噂を耳にすると、ただちに京都所司代土屋政直に調査を命じ、もし「武家之天下」において大嘗会の挙行の事実がないならば、朝廷に遠慮を願うよう指示している[9]。結局、武家伝奏が「武家之天下」においても大嘗会は挙行されている旨を京都所司代経由で返答し、綱吉は挙行を再度容認したが[10]、このようなやりとりは、先行研究のいう「朝廷儀礼などを復興させる方針」への「転換[11]」が存在したならばあり得ず、実際、この貞享期の大嘗会挙行をうけ、自動的に検討課題に上った元禄元年（一六八八）の新嘗会（新嘗御祈）の再興について、その可否を伺った京都所司代内藤重頼に対する老中の返答は「寔元よりハ御構無御座儀ニ候間、可為御勝手次第儀と存候、左候得ハ、御延引候様ニとも、又ハ被行候様ニ共、此方よりハ難申達候[12]」というものであった。

したがって、やはり綱吉政権期における諸儀式等の再興について、その背後に「朝廷儀礼などを復興させる方針」への「転換[13]」を見る分析は当たらないと考えたほうがよい。その一方、同政権期における諸儀式等の再興等は事実だから、その背景と評価については従来と異なる検討を要するのだろう。

この点について、まず確認せねばならない点は、従来のように諸儀式等の再興を全て綱吉政権によるものとする叙述[14]は誤りだという点である。なるほど確かに再興は綱吉政権の容認のもとに行われたが、再興の主語を綱吉および彼の政権としてしまったことにより、各々の再興の経緯が叙述から脱落してしまったのである。

例えば、綱吉政権の対天皇・朝廷政策を論ずる際に必ず言及される元禄七年（一六九四）の賀茂祭再興は、当時の関白近衛基熙の日記に「賀茂社務職久来、内々所申之祭再興用途之儀、為訴訟明日罷下関東間、為暇乞来云々、令対面[15]」とあるように、上下社側から幕府に要請したものであった[16]。元禄七年（一六九四）からの東大寺大仏殿の再興[17]や元禄十年（一六九七）から元禄十一年（一六九八）にかけての寛永寺根本中堂の造営[18]も同様であり、杣田善雄氏によると、東大寺大仏殿再興への綱吉の関与は、東大寺との関係上、徐々に強まったのであり[19]、寛永寺根本中堂の造営も、『寛永寺御建立記』によれば、寛永寺側が綱吉に要請したものであった[20]。しかも、元禄十一年（一六九八）に寛永寺根本中堂供養が勅会として催される際、寛永寺根本中堂は「瑠璃殿」と名づけられ、勅額を下賜される運びであったが[21]、京都所司代は「従関東中来候内意之趣」として、勅会としての法要は「万端軽」く、江戸へ下向の公卿も少人数とし、導師の門跡は一人で済むならば一人にするようにと述べ、下向の人数は東山天皇から正式に仰せ出される前に、事前に知らせて欲しいと武家伝奏に求めている[22]。綱吉としては、寛永寺根本中堂における勅会を盛大に挙行するつもりはなかったということであり、あくまでも寛永寺の求めに応じて根本中堂を造営し、法要を営むこと自体に何らかの意味を見出していたのだろう。

実はこれらのほか、元禄九年（一六九六）から元禄十四年（一七〇一）に行われた源氏ゆかりの寺社に関する造営への取り組みと神号下賜・神階宣下の奏請[23]や元禄十年（一六九七）から元禄十二年（一六九九）にかけて実施された元禄修陵事業[24]などを含め、元禄期の綱吉政権の特徴として先行研究により指摘・叙述されてきた諸儀式等の再興は、ほとんどが綱吉みずからの発案ではなく、各方面からの要請をうけ、柳沢吉保による選別を経たうえでの受動的なものであった[25]。

だが、ここでさらに確認せねばならない点は、受動的とはいえ、綱吉政権期における諸儀式等の再興は、元禄七年（一六九四）ごろから連続的かつ顕著になっているという点である。この点は、これまでの先行研究において意識されているようでされておらず、元禄期の諸儀式等の再興は天和・貞享期のそれと混同して議論されてきた[26]。

とすると、このように、元禄期の綱吉が諸方面からの再興や造営の要請を受容した理由が問題となるが、その理由は、幕府の儀礼重視の政策転換によるものではなく、また単なる朝幕協調路線の延長でもなかったとするならば、いったいどのようなものであったのか。よく指摘される綱吉と桂昌院の信仰心[27]のゆえだろうか。確かに綱吉母子は幕府財政に影響するほど神仏に傾倒し、寄進などを繰り返したから[28]、彼らの強烈な信仰心の背景についても内在的に理解する必要がある。

その点に関連し、不思議なことに従来まったく検討されていないのだが、はたして綱吉は、みずから積極的に諸儀式等の再興に取り組むことはなかったのだろうか。これまで指摘されてきたような、受動型の再興ではなく、能動型のそれにである。従来、受動型の再興・造営事例も能動型のそれとして描かれてしまっていたが、綱吉政権期（元禄期）における諸儀式等の再興について、その目的解明と歴史的評価を行うためには、同政権によって能動的に取り組まれた諸儀式等の再興に関する事例の有無が鍵となるのではなかろうか。

第二節　徳川綱吉・桂昌院による伊勢神宮・内侍所での祈禱とその目的

綱吉政権が、他者からの要請によるのではなく、主体的に取り組んだ諸儀式等の再興はあるのか。この観点から綱吉らの動向を検討すると、表5にあるように、元禄五年（一六九二）から元禄七年（一六九四）にかけてを中心に、綱吉と桂昌院が伊勢神宮へ代参使を繰り返し派遣するとともに[29]、神宮において施設の再興や寄進を行なっていることが確認される。荒木田経盛の日記に留められた「元禄五年五月十一日付中川四神主宛皆川勘介書状」所引「元禄五年五月二日付覚」には、桂昌院からの代参使派遣について「従三丸様（桂昌院）始而之　御代参候間、両大夫所ニ而七五三之饗応可然候」[30]とあり、この時の代参使は前例のないものとして、神宮においてもとくに対応したことがわかる。

元禄五年（一六九二）から綱吉母子が神宮へ代参使を派遣し、積極的に働きかけねばならなかった理由とはいかなるものなのだろうか。これに関連し、筆者の注目する史料は、武家伝奏柳原資廉の日記の元禄五年（一六九二）四月三日条に留められている、桂昌院の取次で高家の六角広治[31]と武家伝奏の間で交わされた書状である[32]。

表5　徳川綱吉・桂昌院と天皇家およびその周辺による伊勢神宮への代参使派遣等

年　月　日	事　項
貞享5年(1688) 1月4日	将軍綱吉の代参として高家土岐出羽守頼晴を差遣。
1月21日	高家土岐頼晴参拝し両宮に各太刀1腰・馬代黄金10枚を献進。
元禄2年(1689) 1月13日	将軍綱吉の代参として高家品川豊前守伊氏を差遣。
1月21日	高家品川伊氏参拝し両宮に各太刀1腰を献進。
8月13日	両宮式年遷宮に依り将軍綱吉の代参として高家織田美作守信門を差遣。
9月11日	皇大神宮式年遷宮に依り高家織田信門参列し太刀を献進。
9月13日	豊受大神宮式年遷宮に依り高家織田信門参列し太刀を献進。
元禄3年(1690) 1月7日	将軍綱吉の代参として高家大沢播磨守基明を差遣。
1月13日	将軍綱吉の代参として高家品川伊氏を差遣。
元禄5年(1692) 1月21日	将軍綱吉の代参として高家今川刑部大輔氏勝両宮に参拝し各太刀1腰・馬代黄金10枚を献進。
4月21日	将軍綱吉生母桂昌院光子の代参として高家六角広治を発遣。
4月25日	天皇御生母敬法門院藤原宗子参拝。
5月21日	高家六角広治両宮に参拝。
6月1日	高家六角広治将軍綱吉生母桂昌院光子の寄進に依り豊受大神宮斎王候殿を再興。
6月3日	高家六角広治将軍綱吉生母桂昌院光子の寄進に依り皇大神宮宮域内の手水場石垣修築に着手。
8月6日	将軍綱吉生母桂昌院光子の代参として高家六角広治を差遣。
9月1日	将軍綱吉の代参として高家六角広治両宮に参拝。
11月8日	高家六角広治の寄進に依り皇大神宮宮域内の大場茶屋及び宇治大橋前後の常夜灯の普請を着工し28日成就。
元禄6年(1693) 1月21日	将軍綱吉の代参として高家大沢越中守基躬両宮に参拝し各太刀1腰・馬代黄金10枚を献進。
1月22日	将軍綱吉の代参として高家六角広治参拝。
5月1日	将軍綱吉生母桂昌院光子の代参として高家六角広治両宮に参拝。
8月26日	高家六角広治皇大神宮に神楽所を寄進。
9月1日	将軍綱吉の代参として六角広治両宮に参拝。
元禄7年(1694) 1月21日	将軍綱吉の代参として高家織田信門両宮に参拝し各太刀1腰・馬代黄金10枚を献納。
	将軍綱吉生母桂昌院光子の代参として高家六角広治皇大神宮に参拝。
1月28日	将軍綱吉の祈祷として山田奉行岡部勝重大御供を献進。
5月1日	将軍綱吉の代参として高家六角広治両宮に参拝。
5月9日	霊元上皇の代参として宮女按察使参拝。
9月26日	将軍綱吉生母桂昌院の代参として高家六角広治皇大神宮に参拝し大々神楽料黄金60両・神馬料金子500疋・小脇指1腰を献進。
9月28日	将軍綱吉生母桂昌院の代参として高家六角広治豊受大神宮に参拝し小脇指1腰を献進。

元禄８年(1695)１月20日	将軍綱吉の代参として高家大友近江守義孝参拝。
３月10日	霊元上皇の御代参として宮女按察使参拝。
元禄９年(1696)１月21日	将軍綱吉の代参として高家大沢越中守基躬参拝。
３月９日	霊元上皇の御代参として御乳母按察使参拝。
５月12日	将軍綱吉の代参として高家大沢基躬を差遣。
９月７日	霊元上皇院宣を下して明正上皇の病気平癒の御祈祷を命ぜしめらる。
元禄10年(1697)１月21日	将軍綱吉の代参として高家戸田中務大輔氏興参拝。
３月20日	天皇御生母松木宗子参拝。
３月26日	霊元上皇の御代参として女官按察使参拝。
元禄11年(1698)１月21日	将軍綱吉の代参として高家京極対馬守高規参拝し両宮に各太刀１腰・馬代黄金10枚を献進。
元禄12年(1699)４月21日	将軍綱吉の代参として高家織田信門両宮に参拝。
元禄13年(1700)１月21日	将軍綱吉の代参として高家戸田氏興参拝し両宮に各太刀１腰・馬代黄金10枚を献進。
元禄14年(1701)１月21日	将軍綱吉の代参として高家横瀬美濃守貞顕参拝し両宮に各太刀１腰・馬代黄金10枚を献進。
元禄15年(1702)１月21日	将軍綱吉の代参として高家宮原長門守氏義参拝し両宮に各太刀１腰・馬代黄金10枚を献進。
11月16日	関白近衛基熙の旨を以て甲斐国甲府城主徳川中納言綱豊の歳厄祈禳を託せらる。
元禄16年(1703)１月21日	将軍綱吉の代参として高家織田信門参拝し両宮に各太刀１腰・馬代黄金10枚を献進。
元禄17年(1704)１月21日	将軍綱吉の代参として高家中条山城守信実参拝し両宮に各太刀１腰・馬代10枚を献進。
３月９日	先に関東大地震に依り幕府天下泰平・武運長久の祈祷に依りて両宮に各米100石を寄進。
宝永３年(1706)１月21日	将軍綱吉生母桂昌院光子の喪に依り世嗣権大納言徳川家宣(綱豊)の代参として高家織田讃岐守信明両宮に参拝し各太刀１腰・馬代黄金10枚を献進。
９月21日	京都所司代松平信庸上洛の途次に参拝。
	将軍綱吉の代参として高家戸田氏興参拝し両宮に各太刀１腰・馬代黄金10枚を献進。
宝永４年(1707)１月21日	将軍綱吉の代参として高家大沢基躬参拝し両宮に各太刀１腰・馬代黄金10枚を献進。また世嗣権大納言綱豊よりの太刀１腰・馬代黄金５枚を献進。
宝永５年(1708)１月21日	将軍綱吉の代参として高家宮原氏義参拝し両宮に各太刀１腰・馬代黄金10枚を献進。
２月６日	近く立太子節会。ついで立后節会あるに依り当日風雨の難なきため来る８日より７日間の御祈を仰せ出さる。
３月18日	去る８日の禁裏回禄に依る御鎮・国家安全・宝祚長久の７日間の御祈を仰せ出さる。

註：神宮司廳編『神宮史年表』(戎光祥出版、2005年) 150頁～156頁より関係記事を抄出して作成。

管見の限り、この箇条が六角と武家伝奏間で交わされた書状の初見であるが、本条によると、元禄五年（一六九二）三月の武家伝奏による江戸参府の際、武家伝奏は桂昌院とも接触した模様であり、その返礼の書状の別紙覚に、桂昌院からの要望事項への返答が列記されている。それによると、桂昌院は武家伝奏に対し、天皇家以外から内侍所御神楽の執行を依頼できるかどうか、また内侍所における祈禱行為とはいかなるものか、内侍所の女官が勤める「御千度之御祈禱」の祈禱料、さらに寄進を念頭に内侍所で末永く残りそうな物品名について問い合わせた模様であり、武家伝奏は、内侍所御神楽の執行を他者から依頼することは難しいが、内侍所における祈禱行為のうち、「御千度之御祈禱」ならば対応可能であるなどと返答している。

ここからは、元禄五年（一六九二）三月ごろから、桂昌院が内侍所における祈禱行為に関心を示していたことがうかがわれるが、この時点では、その背景までをうかがい知ることはできず、また柳原資廉の日記においても、本件に関する記述はしばらく見出せなくなり、柳原の日記において再び本件に関する記述が見出されるのは、次の元禄五年（一六九二）九月十八日条[33]まで待たねばならない。

> 扨六角越前守（広治）状御出し被遊、此返事申遣候哉と被仰、依之、此義ハ若御用之義も候ん哉と于今相扣申候、御機嫌之由可申遣候由申上、給之、懐中、扨当春（元禄五年）被申　内侍所御神楽之義被　仰出、是ハ彼是被遊、未被　仰出也、兎角関東ゟ　御神楽と申候叓ハ難成事也、若ハ大樹（徳川綱吉）継子有之様ニとの御願として　仙洞（霊元上皇）へ成共、又ハ禁中（東山天皇）ヨリ成共、御神楽被行との事ハ成申事也、（以下略）
>
> （傍線は筆者、以下同）

これによると、武家伝奏柳原資廉は、霊元上皇から六角広治の書状を見せられ、それへの返書を差し出したかを尋ねられている。おそらく三月以後も六角からの書状は届けられていたのだろう。柳原は、ほかに用件があるかもしれないので、差し控えていた旨を述べるとともに、上皇の「御機嫌之由」を返書で伝えると答え、六角の書状を懐中に引き取っている。続いて上皇は、三月に桂昌院から六角を通じ申されていた内侍所御神楽について、さまざまな事情があり、まだ仰せ出されていないとし、とにかく江戸から内侍所御神楽の執行を申すことはできないと明言したうえで、傍線部分のような注目すべき発言をしている。すなわち、「大樹（徳川綱吉）継子有之様ニとの御願として」上皇か東山天皇が内侍所御神楽を執行することは可能だとの発言である。ここからは、桂昌院が内侍所御神楽の執行について、高家六角広治を通じ、霊元上皇にも奏請していたことがわかり、しかもその目的は将軍綱吉の継嗣誕生祈願のためであったことが判明するのである。

また、同じく柳原資廉の日記の元禄五年（一六九二）十月十五日条によれば、霊元上皇は「院（霊元上皇）ノ御申沙汰候而、御差出、過られ候やうニも可有之哉、なれとも、従　仙洞（霊元上皇）、大樹（徳川綱吉）継子為御祈　御神楽も被遊度被　思召由ニ而、幸十一月・十二月御神楽之刻御願、臨時之御神楽御沙汰可被遊思召候由被　仰遣候てハ如何ニ候、定而大樹ニも可為御満足、扨御許容ニ而、弥被行候時宜ニ而候ハ、、其御方々諸子《所司》代迠、何とそ内意も有之候而可然思召也、無左候てハ、所司代（小笠原長重）合点申間敷候半哉」(34)と指示し、みずからがどこまで関与すべきか迷いながらも、内侍所臨時御神楽の活用を念頭に綱吉の継嗣誕生祈願への並々ならぬ熱意を示しており、「幸唯今　院（霊元上皇）ニも宮御懐胎之女中も有之候、当春も申候通、　仙洞（霊元上皇）宮方あまた被為成候ニ付而も、　大樹（徳川綱吉）之御継子無之義、度々被　仰出候事ニ候、殊ニ此中、御懐胎之御方有之ニ付ても、一入被　仰出、此義何とそ被　思召、此度も御願之御神楽可有御沙汰思召候、此義如何之由申遣、可然思召」(35)とまで述べて、皇子女の多い自身と比較しながら、継嗣に恵まれない綱吉のために一肌脱ごうとしていた。

このような上皇の熱意をうけ、武家伝奏柳原資廉は、桂昌院の奏請した内侍所御神楽執行の可否に関連し、六角広治宛に、前述の上皇の考えを「貴殿（六角広治）迠卒度御内證可申入由　仰ニ候」として伝達するため、「当春（元禄五年三月）承候通、ケ様之内證、堅固密々之由、承候故、御気色承候外、曽以他言無之候」と念を押した返書案を作成して上皇へ献じており(36)、後日、その案文どおりの返書が六角に伝達されたものと推測される。したがって、元禄五年（一六九二）

三月ごろから桂昌院が内侍所における祈禱行為に関心を示し、霊元上皇と武家伝奏に内侍所御神楽の執行を依頼した理由は、将軍綱吉の継嗣誕生祈願のためであったことが明らかとなった。

それでは一方、同じく元禄五年（一六九二）から元禄七年（一六九四）にかけて[37]、綱吉と桂昌院が伊勢神宮へ代参使を繰り返し派遣するとともに、神宮において施設の再興や寄進を行った背景とはいかなるものであったのか。その一端は、次に引く荒木田経盛の日記の元禄五年（一六九二）五月二十六日条[38]からうかがえる。

一、同廿六日（元禄五年五月）、御名代越前守様（六角広治）江四神主参、則懸御目申上候、今度御代参首尾能御拝賀被成、目出度奉存候、弥先日被仰付候　上様　三丸様（徳川綱吉・桂昌院）御祈禱、追付　若君様も御誕生被成候様ニ、長官拙者可奉抽精誠候と申上候得ハ、いかにも其通偏願申事ニ候へハ、随分致祈禱候様ニと御申候、（以下略）

すなわち、傍線部分からは、神宮への代参使派遣等の目的も、やはり将軍綱吉の継嗣誕生祈願にあったことがわかるのであり、これら一連の事実は、少なくとも元禄五年（一六九二）から元禄七年（一六九四）にかけての綱吉母子の関心が将軍継嗣の獲得に向けられていたことを示すものと思われる。実際この後、綱吉自身にとって、継嗣の問題は、宝永元年（一七〇四）十一月に徳川綱豊を養子にする旨を綱吉が桂昌院へ打ち明け[39]、同年十二月に正式決定を見るまで重圧でありつづけた[40]。かつて綱吉は、堀田正俊にみずからの将軍就任の経緯について「而寡人（徳川綱吉）之身、本非レ備二天下之主一、以下先君（徳川家綱）無二世嗣一故上、偶受二国家之譲一、而在二斯位一[41]」と述べていたが、就任するはずのなかった将軍職に就いた後、実子徳松を失ったことで[42]、その後の幕府の行く末までもが綱吉の双肩に重くのしかかっていた。その重圧の凄まじさは、綱吉が綱豊（家宣）を正式に養子として迎えた折、そのことに尽力した柳沢吉保に語った「かけまくもかしこき日のもとの国、すべてまつりごとすべき身《み》にて、今《いま》かゝる事《こと》さだめたるは、まことに、此上に、又《また》もありがたき大事《だいじ》となんおもふなり[43]」という言葉にも現れている。

したがって、元禄五年（一六九二）から、徳川綱豊を養子とすることが決定される宝永元年（一七〇四）まで、徳川綱吉の直面していた切実な課題である継嗣不在は、綱吉が、元禄七年（一六九四）ごろから連続的かつ顕著となる諸方面からの諸儀式等の再興に関する要請を(44)、徳川将軍家の存続祈念とそのための敬神・尊仏・祖先追慕という観点から受容していく素地になっていたものと推測されるのである。

第三節　徳川綱吉と東照大権現・日光東照宮

ところで、ここまでの叙述においては、綱吉の祖先神の東照大権現は一切登場しなかったが、綱吉は東照大権現には何ら祈願をしなかったのだろうか。綱吉は家康の命日など節目ごとに江戸城内の紅葉山東照宮へ社参し、日光東照宮へ代参使を派遣して祭礼の執行を命じているから(45)、それらをおろそかにしたわけではないが、綱吉による諸儀式等の再興や継嗣誕生祈願において、東照大権現や東照宮の姿が目立たないことは確かなようである。

この点について、高埜利彦氏は綱吉と東照大権現または日光東照宮との関係について「四代家綱まで行なわれてきた日光社参を、五代綱吉が行なわなかったこと」に注目し(46)、それを「武威を後退させる」ものとみたり(47)、また「五代綱吉政権は、「異国」の使節に日光社参を要請せず、また将軍の日光社参も取り止めた。対照的に、将軍の伊勢神宮への代参が、天和四（一六八四）年からは年頭に恒例化したという事実」を指摘して(48)、「将軍綱吉の日光社参中止は、武威の後退であるとともに、前代まで続いてきた東照権現思想の強調を抑制する意味をも持った。その代りに、綱吉政権は仏教・儒教・神道・陰陽道の比重を高め国家機構の中に制度化することで、依然主柱となる東照権現思想を補完し、国家統治の思想を整備したものと見られる」とし(49)、「二十二社や伝統的官寺崇敬の意図するところは、将軍こそが国家統治者として国家安全祈禱を執行する地位にあること（祈禱主宰権）の明示に他ならなかった。そこに綱吉政権が東照権現思想の強調を抑制した意図を見出せよう」と評価している(50)。

だが、高埜氏の指摘は、前述の綱吉による紅葉山東照宮への社参や日光東照宮への代参使派遣を考慮に入れておらず、日光社参中止の背景を具体的に検討しているわけでもない。また、天和四年（一六八四）から伊勢神宮への年頭代参使派遣が「恒例化したという事実」を指摘するものの、[51]これはすでに家光の段階から行われていることだから援用できない。[52]さらに綱吉によるさまざまな「再興」も「伊勢神宮以下の二十二社を崇敬する姿勢を示した」[53]ものとして一括りに整理できないことは前節までにみたとおりである。

前代までとは異なった、広範な時期にわたる綱吉のさまざまな対応について、具体的背景の分析のないままそれらを「東照権現思想の強調」の「抑制」[54]や「将軍こそが国家統治者として国家安全祈禱を執行する地位にあること（祈禱主宰権）の明示」[55]というように一方向で評価すること自体、もともと無理のある議論である。綱吉が東照大権現や東照宮に対して前代までと異なる対応をとったことは確かなのだから、綱吉の意図の正確な理解のためにも、その背景は当時の史料から具体的に検討されるべきなのではなかろうか。

のちに塚本学氏は、同じく綱吉が日光社参を実施しなかったことについて「綱吉が家康を崇拝せず、日光を尊重しなかったわけではない。だが、歴代将軍のなかで、将軍としての日光社参をしなかった少ない例のひとりが、寺社造営に熱心であった綱吉であり、また歴代将軍のなかで家の字を名に用いない少ない例のひとりでもあることは、注意をひく。堀田正俊の証言によると、綱吉は将軍就任直後の朝鮮使節来国にあたって、先例によって日光に社参させようとする意見を、彼らの志であるまいとして退けたという（『颺言録』）。綱吉自身は館林時代に日光社参の経験があり、将軍就任後も天和三年四月の家光三三回忌にあたってその計画があったが、前年の三月、「諸国凶作万民困窮」を理由として延期したという。天和二年は豊作の年とされるが、この延期は変更されず、以後も在職中を通じて日光社参は行なわれなかった」と述べている。[56]

さらに同氏は綱吉が「徳川家代々の法要をつとめ、日光社の維持に心を配ったことは確かで、彼が父系の先祖や一門に冷淡であったとみるわけにはいくまい。だが、多くの旧儀を復興した彼が、将軍家日光参詣行事を中断させたことは、やはり気にしないわけにはいかない。日光社参の経験は館林城に補されてすぐにもあった。天和二年（一六八二）三月、凶作で民の負担が大きいとして日光社参の延期を告げたのは、将軍職就任早々にその計画があったことを示す。元禄十年二月十五日、近年のうち日光参詣のことを告げ、以後、二十一日までに阿部正武にその総監を命じ、若年寄秋元喬朝（喬知）らに作事・普請のことを命じて社参経費について阿部と相談させ、大目付仙石久尚らにこのことに参与すべきを命じるなどしながら、「其後、故有って事やむ」と記録される（『憲廟実録』）。翌年九月江戸大火、寛永寺なども焼失などの災害が実行を延期させ、そのうち幕府財政や幕臣の生計から取り止めになったのであろうか。寛文三年（一六六三）前将軍家綱の例を最後に将軍の日光社参は、享保十三年（一七二八）吉宗の復興まで途絶えたのである。綱吉の本意でなかったかもしれないが、京都文物への思いにくらべて彼には、関東に位置する主権者という意識が希薄だったかにもみえる」と評価している[57]。

高埜氏に比すると、塚本氏の場合、綱吉の日光への参詣は二度計画されていたが、いずれも未遂に終わっていることを明らかにしており、堀田正俊の回想録である『颺言録』を用いて天和期の綱吉の認識を説明しようとし、また元禄期の日光社参中止についても、『憲廟実録』（塚本氏の示した主要参考文献によると『常憲院贈大相国公実紀』のこと）[58]を用いて事実経過の一端を記し、結論として綱吉は「関東に位置する主権者という意識が希薄だったかにもみえる[59]」という高埜氏とは正反対の評価がなされている。

塚本氏も前代・後代とは異なる綱吉の対応に注目したのだが、その叙述にあたり、検討すべき史料が一部残されていることから分析は未完であるといわざるを得ず、また言及された史料についても再検討の余地が残されている。したがって、いずれにしても綱吉の行動の意味は正確に捉えられておらず、綱吉がなぜ二度の日光への参詣を計画しながら実現できなかったのか、綱吉の日光東照宮への認識とはいかなるものであったのかという点については、まず現在検討可能な史料の内容を押さえてからあらためて考察する必要があるだろう。

その意味で、まず塚本氏が指摘した、天和二年（一六八二）の朝鮮通信使が日光社参を行わなかった理由について、同氏も検討したという次の『颺言録』の記述を見てみよう。(60)

　大君（徳川綱吉）嗣世之始、宗対馬守（義真）上言曰、朝鮮国王為レ賀二嗣世一欲レ来二信使一、先大君（徳川家光・徳川家綱）二世、朝鮮信使来朝之時、其参二拝日光山　祖廟一、今般亦如二故事一乎、　大君曰、朝鮮王礼三敬於二　我祖宗一不レ可レ有二其志之明信一、何使三異域之人濫二視　我祖廟一乎、於レ是止焉　聞者僉感二御旨一、

これによると、宗義真が綱吉に対し、先例どおりに朝鮮通信使の日光社参を実施するのかどうかを伺ったところ、綱吉は、朝鮮国王が「我祖宗」を「礼敬」しても「其志之明信」があるとは思えず、またなぜ「異域之人」に「我祖廟」を「濫視」させねばならないのかと答え、朝鮮通信使による日光社参は停止されたという。ここでの表現は、塚本氏のいう「彼らの志であるまいとして退けた」(61)というニュアンスとは異なっており、綱吉が朝鮮通信使による東照大権現への拝礼は虚礼であって真実の信仰ではなく、また日光東照宮の宮域をみだりに外国人に見せるべきではないとの考えに立っていたことを示しているのではなかろうか。ここには、真実の信仰を重視する綱吉の考え方と、日光東照宮は秘されるべき「我祖廟」であるとの綱吉の見解が如実に示されている。

また、天和期の日光への参詣中止の背景に関しては、塚本氏が『颺言録』を用いて検討したのかは定かではないが、『颺言録』には次のように記されている。(62)

　癸亥（天和三年）夏四月廿日、当二　大猷（ママ）院（徳川家光）大君三十三回之忌辰一、先レ是　御駕欲レ詣二日光山一、壬戌（天和二年）之夏、　大君（徳川綱吉）下レ命曰、近年五穀荐不レ登、人民困窮、　寡人（徳川綱吉）以為二大患一、乃此行不レ忍二駅民之労苦一、　寡人詣二山廟一、豈啻忌辰而已乎、宜レ罷二来歳之行一、於レ是癸亥之夏、命二執政佐倉拾遺大久保忠朝一、行二日光山廟法会之事一、事畢、

ここからは、天和三年（一六八三）四月二十日の徳川家光の三十三回忌に合わせ、綱吉が日光へ出かけようとしたが、その前年の天和二年（一六八二）の夏（したがって四月から六月）に「近年五穀荐不登、人民困窮」という

状況とみずからの健康状態をふまえつつ、道中の人々の「労苦」には忍びがたいものがあり、またそもそも日光への参詣は「忌辰」に限るものではないとの理由で天和三年（一六八三）四月の日光山への参詣を取り止めたことがわかる。この時の計画に、大猷院への参拝のみならず、日光東照宮への社参が含まれていたのかは定かではないが、日光まで出かけながら日光東照宮を素通りするわけにはいくまいから、社参の計画もあったと捉えておくほうがよいだろう。

天和二年（一六八二）の作柄や綱吉の健康状態については検討の余地があるが、それらが中止の表向きの理由とされ、しかも日光への参詣は「忌辰」に限るものではないという綱吉の発言は、やはり綱吉が必ず日光へ出かけねばならないと考えていたわけではなかったことを示しているのではなかろうか。前述の朝鮮通信使の日光社参の是非に関する綱吉の発言から推せば、綱吉にとっては真実の信仰の有無が重要で、社参という行為は、綱吉の信仰にとって最優先事項ではなかった可能性がある。

ところが、塚本学氏も指摘するように、綱吉は元禄十年（一六九七）に日光社参の意向を再び表明するのである。塚本氏は検討していないが、天和期の表明から約十五年の時を経て、綱吉が日光社参を思い立った理由が大切なのではなかろうか。しかも同氏によれば、その社参計画も頓挫するのだが、塚本氏は元禄十年（一六九七）の日光社参中止の理由について、元禄十一年（一六九八）の江戸の大火を推定しているものの、その推定の妥当性は検討していない。元禄十年（一六九七）の日光社参が中止された理由は、不明のままなのである。

元禄十年（一六九七）の綱吉による日光社参の意向表明の模様については、塚本氏も参照した『常憲院贈大相国公実紀』の元禄十年二月十五日条には次のようにある。[63]

（元禄十年二月）十五日、近年ノ内、日光山ニ　御参アルヘシト云コトヲ御家門衆・諸大名、高家詰衆・諸番頭・諸役人ニ柳沢出羽守保明（のち吉保）奉リテ告知シム、（以下略）

すなわち、綱吉による日光社参の意向表明は元禄十年（一六九七）二月十五日に行われ、綱吉の意向は柳沢吉保から家門大名と諸大名らに対して告げられたとある。社参の時期については「近年ノ内」とされている。柳沢吉保が申し渡したとあるので、この状況についてもう少し詳しく見るべく、吉保の動静に詳しい『楽只堂年録』の元禄十年二月十五日条を見ると、当日の状況については次のように記されている(64)。

（元禄十年二月）十五日、
一、紀伊大納言光貞（徳川）卿・甲府中納言綱豊（徳川）卿・紀伊宰相綱教（徳川）卿・水戸宰相綱条（徳川）卿、何れも登城にて、中納言綱豊卿は、竹の間、御家門衆は、黒書院溜りの間に伺候なり、久しく、日光山の御宮（東照宮）に詣て給はず、近年の内に御詣有べく思召といふ事を、吉保（柳沢）して仰出さる、老中幷に、吉保・松平右京大夫輝貞、列座せり、
（以下略）

これによると、甲府徳川家と紀伊徳川家・水戸徳川家に対し、老中らが列座する中、やはり吉保から「久しく、日光山の御宮（東照宮）に詣て給はず、近年の内に御詣有べく思召」という綱吉の意向が伝達されたようであり、ここでも社参の時期は「近年の内」とされ、『江戸幕府日記』の元禄十年二月十五日条にも「一、近年之内、日光　御社参之由於茶之間諸役人江御老中被仰渡之」とあるから(65)、「近年」に実施予定の社参の件は家門とそれ以外で分けて伝達されたのだろう。これら一連の記録では、元禄十年（一六九七）に示された綱吉による日光社参の時期は「近年」とあるから、社参は元禄十年（一六九七）とは限らず、その後数年を含めて実施時期が検討されていたことになる。

しかし、『隆光僧正日記』の元禄十年二月十五日条には「四半時御奉書到来、今年中、日光江御社参可被遊候旨、只今被仰付候旨也」とあり(66)、同日中に隆光へ届けられた「御奉書」には「今年中、日光江御社参可被遊候旨、只今被仰付候」と記されていたようである。このような社参の時期をめぐる表現の相違は、綱吉の社参が「近年」

中に実施されればよいものなのか、それとも「今年中」すなわち元禄十年（一六九七）に実施される必要があるものなのかという、社参の性格を大きく規定するものである。表向きには「近年」中と表明し、綱吉の帰依した隆光(67)には本音の「今年」中という表現が伝達された可能性もあるが、はたして綱吉の意図はどちらであったのだろうか。

塚本氏も指摘するように、綱吉はただちに社参のための人事に取りかかっており、『常憲院贈大相国公実紀』の元禄十年二月十七日条には「十七日(元禄十年二月)、執政阿部豊後守正武、日光御参詣ノ御用ヲ総管ス」とあり(68)、同じことは『江戸幕府日記』の元禄十年二月十七日条にも「一、今日阿部豊後守殿(正武)　御社参ニ付日光之御用被仰付候、依之、何茂御悦被参候由御座候(69)」とあることで裏づけられる。しかも、『常憲院贈大相国公実紀』の元禄十年二月十九日条には「十九日(元禄十年二月)、執事秋元但馬守喬朝・米倉丹後守昌尹ニ命シテ日光　御参詣ノ用度を執政阿部豊後守正武ト議セシム」とあり(70)、『江戸幕府日記』の元禄十年二月十九日条にも「同十九日(元禄十年二月)、秋元但馬守殿(喬朝または喬知)・米倉丹後守殿御両人、阿部豊後守殿(正武)ニ指添、日光御用可相勤旨被仰付候」とあって(71)、社参のことを取り仕切る阿部正武の補佐役も相次いで任命されている。

ところが、なぜか『常憲院贈大相国公実紀』の元禄十年二月二十一日条は急遽、次のような一文を記し、社参に関する記事を終えてしまう(72)。

廿一日(元禄十年二月)、大目付仙石伯耆守久尚・勘定奉行荻原近江守重秀・作事奉行加藤兵助(泰重)・普請奉行奥田八郎右衛門(忠信)・目付甲斐庄喜右衛門(正永)日光　御参詣ノ事ヲ奉ル、其後、故有テ事罷ム

この箇条では、元禄十年（一六九七）二月二十一日、仙石久尚や荻原重秀らに社参に関する事柄が命じられたことを示す記事の後、「其後、故有テ事罷ム」とのみ記され、あたかも社参の意向表明から六日後に社参計画が取り止められたかのような記述となっている。

一方、これまで連動していた『江戸幕府日記』に目を転ずると、『江戸幕府日記』の元禄十年二月二十一日条には次のように、(73)

同（元禄十年二月）十一日（ママ、廿一日カ）
仙石伯耆守（久尚）
荻原近江守（重秀）
加藤兵助（泰重）
奥田八郎左衛門（忠信）
甲斐庄喜右衛門（正永）
右之衆中日光御用被　仰付之

とあって、仙石らへの発令の事実のみが記されている。また同じく『江戸幕府日記』の元禄十年二月二十三日条には次のように、(74)

一、先年日光　御成之節二丸勤方委細ニ書付差出候様ニと仙石伯耆守（久尚）殿・甲斐庄喜右衛門（正永）殿御申渡候、依之、
明日　二丸へ被出候様ニと廻状仕候

とあり、理由は不明ながら、寛文三年（一六六三）の徳川家綱による日光社参の際の、江戸城の二丸における「勤方」を調査することが命じられ、さらに『江戸幕府日記』の元禄十年閏二月十五日条によれば、「御勝手ゟ日光御暇」として「仙石伯耆守（久尚）・加藤兵助（泰重）・奥田八郎左衛門（忠信）・甲斐庄喜右衛門（正永）」の四名が日光へ派遣されており、(75)彼らの派遣は「常憲院殿御実紀」の元禄十年閏二月十五日条によると「日光道中見分奉はり」とあるから、(76)社参に向けた準備は元禄十年（一六九七）二月二十一日以降も着々と進められていたことがうかがわれるのである。

この日光までの道中の見分のため派遣された仙石ら四名は、次の『江戸幕府日記』の元禄十年四月十四日条に、

日光帰　御目見
仙石伯耆守（久尚）　奥田八郎左衛門（忠信）
加藤兵助（泰重）　甲斐庄喜右衛門（正永）

とあるように、元禄十年（一六九七）四月十四日に綱吉へ復命しており、その結果をうけてか、次の『楽只堂年録』[77]の元禄十年五月四日条によれば[78]、

四日（元禄十年五月）、
一、日光へ、御成あらん時には、駒籠（下屋敷、後ノ六義園）の屋舗に御腰をかけらるべきの仰事有、

とあって、綱吉は柳沢吉保に対し、日光へ出かける際には途中の柳沢家の駒込下屋敷で休憩する意向を示している。少なくとも元禄十年（一六九七）五月までは、日光社参は現実味を帯びて計画されていたものと思われる。では、『常憲院贈大相国公実紀』の元禄十年二月二十一日条のいう「其後、故有テ事罷ム」とは、いったいいつごろのことになるのだろうか。手がかりは、次の『江戸幕府日記』の元禄十年九月五日条の記述だろう[79]。

日光　御名代　畠山兵部大輔（基玄）
　　　代　　　大友近江守（義孝）
御祭礼奉行　渡邊主殿（基綱）
　　　　　　酒井隼人（忠胤）
右之通被　仰付候、此外相替御沙汰不承候

綱吉みずからが社参すべく、道中の見分まで行っていたはずであるのに、元禄十年（一六九七）九月五日には日光への代参使派遣などが命じられているのである。したがって、これらの経緯をふまえると、元禄十年（一六九七）二月十五日に表明された綱吉の日光社参計画は、元禄十年（一六九七）中に行われるべきものとして急ぎ準

備されたが、同年五月から九月までの約四ヶ月間における何らかの事情で中止されたと理解すべきものと思われる。残念ながらその四ヶ月間に何があったのかは不明だが、日光社参のことを命じられた者の中に荻原重秀がいたことをふまえると、塚本氏も述べるように「幕府財政」[80]の影響はあったかもしれない。当時はまさに貨幣改鋳の只中であったから[81]、経済的な事情から社参を諦めねばならない状況は充分に想定されよう。

それにしても、なぜ綱吉は元禄十年（一六九七）中にみずから日光へ社参しなければならないと考えたのだろうか。社参の計画自体は中止に追い込まれたが、綱吉の東照大権現や日光東照宮への認識をうかがうためには、これまで実施してこなかった社参を綱吉に思い立たせた理由の解明が重要である。それまでの綱吉に何があったのだろうか。

当時の綱吉の東照大権現や日光東照宮への認識をうかがわせる史料が、次の『隆光僧正日記』の元禄九年十二月晦日条である[82]。すなわち、元禄十年（一六九七）を迎える直前の出来事を伝える内容である。

一晦日（元禄九年十二月）、五つ過登城、如例年正観音像幷来丑年之御守・雷除之御守持参、又浴油之書付・元朝御勤之方角之書付持参、今朝御行水御髪御洗被成、毎朝之御勤被成、次ニ御守御請取被成、扨又、当春日光之御宮奇瑞ニ付、去廿日（元禄九年十二月）御煤納之節、御宮中之御様子幷ニ廿八日日門主（公弁法親王）御宮中拝見之様子今日御注進也、依之、覚王院（最純）登城、今朝ゟ相詰、上野仏頂院日光之御注進・御門跡之御状持参、出羽守殿（柳沢保明、のち吉保）披露、次ニ覚王院被為召、右之御状拝見被仰付、次ニ愚衲（隆光）罷出御状拝見、宮中御機嫌能候旨、祝万歳早、次ニ御守棚如例御払（掃）除被遊、御守御納被成、御下段へ出御、則於御前昆布頂戴、次ニ御茶菓子被下之、御茶相済、日光之御機嫌能御満足ニ思召候、依之、紗綾十巻被下之、退出、（以下略）

これによると、新年を迎えるにあたり、綱吉は例年どおり身体を清めて守り札などを受領するなどして大晦日を過ごしていたが、注目すべきはこの時に日光からの注進があり、それは「当春日光之御宮奇瑞ニ付、去廿日(元禄九年十二月)御煤納之節、御宮中之御様子幷ニ廿八日日門主(公弁法親王)御宮中拝見之様子」を急ぎ伝えるものであった。内容は「宮中御機嫌能候」ということで、一同胸をなで下ろしたが、当時の綱吉とその周辺が元禄九年（一六九六）の春にあったとされる「日光之御宮奇瑞」を非常に気にしていたことがうかがわれる。

はたしてその「当春日光之御宮奇瑞」とはいかなるものであったのか。その内容を伝える史料が次の『隆光僧正日記』の元禄九年正月四日条である。(83)

一四日(元禄九年正月)、四っ過、只今登城可仕之旨、出羽守殿(柳沢保明、のち吉保)ゟ申来、又大手迄早々罷越候様ニ申来、日光御門跡(公弁法親王)ゟ御註(注)進、旧冬御宮煤納之節、御宮別当奉拝神躰之所ニ御太刀六七寸抜出、御彩色御怒之御様躰、御笏・御幣も不尋常之旨也、依之、御祈禱可仕之旨也、尤、日門主(公弁法親王)ニ御祈禱被仰遣、同日、覚王院(最純)・霊雲寺(覚彦)・智宝庵も被為召、御祈禱被仰付也、今日(元禄九年正月四日)、鶴姫君様御登城、

すなわち、元禄八年（一六九五）の年末の煤払いの際、日光東照宮の別当が神体に拝礼したところ、「御太刀六七寸抜出、御彩色御怒之御様躰、御笏・御幣も不尋常」という状況であったといい、その旨が公弁法親王より元禄九年（一六九六）の年始早々江戸城へ注進されてきたというものであった。驚いた綱吉は公弁法親王や隆光らに祈禱を命じたが、同じく次の『隆光僧正日記』の元禄九年正月九日条によれば、(84)

四っ半時、急ニ被為召登城、御使三度来、日光ゟ御注進之儀也、九っ過退出、大久保加賀守殿(忠朝)日光十七日之御名代被仰付、例年ハ高家衆被相勤、当春ハ様子有之故也、

というように日光からはその後も注進があり、綱吉は年頭の拝礼を行わせる代参使を例年ならば高家に命じるところ、元禄九年（一六九六）はとくに老中の大久保忠朝に命じている。また次の『隆光僧正日記』の元禄九年正月二十六日条によれば、(85)

一廿六日(元禄九年正月)、四っ前登城、日光御門跡(公弁法親王)昨日(元禄九年正月二十五日)御帰寺、今度日光之様子御聞可被成ため、今日御登城被成候様ニ被

仰進、例年ハ廿三日御帰寺、二月朔日御登城也、（以下略）

とあり、綱吉は例年よりも早く寛永寺に戻った公弁法親王と会い、「今度日光之様子」を聴取している。綱吉の狼狽ぶりがうかがわれるが、この元禄八年（一六九五）の年末から元禄九年（一六九六）の年始にかけて確認され、元禄九年（一六九六）の年末にはひとまず落ち着いたとされる日光東照宮における東照大権現の怒りが、それまで社参を行ってこなかった綱吉をして、元禄十年（一六九七）二月に日光社参の意向表明をさせた可能性はある。

前節までで述べてきたように、当時の綱吉はみずからの継嗣誕生祈願を伊勢神宮や霊元上皇に依頼せねばならないほどに追い詰められていたから、この日光東照宮で確認されたという東照大権現の怒りは、怒りの内容が定かではないものの、綱吉にはかなりこたえたのではなかろうか。しかも、次の『隆光僧正日記』の元禄九年六月二十二日条によれば、[86]

一廿二日（元禄九年六月）、明六っ過御奉書到来、四っ時登城可仕之旨也、覚王院（最純）・護国寺・根生院・上野役者仏頂院・霊雲（覚彦）・智宝庵登城、四っ半比仏頂院奥へ罷通、出羽守殿（柳沢保明、のち吉保）被申渡退出、其後愚衲（隆光）・覚王院・護国寺・根生院四人一同ニ御前罷出、上意（徳川綱吉）ニ、此比天気不順而寒暑不応時節、且又打続地震有之、就中、昨夜大震・少雷、猶打続雷震大ニ発動、雨損・風災難斗、如此之時節、仰仏神不如祈禱、何も可存此旨也、（以下略）

とあって、この日、「朝七つ時」から大きな地震が続いていたが、[87]綱吉は隆光らに急ぎ登城を命じ、「此比天気不順而寒暑不応時節、且又打続地震有之、就中、昨夜大震・少雷、猶打続雷震大ニ発動、雨損・風災難斗、如此之時節、仰仏神不如祈禱、何も可存此旨也」との上意を示し、相次ぐ天変地異には為す術なく、もはや祈禱に頼る以外ないとの心情を吐露していた。

天和期の綱吉が民のことを思って日光への参詣を中止したというある意味で余裕のある決断をできていた時とは異なり、元禄期の綱吉は、継嗣を得られず、「我祖宗」[88]と「我祖廟」[89]からは理由不明の怒りを突きつけられ、天災にもさいなまれる状況に追い込まれていた。おそらくそのような中での、元禄十年（一六九七）の日光社参の意向表明であったと思われるが、もはやそれすらも実現できない財政状況におかれ、周囲は必死で綱吉をなだめ、何とか社参の中止に漕ぎ着けたという状況が実態ではなかったろうか。

綱吉にとっての東照大権現と日光東照宮への信仰は、日光東照宮における奇瑞に翻弄されるほど強いものであったが、この段階に至ると何か新たな思想・構想を創り出すという性格のものではなく、あくまでも「我祖宗」と「我祖廟」への信仰であった。それらを他の寺社への対応と混同して評価し、日光社参の有無によって「綱吉政権は仏教・儒教・神道・陰陽道の比重を高め国家機構の中に制度化することで、依然主柱となる東照権現思想を補完し、国家統治の思想を整備したものとみられる」とか(90)、あるいは「綱吉政権が東照権現思想の強調を抑制した」と結論づけたり(91)、綱吉は「関東に位置する主権者という意識が希薄だったかにもみえる(92)」などと評価しても、それらはおそらく当たらないのではなかろうか。

第四節　元禄・宝永期における東山天皇の譲位問題と徳川綱吉

ところで、第二節でみた徳川綱吉と桂昌院の行動において、もうひとつの特徴を指摘するとすれば、桂昌院と霊元上皇との関係である。第二節によれば、桂昌院による内侍所御神楽執行の奏請は、高家六角広治と武家伝奏柳原資廉を介した桂昌院と霊元上皇の内証ルートによって行われており、また先行研究によれば、柳沢吉保もみずからの側室の実家である正親町家を介した霊元上皇へのルートを駆使し、和歌の添削などを受けていたことが明らかにされている(93)。しかし、このような桂昌院や柳沢吉保の霊元上皇への依存傾向は、かつて霊元天皇が譲位する際、綱吉政権が譲位後の霊元天皇の権能を否定した「貞享三年十一月二十三日付土屋政直宛老中等連署書状(94)」の内容と矛盾していた。

しかも、その方針は、関白近衛基熙の日記の元禄六年（一六九三）十月二十三日条に、禁裏附須田盛輔の発言として「今度於関東執権中列座、示云、仙洞(霊元上皇)御譲位已後、諸事一向不可有御口入之旨、大樹(徳川綱吉)之思召也、而其段相違之間、此趣関白・両伝奏・議奏等(近衛基熙・柳原資廉・正親町公通・中御門資熙ら)へ能々可申旨也云々」[95]と記されているように、元禄期においても表向の政務の心得として確認されていたことであった。だからこそ、桂昌院らは内証で上皇と意思疎通せねばならなかったのかもしれないが、一方、もし綱吉母子がみずからの望みを叶えようとするならば、綱吉政権の方針どおり、東山天皇に相談すべきだったのではなかろうか。

武家伝奏正親町公通の日記の元禄九年（一六九六）九月十七日条に、禁中御能の年二度の開催が幕府によって認められたことに関連して「謁佐州(小笠原長重)、談話云、於　禁中御能之儀、申達関東之処、　主上(東山天皇)御行跡御堅固ニ被為在之間、為御欝散、年中両度程被　仰付可然由也、ケ様之義も万事　主上御正敷故、申通易由、佐州言談」[96]という京都所司代小笠原長重の発言が記されているように、元禄期にあっても綱吉政権による東山天皇への評価は高かった。にもかかわらず、綱吉母子の願望を叶えようとする場面では、天皇の姿を確認できないのである。[97]元禄期の綱吉政権は、霊元上皇へつながる内証ルートにより、表向で処理できない事柄を解決していたのだろうか。だとしても、それでは元禄期の東山天皇の政治的位置はどのように理解すればよいのだろうか。

このことに関連して、近年、石田俊氏が、東山天皇による議奏中御門資熙更迭一件と武家伝奏正親町公通更迭一件の経緯を解明し、中御門更迭一件では天皇が近衛基熙の助言を得て、独自の内証ルートで綱吉に宸翰を伝達していたこと、また正親町更迭一件では、処分前に綱吉からの内意が天皇に届けられていたことを指摘していることは重要である。[98]というのも、石田氏も指摘していることだが、近衛基熙の日記の元禄十二年（一六九九）五月三日条にあるように、中御門更迭一件は単なる議奏の更迭であるのみならず、その背後には、中御門の関与が疑われた東山天皇の廃位計画の存在がうかがわれるからである。[99]また、正親町更迭一件についても、更迭された正親町公通の日記の元禄十三年（一七〇〇）二月六日条には、「後聞、今朝、柳原(資廉)・菊亭(伊季)両卿到松平紀伊守(信庸)館、予(正親町公通)被免御役由被　仰出旨、所司代(松平信庸)無承伏之由、仍両卿(柳原資廉・菊亭伊季)帰、参(東山天皇)　内裏、評議有之、再両卿行向二条、不叶　叡慮、被免御役由、不叶　叡心と強被　仰出候上者、兎角之志意可申上○様無之恐入候儀故、如何様とも　思召次第可被成候、其段可申関東由云々[100]」とあり、正親町本人すら更迭はまったく寝耳に水であった模様で、京都所司代は更迭に反対したものの、東山天皇の「叡慮」が強く打ち出されて更迭に至ったとの後日談が記されているからである。

本章での検討や石田氏の研究から、東山天皇は正親町から柳沢へつながるルートや、上皇から綱吉母子へつながるルートを活用していないこと、さらに〈綱吉母子―霊元上皇〉間の内証ルートと〈天皇―綱吉〉間の内証ルートはまったく別物であったことがうかがわれ、元禄期の綱吉政権による対天皇・朝廷政策は、表向の正式ルートのほか、〈綱吉母子―霊元上皇〉間の内証ルートと〈綱吉―柳沢―正親町―霊元上皇〉間の内証ルート、〈天皇―綱吉〉間の内証ルートという四経路で推進されていたことが推定されるのである。その中で、東山天皇は、時に独自に行動し、ある種の緊張状態を生起させてもいたのである。

それでは、このように上皇らと別行動をとる東山天皇の意図とはいったいいかなるものだろうか。先行研究では、前述の元禄十二年（一六九九）から元禄十三年（一七〇〇）にかけての中御門・正親町両件後、主としてただちに宝永四年（一七〇七）の東山天皇の譲位表明に関心を注いでいるため[101]、元禄期の天皇の行動の意味を正確に説明できていない。

このことに関連し、正親町公通の更迭から約三年後、近衛基熙の日記の元禄十六年（一七〇三）二月十六日条[102]には、東山天皇から「御継躰之事等」について仰せ出されたとある。近衛は詳細を記していないが、この天皇の近衛への相談内容をうかがわせる記述が、次の議奏久我通誠の日記の元禄十七年（一七〇四）二月十四日条[103]にある。

十四日(元禄十七年二月)、甲申、陰時々雨

此儀武家　辰刻、参集、武家両伝（柳原資廉・高野保春・久我通誠ら）奏・議奏等召　御前（東山天皇）七十二候間（ママ）、有密　勅、後水尾院被立
両伝　奏ヘハ　明正院於継躰、両御所御寿数長、依此徳例、可被立姫宮女御殿御腹（のちの秋子内親王）御方於継躰被思食也、主上（東山天皇）四五ヶ年以来、
兼而被仰下　御痰気不被治、近年ハ別而御持病之様ニ思食也、被遊御灸治、御心静可被遊御保養度思食之間、各其
之由仰也　旨可奉畏存也、今日以武家両伝　奏被仰進　院（霊元上皇）、以中御門前新大納言（資熙）被仰進准后（松木宗子）之旨、御気色○也、各
不可申　勅答旨無之、退御前、但両伝　奏○被召留御前

これによると、東山天皇は武家伝奏と議奏を召し、後水尾天皇が女帝明正天皇へ禅譲した例により、みずからも女御所生の姫宮（のちの秋子内親王）へ譲位する意向を示し、ここ四、五年来の病を心静かに治療したいので、霊元上皇らに伝えるようにと述べたという。本文の欄外には、天皇はかねて武家伝奏へは本件を伝えていたとあるから、近衛への相談から一年ほど、思案していたのだろう。天皇の発言をふまえれば、天皇は元禄十二年（一六九九）ごろから病に苦しんでいたことになる。

しかし、この天皇の発言が、治療のための譲位以上の意味を含むことは、禅譲の相手が姫宮であることで明瞭である。図2を検討すると、元禄十七年（一七〇四）当時、東山天皇には三宮と長宮という皇子がいたが、天皇は彼らへの譲位ではなく、女帝を構想していたのである。この女帝構想は、武家伝奏から霊元上皇へ伝えられたが、上皇は「早速御返答難被仰、不被急御沙汰之間、先御延引可然被思食之由」を述べて反対し、武家伝奏の江戸参府が済んでからの検討を提案して引き延ばしをはかり、天皇は「此儀、非近日之儀、兼而被巡叡慮之由」を述べて抵抗を試みている。[104] 当時、皇子が存在していながら、女帝を構想せねばならない天皇の立場を推量すると、おそらく先行研究の指摘する三宮をめぐる出生疑惑が影響し、天皇は長宮への禅譲を望んでいたにもかかわらず、上皇らが三宮を皇位継承者として推していたことが[105]天皇に重圧を与え、その重圧は、三宮の誕生した元禄十年（一六九七）ごろからのものであったと思われる。

図2　東山天皇の皇子女一覧

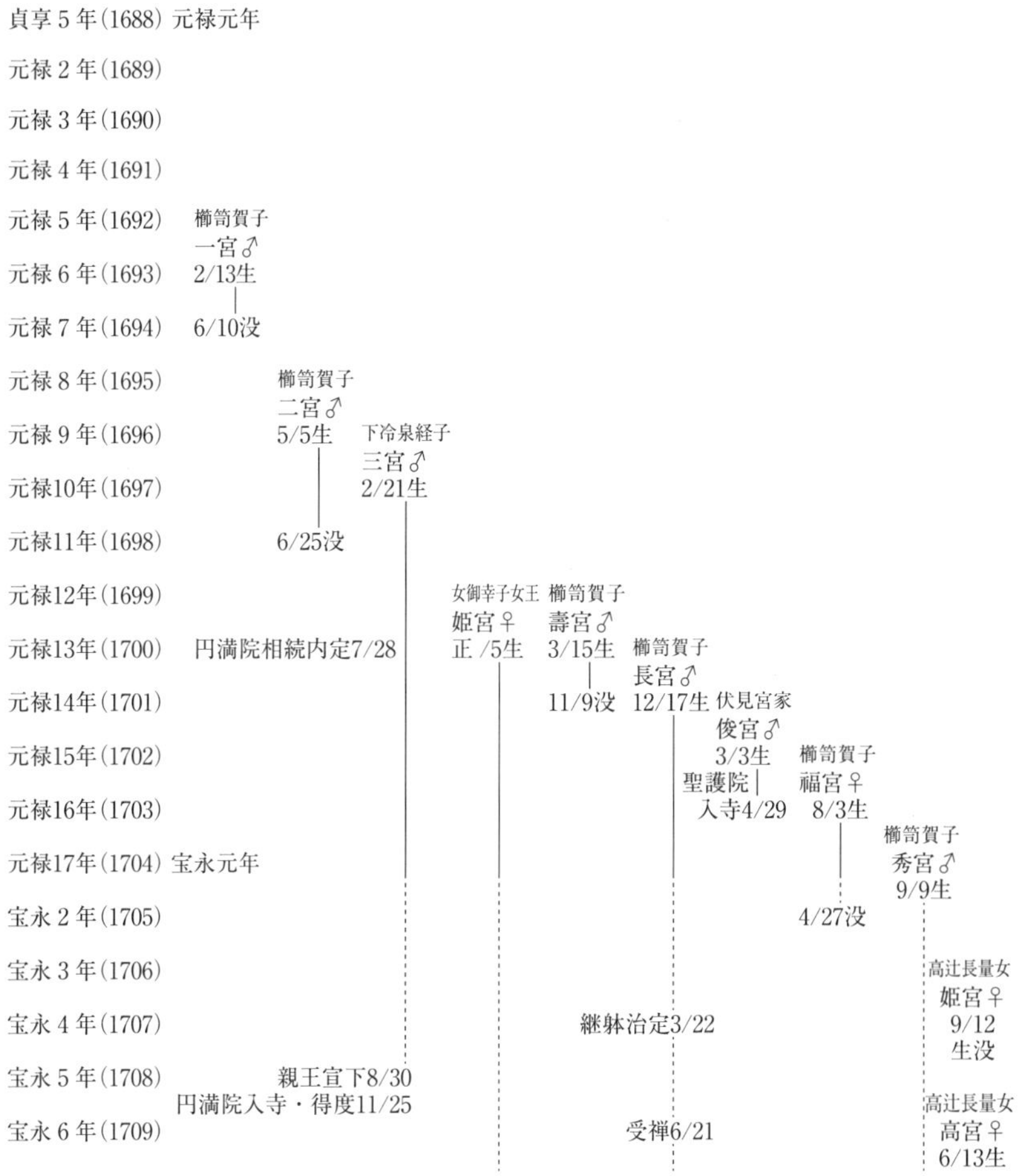

註：藤井讓治・吉岡眞之監修『東山天皇実録』(ゆまに書房、2006年)、『貞暦』(宮内庁書陵部所蔵原本)、『近代宮方系図』(国立歴史民俗博物館所蔵高松宮家伝来禁裏本、国立歴史民俗博物館「データベースれきはく1」)より作成。皇子女名の上の小字は生母または実家を示す。

事実、天皇の健康は悪化していき[106]、かつ天皇はみずからの望む長宮への禅譲を確実にするため、暫定的に女帝を立てる姿勢を示し、上皇らの動きを牽制しようとしたのではなかろうか。元禄十二年（一六九九）に噂された東山天皇の廃位計画も、この動きと無関係ではないだろう。

この元禄十七年（一七〇四）二月の女帝構想がその後どのようになったのかは不明だが、その約四ヶ月後、宝永元年（一七〇四）六月二十日、東山天皇は再び武家伝奏に対し、今度は女帝構想を京都所司代松平信庸へ伝え、京都所司代の反応を見て霊元上皇へ伝えるよう指示しており、武家伝奏は京都所司代の了承は見込めないと諫めたが、天皇は聞かず、「兎角一往紀伊守（松平信庸）へ可申達之由被仰、則雖○有若宮、立女帝候例等、又　後水尾院ゟ明正院ヘノ御譲位・御受禅之例等、宸翰ニ而被遊、被下之」れ、「兎角一往可申達由被仰」た[107]。翌日、武家伝奏は天皇に、松平信庸の立場上、「従　上（東山天皇）御内意打付申候而ハ、御承、御返事も六ケ布、又ハ重キ義候間、兎角御返事難仕候」とし、京都所司代への説明方法は任せて欲しいと述べ、天皇は了承している[108]。

宝永元年（一七〇四）六月二十三日、武家伝奏は東山天皇による姫宮への譲位の意向について「尤御内談も可有之旨ニ候ても、至極重キ義ニ候へハ、先両人（柳原資廉・高野保春）密々貴殿（松平信庸）へ可得御意存候間、申入事候」として、京都所司代松平信庸への密々の申し入れという形で京都所司代に伝えたが、京都所司代は「誠思召ハ無余儀候へとも、此儀ハ先御延引被遊候而可然奉存候、去年、私（松平信庸）関東ニ而被仰聞候ハ、兎角御機嫌宜、御在位も御長久ニ被成御座候様ニと御上意（徳川綱吉）、重而松平美濃守（柳沢吉保）ヲ御使ニ而、再往被仰下候、其段、去年各へ申入候と覚申候、仙洞様（霊元上皇）ニも御年盛ニ候、主上（東山天皇）ニも御壮年、宮様も次第ニ御誕生可被遊候、兎角先御沙汰無之様ニ可然奉存候、私方（松平信庸）へも兎角不被　仰下候様ニ御沙汰可被成候由申也」と述べ、譲位の沙汰をせぬよう返答した[109]。

注目すべきはその際、綱吉政権の天皇観も譲位延期の理由として示されたことであり、京都所司代は、とにかく東山天皇が機嫌よく、長期間在位するようにという意向が綱吉の上意であり、この上意は京都所司代の江戸在府中、柳沢吉保を上使として自分に何度も仰せ下されたとし、東山天皇は壮年で、のちに他の皇子も誕生するだろうから、譲位は延期するようにと諭したのである。この時点で綱吉政権は、姫宮への譲位による女帝即位はもちろん、東山天皇の意中の長宮の即位も否定したのである。この時、綱吉が東山天皇の安定的な在位を望んでいることが明示されるとともに、さらに後日、京都所司代はそれに補足して「仙洞（霊元上皇）之御在位之残ナト相守、兎角御代之年数、まして不依多少事候由被申、弥以御沙汰無之様ニ可申上由」を武家伝奏に伝え、[110]霊元上皇の本来在位すべきであった残り年数を東山天皇は守るべきであり、天皇の在位年数に多少の概念などないとまで述べた。

すなわち、綱吉政権は東山天皇の在位期間について、それは本来霊元天皇の在位期間であるとの認識を有していたということであり、貞享期までの禁中の秩序の乱れや勝手向の浪費に危機感を抱いた綱吉によって早期の霊元天皇の譲位が目指されて東山天皇の即位が実現した経緯も想起すると、[111]霊元天皇の譲位は、事実上、綱吉政権による天皇の在位途中での更迭に近い意味を有していたということになろう。綱吉政権にとって、天皇は、「御行跡御堅固ニ被為在[112]」たうえでの、安定的かつ長期的な在位こそが理想であった。

ところが、この結果を聞いた東山天皇の心中は穏やかではなかった。天皇は譲位の意向の内示について武家伝奏から京都所司代の返答を聞き、「然者、先御延引可被遊」と述べたが、「禁裏（東山天皇）御平生御袷を雖暑気御着用、和哥御伝授事等、何かと武家不存知事共有之、自御保養も不如御意段」を武家伝奏から京都所司代に語り置くように指示した[113]。天皇は、健康を害しながら在位しつづけることにより、天皇の立場上必ず求められる務めや衣装などに耐えられなくなっており、天皇は後日、再び「温気之時分、御袷被召、御養保も難被遊、誠以御苦労之段」を京都所司代へ申し入れるよう武家伝奏に指示している[114]。

ここから浮かび上がることは、綱吉政権の天皇観と東山天皇自身の天皇観がずれているということである。綱吉は天皇の安定的かつ長期的な在位を望む一方、天皇の健康状態についての関心が低く、天皇のほうは健康上、みずからの立場に耐えられないことを理由に自身の意に沿う形での譲位と保養を求め、必ずしも長期の在位を望んでいなかった。その背景には、このまま皇位に在位しつづけ、健康を悪化させて、在位中に病没した場合、それまで皇位継承者を内定してこなかったことが災いし[115]、スムーズな皇位継承が困難になるという不安もあっただろう。ある意味で天皇家と将軍家は、みずからの存続如何という同種の危機感を共有していたはずだが、綱吉政権側に天皇の不安への理解はなく、綱吉政権は東山天皇が在位しつづけることこそが皇位の安定につながると認識していた。ただし、綱吉政権に天皇の譲位の意向を抑制しつづけられる明確な根拠はない。皇位の動向自体については、最終的に東山天皇の「叡慮」といかに向き合うかが、綱吉政権の課題でありつづけた。

東山天皇による女帝への譲位構想が綱吉政権に否定されてから約二年半後、久保貴子氏によれば、宝永四年（一七〇七）正月二十二日、東山天皇は長宮継躰の方針を武家伝奏に内示して幕府との交渉を命じたが、それ以前の宝永三年（一七〇六）には近衛基熙が義子徳川家宣（もと綱豊）を通じて綱吉への申し入れを試みており、これが功を奏して宝永四年（一七〇七）二月十六日に幕府の了承が得られ、同年十月から十一月にかけ、東山天皇の健康上の理由などによる譲位の強い希望が伝えられて、宝永六年（一七〇九）の譲位が内定したという[116]。ここでもやはり、天皇独自の幕府中枢部への内証ルートの活用がうかがわれるが、とくに宝永三年（一七〇六）から宝永四年（一七〇七）にかけての、近衛から家宣経由で綱吉に働きかけたルートは、綱吉の養子が家宣（綱豊）に決定された後だからこそ活用可能になった新たな経路といえるだろう。しかし、宝永六年（一七〇九）正月十日に綱吉が病没したことから[117]、幕府は内定していた東山天皇の譲位延期と東山天皇在位中の家宣への将軍宣下（「御在位之内、将軍　宣下御沙汰有之候様仕度存候」）を朝廷に要請し[118]、天皇は「仰、御譲位　御受禅御延引之条、御退屈御難儀　思召候へとも、御在位之中と願申候処ハ　御満足思召候」との見解を示した[119]。これまで将軍家による天皇家への内証での依存はあったが、幕府による表向での実質的な天皇への従属と依存が極度に進行した瞬間であった。[120]

館林家から将軍家を継承後、実子徳松を失ったことによる直系継嗣の不在という、綱吉と将軍生母桂昌院の直面した焦りと課題は、時間が経過するごとに深刻化し、その克服のため、元禄・宝永期の綱吉政権は天皇家と神仏への依存を深めていったものと思われる。これは、天和・貞享期のある意味で超然とした綱吉の姿[121]とはまったく異なる姿であった。一方、東山天皇も、皇位継承者を内定してこなかったことが災いし、みずからの健康不安や三宮をめぐる出生疑惑なども相俟って、今後の安定的な天皇家の存続に対する危機感・不安感にさいなまれていた。

このように、元禄・宝永期の綱吉と東山天皇は、ある意味で同種の危機感を共有していたはずであったが、双方には皇位をめぐる認識で深刻なずれが存在し、「かけまくもかしこき日のもとの国[122]」における将軍職の「本拠[123]」として安定的かつ長期の在位を望む綱吉政権に、天皇としての務めと立ち居振る舞いによって人間的な生活を営めずに健康を害した東山天皇の声は届かなかった。だから、天皇は独自の内証ルートを開拓し、綱吉へ働きかけねばならなかったが、天皇よりも先に綱吉が病没し、綱吉以上の傍系から将軍家を継承した家宣政権は、譲位の予定であった東山天皇を引き留めてでも、現天皇から将軍宣下を行ってもらう必要があった。天皇が「かけまくもかしこき日のもとの国」における将軍職の「本拠」としての機能を如何なく発揮した瞬間であった。

この状況を観察していた人物が新井白石であり、将軍家宣を日本国王と位置づけなおすなど、彼のさまざまな政策提言[124]については、徳川家宣・間部詮房・近衛基熙との相互関係も視野に入れ、綱吉政権後半における諸課題の克服という観点から、その歴史的意義を再検討する必要があるだろう。

（1）高埜利彦「江戸幕府の朝廷支配」（『日本史研究』第三一九号、一九八九年三月、のち同『近世の朝廷と宗教』吉川弘文館、二〇一四年に再録、本書での引用は『近世の朝廷と宗教』による）二七頁～四三頁。
（2）久保貴子『近世の朝廷運営――朝幕関係の展開――』（岩田書院、一九九八年）第二章・第三章・第四章、田中暁龍『近世前期朝幕関係の研究』（吉川弘文館、二〇一一年）、高埜利彦「一八世紀前半の日本――泰平のなかの転換」（朝尾直弘他編『岩波講座　日本通史』十三、近世三、岩波書店、一九九四年、のち高埜利彦『近世の朝廷と宗教』吉川弘文館、二〇一四年に再録、本書での引用は『近世の朝廷と宗教』による）四三六頁。
（3）前掲註(2)田中『近世前期朝幕関係の研究』、前掲註(2)高埜『近世の朝廷と宗教』四三二頁～四三六頁、高埜利彦『集英社版日本の歴史⑬　元禄・享保の時代』（集英社、一九九二年）第五章～第七章。
（4）新井白石の政策提言については、ケイト・W・ナカイ著／平石直昭・小島康敬・黒住真訳『新井白石の政治戦略――儒学と史論――』（東京大学出版会、二〇〇一年）を参照のこと。
（5）前掲註(1)高埜『近世の朝廷と宗教』四〇頁～四六頁、前掲註(2)高埜『近世の朝廷と宗教』四三二頁～四三六頁、前掲註(3)高埜『元禄・享保の時代』第五章。また、前掲註(2)高埜『近世の朝廷と宗教』四三七頁～四三八頁は、東大寺大仏殿再興や賀茂祭再興等について、「将軍こそが国家統治者として国家安全祈禱を執行する地位にあること（祈禱主宰権）の明示に他ならなかった。そこに綱吉政権が東照権現思想の強調を抑制した意図を見出せよう」とするが、この見解も再検討を要する。
（6）朝尾直弘「幕藩制と天皇」二〇二頁・朝尾直弘『将軍権力の創出』(岩波書店、一九九四年）まえがき・あとがき（のち同『朝尾直弘著作集　第三巻　将軍権力の創出』岩波書店、二〇〇四年に再録、本書での引用は『朝尾直弘著作集』による)。
（7）武部敏夫「貞享度大嘗会の再興について」(『書陵部紀要』第四号、一九五四年三月、のち岡田精司編『大嘗祭と新嘗』学生社、一九七九年に再録、本書での引用は『大嘗祭と新嘗』による）一二二頁～一二四頁、前掲註(2)高埜『近世の朝廷と宗教』四三四頁～四三五頁、前掲註(3)高埜『元禄・享保の時代』第五章。
（8）本書第三部第一章。
（9）前掲註(8)。

(10)　前掲註(8)。
(11)　前掲註(2)高埜『近世の朝廷と宗教』四三五頁。
(12)　「(元禄元年)九月二日付内藤重頼宛老中連署書状」(伊那市立高遠町図書館所蔵内藤家資料)。
(13)　前掲註(11)。
(14)　前掲註(2)高埜『近世の朝廷と宗教』四三四頁〜四三八頁、前掲註(3)高埜『元禄・享保の時代』第五章。
(15)　『基熙公記』二十六(東京大学史料編纂所架蔵写真帳、公益財団法人陽明文庫原蔵)元禄六年九月四日条。
(16)　宇佐美尚穂「近世下鴨社における年中行事」(『史窗』第五七号、二〇〇〇年三月)。
(17)　西山厚「公慶上人年表」(奈良国立博物館編『特別展　東大寺公慶上人　江戸時代の大仏復興と奈良』奈良国立博物館、二〇〇五年)。
(18)　『寛永寺御建立記』(宮内庁書陵部所蔵謄写本)、『東叡山薬師堂供養等一会』(宮内庁書陵部所蔵原本)。
(19)　杣田善雄「元禄の東大寺大仏殿再興と綱吉政権」(『南都佛教』第四三・四四號、一九八〇年五月)一〇一頁〜一〇二頁・一〇七頁。
(20)　前掲註(18)『寛永寺御建立記』。
(21)　『公通記』八(東京大学史料編纂所所蔵原本)元禄十一年八月十九日条・同年九月三日条。
(22)　「東叡山中堂勅額書類」(宮内庁侍従職東山御文庫保管)。
(23)　『公通記』六(東京大学史料編纂所所蔵原本)元禄九年六月九日条・同年同月十四日条・同年同月二十五日条・同年七月一日条・同年同月十四日条・同年八月五日条・同年同月二十五日条。藤井譲治・吉岡眞之監修『東山天皇実録』(ゆまに書房、二〇〇六年)三〇六頁〜三〇七頁、『季連宿禰雑用私録』六(宮内庁書陵部所蔵原本)元禄十四年十一月十八日条・同年同月二十二日条。井上智勝『近世の神社と朝廷権威』(吉川弘文館、二〇〇七年)一七四頁〜一八一頁。なお、井上氏は同書で寺社側は造営を願い、神位・神号を願ったわけではないとし、綱吉政権による神位・神号の奏請に同政権の積極性を看取している。だが、綱吉政権は、造営の願いをうけてから神位・神号の問題に取り組んでいる。筆者は、造営の願いなしに、神位・神号の検討はなかったことを重視したい。
(24)　『公通記』七(東京大学史料編纂所所蔵原本)元禄十年八月二十二日条、『公通記』九(東京大学史料編纂所所蔵原本)

元禄十二年八月二十日条・同年十一月七日条、羽中田岳夫「江戸時代における天皇陵と幕府・民衆」（日本史研究会・京都民科歴史部会編『「陵墓」からみた日本史』青木書店、一九九五年）。

（25）『松蔭日記』（上野洋三校注『松蔭日記』岩波文庫、二〇〇四年）八九頁・一五九頁～一六〇頁。『楽只堂年録』元禄九年七月十八日条（宮川葉子校訂『史料纂集　楽只堂年録』第二、八木書店、二〇一三年、三八頁）には「一、天下の神社・仏閣を、御造営の事、社家・僧衆、先例を引て願ふ輩をば、吉保《（柳沢）》悉是を聞て、其真偽を糺し申付べきの仰事を蒙る」とある。

（26）前掲註（2）高埜『近世の朝廷と宗教』四三二頁～四三八頁、前掲註（3）高埜『元禄・享保の時代』第五章、塚本学『徳川綱吉』（吉川弘文館、一九九八年）一九五頁～二〇三頁。

（27）前掲註（26）塚本『徳川綱吉』一九二頁～一九三頁。

（28）大野瑞男『江戸幕府財政史論』（吉川弘文館、一九九六年）第五章。

（29）笠原綾「伊勢御代参の年頭恒例化と将軍権威」（今谷明・高埜利彦編『中近世の宗教と国家』岩田書院、一九九八年）三七五頁～三七八頁は「表1　伊勢御代参表」で「寛永期から正徳期までの伊勢御代参の状況をまとめ」ているが、残念ながら遺漏があり、綱吉政権の傾向を析出するには不足がある。

（30）『経盛記』（神宮文庫所蔵写真帳）「元禄五年五月十一日付中川四神主宛皆川勘介書状」所引「元禄五年五月二日付覚」。

（31）戸田茂睡著・塚本学校注『御当代記――将軍綱吉の時代――』（平凡社東洋文庫、一九九八年）三二五頁。

（32）『日記』六（柳原資廉、西尾市岩瀬文庫所蔵原本、東京大学史料編纂所所蔵謄写本『資廉卿記』五にて校合）元禄五年四月三日条。

（33）『日記』十（柳原資廉、西尾市岩瀬文庫所蔵原本、東京大学史料編纂所所蔵謄写本『資廉卿記』七にて校合）元禄五年九月十八日条。

（34）『日記』十一（柳原資廉、西尾市岩瀬文庫所蔵原本、東京大学史料編纂所所蔵謄写本『資廉卿記』八にて校合）元禄五年十月十五日条。

（35）前掲註（34）。

（36）『日記』十二（柳原資廉、西尾市岩瀬文庫所蔵原本、東京大学史料編纂所所蔵謄写本『資廉卿記』九にて校合）元禄五年十月十八日条。
(37) 大西源一・神宮『大神宮史要』(神宮司廳教学課、二〇〇一年）三七六頁～三七七頁。
(38) 前掲註(30)『経盛記』元禄五年五月二十六日条。
(39)『隆光僧正日記』宝永元年十二月一日条（永島福太郎他校訂『史料纂集　隆光僧正日記』第二、続群書類従完成会、一九七〇年、二九〇頁）。
(40) 前掲註(39)『隆光僧正日記』宝永元年十二月五日条（二九〇頁）。
(41)『颺言録』巻之二（国書刊行会編『続々群書類従』第十三、続群書類従完成会、一九七〇年、三五頁）。
(42) 福田千鶴『日本史リブレット人49　徳川綱吉　犬を愛護した江戸幕府五代将軍』(山川出版社、二〇一〇年）四三頁～四四頁、前掲註(26)塚本『徳川綱吉』九二頁。
(43) 前掲註(25)『松蔭日記』二九七頁。
(44) そのような諸方面からの諸儀式等の再興に関する要請は、継嗣不在に悩む綱吉らの立場を見越したうえでのことであったろう。前掲註(25)『松蔭日記』二九四頁によれば、綱吉らが継嗣の不在に悩んでいたことは、広く世間にも知られていた。
(45) 例えば、『隆光僧正日記』元禄九年四月十七日条・同年同月十八日条（永島福太郎他校訂『史料纂集　隆光僧正日記』第一、続群書類従完成会、一九六九年、二〇五頁）。
(46) 前掲註(2)高埜『近世の朝廷と宗教』四一七頁。なお、公益財団法人徳川記念財団・東京都江戸東京博物館編『企画展　日光東照宮と将軍社参』(公益財団法人徳川記念財団、二〇一一年）五〇頁によると、家綱の日光社参は寛文三年（一六六三）のみで、寛文七年（一六六七）「に社参を予告したが、」「実現しなかった」という。
(47) 前掲註(2)高埜『近世の朝廷と宗教』四一七頁。
(48) 前掲註(2)高埜『近世の朝廷と宗教』四三一頁。
(49) 前掲註(2)高埜『近世の朝廷と宗教』四三六頁。
(50) 前掲註(2)高埜『近世の朝廷と宗教』四三八頁。
(51) 前掲註(48)。

(52)前掲註(37)大西・神宮『大神宮史要』三七四頁。
(53)前掲註(2)高埜『近世の朝廷と宗教』四三七頁。
(54)前掲註(2)高埜『近世の朝廷と宗教』四三六頁。
(55)前掲註(2)高埜『近世の朝廷と宗教』四三八頁。
(56)前掲註(26)塚本『徳川綱吉』一一六頁〜一一七頁。大森映子『NHK文化セミナー　歴史に学ぶ　元禄期の幕政と大名たち』(NHK出版、一九九九年)四五頁〜五〇頁は綱吉の日光社参が行われなかった点を考察しており、「二度の計画」(大森著書四九頁)に注目しつつ、とくに四九頁で、「第一回目の計画当時、綱吉は農政を重視し、幕領の刷新に力を注いでいたさなかであ」り、「農政問題が背景にあったために、天和段階で計画した社参を敢えて中止にもち込んだのではなかろうか」と「推測」している。
(57)前掲註(26)塚本『徳川綱吉』二〇一頁〜二〇二頁。
(58)前掲註(26)塚本『徳川綱吉』三〇八頁。
(59)前掲註(26)塚本『徳川綱吉』二〇二頁。
(60)『颺言録』巻之一(国書刊行会編『続々群書類従』第十三、続群書類従完成会、一九七〇年、三〇頁)。
(61)前掲註(26)塚本『徳川綱吉』一一七頁。
(62)『颺言録』巻之三(国書刊行会編『続々群書類従』第十三、続群書類従完成会、一九七〇年、三六頁)。
(63)『常憲院贈大相国公実紀』巻十八、元禄十年二月十五日条(史籍研究会『内閣文庫所蔵史籍叢刊第17巻　常憲院贈大相国公実紀』汲古書院、一九八二年、三〇八頁)。
(64)前掲註(25)『楽只堂年録』元禄十年二月十五日条(八四頁〜八五頁)。
(65)『江戸幕府日記』一(国立公文書館所蔵謄写本、請求番号一六四函一一号、四冊本のうち)元禄十年二月十五日条。
(66)前掲註(45)『隆光僧正日記』元禄十年二月十五日条(二三八頁)。
(67)前掲註(26)塚本『徳川綱吉』一八六頁〜一八九頁。
(68)前掲註(63)『常憲院贈大相国公実紀』巻十八、元禄十年二月十七日条(三〇九頁)。
(69)前掲註(65)『江戸幕府日記』一、元禄十年二月十七日条。

(70) 前掲註(63)『常憲院贈大相国公実紀』巻十八、元禄十年二月十九日条（三〇九頁）。
(71) 前掲註(65)『江戸幕府日記』一、元禄十年二月十九日条。
(72) 前掲註(63)『常憲院贈大相国公実紀』巻十八、元禄十年二月二十一日条（三〇九頁）。
(73) 前掲註(65)『江戸幕府日記』一、元禄十年二月二十一日条。
(74) 前掲註(65)『江戸幕府日記』一、元禄十年二月二十三日条。
(75) 前掲註(65)『江戸幕府日記』一、元禄十年閏二月十五日条。
(76) 「常憲院殿御実紀」卅五、元禄十年閏二月十五日条（『新訂増補国史大系　徳川実紀』第六篇、二八七頁）。
(77) 『江戸幕府日記』二（国立公文書館所蔵謄写本、請求番号一六四函一一号、四冊本のうち）元禄十年四月十四日条。前掲註(76)「常憲院殿御実紀」卅五、元禄十年四月十四日条（二九三頁）にも「大目付仙石伯耆守久尚。作事奉行加藤兵助泰成。普請奉行奥田八郎右衛門忠信。目付甲斐庄喜右衛門正永。日光駅路巡察はて、帰謁す」とある。
(78) 前掲註(25)『楽只堂年録』元禄十年五月四日条（一〇六頁）。
(79) 『江戸幕府日記』三（国立公文書館所蔵謄写本、請求番号一六四函一一号、四冊本のうち）元禄十年九月五日条。前掲註(45)『隆光僧正日記』元禄十年九月五日条（二五九頁）には「又日光御名代被仰付候条、諸出家秋元但馬守（喬知）殿迄五半時相詰、御城ゟ御左右次第罷出也」とあり、「常憲院殿御実紀」卅六、元禄十年九月五日条（『新訂増補国史大系　徳川実紀』第六篇、三〇六頁）には「高家畠山基玄は日光山　御宮の代参。渡邊主殿基綱は祭礼奉行命ぜられ。いとまたまふ」とある。
(80) 前掲註(26)塚本『徳川綱吉』二〇二頁。
(81) 前掲註(2)高埜『近世の朝廷と宗教』四三九頁、前掲註(26)塚本『徳川綱吉』二二四頁～二二五頁。
(82) 前掲註(45)『隆光僧正日記』元禄九年十二月晦日条（二三一頁）。
(83) 前掲註(45)『隆光僧正日記』元禄九年正月四日条（一九二頁～一九三頁）。
(84) 前掲註(45)『隆光僧正日記』元禄九年正月九日条（一九三頁）。
(85) 前掲註(45)『隆光僧正日記』元禄九年正月二十六日条（一九七頁）。前掲註(63)『常憲院贈大相国公実紀』巻十八、元禄九年二月一日条（二九一頁）は日光門跡の登城を二月一日とする。前掲註(25)『楽只堂年録』元禄九年二月一日条（四

頁）も日光門跡への「御対顔」を二月一日とする。
(86) 前掲註(45)『隆光僧正日記』元禄九年六月二十二日条（二一二頁）。
(87) 前掲註(25)『楽只堂年録』元禄九年六月二十二日条（三五頁）。
(88) 前掲註(60)。以下、この語の典拠は本註に同じ。
(89) 前掲註(60)。以下、この語の典拠は本註に同じ。
(90) 前掲註(2)高埜『近世の朝廷と宗教』四三六頁。
(91) 前掲註(2)高埜『近世の朝廷と宗教』四三八頁。
(92) 前掲註(26)塚本『徳川綱吉』二〇二頁。
(93) 松澤克行「元禄文化と公家サロン」（高埜利彦編『日本の時代史15　元禄の社会と文化』吉川弘文館、二〇〇三年）一七〇頁～一七五頁。
(94) 『基量卿記』十二（宮内庁書陵部所蔵原本）貞享三年十二月二十三日条。
(95) 前掲註(15)『基熈公記』二十六、元禄六年十月二十三日条。
(96) 前掲註(23)『公通記』六、元禄九年九月十七日条。
(97) 前掲註(34)『日記』十一の元禄五年十月十五日条によれば、綱吉の継嗣誕生祈願のための内侍所御神楽執行を検討するに際し、霊元上皇は「禁裏《（東山天皇）》御願と被願候事者、それも又安義ニ被思召也」と述べている。上皇はみずからの発願による御神楽のほうが天皇の発願によるそれよりも重いと考えていたようである。前掲註(2)久保『近世の朝廷運営』一七三頁は、のちに見る三宮の処遇をめぐり、上皇と天皇の間の「溝」の存在を指摘している。
(98) 石田俊「元禄期の朝幕関係と綱吉政権――中御門資熈の「執権」を中心に――」（『日本歴史』第七二五号、二〇〇八年十月）。
(99) 『基熈公記』三十三（東京大学史料編纂所架蔵写真帳、公益財団法人陽明文庫原蔵）元禄十二年五月三日条。前掲註(98)石田「元禄期の朝幕関係と綱吉政権」二九頁～三〇頁。
(100) 『公通記』十（東京大学史料編纂所所蔵原本）元禄十三年二月六日条。
(101) 前掲註(2)久保『近世の朝廷運営』一五四頁～一七二頁。

(102)『基熙公記』四十一（東京大学史料編纂所架蔵写真帳、公益財団法人陽明文庫原蔵）元禄十六年二月十六日条。前掲註(2)久保『近世の朝廷運営』一七二頁は、この箇条からただちに宝永四年（一七〇七）を展望した議論を展開している。
(103)『貞暦』（宮内庁書陵部所蔵原本）元禄十七年二月十四日条。ここではもはや、寛永六年（一六二九）の後水尾天皇による突然の譲位は、後水尾法皇と明正上皇という長寿者を生み出した「徳例」とされている。
(104)前掲註(103)『貞暦』元禄十七年二月十六日条。
(105)前掲註(2)久保『近世の朝廷運営』一七〇頁〜一七二頁。
(106)前掲註(103)『貞暦』元禄十四年四月二十五日条・同年六月二十七日条・元禄十六年三月二十七日条・同年四月三日条〜同年五月十六日条・同年六月十日条〜同年同月二十七日条によれば、東山天皇の健康状態は眩暈や腫れ物で悪く、オランダ膏薬などで治療していた。
(107)『柳原資廉日記』（宮内庁書陵部所蔵原本）宝永元年六月二十日条。この宝永元年（一七〇四）の東山天皇による譲位の意向表明については、藤田覚『天皇の歴史06　江戸時代の天皇』（講談社、二〇一一年）一三五頁も言及しているが、そこでは「理由も後継も、あたかも後水尾の譲位強行の再現である。ただ、後水尾と異なり、幕府への怒りからではなかったらしい。幕府は、東山天皇が長く在位することを希望し、まだ壮年であることなどを理由に譲位を承認しなかった」とされている。
(108)前掲註(107)『柳原資廉日記』宝永元年六月二十一日条。
(109)前掲註(107)『柳原資廉日記』宝永元年六月二十三日条。
(110)前掲註(107)『柳原資廉日記』宝永元年六月二十七日条。
(111)本書第三部第一章。
(112)前掲註(96)。
(113)前掲註(107)『柳原資廉日記』宝永元年六月二十三日条。
(114)前掲註(107)『柳原資廉日記』宝永元年六月二十四日条。一連の東山天皇の発言をふまえると、いわゆる「天子御作法」の内容についても、石田俊「霊元天皇の奥と東福門院」（『史林』第九四巻第三号、二〇一一年五月）三六頁がいうように「より広く天皇の行動、言動全般を指すもの」と捉えたほうがよいかもしれない。
(115) 前掲註(2)久保『近世の朝廷運営』一七〇頁〜一七二頁。
(116) 前掲註(2)久保『近世の朝廷運営』一六九頁〜一七〇頁・一七二頁〜一七四頁。
(117) 前掲註(26)塚本『徳川綱吉』二六〇頁〜二六一頁。
(118) 『庭田重条日記』四十二（宮内庁書陵部所蔵原本）宝永六年二月十八日条。
(119) 前掲註(118)『庭田重条日記』四十二、宝永六年二月十九日条。
(120) 前掲註(3)高埜『元禄・享保の時代』二一七頁〜二一九頁は、東山天皇による将軍宣下の経過を説明後、「綱吉政権時の京都所司代の態度と異なり、近衛基熙に対して「恐怖の体」を示す」松平信庸の「態度の様変わり」を指摘している。しかし、高埜氏は、この変化について「将軍権威に天皇・朝廷を協調させる関係は、綱吉政権下では、あくまでも京都所司代が朝廷ににらみをきかせ、しっかりと統制の枠の中におさめたうえで協調させるという感じであった。六代家宣の代になると、親密感は深まり、あくまで幕府に主導権はあるものの、幕府による露骨な統制を感じさせぬ公武一体の印象が深まった」延長線上に捉え、「家宣政権の融和的な対朝廷策」と理解するのみである。筆者は、高埜氏の捕捉した変化の兆しについて、結局は朝幕の協調や融和という評価に収斂されてしまい、それ以上の分析も困難になっているることが残念である。
(121) 本書第三部第一章。
(122) 前掲註(43)。以下、この語の典拠は本註に同じ。
(123) 綱吉は、摂津国多田院からの求めに応じて揮毫する際、多田権現の称号について、「勅許之称号ニ而も無之、本拠無之」と述べて多田権現の文字を記すことを拒否している（前掲註〈45〉『隆光僧正日記』元禄七年十二月十七日条〈一二九頁〜一三〇頁〉）。前掲註(23)井上『近世の神社と朝廷権威』一七九頁〜一八〇頁。綱吉は称号等への勅許について、その本拠に関わるものと考えていた。以下、この語の典拠は本註に同じ。
(124) 前掲註(4)ナカイ著／平石他訳『新井白石の政治戦略』。

結論

後陽成天皇の見送りを受け、朝鮮半島経由で中国大陸を目指すために出陣した豊臣秀吉は[1]、後陽成天皇の北京動座を計画するとともに[2]、勅命を奉ずる形で朝鮮半島に日本勢を進駐させたが[3]、明国との直接対決の段階で戦況は悪化して膠着状態に陥り、日明間で行われた講和交渉は虚実の入り交じる複雑な過程をたどった[4]。最終的には秀吉が万暦帝から日本国王に冊封されるという事態を迎え、冊封の際には秀吉のみならず、徳川家康など豊臣政権を構成する主要大名までもが明国の官職を叙任される事態となった[5]。しかも、秀吉が日本国王に冊封されるに際しては、万暦帝によって後陽成天皇と秀吉の関係が問題視され、冊封の検討過程で天皇の地位は国際的になきものとされてしまっていた[6]。第一部第一章でみたように、秀吉自身の天皇観には依然不明な点が多いが、少なくとも秀吉は対外戦争に後陽成天皇を積極的に関わらせ、天皇もまたそれに応え、慶長の役の段階でさえ戦況の報告を受けていたが、慶長の役の只中で秀吉は病没し、遺されたものはといえば、冊封によって明国に丸ごと従属して抱え込まれた形となった日本国と豊臣政権、そして在位はしているものの、国際的にはその地位をなきものにされた後陽成天皇であった。

徳川家康は、秀吉亡き後の「豊臣体制[7]」下における対外関係を扱い、国内の権力闘争を制する中で征夷大将軍に任官するが、その任官および将軍職の秀忠への移譲に至る具体的経緯は不明ながらも、[8] 織田信長以来の選択肢をふまえ、かつ当時の豊臣秀頼の立場も視野に入れると現実的には将軍しかなかった。[9] 家康は秀吉亡き後の後陽成天皇と秀頼の政治的立場を慎重に取り扱いつつ、後陽成天皇の譲位と後水尾天皇の即位に向けた動きを進めるとともに、[10] 慶長十二年（一六〇七）の徳川和子誕生以後はその入内を計画する一方、[11] 依然宮中との強固な関係を保持する秀頼の左大臣任官や再建後の方広寺大仏殿における供養会を止め、[12] 最終的には慶長二十年（一六一五）の大坂夏の陣において秀頼を自刃に追い込み、同年には二条昭実・秀忠とともに「禁中并公家中諸法度」を制定して天皇をも法度の対象者とするに至った。[13]

　このように見てくると、家康の場合、秀吉に比して天皇の権能を限定化させつつ、秀吉とは異なる形での天皇家との関係構築を図ろうとしていた姿勢が顕著のように思われるが、その一方で家康の天皇認識の内容を具体的・直接的に示す一次史料がほとんどないことは研究史上の一つの難点である。しかも近年は、例えば藤井譲治氏が「将軍襲職と領知宛行権掌握とが連動したものではないこと[14]」に注目して「大御所の領知宛行権の掌握という事実[15]」を指摘し、「当時の武家社会が、将軍を頂点として編成されていたのではなく、大御所「天下人」を頂点に編成されていたことを意味している。すなわち、従来の将軍を頂点とする武家社会理解は、江戸時代後期には通用しても、江戸時代初期には当てはまらない[16]」との見解を表明するなど、家康が天皇より宣下されて子孫に継承させた将軍職を積極的に評価しない傾向にもあることから、家康以後の将軍の天皇への認識自体は問題化されにくく、より一層解明の難しい問題となりつつある。

　そのような中、徳川将軍自身の統治認識を示す数少ない史料は、本書でもすでに一部を引用してきた山本博文氏の紹介による次の「寛永十八年七月五日付酒井忠勝宛徳川家光御内書[17]」であろう。

此天下の義ハ　こんけん様（徳川家康）御ほねをおられ、ほこさきにて御納被成候て、たいとく院殿（徳川秀忠）ちんきにて御あとつかせられ、代々納たる天下のきハ、からにも日本にもまれなるきに候ニ、其御あとをふせうなる身にてつき候義、ミやうりの程おそろしく候ま丶、いかやうにも天下のつ丶きおさまらん義をあさ夕くふうするといへとも、あまつさへ近年ハ病者ニなり、はか〳〵しく天下のまつり事もつとめかね候事、両御所（徳川家康・徳川秀忠）のミやうりの程もいか丶思ひ候付、昨日も其段其方へ（酒井忠勝）くわしくいひきかせ候、其方の義ハ、へやすミのおりより人お丶き中ニへつしてふた心なく、ためを第一とおもひ候心さしミつけ候付、万事おもて内証ともニしんていをのこさすいま丶ていひきかせ候事、其方ニも覚可有之、しんちつにためを思ひ候心さしをミつけ候付、代替になり、くにをもつかハし、くわんいにもあけ、万事とりたて候義にて候、是さき人の義、いかやうなるわかきとりたての物ともお丶しといふとも、其方ニ思ひかへ候事ハ神りよおかけあるまし き事候、其方の義、たとへいかやうなる事いひきかせ候物是よりさきにありといふ共、めに見えさるきわせういんすましき事、一たんハ其方へもいひきかせ、ま事いつわりきくへく候ま丶、其段ハいかにも心やすくおもハるへく候、此上ハ我々心ていのとをりハ書付お者いひき（か脱カ）せ候ま丶、其上の義ハ其方の心もち第一にて候、万事思ひ候義をハ、心ていをのこさす、よしあしにかまいなくたんかうの心もちせんに思ひ候

七月五日家光（徳川）（花押）

さぬきの守殿（酒井忠勝）

この史料については、すでに山本博文氏と高木昭作氏、藤井讓治氏がそれぞれ翻刻・解釈等を行っており(18)、将軍家光自身が「天下」への認識を表明した史料としてこれまでにも注目されてきたが、家光自身が家康以来の系譜を振り返りながら自己を位置づけ、みずからの政治的立場を酒井忠勝に説明しようとしている点で興味深く、またその過程で家光が家康の考えをふまえようとしているため、家光の視点からではあるが家康の立場・認識を推測できる点でも貴重である。さらにこの史料において、徳川将軍家が三代にわたり「代々納たる天下のき」の

いったい何を「からにも日本にもまれなるきに候」と認識していたのかという点についても考察すれば、徳川将軍自身による当時の体制への理解のあり方を知る一助となる可能性がある。

ところが、この史料についても従来、例えば山本博文氏は「家光の認識でも、幕府の統治権は「天下」=王権とされ、これは家康が矛先にて納めたもの、とされている。当然のことながら、この御内書に天皇の影はない(19)」と読解し、また藤井讓治氏が「すなわち「天下」は家康が武力によって手に入れたものであり、それを徳川氏が代々継承したものだとの主張がなされ、将軍職に就くことが「天下」を支配する権限の源泉だとする考えはまったくみえない。そこには、江戸後期とは異なり天皇の影はみえない(20)」と解釈するなど、やはり徳川将軍の統治する「天下」に天皇の存在を読みとることはできないという方向で理解されており、徳川将軍自身の天皇認識は問題化されない構図となっている。

したがって、この史料において徳川将軍家が「代々納たる天下のき」のいったい何を「からにも日本にもまれなるきに候」と認識していたのかという点についても、「ここには、徳川の「天下」は、家康の矛先で手に入れたものだと表明されている。これが「武威」の認識である。征夷大将軍という朝廷の官職でもなく、あるいは豊臣秀吉の公儀を引き継いだのでもなく、家康の武力で天下を手に入れたと自然に述べていることは、それなりに注目に値しよう(21)」と述べる山本氏の場合、同氏は「徳川家の天下を正当化するものは実力で天下を従えた武力すなわち「武威」だった。これが家光で三代続いてさらに正当性《（ママ）》を増し、このような国家は「から（唐）にも日本にもまれなる（儀）」だったのである(22)」と説明するのである。

だが、この史料に天皇の存在を読みとらない両氏の解釈は、はたして妥当だろうか。筆者はもう少し慎重な解釈が必要ではないかと考えている。なぜなら、両氏はこの史料における「たいとく《（徳川秀忠）》院殿ちんきにて御あとつかセられ」の部分の「ちんき」について、解釈を回避しているからである。管見の限り、この史料の「ちんき」について解釈を試みた最初の研究者は高木昭作氏だが、高木氏は「ちんき」を「仁義」と解釈している[23]。だが、この解釈では文意からも無理があり、もし高木氏のいうように「仁義」ならば仮名表記は「ち」ではなく「し」となるのではなかろうか[24]。「ちんき」の「ち」の文字に忠実となるならば、すでに吉田洋子氏はこの史料における「ちんき」について、徳川秀忠への将軍宣下に際し宮中で催された「陣儀」との解釈を示している[25]。

もし吉田氏の解釈に従うならば、前引の史料における「此天下の義ハ　こんけん様《（徳川家康）》御ほねをおられ、ほこさきにて御納被成候て、たいとく院殿《（徳川秀忠）》ちんきにて御あとつかセられ、代々納たる天下のきハ、からにも日本にもまれなるきに候ニ、其御あとをふせうなる身にてつき候義、ミやうりの程おそろしく候ま丶、いかやうにも天下のつ丶きおさまらん義をあさ夕くふうするといへとも、あまつさへ近年ハ病者ニなり、はか〳〵しく天下のまつり事もつとめかね候」の箇所の文意は、「権現様は自らの労力と武力で「天下」を手中にされ、台徳院殿は権現様のように自身の労力と武力によってではなく、「ちんき」すなわち陣儀によって権現様の跡を継がれ、このような形で代々「天下」を統治することは中国大陸あるいは日本においても稀なことだが、その跡を今度は不肖の身である自分（家光）が継ぎ、冥利の程も恐ろしく、どのようにしてでも「天下」が続き治まるように朝夕工夫しているけれども、さらに最近は病人となってしまい、「天下」の政もはかどらない」という内容となるのではなかろうか。

家康から秀忠への継承はもちろん、秀忠から家光への継承も家康存命中の決定であったから[26]、家康の獲得した「天下」を「ちんき」すなわち陣儀で継承していくことはまさに家康の想定していたことであったろう。「ほこさきにて御納被成」た家康の「天下」を「ちんき」すなわち陣儀によってみずからの子孫に継承させることが家康の敷いた路線であったとするならば、そのようなあり方そのものが「からにも日本にもまれなるきに候」と認識されたのではなかろうか。

そこでは家康も将軍宣下を請けていた事実は捨象され、家康の「ほこさき」のみで「天下」は平定されたことになっており、家康自身の天皇に対する立場はあえて表明されていない。けれども、その「天下」の子孫への継承は「ちんき」すなわち宮中の陣儀によると書かれているとすると、この史料には、実力で勝ち得た権力をいかに秀吉と異なる形で維持し、かつどのようにして国内諸勢力と外国に対してみずからの正統性を主張しながらスムーズに権力を継承していくかに腐心した徳川将軍家の複雑な権力観が示されているということになろう。

そこでの天皇の関与の仕方と位置づけは、徳川将軍家の実力を覆い隠したり傷つけるものであってはならないが、徳川将軍家を明確に支持するものでなければならず、だからこそ天皇・朝廷の取り扱いは慎重を要する事柄であったろうし、徳川将軍家にとっての最大の関心事であったと思われる。そのような徳川将軍家による複雑かつ慎重な天皇の位置づけは、いわゆる従来の研究史で用いられてきた権威や形式、不可欠という言葉のみで到底説明できるものではない。当時のありようを正確に表現・説明できる言葉を発見・獲得する必要があるのであり、そのためには、家康の「天下」を引き継いだ徳川歴代将軍の天皇観について、歴代それぞれ少しずつ異なることも想定しながら解明する努力をしなければならない。

そして、近世の政治史を考えるうえでのさらなる問題は、秀吉から家康に至るまでの間、彼らによる天皇の位置づけが変化していく中で、今度はその天下人自身までもが神格化を遂げていたことであった。柳田國男氏・堀新氏・井上智勝氏・岩田重則氏によると、人が神格化されること自体は村落や家の内部で従来からあったことだといわれるが(27)、豊臣秀吉や徳川家康の場合、そのような素朴な形態では終わらず、大々的な祭祀施設と信仰形態をともなうに至った。このようなことが実現した当時の政治的・社会的背景とはいかなるものであったのか。

神田千里氏は、苛政などにあえぎ、キリスト教をより所としつつ耐えていた民衆が弾圧によってそのより所を奪われたことが島原の乱など「キリシタン一揆蜂起の背景として」あったことを指摘する一方(28)、「しかし大飢饉や重税という困難はキリシタンではない民衆にも同様だったはずであるが、彼らは大した信仰もなく、この困難を切り抜けてこられたのだろうか[29]」と疑問を提起し、「非キリシタンの民衆にも信仰はあった」が、その「キリシタンではない民衆の信仰を知る手がかりとして、」「島原・天草でキリシタン蜂起が起った直後」における「自分は「日本の宗門」であると主張する」人々の存在や「キリシタンとして蜂起した村を「キリシタン」と呼ぶ一方で、キリシタンではない村は「日本宗」であると報告」されていた事例に注目し[30]、「「日本の宗門」「日本宗」とはいったい何だろうか[31]」と考察を進め、「その中に「真言宗」や「一向宗」などが含まれていたこと」をふまえつつ[32]、「これらの信仰の中に、宗派・宗旨と呼べるような体系的教義、伝道のための組織、そして信者を結集する教団をもたないけれども、多くの宗派が含んでいるような信条や思考が底流しており、それが「日本宗」の標識となっていたように思われる」とし[33]、そのような「信条や信仰」として「伊勢信仰」と「「神国」意識」、そして「「天道」の観念」を挙げている[34]。

そのうえで神田氏は、それらとキリスト教との関係において、対立点とともに「実は根本的な観念においてかなり似た面のあったこと」に注意を喚起し[35]、「キリスト教が日本に受け入れられた重要な条件の一つとして、この時代の日本に「天道」の観念が浸透していたことが考えられる」とするとともに[36]、「この両者はきわめて似通っているだけに、双方が敵対する時には、絶望的なほど非妥協的で苛烈な対立・抗争が現出したと想定することはたやすい」と指摘する[37]。

この神田氏の学説における重要概念である「「日本宗[38]」」について、今のところ同氏は「伊勢の神など「神国」の神々への信仰と、それと密接に関わる「天道」思想とを想定」するに留まっている[39]。しかし、神田氏も述べるように「「日本宗」」の問題が日本に「底流」している「信条や信仰」の問題だとすると[40]、それを神国思想や天道思想とただちに関連・混同させてしまってよいものだろうか。

確かに「「日本宗」」は神国思想や天道思想とまったく無縁ではなかろう。だが、神田氏も認識しているように、「「日本宗」」の概念の追究は、天下人が神格化された意味の考察にも関連してくるものである。(41) もし「「日本宗」」が神国思想や天道思想と同じものならば、従来どおり、天下人の神格化は神国思想などから説明すれば足りるということになり、新たに「「日本宗」」を概念化する意義は失われてしまう。

だとすると、神田氏が気づいた「「日本宗」」の、それ独自の思考方法が明らかにされる必要があるのではなかろうか。その意味で筆者は、神田氏の引用していない、次の「一五九五年十月二十日付、長崎発信、ルイス・フロイスの年報(42)」の一節は重要な手がかりを与えてくれるのではないかと考えている。

そこで他の貴婦人たちがいる中で、（北政所様）に非常に寵愛されていた二人のキリシタンの婦人たちの面前で、話題が福音のことに及んだとき、（北）政所様は次のように言った。「それで私（北政所）には、キリシタンの掟は道理に基づいているから、すべての（掟の）中で、もっとも優れており、またすべての日本国の諸宗派よりも立派であるように思われる」と。そして（北政所様）は、デウスはただお一方であるが、神《カミ》や仏《ホトケ》はデウスではなく人間であったことを明らかに示した。そして（北政所様）は、先のキリシタンの婦人の一人であるジョアナの方に向いて、「ジョアナよ、そうでしょう」と言った。（ジョアナ）は「仰せのとおりです。神《カミ》は日本人が根拠なしに勝手に、人間たちに神的な栄誉を与えたのですから、人間とは何ら異なるものではありません」と答えた。それから（北）政所様は同じ話題を続けて次のように付言した。「私の判断では、すべてのキリシタンが何らの異論なしに同一のことを主張しているということは、それが真実であることにほかならない。（その一方）、日本の諸宗派についてはそういうことが言えない」と。

これは北政所と「貴婦人たち」との会話だが、そこでは「日本国の諸宗派」あるいは「日本の諸宗派」と「キリシタンの掟」が対比されて語られており、北政所は「デウスはただお一方である」けれども、「神《カミ》や仏《ホトケ》はデウスではなく人間であったこと」に注目している。ここからは、そもそも両者の相違は、神がもともと人間であるかどうかであり、人間を信仰の対象とできるかが両者の大きな相違点であったことがわかる。ほかならぬ「日本国の諸宗派」あるいは「日本の諸宗派」の特徴とは、人間を信仰の対象とすることだった。当時は、そのような「日本国の諸宗派」あるいは「日本の諸宗派」と「キリシタンの掟」との思想的優劣が語られ、信じるべき神を有する教えとはどちらなのかが論じられたのである(43)。

その「日本国の諸宗派」あるいは「日本の諸宗派」の状況については、ルイス・フロイスが日本の神仏について的確にまとめた次の「一五八五年八月二十七日付、長崎発信、ルイス・フロイスのイエズス会総長宛書簡(44)」でより明らかとなる。

日本には二種類の偶像がある。一つは仏《ホトケ》と呼ばれ、仏僧らは彼らのやり方で、これに或る種の神性、または無限の力を付与し、その起源を死すべき性質のすべての人間から区別している。これらの仏の数は無限であると言うが、そのうちの二つ、一つは釈迦と呼ばれ、もう一つは阿弥陀と呼ばれるものを、その他の仏の起源として据えており、彼らの宗派は十三で、最初はシャムからシナに、シナから日本へは約七百数十年前に来たものである。日本人は、自分たちの罪のゆるしと、来世での救いを、これらのものに祈っている。二番目の種類の偶像は、神《カミ》と呼ばれ、ガンジス河の砂のように多数あり、先に述べた仏の宗派が日本に渡るようになる以前から日本において既に崇拝されていた。これらの神々は、日本で生まれた死すべきものだった人で、或る者は国主の子、別の者は公家や非常に身分の高い貴族で、そのうちの或る者は技術に秀で、他の者は武術に勝れて、その人生において英雄的な業、または珍しいことを成し遂げ、死後神としての神性と超越が付与されたものである。その信仰、神殿、仏僧ら、またその他すべての点で仏と全く異なっている。これらの神々に、すべての自然の恵み、健康、長寿、富、子宝、敵に対する勝利を、すぐ祈るのであるが、これらの無数の神の中の最高の神で、もっとも尊敬されているものが三つある。第一のものは天照大神《テンショウダイジン》と呼ばれ太陽に化身したといわれ、伊勢の国にその本拠地があるが、そこを信長が武力で取り、その本来の領主を排除し、そこに自分の次男、御本所（織田信雄）を入れた。日本全国から、巡礼として、主な神とされているここに集まる人々の数は、信じられない位、異常に多い。それは単に庶民、平民だけではなく、高貴な男女も多くおり、願をかけて置いて、そこに行かない者は、人間の数の中に入らないと思っているようである。第二番目の神は、春日大明神で、大和の国におり、第一の神より大きな収入源となる農地を持ち、より豪華で、きらびやかであるが、既述のように、息の根がとまりつつあると思われる。というのは、所領の代行をしていたその国主（筒井順慶）が今度死んだので、筑前殿（羽柴秀吉）が、その所領を召し上げて、家臣に分配することが期待されているからである。第三番目の神は八幡大菩薩と称し、戦の神である。その神殿は、高槻から三里、都から四里の（摂）津の国《ツノクニ》の八幡《ヤワタ》にある。

すなわち、日本の仏は「或る種の神性、または無限の力を付与」され、「その起源を死すべき性質のすべての人間から区別」されているが、神々は元をたどれば人間であることが報告されており、とくに神々の中では天照大神と春日大明神、八幡大菩薩が重視されている一方、もはやここでの社は、いわゆる権門ではなく、天下人に翻弄される存在であることも特記されている。神国思想や天道思想がただちに問題とされているのではなく、その前に、神の存在形態と性格が注目されているのである。したがって、キリスト教と神田氏のいう「「日本宗」」とは本質的には対立概念であり、もしキリスト教と日本側の思想との間で共通点があるとすれば、それは「「日本宗」」とは別の問題ということになろう。

神田氏が「ヨーロッパにおける宗教戦争を思わせる禁教令の苛烈さは、「日本宗」とキリシタン両者の相違点ではなく、類似点に由来するのではあるまいか[45]」と指摘したことは卓見と思うが、その指摘は天道思想に注目した結果の指摘であった(46)。北政所の発言をふまえると、「「日本宗」」と神国思想・天道思想とは別個のものとして、分けて考察されるべきものではなかろうか。

この考えに立つと、秀吉の神格化に関連し、神田氏が引用した次の「一五八九年二月二十四日付、日本副管区長ガスパル・コエリュのイエズス会総長宛、一五八八年度・日本年報(47)」の一節もより一層理解が可能となろう。

関白殿《（豊臣秀吉）》は司祭たちに対して幾分和らいだ表情を示し、次のように言った。「彼《（アレシャンドゥロ・ヴァリニャーノ）》は常に我らの友であった。しかし貴殿ら《（イエズス会）》が弘めていた教法があまりにも日本の神々《カミス》に反するものであったので、予《（豊臣秀吉）》は貴殿らを追放した次第だ。貴殿らの教法はすなわち日本の諸侯の栄誉と存在を危うくするものだ。神々とはわが国では諸侯以外のなにものでもなく、彼らはその偉大さと勝利のゆえに神として崇められるようになった。今や日本の諸侯はかつて他の諸侯がそうしたように、できる限りの力を尽くして神になろうとしている。それゆえ伴天連たちの弘める教えが神に反するものである以上、それはすなわち日本の諸侯とも相容れぬものだといってよい。その教えはなるほど他のところでは結構なものであろうが、日本ではそうではない。予が伴天連たちを追放した所以である」と。

この一節について神田氏は「一見意味不明の荒唐無稽なものにみえるが、民衆に向けて「神国」における「天道」に適う政治を喧伝する戦国大名を想起すれば、その意味するところは理解できるように思われる。神になろうとしたかどうかまでは分らないものの、「天道」に適うことにより「神仏」の加護を求めようとしたことは間違いないように思われる(48)」とし、「死後、徳川家康もそうであったように神として祀られることを望んだことが知られるが、生前神であったのなら、死後祀られることも当然といえよう。秀吉自身に即していえば、「日本の諸侯は神」の言葉は彼なりに事実を述べたものであったように思われる(49)」とするが、より正確には人間も神になることができるとの信仰があったから、「諸侯」はそれを本気で目指し、また秀吉もそのような考えを「司祭たちに」対立概念として示したのではなかろうか。

実際、ここでいう「諸侯」に該当する戦国大名の中には、近年の研究によると、程度の差こそあれ、生前は既存の神仏と自身との一体化を喧伝し、死後は遺体が礼拝の対象とされ、神仏として祭られた例はあるようであり、そこでは個別具体的な神号は用いられず、仏式の院号が用いられたようである(50)。だから秀吉は当初既存の神を基礎にした「新八幡」として祝うよう遺言したし(51)、家康も具体的な神号等には触れず、「臨終候ハ、御躰をハ久能へ納。御葬礼をハ増上寺ニて申付。御位牌をハ三川（三河）之大樹寺ニ立。一周忌も過候て以後。日光山に小キ堂をたて。勧請し候へ。八州之鎮守に可被為成」とのみ遺言したということなのだろう(52)。秀吉も家康も、当初は、当時として特別なことを遺言したわけではなかったのである(53)。

だが注意すべきは、彼ら二人ともの当初の遺言が、あとに遺された者たちによって変更され、本人たちの遺志とはまったく異なる神格化が行われたということである。しかも、それらは天皇から具体的な神号を宣下され、神階を授与されるという新たな手続きをふみ(54)、権門の由来ではないまったく新たな社である豊国社と東照社に祀られるという新たな形式をともなうものであった。したがって、豊国大明神と東照大権現は、神田氏のいう「「日本宗」」から生み出された神格ではなく、戦国時代までとは異なるまったく新しい文脈の神格として捉える必要があるのであり(55)、それらの神格に誰がいつ、どのような関与をし、いかなる意味を付与したのかが問題となるのである。

この点について、従来の研究はどのように説明してきただろうか。例えば、藤井讓治氏の説明を掲げると、次のごとくである(56)。

> 家康を神に祝うことは天皇を抜きにして行うことはありえなかったが、秀吉のときには「新八幡」を希望した秀吉側の意向を後陽成天皇は押しとどめ「明神」としたのに対し、家康の場合は朝廷抜きで「権現」か「明

神」かが議論され、最終的には将軍秀忠の意として「権現」と決し、そのうえで神号の奏請が後水尾天皇になされ、さらに具体的な神号も撰ばれたもの（「撰ばれたものを」は藤井讓治『日本近世の歴史1　天下人の時代』（吉川弘文館、二〇一一年）二一〇頁になし）を天皇が決めるのではなく、将軍秀忠の意向に従い決定された。このように、家康の神号決定は、将軍側の優位のもとに進められ、天皇の役割はそれを調える（藤井讓治『日本近世の歴史1　天下人の時代』二一〇頁では「その形を調える」）に過ぎなかった。少なくとも（「少なくとも」以下は藤井讓治『日本近世の歴史1　天下人の時代』二一〇頁になし）、この神号決定の過程は、近世前期における天皇と将軍との関係を象徴するものの一つとなった。

ここでは、豊国大明神と東照大権現の神格の内容は問われておらず、「新八幡」から豊国大明神への神格変更の背後に後陽成天皇の存在を見る一方、東照大権現号の創出については将軍秀忠の意思の「優位」を指摘し、天皇は形式的役割のみであったと強調されている。

しかし、本書の分析によれば、秀吉の遺言を変更してでも豊国大明神号の創出にかける後陽成天皇と豊臣家、そして徳川家康らの思いとは、文禄・慶長の役後の明国への敗戦・従属という事実からの脱却と、今は亡き戦争最高指導者の秀吉を天皇の勅命によって神に列し、国際的になきものとされた天皇の政治的地位を回復・表明するとともに、家康自身のその後の政治的立場をも補強するという極めて重いものであった。

一方、東照大権現号は、天皇家にとっての主体的案件ではなく、あくまでも天海による家康の遺言の再解釈とそれにともなう運動に秀忠が合意して奏請したものであり、天皇はもっぱら受け身の姿勢であった。豊国大明神号の際の後陽成天皇と、東照大権現号の際の後水尾天皇とでは、同じ天皇による神格化ではあっても、天皇にとっての切実度がまったく異なっていたことを見落としてはならないだろう。

もちろん秀忠の意思は明確にあった。大明神ではなく、大権現として神格化するほうが、唯一宗源神道のみに偏らずに済み、また天台宗系の山王一実神道による神格化であれば、神となった家康は神道界と仏教界の双方に影響力を行使できるという読みであり[57]、生前の家康が仏教を信仰し、豊国社を壊してしまおうと発言していたという天海の耳打ちも秀忠の判断に影響していた。故秀吉とのバランスという意味からも、豊国大明神が天皇によって生み出された神であった以上、神号は奏請されねばならず、東照大権現は、あくまでも幕府にとって必要な神だったのであり、天皇家から求めた神格ではなかった[58]。

また、そもそも後陽成天皇と後水尾天皇とでは、各々の政治的立場があまりにも異なっていた。後陽成天皇は上皇として東照大権現号の検討の際にも存命であったが、天皇在位中は文禄・慶長の役にも当事者として主体的に関与し、東アジアの国際関係の只中に置かれていた。一方、後水尾天皇は「禁中幷公家中諸法度」後の天皇であり、その点からも後陽成天皇と後水尾天皇との間で、神格化への関与の仕方が異なることは当然であって、東照大権現号の創出過程の分析に際し、将軍の優位と勅許の形式化を強調することはあまり重要ではないだろう。家康の意識は太政大臣の任官とそれをふまえた素朴な神格化までだったが、東照大権現号の創出はあとに遺った者たちが家康以上に豊国大明神を意識するとともに、その後の政権にとっての影響をも考慮した結果であって、だからこそ、天海の耳打ち後、秀忠自身の口から神号の奏請が切り出され、豊国大明神の場合と同じく、天皇による神号宣下と神階授与という、やはり従来の神格化とは一線を画する異例の手続きが追求されたのであった。

だとすると今後は、豊国大明神や東照大権現が、その後の将軍たちによってどのように捉えられていったのか、またそれらの神々を生み出し、「禁中幷公家中諸法度」において「天子」または「国王」あるいは「君」と呼称された天皇は、その後の将軍たちによっていかなる位置づけを与えられていったのかが重要な論点となるのではなかろうか[59]。

その意味で、秀忠の時とはまったく異なる形で東照大権現という神格を再構築した将軍は家光であった。家光は自らの継嗣誕生祈願のため、寛永十三年（一六三六）に日光東照社の大造替を行うとともに、後水尾上皇の宸筆による『東照社縁起』上巻（真名本）を日光東照社へ奉納したが、寛永十六年（一六三九）には継嗣誕生祈願に加えて対外情勢の緊迫化と度重なるキリスト教の流入に備え、みずからの精神的支柱を構築し、諸大名を鼓舞して結集させて動員するために『東照社縁起』を追加作成し、それらを後水尾上皇の宸筆と親王・公家衆の筆を得て完成させ、寛永十七年（一六四〇）に日光東照社へ奉納して社参するとともに、諸大名にも社参させた。その際の『東照社縁起』第一（仮名本）御立願には、[60]

抑、本朝帝皇の苗裔、姓氏あまたにわかれし中にも、第五十六代水尾帝（清和天皇）の御末の源氏は、たけきいきほひありて、君を守り国をおさむること世に超過せり、殊更当家の祖神に祝ひたうとひ給ふ東照大権現（徳川家康）の名高き世のほまれは、言説にものへかたく、筆端にも盡しかたし、今この本縁を顕すも巨海の一滴、九牛か一毛のみならし、

とあり、姓氏が数多ある中、その姓氏の根本としての「帝皇」＝「君」を清和源氏の末裔である徳川将軍家が守り、その徳川将軍家の祖神が東照大権現だと明記されている。そして『東照社縁起』第四（仮名本）祭礼は、[61]その東照大権現について、

宗廟をまつる事は、もろこしにもこれを専とせり、殊更本朝はあまてるおほん神の御末にて、皇孫降臨し給しよりこのかた、八百万の神たち、国家をしつめまほり給ふ、就中廿二所の神祠は、おほやけの恭敬他に異なるにより、大社にあかめおはします、今此東照三所大権現もこれにひとしくなそらへ、当社開基より廿一年にして、寛永十三丙子造替の時至りて、征夷大将軍家光（徳川）公ひたのたくみに課て、不日に成功をとく、

と記し、天照大神と八百万の神々が国家を鎮護しているところに、東照大権現も朝廷から二十二社と同様の崇敬を受け、神々の系列に参画する旨を表明している。すなわち、旧来の「「日本宗」」とは別の文脈で誕生したはずの東照大権現は、いまや天照大神以下、「「日本宗」」の神々の列に参画することになったのである。

いわば、神々は連合して日本を鎮護し、その子孫である天皇と公家衆、将軍は共同して東アジアにおける日本

の独立を確保して、キリスト教の流入などに対抗することが『東照社縁起』第四（仮名本）において誓われたのであり、領主ではあるがもはや権門ではなくなった天皇と公家衆は（公家は旗本に準ずる格、第二部第二章）、氏姓制を通じて将軍・武家と結合し、天皇・公家衆・将軍はともにそれぞれ神々の子孫として国家鎮護の担い手となり、現実世界の支配者でもありつづけることになった。

かつて黒田俊雄氏は「中世国家そのものの特質」について、「公家と武家とが、対立しながらも一つの国家を組織しつづけていたこと」を重視して、「国家権力機構」論としての権門体制論を展開し、「権門体制は、荘園制とともに、応仁の乱をもって事実上消滅した」とした後に近世を展望する中で、「大名領国制から出発し、これを統一して全国を制覇した織豊政権、さらには江戸幕府は、大小あらゆる領主を国王（将軍）の直臣または陪臣として従属させ、ほとんど世界に比類ない強力な封建王政として、天下万民に君臨した。このさいにも、もとより権門体制の遺制は残り、天皇と将軍との儀礼的関係など論ずべき点が多い。しかし、国家権力の機構を具体的・客観的に問題とするかぎり、天皇が国王の地位になかったことだけは、ともかくも明言しておきたい」としたが[62]、『東照社縁起』（仮名本）の記述は、近世の体制における天皇の問題について、権門体制後の「権門体制の遺制」あるいは朝尾直弘氏のいう「新しい国制」におけるそれとするのみでは捉えきることができず、したがって「国家権力機構」論のみからする評価には限界があり、天下人の政治意識・政治思想における拭いがたい古代・中世以来の刻印・記憶にも目を向ける必要のあることを提起している[63]。

その後も家光は、明清交替など、対外情勢がさらに緊迫の度を増すと、東照社への宮号宣下を奏請し、東照大権現が天照大神と名実ともに肩を並べられるよう神威の増強をはかり、天皇家による東照大権現への崇敬をさらに求め、「君を守り国をおさむること」[64]のさらなる保障を得ようと行動していくが、天皇を「君」と捉える認識は家綱の代においても確認できる。時の老中・京都所司代仮役の板倉重矩は、寛文八年（一六六八）から寛文十年（一六七〇）にかけての禁闕騒動に際し(65)、家綱の信任の厚い三条西実教を幕府に無断で排斥しようとした霊元天皇と近習公家衆を牽制する発言において、

次申云、此間之義、令申聞内膳正（板倉重矩）之処、於三条西大納言（前脱カ、実教）者可罷成　朝家御為由、大樹（徳川家綱）被思召、有御馳走之人也、然処、一旦不被告知○（於）武家、其上、為可承諸事大小御用○（所）上洛候（之）内膳正不被聞（承仰）之、可被任　叡慮（霊元天皇）之条、対武家者御不義也、又三条大納言（前脱カ、三条西実教）事、従　法皇（後水尾法皇）御所有被　仰事、此義又不可有不被知召之事、於此義者、曽以無御存知之由、雖存之、任内膳正申分言上之了

不令待　法皇叡慮給事、御不孝也、且内膳正者大樹之厚恩旲他之故、　大樹御為亡一命事平日之願也、若有如然事者、不移時刻罷向、始自（内侍所）　禁中・法皇至諸家畢（悉歟）打滅之、致切腹、如唐朝以　大樹為君、可令断絶皇統、若有被思召之子細、連々可被仰聞也、随御道理可申達之由也(66)、

と述べ、家綱の「御馳走」する三条西実教について、天皇が「武家」に「告知」せず、しかも「御用」を「承」るべく「上洛」している板倉も承知しないうちに「叡慮」によって三条西を排斥しようとすることは「武家」に対して「御不義」であり、後水尾法皇に対しては「御不孝」となると指摘したうえで、家綱の「厚恩」を一身に受け、日頃から家綱のために一命をなげうつことを望む板倉自身、もし天皇が「叡慮」による三条西排斥を実行するならば、ただちに出動し、内侍所や禁裏御所・法皇御所を打ち滅ぼし、切腹の上、中国大陸のごとく、家綱を「君」として「皇統」を「断絶」せしめるだろうという最大限の警告を発している。

この発言の前提には、やはり当時の天皇が「君」であるという認識があるが、そもそも「君」とは何だろうか。これを例えば「君主」などと訳すのみでは(67)、当時のニュアンスを捉えられないだろう。板倉は天皇の行動次第では天皇が「君」ではなくなり、将軍が「君」となる可能性を示唆することによって天皇に圧力をかけた。板倉が

「如唐朝以　大樹為君、可令断絶皇統」と述べたということは、逆にいえば、当時の日本の「君」は「唐朝」とは異なるありようを示すものとして理解されていたということになる。一方、将軍が「君」となることは「唐朝」のごとき事態だと認識されたということは、「君」の交替を示す易姓革命がいまだ日本では行われていないという認識の表明であり、「君」と将軍の関係は君臣関係として把握されていたということだろう。しかも、天皇は易姓革命を経ていないという点で中国大陸の皇帝とは異なる「君」として理解されていた可能性が高い。そのため家綱の父家光もまた、酒井忠勝に対し、そのような「君」の宮廷の「ちんき」すなわち陣儀によって「御あとつかセられ、代々納たる天下のき」を指して、「からにも日本にもまれなるきに候」と述べたのであろう。

さらに綱吉の段階になると、綱吉はみずからを「かけまくもかしこき日のもとの国」(68)の「すべてまつりごとすべき身」(69)と位置づけ、「かけまくもかしこき日のもとの国」における「武家之天下」(70)の「本拠」(71)として天皇を認識し、その安定的な在位を望んだ。次の『憲廟実録』巻之第三拾に記された、柳沢吉保による在りし日の綱吉の姿の回想によると(72)、

当初御兄　厳有院(徳川家綱)贈大相国公乃国統を纂給ひてより御治世三十年の間、専ら　御心を政務に用ひ給ふ事、外人の推量に過たり、是仁徳之御治世の間、租税　前代より軽く、亦遠国の道路人を質《貨》に禦《禦》む類、御代の始めまてハ数多かりけるを、この比ハ強暴の族迹を絶《ツ》ふハ皆治化の效験なるへし、建武より以来、王化陵夷して、海内　武命を欽む《欽ム》、天の与ふる所、民の帰する所、誠に物を改るよし《ニ近》、況や神祖(徳川家康)天下を乱世《賊》におさめ《取》給へるに、尚西伯乃至徳を法り、神《臣》道を守り給ふ事、国家乃定謨なるに、猶深く天命未改の精微を鑒ミ給ふにや、

禁裏を尊崇ましまする事、世々に記玉へり、(以下略)

とあり、生前の綱吉は、周の文王(西伯)が殷の紂王(天子)を討つ力があるにもかかわらず、みずからは天子

とならずに臣下としての立場を守ったという「至徳」(73)の例にならった家康を模範とし、さらにその姿勢を徹底化させて「天命未改」を例として「禁裏を尊崇」する姿勢を明確にしたとされている。

従来どちらかというと家康や綱吉は放伐思想に関心を寄せていたのではないかと議論されてきたが(74)、家康の曽孫の綱吉とその側近が家康や綱吉の依拠した思想を王覇論や放伐思想とせず、「至徳」と認識していたことは興味深い(75)。綱吉の姿勢は家康以来の「国家乃定謨」である「至徳」をさらに徹底させたものとされ、将軍綱吉があえて臣下として天皇を「尊崇」することは「天命未改」を厳密にふまえた行為とされた(76)。

このように綱吉は、家光などとは異なり、神々の子孫同士の天皇家と将軍家の連携という考え方よりも、中国大陸の支配思想を援用することで天皇家との関係を理解したものと思われ、そのような綱吉は、東照大権現や日光東照宮に対しても、家光のように新たな神国思想を創出するなどの関与の仕方ではなく、あくまでも徳川将軍家の祖神・祖廟として関わっていくようになる。

ところが、その「至徳」とは別の天命論と王覇論の組み合わせで徳川将軍家のあるべき姿を追究した徳川家宣と新井白石は、それまでの徳川将軍家が凍結して守ってきた『憲廟実録』などにいうところの「天命未改」の状況を解凍して天皇と将軍の関係を再構築しようと試み(77)、その考えは祖神・祖廟の域にも及んだ。次の『兼山秘策』によれば(78)、

> 後々御国用もゆたかに相成候はゞ、聖廟を御建立可レ被レ遊との思召にて候由、大方境地も究り候やうに被レ申候、道灌塚か、小石川御殿邊抔よく可レ有レ之と新井氏（白石）被レ申候、扨宗廟御建立の御志も有レ之、是は紅葉山に被二仰付一筈に候、天子は七廟、諸侯は五廟の制に御したがひにて五廟に被レ遊、其外に東照宮の御廟は、百歳不遷の廟に被レ遊度との儀に候由に候、若左様の儀有レ之段々出来候はゞ、天下の人耳目を改め、儒教盛に可レ成と奉存候、申ても〳〵おしき儀と奉レ存候

とあって、家宣と白石は徳川将軍家独自の「聖廟」を中国大陸の例にならって「諸侯」の「五廟」として造営し、「東照宮の御廟」も「百歳不遷の廟に被遊度」との意向であったという。対外的にも日本国王号を称した将軍家宣が[79]「天子」の「七廟」をどのように位置づけて造営するつもりであったのかは不明だが、もし家宣政権が長期化していれば、天照大神などと東照大権現との関係や、天皇家と徳川将軍家との関係は、また新たな展開を見せたかもしれない[80]。

(1) 山口和夫「統一政権の成立と朝廷の近世化」(山本博文編『新しい近世史1 国家と秩序』新人物往来社、一九九六年)七八頁。
(2) 中野等『戦争の日本史16 文禄・慶長の役』(吉川弘文館、二〇〇八年)五三頁~五四頁。
(3) 中村栄孝『日鮮関係史の研究』中(吉川弘文館、一九六九年)二六一頁。
(4) 前掲註(2)中野『戦争の日本史16 文禄・慶長の役』七六頁~一八五頁。
(5) 前掲註(3)中村『日鮮関係史の研究』中、二〇一頁・二一一頁。
(6) 跡部信「秀吉の朝鮮渡海と国制」(『大阪城天守閣紀要』第三一号、二〇〇三年三月)二一頁。
(7) 秀吉没後の「国制の構造」としての「豊臣体制」については、朝尾直弘「幕藩制と天皇」(原秀三郎他編『大系 日本国家史』三、東京大学出版会、一九七五年、のち朝尾直弘『将軍権力の創出』岩波書店、一九九四年、のち同『朝尾直弘著作集 第三巻 将軍権力の創出』岩波書店、二〇〇四年に再録、本書での引用は『朝尾直弘著作集』による)二一八頁。
(8) 山本博文『徳川将軍と天皇』(中央公論新社、一九九九年)一一頁~一六頁は「慶長五年(一六〇〇)九月十七日、徳川家康が関ヶ原の戦いで勝利してから、同八年二月十二日に征夷大将軍に補任されるまで、約二年半の月日がたっている。この間、どのような交渉があって家康に将軍職があたえられることになったのだろうか」として、『落穂集追加』三」という「後世の記録」を検討しており、同書一八頁は「家康は、将軍になってわずか二年後の慶長十年(一六〇五)

四月十六日、将軍職を辞し、秀忠に譲るのであるが、この間の詳しい事情は明らかではない。というよりも、そのあたりの裏工作を示す史料がまったくないのである」とする。

(9) 岩沢愿彦「本能寺の変拾遺――『日々記』所収『天正十年夏記』について――」(『歴史地理』第九一巻第四号、一九六八年四月、のち藤木久志編『戦国大名論集17　織田政権の研究』吉川弘文館、一九八五年に再録、本書での引用は『戦国大名論集17　織田政権の研究』による)と岩澤愿彦「「三職推任」覚書」(『織豊期研究』第四号、二〇〇二年十一月)によれば、かつて正親町天皇は織田信長に対して関白・太政大臣・将軍の選択肢を提示したとされるから、宮中において天下人が帯びるべきものと認識された官職は当初から絞り込まれており、慶長八年(一六〇三)二月十二日に内大臣から右大臣に転じ、同年十月十六日には右大臣を辞退する家康(『新訂増補国史大系　公卿補任』第三篇、五二〇頁)が、慶長八年(一六〇三)段階でいきなり太政大臣となることは難しかったと思われる。また、藤井讓治「江戸幕府の成立と天皇」(永原慶二編者代表『講座　前近代の天皇』第二巻、天皇権力の構造と展開その2、青木書店、一九九三年)一四〇頁が「いずれは秀頼が秀吉の後継者として関白の職に就くであろうというのが、当時の多くの人々の認識であったこと」は「自らの政権の継承をはかろうとする家康にこれまで使用してきた藤原姓を源姓に敢えて《ママ》改めさせ将軍職を選ばせた、積極的ではないが、一つの原因であった」と指摘し、吉田洋子「豊臣秀頼と朝廷」(『ヒストリア』第一九六号、二〇〇五年九月)二八頁～三一頁も宮中で豊臣秀頼が摂家かそれ以上の待遇を受け、関白就任予定者として認識されていたことを示しているから、家康の立場からは、官職の選択肢として現実的には将軍以外になかったと考えられるのではなかろうか。

(10) 藤井讓治『天皇の歴史05　天皇と天下人』(講談社、二〇一一年)二九八頁～三〇八頁、藤井讓治『日本近世の歴史1　天下人の時代』(吉川弘文館、二〇一一年)一七五頁～一八一頁。

(11) 久保貴子『徳川和子』(吉川弘文館、二〇〇八年)二五頁。

(12) 前掲註(9)吉田「豊臣秀頼と朝廷」三五頁～三七頁・四〇頁～四七頁。

(13) 前掲註(10)藤井『天皇の歴史05　天皇と天下人』三二四頁・三二八頁～三三〇頁。

(14) 藤井讓治『徳川将軍家領知宛行制の研究』(思文閣出版、二〇〇八年)三八一頁。

(15) 前掲註(14)藤井『徳川将軍家領知宛行制の研究』三九〇頁。

(16) 前掲註(15)。

(17) 山本博文「新発見の小浜酒井家文書」(『東京大学史料編纂所　研究紀要』第七号、一九九七年三月)。東京大学史料編纂所所蔵小浜酒井家文書。以下、本史料の文言の典拠は本註に同じ。

(18) 山本博文「将軍権威の強化と身分制秩序」(同編『新しい近世史1　国家と秩序』新人物往来社、一九九六年)、前掲註(17)山本「新発見の小浜酒井家文書」、山本博文「徳川王権の成立と東アジア世界」(水林彪・金子修一・渡辺節夫編『王権のコスモロジー』弘文堂、一九九八年)、高木昭作『放送大学大学院教材　日本文化研究』(放送大学教育振興会、二〇〇二年)、藤井讓治「徳川家光花押文書の研究（二）」(『京都大學文學部研究紀要』第四十号、二〇〇一年三月)、藤井讓治「大老酒井忠勝と将軍徳川家光」(新宿歴史博物館編『平成二十二年度新宿歴史博物館特別展　酒井忠勝と小浜藩矢来屋敷』新宿歴史博物館、二〇一〇年、のち藤井讓治『近世史小論集――古文書と共に――』思文閣出版、二〇一二年に再録、本書での引用は『近世史小論集』による)。なお、同史料の呼称については、山本「将軍権威の強化と身分制秩序」一一頁は「自筆書状」、山本「新発見の小浜酒井家文書」七八頁～七九頁・八二頁と山本「徳川王権の成立と東アジア世界」一〇二頁は「御内書」、高木『日本文化研究』五五頁は「直書」、藤井「徳川家光花押文書の研究（二）」五九頁～六〇頁は「御内書」、藤井「大老酒井忠勝と将軍徳川家光」四〇三頁～四〇五頁は「手紙」や「書状」とさまざまだが、本書では「東京大学史料編纂所「所蔵史料目録データベース」」上の記載に従い、「御内書」としている。

(19) 前掲註(18)山本「徳川王権の成立と東アジア世界」一〇二頁。

(20) 前掲註(18)藤井「大老酒井忠勝と将軍徳川家光」四〇四頁。

(21) 前掲註(18)山本「将軍権威の強化と身分制秩序」一一頁。

(22) 前掲註(19)。

(23) 前掲註(18)高木『日本文化研究』五六頁。

(24) 中村幸彦・岡見正雄・阪倉篤義編『角川古語大辞典』第三巻しーそ(角川書店、一九八七年)三七六頁は「じんぎ【仁義】」の項目を立て、そこに「しんき」の表記も収録している。

(25) 野村(吉田)洋子「徳川家康の国家観と朝廷政策」(大阪大学博士論文、二〇〇八年)一四二頁・一四五頁。中村幸彦・岡見正雄・阪倉篤義編『角川古語大辞典』第四巻たーは(角川書店、一九九四年)三七九頁～三八〇頁は「ぢん【陣・

陣』」の項目を立て、そこに「ちん」の表記も収録している。なお、徳川家康への将軍宣下の際の陣儀について、『お湯殿の上の日記』二十七（東京大学史料編纂所架蔵写真帳、旧高松宮家旧蔵、現在原本は東京大学史料編纂所所蔵）慶長八年二月十二日条は「ちんのき」と表記している。残念ながら『お湯殿の上の日記』二十八・三十一・三十二（東京大学史料編纂所架蔵写真帳、旧高松宮家旧蔵、現在原本は東京大学史料編纂所所蔵）によると、徳川秀忠の将軍宣下が行われた慶長十年（一六〇五）の『お湯殿の上の日記』は伝存していない。秀忠への将軍宣下に際して陣儀が催されたことについては、前掲註(8)山本『徳川将軍と天皇』三七頁。

(26)　藤井譲治『徳川家光』（吉川弘文館、一九九七年）一一頁〜一五頁、拙著『徳川家光　我等は固よりの将軍に候』（ミネルヴァ書房、二〇一三年）三五頁〜三七頁。

(27)　柳田國男「人を神に祀る風習」（柳田國男『定本　柳田國男集』第十巻、筑摩書房、一九六二年）、堀新『織豊期王権論』（校倉書房、二〇一一年）、井上智勝『吉田神道の四百年　神と葵の近世史』（講談社、二〇一三年）、岩田重則「甦る死者」（苅部直他編『岩波講座　日本の思想』第八巻、聖なるものへ、躍動するカミとホトケ、岩波書店、二〇一四年）。

(28)　神田千里『島原の乱――キリシタン信仰と武装蜂起――』（中央公論新社、二〇〇五年）二〇六頁。

(29)　前掲註(28)神田『島原の乱』二〇六頁。

(30)　前掲註(28)神田『島原の乱』二〇八頁。

(31)　前掲註(28)神田『島原の乱』二一一頁。

(32)　前掲註(28)神田『島原の乱』二一二頁。

(33)　前掲註(28)神田『島原の乱』二一二頁。

(34)　前掲註(28)神田『島原の乱』二一二頁〜二二〇頁。

(35)　前掲註(28)神田『島原の乱』二一八頁。

(36)　前掲註(28)神田『島原の乱』二二〇頁。

(37)　前掲註(28)神田『島原の乱』二三七頁。

(38)　この語には、前掲註(28)神田『島原の乱』においてカギ括弧が付されている。以下、本書では、神田氏が前掲註(28)神田『島原の乱』でこの語を初めて概念化しようとしたことを重視し、神田氏の付したカギ括弧をそのままとし、引用時にはさらにカギ括弧を付す形とする（索引を除く）。以下、この語の典拠は前掲註（28）神田『島原の乱』。

(39) 前掲註(28)神田『島原の乱』二三八頁。

(40) 前掲註(28)神田『島原の乱』二一二頁。

(41) 前掲註(28)神田『島原の乱』二二五頁～二二七頁。

(42) 松田毅一監訳『十六・七世紀イエズス会日本報告集』第Ⅰ期第二巻（同朋舎出版、一九八七年）八三頁～八四頁。家入敏光訳。

(43) 同様の議論は、すでに松田毅一監訳『十六・七世紀イエズス会日本報告集』第Ⅲ期第三巻（同朋舎出版、一九九八年）三〇八頁の「一五六九年六月一日付、都発信、ルイス・フロイス師の、ベルショール・デ・フィゲイレド師宛の書簡」（東光博英訳）においても「彼《（織田信長）》は仏僧らが私《（ルイス・フロイス）》を憎悪する理由を尋ね、これにはロレンソが我ら《（ルイス・フロイスら）》と彼らの間の相違は暑さと寒さ、徳と不徳の間の相違であると答えた。また、我らは神仏を敬うかと尋ね、我らは、それら《（仏僧ら）》はいずれも我らと変わらぬ人間であり、妻を持ち、生まれて死んだ人々であるから敬わないと答え、また、彼ら《（神仏）》は己れを死から救い解き放すことすらできず、人間を救うことはなおいっそう不可能であると言った」とあるように、織田信長の段階でもなされていた。

(44) 松田毅一監訳『十六・七世紀イエズス会日本報告集』第Ⅲ期第七巻（同朋舎出版、一九九四年）六一頁～六二頁。有水博訳。

(45) 前掲註(28)神田『島原の乱』二三八頁。

(46) 前掲註(28)神田『島原の乱』二三六頁～二三七頁。この観点は、神田千里「戦国日本の宗教に関する一考察」（『東洋大学文学部紀要』第六一集・史学科篇・第三三号、二〇〇八年三月）と神田千里「中近世日本の在来宗教とキリスト教――「天道」思想を中心に――」（深沢克己編『ユーラシア諸宗教の関係史論――他者の受容、他者の排除――』勉誠出版、二〇一〇年）でより強調されている。

(47) 松田毅一監訳『十六・七世紀イエズス会日本報告集』第Ⅰ期第一巻（同朋舎出版、一九八七年）八二頁～八三頁。日埜博司訳。

(48) 前掲註(28)神田『島原の乱』二二五頁。

（49）前掲註(28)神田『島原の乱』二二七頁。

（50）例えば、加澤昌人「上杉謙信の崇敬と祭祀――謙信の「仏教」と米沢藩における廟堂祭祀――」（『佛教大学大学院紀要』第三六号、二〇〇八年三月）七四頁～七六頁と今福匡『神になった戦国大名――上杉謙信の神格化と秘密祭祀――』（洋泉社、二〇一三年）一八頁～一九頁・三二頁～四〇頁の指摘する上杉謙信の例や、宮坂宥勝・佐藤任『新版高野山史』（心交社、一九八四年）九〇頁が「戦国武士の信仰」として指摘する「高野山への納骨」などである。

（51）松田毅一監訳『十六・七世紀イエズス会日本報告集』第Ⅰ期第三巻（同朋舎出版、一九八八年）一〇八頁。家入敏光訳。

（52）『本光国師日記』二十（副島種経校訂『新訂　本光国師日記』第三、続群書類従完成会、一九六八年、三八二頁）元和二年四月三日条の「元和二年四月四日付板倉勝重宛以心崇伝書状案」。なお、家康がいったんは辞退したはずの太政大臣について、死の直前にあえて任官したこと（『中院通村日記』元和二年三月二十一日条〈『大日本史料』第十二編之二十四、一六三頁〉）を考えると、おそらく家康は太政大臣だからこそ神格化が射程に入った秀吉の例（本書第一部第一章で検討した「豊国大明神縁起稿断簡」〈天理大学附属天理図書館吉田文庫所蔵〉に「凡相国たる其人の吊礼、旧例なきにしもあらねと、封国の儀もよのつねなれは、別勅をもつて豊国大明神といふ神号をさつけ給ひ」とある）をふまえ、太政大臣として亡くなった秀吉と死後も並ぶか、あるいはそれ以上の存在でいることの必要性を感じ、太政大臣任官からの神格化を展望したものと思われる。

（53）前掲註(27)堀『織豊期王権論』二九八頁も「戦国期には人を神に祀ることは珍しくない」とする。

（54）前掲註(27)井上『吉田神道の四百年』八五頁。

（55）前掲註(27)岩田「甦る死者」一四九頁・一五三頁は「歴史的には、それ以前も、八幡神社（応神天皇など）・天満宮（菅原道真）など、人間が祭神とされることはあった。しかし、豊国大明神と東照大権現がそれらと異なるのは、神道思想が政治的正当性の根拠、その権力と表裏一体となる権威の創出と連動していることであり、さらには、それが絶対的な唯一神として構想されたことであった。それは御霊《ごりょう》信仰による人間に対する死者祭祀がかならずしも政治性を持たず、祟られた敵対者がその怨霊を鎮めるために祭神とする（ママ、と脱カ）ことは異質である」とし、「死者がカミとして甦る観念の形成、吉田神道・山王一実神道および御霊信仰、さらには、両者の習合について、これらと連動するのかしないのか明言できない学説上の問題がある。それは、折口信夫のまれびと論と、堀一郎の遊行神を中心にした民間信仰研究である。いずれも神道思想・御霊信仰以外によって、日本の神観念の原初的形態を抽出しようとしているが、神を擬人化された存在としてとらえる。彼らが原初的形態としてとらえた日本の擬人化された神と、ここで論じてきた歴史的展開のなかで形成された、死者が人格神としてのカミとなる観念とが関係性を持つか否か、それは課題として残されるであろう」とする。

(56) 前掲註(10)藤井『天皇の歴史05　天皇と天下人』三三七頁。

(57) 東照大権現号が神道界と仏教界の両方に目配りしたものであったことについては、井上智勝『近世の神社と朝廷権威』(吉川弘文館、二〇〇七年)四九頁も同様の見解を述べている。

(58) したがって、例えば、橋本政宣『近世公家社会の研究』(吉川弘文館、二〇〇二年)六〇四頁~六〇六頁が示すように、「天皇の毎朝御拝」の対象に東照大権現は含まれていない。

(59) 『大日本史料』第十二編之二十二、一六一頁~一六二頁。徳川家康が豊国社の社殿を封鎖して宝物を妙法院へ移動させて(『大日本史料』同巻、六七頁~一二二頁)からおよそ半世紀の時を経た寛文期に、徳川家綱は、かつて「豊国神社々務」を務めた萩原兼従の養子員従(『萩原家譜』東京大学史料編纂所所蔵謄写本、東京大学史料編纂所「所蔵史料目録データベース」)に豊国社の修復料を下付している(『中院通茂日記』七、東京大学史料編纂所所蔵原本、寛文十一年十二月三日条)。同日条によると、なぜか萩原員従はその修復料を返納している。なお、この件については、平重道『吉川神道の基礎的研究』(吉川弘文館、一九六六年)四一頁、橋本政宣「寛文五年『諸社祢宜神主等法度』と吉田家」(橋本政宣・山本信吉編『神主と神人の社会史』思文閣出版、一九九八年)二七二頁~二七三頁・二八九頁~二九〇頁も参照のこと。江戸幕府の下での豊国社の位置づけについては今なお不明な点が数多く、なぜ家綱政権が豊国社の修復を試みたのかなど、検討すべき事柄は残されているが、それらは今後の課題である。

(60) 財団法人神道大系編纂会編/西垣晴次・小林一成校注『神道大系　神社編二十五　上野・下野国』(財団法人神道大系編纂会、一九九二年)一四〇頁。熊倉功夫『後水尾天皇』(中央公論新社、二〇一〇年)二九八頁によれば、後水尾法皇は「遺勅」でみずからの院号を「後水尾院」と定めていたという。そのことと、この『東照社縁起』の文言をふまえると、法皇も『東照社縁起』の主張を是認していたということだろうか。

(61) 前掲注(60)財団法人神道大系編纂会編／西垣・小林校注『神道大系　神社編二十五　上野・下野国』一五一頁～一五二頁。

(62) 黒田俊雄「中世の国家と天皇」（家永三郎他編『岩波講座　日本歴史』六、中世二、岩波書店、一九六三年、のち黒田俊雄『日本中世の国家と宗教』岩波書店、一九七五年に再録、のち同『黒田俊雄著作集　第一巻　権門体制論』法藏館、一九九四年に再録、本書での引用は『黒田俊雄著作集』による）五頁～六頁・四五頁。

(63) 「権門体制の遺制」と「国家権力機構」の語は前掲註(62)黒田「中世の国家と天皇」五頁・四五頁。「新しい国制」の語は前掲註(7)「幕藩制と天皇」二二六頁。本書のいう「天下人の政治意識・政治思想における拭いがたい古代・中世以来の刻印・記憶」は、例えばすでに丸山眞男「歴史意識の「古層」」（丸山眞男編『日本の思想6　歴史思想集』筑摩書房、一九七二年、のち丸山眞男『忠誠と反逆——転形期日本の精神史的位相』筑摩書房、一九九二年に再録、のち同『丸山眞男集』第十巻、岩波書店、一九九六年に再録、本書での引用は『丸山眞男集』による）四五頁が析出した「日本の歴史意識の古層をなし、しかもその後の歴史の展開を通じて執拗な持続低音《バッソ・オスティナート》としてひびきつづけて来た思惟様式」とも関連するものと思われる。なお、丸山氏は同じ「歴史意識の「古層」」四八頁～四九頁において「江戸時代の歴史的ダイナミズムが、「近代化」の一方進行ではなくて、むしろ近代化と「古層」の隆起との二つの契機が相剋しながら相乗するという複雑な多声進行にあった」との認識を示している。

(64) 前掲註(60)財団法人神道大系編纂会編／西垣・小林校注『神道大系　神社編二十五　上野・下野国』一四〇頁。

(65) 禁闕騒動については、拙著『日本近世国家の確立と天皇』（清文堂、二〇〇六年）第四部第二章と石田俊「霊元天皇の奥と東福門院」（『史林』第九四巻第三号、二〇一一年五月）を参照のこと。

(66) 『三条西正親町両伝奏排斥之件』（国立公文書館所蔵中御門家旧蔵本）寛文九年二月二十三日条。

(67) 例えば、天皇の側の考え方を説明する際、藤田覚「寛政期の朝廷と幕府」（『歴史学研究』№五九九、一九八九年十月増刊、のち同『近世政治史と天皇』吉川弘文館、一九九九年に再録、本書での引用は『近世政治史と天皇』による）七一頁は、光格天皇の宸翰の文面から同天皇の意識として「みずからを人君、すなわち君主と位置づけ、天下万民に仁恵・慈悲を施すことが務めであるとしている」と指摘し、前掲註(18)山本「徳川王権の成立と東アジア世界」九八頁は「天皇は自らを君主の地位に置いていた」や「朝廷側の自然な君主意識（あくまで意識にとどまるが）を見ることができる」

などと述べるが、「君主」の語が充分な意味的検討を経ないまま使用される傾向がある。管見の限り、史料中の語として用いられる語は「君」ではなかろうか。前掲藤田「寛政期の朝廷と幕府」七一頁にも「人君」とある。「君」の語にもう少しこだわる必要があるだろう。

(68)『松蔭日記』(上野洋三校注『松蔭日記』岩波書店、二〇〇四年)二九七頁。

(69)前掲註(68)『松蔭日記』二九七頁。

(70)「貞享四年二月四日付大久保忠朝・阿部正武・戸田忠昌・牧野成貞宛土屋政直書状案」(『自筆之書状下書』国文学研究資料館所蔵常陸国土浦土屋家文書)。

(71)『隆光僧正日記』元禄七年十二月十七日条(永島福太郎他校訂『史料纂集　隆光僧正日記』第一、続群書類従完成会、一九六九年、一二九頁〜一三〇頁)。

(72)『憲廟実録』三(国立公文書館内閣文庫所蔵謄写本、請求番号一四九函二八号、四冊本のうち)。福井保「『常憲院贈大相國公實紀』解題」(史籍研究会『内閣文庫所蔵史籍叢刊　第17巻　常憲院贈大相國公實紀』汲古書院、一九八二年)三頁〜四頁によると「綱吉の没後、公弁法親王は本書の撰述を思い立ち、これを吉保に依頼した」ところ、「吉保は直ちに本書の撰述を儒臣荻生徂徠と服部南郭に命じた。徂徠らは資料を収集して執筆、校訂を進め、正徳四年(一七一四)正月に至って三〇巻附録一巻、三〇冊の大册を完成した」が、「その翌年、享保元年(一七一六)十二月に、新たに八代将軍の位についた徳川吉宗は吉保の嗣子柳澤吉里に命じて、あらためて本書一部を献上させた。これを一讀した吉宗は翌二年九月、本書巻三〇のうち「聊御平生ノ大畧ヲ錄ス」(五二七頁)以後の冗漫な記述を大幅に改删させ、再びこれを献上させた」とされ、「このような經緯から、巻三〇については正徳四年の初撰本と享保二年の删改本と、成立當初から二種の異本が生じた」という。本書の引用史料は福井氏のいう「初撰本」の写本であり、同氏のいう吉宗の「删改本」にあたる史籍研究会『内閣文庫所蔵史籍叢刊　第17巻　常憲院贈大相國公實紀』(汲古書院、一九八二年)五二七頁では本書の引用史料で筆者の付した網掛けの部分が削除されている。

(73)『論語』泰伯第八(吉田賢抗『新釈漢文大系1　論語』明治書院、一九七一年、一八八頁〜一九〇頁)、『史記』周本紀第四(吉田賢抗『新釈漢文大系38　史記一(本紀)』明治書院、一九七三年、一五〇頁〜一五五頁)。

(74)例えば、渡辺浩『日本政治思想史[十七〜十九世紀]』(東京大学出版会、二〇一〇年)一〇九頁、深谷克己『東アジア法文明圏の中の日本史』（岩波書店、二〇一二年）一一〇頁、小川和也『儒学殺人事件　堀田正俊と徳川綱吉』（講談社、二〇一四年）二九九頁〜三〇一頁。

(75) 丸山眞男『丸山眞男講義録［第七冊］日本政治思想史1967』（東京大学出版会、一九九八年）二一四頁は、浅見絅斎が「徳川政権をどう考えていたか」として西伯に言及していたことを紹介している。

(76) ここでいう「尊崇」は、あくまでも当時の史料用語として記述しているものであり、高埜利彦「後期幕藩制と天皇」（永原慶二編者代表『講座　前近代の天皇』第二巻、天皇権力の構造と展開その2、青木書店、一九九三年、のち高埜利彦『近世の朝廷と宗教』吉川弘文館、二〇一四年に再録、本書での引用は『近世の朝廷と宗教』による）五五頁が批判する「戦前の、天皇に中心を置いて「尊王であるかいなか（ママ）」に価値基準を置いたり、尊王思想の発達を顕彰しようとする枠《かまち》（パラダイム）」で記述しているものではないことを明言しておく。

(77) ケイト・W・ナカイ著／平石直昭・小島康敬・黒住真訳『新井白石の政治戦略――儒学と史論――』（東京大学出版会、二〇〇一年）第六章・第七章・第八章。

(78)『兼山秘策』第一冊（瀧本誠一編『日本経済大典』第六巻、明治文献、一九六六年）二五四頁。なお、天子の「七廟」と諸侯の「五廟」については、『礼記』王制第五（竹内照夫『新釈漢文大系27　礼記上』明治書院、一九七一年、一九九頁〜二〇〇頁）によると、天子と諸侯の祖先祭祀に関する記述であり、前掲竹内『礼記上』の一九九頁の「天子《てんし》は七《しち》廟《べう》、三昭《さんせう》・三穆《さんぼく》と、太祖《たいそ》の廟《べう》と七《しち》なり。諸侯《しよこう》は五廟《ごべう》、二昭《にせう》・二穆《にぼく》と、太祖《たいそ》の廟《べう》と五《ご》なり」が該当する。竹内氏は「昭、穆、太祖」の語訳として「太祖廟が最も奥で、南面。太祖に向かって右側を昭の列とする。当主の父、父の祖父、父の祖父の祖父がこれ。太祖に向かって左側を穆の列とする。当主の祖父、祖父の祖父、祖父の祖父の祖父がこれ。そして新廟のできるごとにその列の最奥の廟は除かれ、霊位は太祖廟中に合祀される」（前掲竹内『礼記上』二〇〇頁）と記している。

(79) 前掲註(77)ナカイ著／平石他訳『新井白石の政治戦略』二二六頁。

(80) 一方、曽根原理「伊勢神宮と東照宮」（島薗進・高埜利彦・林淳・若尾政希編『シリーズ日本人と宗教　近世から近代へ1　将軍と天皇』春秋社、二〇一四年）六九頁・七六頁は「一七世紀段階では内宮の正統性（外宮や伊雑宮などに対する）はなお完全には確立していなかった」としたうえで、「宣長（本居）の言説出現」による「天照への注目が直ちに東照権現（ママ）

との対立、あるいは東照《（ママ）》権現の超克につながったわけではなかった」と展望している。

なお、今後、徳川将軍家とそれをとりまく人々の天皇観をさらに解明していくためには、日本近世政治史の研究を蓄積していくことはもちろんのことながら、氏姓制と儒教思想の運用の実態への正確な理解を深めるためにも、文献史学の立場から日本近世政治思想史の研究を推進または謙虚に参照していくことがより一層重要となるのではなかろうか。そのような中で、例えば若尾政希『「太平記読み」の時代——近世政治思想史の構想——』（平凡社ライブラリー、二〇一二年）や小川和也「天和度朝鮮通信使と大老・堀田正俊の「筆談唱和」」（『日韓相互認識』第五号、二〇一二年二月）は貴重な業績である。しかし、前掲若尾著書三九三頁が「最後に、近世の国家・社会の確立を議論しながら本書は、近世の国家・社会にとって天皇とは何だったのかという、大きな課題に答えられなかった」というように、若尾氏は天皇の位置づけについては取り扱っておらず、若尾氏の研究の関心から類推すれば、おそらく近世の天皇が北朝の系譜に連なっていたことの意味は重要な問題となろう。また小川前掲論文の一部は前掲註(74)小川『儒学殺人事件』でも再論されているものの、前掲註(74)小川『儒学殺人事件』第七章「3　天子になろうとした将軍」における「改暦事業」・「朝廷の権威を奪う狙い」・「警戒と焦り」の各項で叙述される綱吉の天皇観・朝廷観は、綱吉が「朝廷の文化的な権威を奪い、天子になろうとする」（小川著書二六七頁）というものであり、本書の立場とはまったく異なる。そのことを抜きに、西洋の王制・君主制・封建制に関するさまざまな知識・概念をいくら日本の近世に適用しても、研究の方法が最初からずれているのであり、そのような状況では、天下人とその子孫たちの発想・考えへの接近はいつまで経っても叶わないのではないか、ということが現段階の私見である。

補論

書評　田中暁龍著『近世前期朝幕関係の研究』

『近世前期朝幕関係の研究』（以下、『同書』とする）は、田中暁龍氏が平成二十二年（二〇一〇）十一月に学習院大学より博士（史学）の学位を授与された論文「近世前期朝幕関係史の研究」の「一部をもとにしたもの」であり、平成二十三年（二〇一一）六月に吉川弘文館より公刊したものである（以下、本書評でとくにことわらないカギ括弧での引用は同書からの引用である）。同書は、田中氏が昭和六十二年（一九八七）から平成二十二年（二〇一〇）にかけて公表した論文九本をもとにした各章と新稿の序章・終章とで構成され、目次を略記すると次のごとくである（節は略す）。

序章　近世朝幕関係の研究と課題
第一章　寛文三年近習公家衆の成立と展開
第二章　寛文三年「禁裏御所御定目」再考
第三章　京都所司代板倉重矩と寛文期の朝幕関係

第四章　議奏制の成立と寛文・延宝期の朝幕関係
第五章　延宝元年の公家処罰と法令の制定
第六章　寛文〜元禄期の公家処罰と朝幕関係
第七章　天和・貞享期の京都所司代勤方心得とその変容
第八章　京都所司代土屋政直と貞享期の朝幕関係
第九章　近世朝廷の法制と秩序
終章　近世前期の朝幕関係

各章を通読して気づくことは、初出論文からの改題と改稿（本文のみならず註・表・引用史料の読点におよぶ）が積極的になされていることである。このことは、著者が旧稿を常に見直して再構成しようとしたことを意味しており、研究者としての田中氏の誠意のあらわれといえよう。読者は、同書によって田中氏の主要業績を通読できるようになったわけだが、今後、田中説を参照する際は、初出論文よりも同書の参照のほうがより重要となる。

ここで同書の概容を記しておく。序章は、研究史の整理と同書の課題設定のために設けられており、そこでは冒頭、三上参次氏などによる「尊王論発達史の研究《（ママ）》」として進められた朝幕関係史研究が批判され、その克服の必要性が明言されている。そのうえで、戦後の歴史学が近世の天皇・朝廷をどのように取り扱ってきたかを概観し、さらに近年の諸研究とその動向を概説しながら、問題点として「江戸時代全体を通してみた場合、なお、朝廷内の法制面の分析が不十分であり、そうした法・制度・機構の制定に江戸幕府の政策がどのようにかかわっていたかという課題に対して、朝幕関係の総合的な研究が必要」だと指摘する。田中氏の最終的な関心は「近世の朝幕関係全体の時期的変容」を見通すことにあるようだが、そのためのより詳細な研究を、法制面と「御側衆（のちの議奏）」などの制度的実態の解明を通じて行うことが表明され、同書における三つの課題が設定される。

その課題の一つめは、「寛文～元禄期の家綱・綱吉政権下の江戸幕府と、霊元天皇から東山天皇の在位時の朝廷との関係を具体的に考察すること」、二つめは「朝廷内制度とその変容の実態や、そうした朝廷内制度の変容に幕府がいかにかかわっていたかということを把握すること」を「御側衆の制度の成立と確立過程を追究すること」により行うこと、三つめは、「近世前期の朝幕関係の時期的変容を展望すること」だという。

同書の各章は、三つめの課題を果たすためか、「年次的に配列」されている。各章は相互に一つめの課題と二つめの課題を果たすためのものであり、通読後、終章を読めば、三つめの課題が達成される仕組みである。だが、本書評では紙幅の制限があり、各章を順番どおりに紹介できない。そこで、田中氏の採った二つの方法（法制面と「御側衆（のちの議奏）」などの制度的実態の解明）で各章を便宜的に分類し、概容を紹介することにしたい。

まず、朝廷内の法制面に注目して叙述されている章は、第二章・第五章・第六章・第九章である。そこでは、従来、寛文三年（一六六三）に幕府が制定したものと理解されてきた「禁裏御所御定目」について、それが後水尾法皇により制定された「御側衆（議奏）・近習衆条目」であり、「御側衆・近習衆の職務遂行にあたっての注意事項」を定めたものであることが論証され、その「御側衆（議奏）・近習衆条目」の影響と効果を解明するため、寛文八年（一六六八）末から寛文九年（一六六九）にかけて生起した禁闕騒動を取り上げ、初出論文に加筆し、禁闕騒動を「御側衆（議奏）・近習衆条目」の守られない状況下で発生した騒動とし、そこでの問題は「後水尾法皇や幕府の意向に配慮すべき、天皇としての「御分別」にかかわる問題で」あって、当時「適切な「御分別」がなされない場合、若輩衆らの行動によって「御側衆（議奏）・近習衆条目」の規範を守れぬ事態が生じていた」と指摘している（第二章）。また、延宝改元関連儀式における「蔵人の職務怠慢・命令違反行為をめぐる事件」を取り上げ、「その処罰の審議過程」について、処罰の基準として「禁中并公家中諸法度」が明確に認識されていたこと、幕府は罪刑の軽い案件については朝廷に「一定の判断権を認め」ており、「後水尾法皇と武家伝奏、さらには関白ら摂家衆、議奏といった朝議の運営機関を中心として審議が行われ、」「ここにおいて、関白、武家伝奏に、御側衆を加えた朝廷内の処罰機構が整備されていったことが確認できる」とする（第五章）。さらに、「寛文〜元禄期における大規模な公家処罰の実態を究明」し、「このことを当該期の朝廷内の制度的変容とのかかわりからとらえ、あわせて朝幕関係史の一側面を明らかにする」ため、当該期の公家の日記などから処罰事例を網羅的に収集し、三つの「公家処罰のピーク」を析出している（第六章）。

この三期は初出論文の記述から大幅に変更されており、注意を要するが、具体的には、寛文十年（一六七〇）から延宝二年（一六七四）まで、天和元年（一六八一）から貞享三年（一六八六）まで、元禄三年（一六九〇）から元禄七年（一六九四）までの三期である。とくに第二期における処罰人数の多さが指摘され、それについては「後水尾法皇から霊元天皇への政務の移行にともない、天皇及びその近臣らによる強い意向で行われ、それは当時の幕府の「勤務不良」や「行跡放埒」を取り締まる政策と結び付いて顕著な処罰ピークを生んでいた」との観測が示される。第三期における処罰については、「綱吉政権の「賞罰厳明」策の一端が朝廷に対しても、貫徹していたことを」示すものとし、全体としては「当該期の朝廷内制度の再編成の動向に着目すると、幕初の朝廷統制の枠組みが再度確認され、そこに大量の公家処罰の実態が浮き上が」り、「尊王論発達史《ママ》の観点からとらえられてきた枠組みとは、かなり異なる朝幕関係史像が提示できた」とまとめられる（第六章）。

そして、「近世前期〜後期における朝廷の法令（朝廷内で定められた法令や幕府によって定められた法令）に着目して、近世朝幕関係の一端を明らかに」するため、「計一九三件の事例」を収集し、「公家の行動を規制する法令」を中心に表化し、「さらに朝幕関係にかかわる幕府役人の心得・令条なども含めて近世後期までの展望をみてい」る（第九章）。

その結果として、「慶長〜寛永期に、近世朝廷の基本的な枠組みが成立し、寛文〜元禄期に、近世朝廷の法令の様々な諸要素が出そろい、公家社会の秩序が形成されていったこと」、「中でも、家綱・綱吉政権期には、江戸幕府が積極的に朝廷内の法令の制定を促し、近世初期の法令の確認や統制機構の確立などの動きがみられること」が述べられ、「近世後期においても、公家統制の努力が続けられるが、宝暦期以降には「宮中之儀」「近習之儀」などが問題視されてい」き、「天皇の意向が外部に漏らされることなく、朝廷の秩序の枠組みの中でいかに統制しておくかが、朝廷にとって新たな問題となり、これに対応する法制がなされたものと考えられる」との指摘がなされた（第九章）。

次に、「御側衆（のちの議奏）」などの制度的実態の解明を中心に叙述されている章は、第一章・第三章・第四章・第七章・第八章である。そこでは、近習小番の成立過程を考察し、霊元天皇の近習であった甘露寺方長の昇進過程などの分析を通じ、天皇の近習に対する恣意的な叙任とそれに増長する近習衆の様相が描き出されるとともに、そのような動向に反発するほかの公家の存在や、天皇による公家への恣意的な処罰の連続なども重なり、人員不足のため「近習小番の独立編成は困難であった」が、近習衆は「御側衆（議奏）」や武家伝奏となる人材の供給源としても機能し、「元禄期の終わり頃には近習小番の独立編成が行われ、近世の禁裏小番の確立をみた」ことが指摘されている（第一章）。

また、御側衆、すなわち議奏の職制の制度的成立過程が取り扱われており、寛文十一年（一六七一）の霊元天皇の不行跡やそれと連動しての近習衆（これは御側衆ではない）の放埒行為に歯止めがかからない状況をうけ、京都所司代や武家伝奏でさえ掌握できない天皇の「御前之義」の掌握を目指して、武家伝奏は「御側衆を自己と同様な表向きの役人として積極的に位置づけていった」こと、さらに後水尾法皇の助力も得た「掟」の制定により「御側衆が近習衆を統括する」ことを定めたことなどが明らかにされ、京都所司代も御側衆への「役料支給に同意」し、「御側衆を公儀の役人として位置づけていこうとした」ことなどが明らかにされた（第四章）。

一方、幕府側の京都所司代については、年未詳であった「三月二十一日付中院通茂宛板倉重矩起請文」の年次について、それを寛文九年(一六六九)のものと比定し、「所司代が公家に起請文を差し出すとは、いかなることを意味しているのであろうか」との「疑問」から老中板倉重矩の京都所司代就任(実際には「仮役」である)の意義に関する考察におよび、板倉が「天皇および近習衆の動向を把握することに努めた」ことを積極的に評価し、板倉の武家伝奏重視政策とそれにともなう「御側衆」による「近習衆の取り締まり」が「貞享・元禄期に関白・武家伝奏・御側衆の三職が朝廷統制の基本的な枠組として確立する前提として、大きな意義を持」ち、「板倉重矩の所司代就任は、その後の朝廷内の統制や制度の再編成を促す基盤づくりに大きな力を発揮した」と結論づけている(第三章)。

その後の京都所司代については、就任時に老中から手交された「勤方心得」の分析を通じ、天和・貞享期に所司代の職掌が明文化されるとともに、その内容が正徳期、享保期と変容していると指摘し(第七章)、職掌の明確化された貞享期の京都所司代土屋政直の活躍については、彼の手になる『自筆之書状下書』を用い、霊元天皇の「院政」志向をうけ、天皇の譲位後の政務介入を禁止する旨などを記した「貞享三年十一月二十三日付土屋政直宛老中等連署自筆書状」(この文書名は評者による)の趣旨を土屋が関白・武家伝奏に伝達するまでの躊躇や経緯を明らかにするとともに、土屋が武家伝奏と議奏の人事を幕府の掌握できる形で実施するために「内慮伺い」の制度を活用し、それが後年の武家伝奏・議奏人事の進め方の「基本ルール」となったこと、天皇の譲位後、議奏が仙洞御所と禁裏御所の双方に出仕した状況を是正するため、議奏を禁裏御所への出仕に専念させたことなどが明らかにされた(第八章)。

ここまで、便宜上、各章の内容を田中氏の叙述に際しての着眼点・方法の相違によって分類し、紹介してきたが、実際には、各章とも内容が相互に重複・交差しており、その総合化の試みは終章でなされている。終章の特徴は、各章の分析結果を「家綱政権・綱吉政権の二つの時期に区分し、その政権の対朝廷政策という観点から考察を行」おうとしていることであり、寛永二十年（一六四三）に成立したとされる「奥・表・口向の制」が「寛文～元禄期を通じて確立をみた」との結論が導かれている。なお、今後の課題については、高埜利彦氏と藤田覚氏の研究に言及しつつ、「貞享期から寛政期までは一世紀近くの年月を経ているわけであり、その間の朝廷内の動向や幕府との交渉のあり方には、さまざまな段階があり、その一つひとつの段階について、より認識を深めるための研究蓄積が必要である」とし、「今後、「第一の変容」から「第二の変容」に至る朝幕関係において、なお詳細な分析によっていくつかの画期を措定し、その認識を再構築していきたい」とする。

さて、同書の第二章第一節における論証や、公家処罰の事例発掘と処罰過程の解明および公家処罰の傾向分析、朝廷内で確認される「法令」の網羅的収集とそれらの内容の時期的変遷を表化して提示したことなど、同書の実証的成果は数多い。それを確認したうえで、同書の研究史的意義を論じたいが、その際には序章の課題の妥当性を検討せねばならないだろう。

その意味で評者は、田中氏の戦前・戦中の研究への向き合い方が大変気になった。もし田中氏のいうように、戦前・戦中の研究を乗り越えようとするならば、山口和夫氏の整理に依拠してしまうのではなく、田中氏自身の手で、一章なり一節を設けて、きちんとした戦前・戦中の業績の整理と方法的問題を提示すべきだったろう。武部敏夫氏の「貞享度大嘗会の再興について」（『書陵部紀要』第四号、一九五四年三月、のち岡田精司編『大嘗祭と新嘗』学生社、一九七九年に再録）が発表されて以来、綱吉の政策を「勤王」の尺度で分析できないことは明らかなことだし、いまの学界で、はたして「尊王」（ママ、以下同じ）や「勤王」の尺度で近世の天皇・朝廷の問題を分析している研究者はいるだろうか。評者はいないと思う。もしいたとしても、ごく少数だろう。そのごく少数の人々を相手に田中氏は発言しているのだろうか。そうではあるまい。なされるべきは、戦前・戦中における研究のさまざまな意味での制約に思いを致し、そのうえで彼らの提示した成果に敬意を表しながらも、戦後の私どものほうが方法論的に成長することなのではないか。

田中氏は三上氏らの「研究姿勢」を問題にするが、研究視角は問うていない。戦前・戦中の研究視角とは何か。それは田中氏もいう「朝幕関係」である。その関係が「尊王」や「勤王」の尺度で議論されていた。だが、それは当時、そのような尺度でなければ研究者は発言できなかったのではあるまいか。とするならば、もはや「尊王」や「勤王」の尺度が実証的に通用しないことは明らかなのだから、研究視角の批判に移行すべきだろう。

戦後歴史学において、それをいち早く実行し、近世の天皇の問題は「朝幕関係」では捉えられないと述べたのは朝尾直弘氏であった(1)。ところが、田中氏は、朝尾氏には形式的に言及するのみで、朝尾氏が「朝幕関係」という視角を否定したことに一切ふれぬまま、まさに「朝幕関係」の視角から朝廷内の法制面と「御側衆（のちの議奏）」などの制度的実態を解明する方法で研究を遂行し、一書を上梓した。

だが、戦前・戦中の研究と同じ視角に立ち、このまま「朝幕関係」の叙述をつづけていくと、その先にはいったいどのような展望と歴史像があるのだろうか。「尊王」や「勤王」の尺度ではない、いくつかの新たな事実の提示と関係変容の画期は設定されるかもしれないが、本当にそれで戦前・戦中の研究を乗り越えたことになるのだろうか。

なるほど、ここ三十年余の近世朝幕関係史研究は数多くの成果を生み出し、評者もその学恩をうけている。「朝幕関係」の立場からは、朝廷と幕府の関係が捕捉されればよいから、幕府の圧倒的優位の下での朝廷との協調や融和、幕府による朝廷統制機構の構築・強化や再確認などの指摘も決して誤りではない。だが、それ以上の説明は残念ながら難しく、近世における天皇・朝廷の位置づけの説明は、幕末の政治段階を別として、実は同じところを周回しているのが現状ではないか。その傾向は、一般向けの解説などで顕著である(2)。

一方、戦後歴史学は、さまざまな経緯はありつつも、戦前・戦中とはまったく異なる土俵に立つことができたはずである。それは、（近世の）天皇とは何かという根本的かつ歴史学的な問いである。教科書裁判でもこの点が争われた。戦前・戦中の研究者が問いたくても問えなかったその問いに、私どもは向き合うはずであった。しかし、「朝幕関係」の研究は、天皇とは何かという点を問うているようで問えておらず、天皇を天皇として機関的に整理し、天皇の属する朝廷内の諸事例とそれらへの幕府の対応を叙述することに重きを置いてきた。だが、朝廷の機構や制度を解明しても（それは分析の一段階としては必要だが）、天皇の周辺が局所的に解明されるばかりで、肝心の当時の体制・社会における天皇の位置・性格までは説明できないのではないか。だから朝尾氏は、（近世の）天皇とは何かという問いに向き合うための処方箋として、「朝幕関係」の視角によらない、権力者の「政権構想」の解明を重視する「政治史」という方法を示したのであり(3)、一流の「政治史」のすごさを示した論文が、同氏の「『元和六年案紙』について」（『京都大學文學部研究紀要』第十六号、一九七六年三月）(4)であった。

朝尾氏はそこで、徳川和子の入内問題をめぐる徳川将軍家と後水尾天皇との攻防について、その渦中にあった藤堂高虎の書状案留を用いて鮮やかに描いたが、のちに同氏は「見ようによってはありふれた政略結婚に、諸大名の眼が集中し、幕府もそれを意識してか、武力をもたない公家勢力に対し、力一杯の対応をとらざるをえなかった現実をどう見るか、という新しい課題にも直面した(5)」と述べている。圧倒的な力を持つはずの幕府が、天皇の行動となると、力いっぱいにならざるを得なくなる。しかも、そのような状況は元和期のみならず、寛永期や寛文期、貞享期にも確認され(6)、評者は藤田覚氏の扱った「尊号一件」(7)などもそのような状況の一つに含まれると考えている。この一件は、確かに松平定信の政治的勝利に終わったが、定信はまさに光格天皇および朝廷と四つに組まなければ対処できなかったのである。

幕府が天皇・朝廷を無視できず、それらに翻弄されてしまうのはなぜなのか。歴代政権にとって、天皇とは何であるのか。[8]これらの問いが、日本近世史のまさに「政治史」として取り組むべき課題であり、また日本近現代政治史の諸成果も展望しつつ、天皇をめぐる歴史的認識を深化させる問いなのではなかろうか。

田中氏の行った実証は、取り組みようによっては、そのような問いへの答えにせまり得ると評者は考えている。例えば、田中氏の用いた京都所司代土屋政直の『自筆之書状下書』(国文学研究資料館所蔵常陸国土浦土屋家文書)は、幕府の機密案件をあつかう自筆書状の案留であり、朝尾氏の用いた『元和六年案紙』に匹敵するかそれ以上の史料である。田中氏が懸命に解明した諸事実を、単に「朝幕関係」の画期設定や制度の変容の指摘のみに資することはあまりにもったいない。評者は、すでに早くから問題が指摘されてきた「朝幕関係」の視角によるのではなく、正真正銘の「政治史」に回帰したうえでの諸事例の再解釈を田中氏に提言したい。

一方、それでも田中氏が「朝幕関係」の視角を堅持すべきだと主張することは充分あり得る。今のところ評者は田中氏の研究方法を「朝幕関係」の視角による「制度史」だと理解しているが、その方法は前述のように戦後歴史学が必ずふまえるべき朝尾氏の提言を無視したまま構築されているので、評者は田中氏の方法とそれに基づく課題設定の妥当性を判断するには慎重にならざるを得ないのである。したがって、もし今後も田中氏が「朝幕関係」の視角を維持するならば、なおさら田中氏は、朝尾氏の提起した「朝幕関係」の視角によらない「政治史」への批判としてみずからの方法を位置づけるのか、それとも朝尾氏の方法と田中氏の方法を併存可能なものとするのか、説明せねばならなくなる[9]ことを指摘して、本書評の筆を擱くことにしたい。

(1) 朝尾直弘「幕藩制と天皇」(原秀三郎他編『大系 日本国家史』三、東京大学出版会、一九七五年、のち朝尾直弘『将軍権力の創出』岩波書店、一九九四年、のち同『朝尾直弘著作集 第三巻 将軍権力の創出』岩波書店、二〇〇四年に再録、本書での引用は『朝尾直弘著作集』による)二〇二頁。

（2）例えば、「特集　江戸時代の天皇・公家　そこが聞きたい！Q＆A　江戸時代の天皇と公家――山口和夫、松澤克行、山本博文氏に聞く――」（『歴史地理教育』No.七一〇、二〇〇七年二月）。
（3）朝尾直弘『将軍権力の創出』（岩波書店、一九九四年）まえがき・あとがき（のち同『朝尾直弘著作集　第三巻　将軍権力の創出』岩波書店、二〇〇四年に再録、本書での引用は『朝尾直弘著作集』による）。
（4）朝尾直弘『朝尾直弘著作集　第四巻　豊臣・徳川の政治権力』（岩波書店、二〇〇四年）に再録。
（5）前掲註（4）朝尾『朝尾直弘著作集　第四巻　豊臣・徳川の政治権力』自序のvi頁。
（6）拙著『日本近世国家の確立と天皇』（清文堂、二〇〇六年）、本書第三部第一章。なお、この田中氏の『近世前期朝幕関係の研究』や後述の藤田覚『近世天皇論　近世天皇研究の意義と課題』（清文堂、二〇一一年）、村和明『近世の朝廷制度と朝幕関係』（東京大学出版会、二〇一三年）は朝幕関係を対立関係と捉えることに批判的だが、田中氏や村氏は、評者の研究についても朝幕対立論と理解し、批判している。だが、両氏からの批判は誤解である。

まず評者は田中氏や村氏のいう朝幕関係史として議論を組み立てているわけではない。朝幕関係史では、関係論として朝廷と幕府の関係を対立か協調かのどちらかに評価しなければならず、田中氏と村氏はそれぞれの前掲著書において朝廷内の機構論や法制史論を展開したうえで朝幕関係を協調関係と捉えるべきだと主張する（藤田氏は前掲著書で「成立と安定」とする）。評者はその観点に立たない。評者は、日本近世史における天皇の取り扱いについて、もし近世朝幕関係史として立論するならば、朝廷と幕府の関係を協調と捉えること自体、誤りとは思わないが、日本近世政治史として議論するならば、そのような捉え方のみでは不足だと考えている。評者の立場は日本近世政治史である。すなわち、評者は一見安定・協調状態と見える日本近世の一時期にも常に緊張が伏在しているという認識である。かつて評者が江戸幕府による皇位や「叡慮」の取り扱い方に注目したことは、その伏在する緊張を把握する一つの方法であった。

逆に朝幕関係史の協調論者に問いたいことは、近世の朝幕関係を協調のみで捉えつづけていくと、近世後期から幕末維新期にかけての政治情勢の変容はどのような説明になるのか。関係が変わったというだけでは結果論であり、なぜその関係が変わるのかは、関係の推移や研究対象の機構・法制を凝視しているだけではわからないのではないか。村和明氏の著書については、別途書評を執筆したので、拙稿「書評　村和明著『近世の朝廷制度と朝幕関係』」（『歴史評論』No.七六六、二〇一四年二月）をあわせて参照されたい。

（7）　藤田覚「寛政期の朝廷と幕府」（『歴史学研究』№五九九、一九八九年十月増刊）、藤田覚「近世朝幕関係の転換――大政委任論・王臣論の成立――」（『歴史評論』№五〇〇、一九九一年十二月）。いずれも、のち同『近世政治史と天皇』（吉川弘文館、一九九九年）に再録。

（8）　もちろんこれらの問いは、一朝一夕に答えの出るものではない。

（9）　田中暁龍「近世の天皇・朝廷研究の到達点と課題」（『歴史評論』№七七一、二〇一四年七月）七頁は、本補論の初出書評における評者の「批判」について「真摯に受けとめる姿勢が必要だと考える」としつつ、「しかし、朝尾氏の問題提起から約四〇年を経、今日の研究状況を考えるにあたって、「朝幕関係」を冠して取り組まれてきたその後の研究は、天皇の位置づけをも含めて、一歩一歩ではあるが新たな知見と視角を与えてきたものと考えている。また、朝尾氏が当時、人物史や事件史を中心に朝廷と幕府の関係性を描くことを問題視した「朝幕関係」の枠組みと、現段階までの諸研究では大きな隔たりがあり、今日では単に幕府と朝廷が融和であったか、緊張関係にあったかという議論ではなく、制度を含めた朝廷内の多角的な分析や幕府の対朝廷政策、朝幕関係に藩を組み込んだ議論など、多様な視点をもつ研究に裾野を広げているものと考える」とする。朝尾氏の否定した「朝幕関係」は、辻善之助『日本文化史　Ｖ　江戸時代(上)』（春秋社、一九七〇年再刊）第四十三章などの「朝幕関係」であって、昨今の研究はそれとは異なり、新たな成果を生み出しているではないかという主張だと思われるが、私見では朝尾氏は「朝幕関係」のまさに朝廷と幕府の関係しか問題にできない視野の狭さを指摘したのであって、田中氏の整理は当たらないと思う。それでもなお、仮に田中氏のいう今日の研究成果の新しさと自負を容認する場合、なおさら戦後歴史学は「朝幕関係」の語を使用してはならなかったのではないか。「朝幕関係」の語の問題は、戦後歴史学における江戸時代の天皇に関する研究の視角・方法の検討不足を露呈しているのである。にもかかわらず、約四十年間の研究の蓄積という既成事実によって、朝尾氏の指摘・提言が矮小化・否定され、このまま「朝幕関係」の語が安易に用いられていくとするなら、当該分野の研究の視角・方法を点検・改善する機会はますます失われるだろう。

書評と紹介　藤田覚著『近世天皇論　近世天皇研究の意義と課題』

『近世天皇論　近世天皇研究の意義と課題』（以下、『同書』とする）は、すでに江戸時代の天皇・朝廷に関する三冊の単著を有する藤田覚氏が、『近世政治史と天皇』（吉川弘文館、一九九九年）より後の発表で、かつ「近代天皇制への復活という事実をみすえて、天皇が政治的に浮上し、復活するその具体的な契機と歴史過程」について「論じた論考を配置」し、平成二十三年（二〇一一）十二月に清文堂より公刊したものである。同書の構成は次のごとくであり、ここでは目次の主要部分のみを紹介して細目は略す。また、この書評でとくに断らないカギ括弧での引用は、同書からの引用である。

幕藩体制の危機と天皇・朝廷
天保期の朝廷と幕府——徳川家斉太政大臣昇進をめぐって——
宣命（目次には「宣名」とあるが、本文に基づき修正した）——表現された天皇の意識——
近世天皇の政治的君主化とその限界
幕末の朝廷
終章　近世天皇研究の意義と課題
あとがき

紙幅の関係上、各論の詳細を紹介できないが、同書では、これまでに藤田氏が発見、あるいは再提示した諸事例の数々が、各論で相互に重複して扱われており、藤田氏による史料の博捜とそれに基づく明晰な叙述・解釈には、一読者としてあらためて敬服させられる。そのことを確認したうえで、ここでは、藤田氏が自身で発見・再提示した諸事実から主張する内容と、その研究史上の意義について検討してみたい。

まず確認せねばならない点は、藤田氏の研究史上の立脚点である。これについて藤田氏は、「朝幕対抗史観、あるいは朝幕対立史観」への批判を明確に述べている（例えば、一四六頁・一七〇頁～一七一頁・二〇一頁～二〇二頁）。そこでの「朝幕対抗史観、あるいは朝幕対立史観」とは、三上参次氏の『尊皇論発達史』から、戦後歴史学で江戸時代の天皇・朝廷が扱われはじめたころの諸研究までを含む、幅広いもののようである。それに対して藤田氏は、「たしかに、（天皇・朝廷が——評者註）幕藩制国家の秩序の中に定置される過程には、軋轢や矛盾が生まれ、いくつかの事件がおこった。しかし、それは、将軍・幕府と大名・藩との関係とそれほど異質なものではない」とし、「幕藩関係と朝幕関係の確立過程は、同質であり併行した過程であろう」とみて、「そこには、秩序への編入と秩序の安定のための統制が存在する一方、保護・補完の関係も存在する。支配・統制の強調も、また保護・

補完の関係の強調も難点があり、体制の成立と安定という視角から評価すべき問題であ」り、「結果として成立した幕藩制国家の秩序を前提とし、その成立過程として描くのではなく、幕府側の視点と藩・朝廷側からの視点という複合的な理解の必要性を主張したい」と述べている。そして、「幕藩体制の解体に関しては、朝幕と幕藩の関係の変化の兆候に着目する必要があろう」とし、幕末までを視野に入れるのである。

すなわち、藤田氏は江戸時代の「体制の成立と安定」が困難となっていくさまを、「朝幕と幕藩の関係の変化の兆候に着目」して叙述しようとした。さらに藤田氏は、「天皇は、近世を通じて江戸幕府、武家によって否定されることなく存続した。「なぜ天皇は続いたのか」、この問いに答えることは、日本史研究最大の課題の一つである。その点からすると、近世の天皇は、その問いに答えるための重要な対象・素材」だとも述べており、藤田氏はこれら大きく二つの課題を果たすため、各論の叙述を展開させた。

なるほど同書では、諸儀式等の「再興・復古」を目指した光格天皇の活発な動きやそれへの松平定信ら幕府の対応、そして将軍徳川家斉の太政大臣昇任の実現過程などが鮮やかに描かれている。しかし、残念ながら彼らの動きの背景は、すべて各々の「権威の強化」のためとされ、困難な対外情勢や国内情勢を前に「幕府および大名自身の権威、権力が低下」し、「幕府は、権威、権力もしくは自らの正統性を再強化すべく、天皇・朝廷を利用する傾向を強めてい」き、「これが天皇が浮上してくる大きな政治的前提条件であ」り、家斉の太政大臣昇任なども、「幕府の朝廷へのすり寄り」だとされる。

だが、光格天皇が諸儀式等の「再興・復古」を目指した理由は、本当にみずからの「権威強化」のためだったのだろうか。また、家斉の太政大臣昇任は、本当に「将軍家を荘厳化し、権威づけ」るためや、「朝廷へのすり寄り」でしかなかったのだろうか。同書では、確かに朝幕双方の動向が活写されているが、その描写はわかりやすいがゆえに整理されすぎており、そのせいか、彼らの行動目的を示す直接的史料は提示されないか、あるいは提示されたとしてもその読解・位置づけに成功していない。

例えば、藤田氏によると家斉の太政大臣への昇任は「将軍徳川家斉の要望」だったようだが、なぜ家斉は文政九年（一八二六）から文政十年（一八二七）という時期にそのような昇任を希望したのだろうか。「前例のない将軍在職四〇年を讃え、家斉の官位を昇進させてくれという要望」をそのまま解釈してよいものだろうか。藤田氏の分析によると家斉は、太政大臣への昇任の時期を逸することなく、確実に昇任できるよう周到かつ慎重な交渉を行ったようだから、家斉が文政九年（一八二六）から文政十年（一八二七）という時期に太政大臣への昇任にこだわった理由が重要なのではなかろうか。また、なぜ光格天皇は儀式の「再興」にあたり、一〇二頁で引用の宸翰で「神慮」に「恐怖」していたのだろうか。家斉の目的や光格の考え方次第では、藤田氏の提示した諸事例の解釈・評価も変わってくるのではなかろうか。関係や事例の評価を急がず、まず各々の行動の具体的理由・背景を正確に解明すべきだろう。

次に評者が指摘せねばならないことは、たとえ藤田氏のいうように「幕藩関係」との「複合的な理解」を目指したとしても、やはり「朝幕関係」という視角の限界である。同書の描く「朝幕関係」においては、結局、朝幕はみずからの「権威」の浮沈に翻弄される利用者・被利用者の関係にしかなく、「幕末政局」の果てに「近世天皇の存在は否定されざるを得なかった」。だが、この叙述では藤田氏のいう「日本史研究最大の課題」に応えられないのではないか。同書の示した近世後期から幕末への展望は、高橋秀直氏の『幕末維新の政治と天皇』（吉川弘文館、二〇〇七年）の成果に照らすと、政治過程分析としては単純化されすぎているし、検討の対象に孝明天皇没後の明治天皇も含めなければ分析不足だろう。

そもそも藤田氏は、かつて朝尾直弘氏が「朝幕関係もしくは古代的権威というような視角をもってしては、教科書裁判の与えた衝撃をうけとめることはできない(1)」と述べたことをどのように理解しているのだろうか。同書では、この点への言及はない。

また、藤田氏は同書について、「近世政治史研究の一環として天皇・朝廷の動向、朝廷と幕府の関係を論じるという視角から書かれたもの」だとあとがきで説明している。ここで藤田氏が「政治史」という時、権力者の「政権構想」の解明を重視し、その中で当時の天皇・朝廷の位置づけを問題にした朝尾氏の「政治史」[2]は、どのように位置づくのだろうか。藤田氏の「朝幕関係」の視角による「政治史」は、朝尾氏の「朝幕関係」の視角によらない「政治史」とかなり異なると評者は思う。この違いに自覚的とならなければ、近世全体を展望した「政治史」は、いつまで経っても描けない。

評者は、江戸時代の天皇・朝廷に関する研究について、早くから学界で視角・方法に関する重要な提言がなされていたにもかかわらず、それが理解されることなく看過され、方法論的に共通認識のないまま遂行されてきたこと自体を憂慮している。学界として、今一度立ち止まり、当該テーマの研究の視角・方法を再検討・再確認することが肝要である。

(1)　朝尾直弘「幕藩制と天皇」（原秀三郎他編『大系　日本国家史』三、東京大学出版会、一九七五年、のち朝尾直弘『将軍権力の創出』岩波書店、一九九四年、のち同『朝尾直弘著作集　第三巻　将軍権力の創出』岩波書店、二〇〇四年に再録、本書での引用は『朝尾直弘著作集』による）二〇二頁。

(2)　前掲註(1)朝尾「幕藩制と天皇」二〇二頁、朝尾直弘『将軍権力の創出』（岩波書店、一九九四年）まえがき・あとがき（のち同『朝尾直弘著作集　第三巻　将軍権力の創出』岩波書店、二〇〇四年に再録、本書での引用は『朝尾直弘著作集』による）。

〈初出一覧〉

＊いずれも本書再録にあたり題目・内容を適宜改題・改稿

序　論　「日本近世国家論序説――「日本国」概念の再検討――」（『防衛大学校紀要（人文科学分冊）』第九九輯、二〇〇九年十月）
新稿

第一部　豊臣秀吉・徳川家康の神格化と天皇

第一章　「豊国大明神号の創出過程に関する一考察」（『史學雑誌』第一一一編第十一号、二〇〇二年十一月）
第二章　「東照大権現号の創出と徳川秀忠」（『日本歴史』第七六九号、二〇一二年六月）
第三章　「徳川家光の国家構想と日光東照宮」（『日本史研究』第五一〇号、二〇〇五年二月、のち『日本近世国家の確立と天皇』清文堂、二〇〇六年に改稿して再録）
「東照宮号宣下をめぐる政治過程再考」（『史海』第五五号、二〇〇八年五月）
新稿

第二部　身分集団としての禁中・公家中と江戸幕府

第一章　「近世前期の幕府による公家への行動規制と身分制」（『ヒストリア』第二三〇号、二〇一二年二月）
第二章　「延宝期の公家領主と幕府上方支配機構」（『論集きんせい』第三二号、二〇一〇年五月）

第三部　徳川将軍家の国家構想の継承と限界

第一章　「天和・貞享期の綱吉政権と天皇」（『史林』第九三巻第六号、二〇一〇年十一月）
第二章　「元禄・宝永期の綱吉政権と天皇」（『歴史の理論と教育』第一三七号、二〇一二年五月）
新稿

結　論　新稿
補　論　「書評　田中暁龍著『近世前期朝幕関係の研究』」（『日本史研究』第五九八号、二〇一二年六月）
「書評と紹介　藤田覚著『近世天皇論　近世天皇研究の意義と課題』」（『日本歴史』第七七七号、二〇一三年二月）

あとがき

本書は、筆者にとって二冊目の論文集であり、平成十九年（二〇〇七）の防衛大学校着任後の業績を中心にまとめたものである。第一部第三章は、一冊目の論文集にも収録した論稿が基になっているが、このたび現在までの筆者の研究成果とともに、これまで筆者に頂戴してきたご批判・ご指摘もふまえ、大幅に改稿したものである。なお、本書における史料の引用等にあたっては、刊本からの場合、引用元における読点や漢字の用法に極力従ったが、一部旧漢字を当用漢字に改め、明らかな誤りと思われる場合等には一部私見を反映させているので、あらかじめご了承願いたい。

本書の刊行に際しては、公益財団法人防衛大学校学術・教育振興会から出版助成を受け、公益財団法人防衛大学校学術・教育振興会の皆様と防衛大学校に設置された出版助成検討委員会の先生方、そして史料や写真の使用をお許しくださった関係者・関係機関の皆様、株式会社思文閣出版の長田岳士氏・田中峰人氏には大変お世話になった。ここに厚く御礼を申し上げる。また、索引の作成と表紙には家内の協力を得た。あわせて感謝の意を表したい。

結論において筆者は、少なくとも近世前期の天皇が、氏姓制と神国思想、そして儒教思想を背景としながら、次第に徳川歴代将軍によって「君」と位置づけられるようになっていくことを述べ、徳川綱吉は、徳川家光ほど神国思想に立脚しないものの、天命の改まっていない状態をあえて凍結することで徳を示し、日本国におけるすべての政《まつりごと》をすべき身として自身を位置づけていたことなどを述べた。

このあり方について、徳川家宣以降の将軍がどのように捉え、変化させていったのかは筆者の今後の分析課題である。そして最近は、さらにその先の時代にも関心がある。だが、筆者なりに日本の近現代における天皇のあり方をも視野に入れてみると、華族制度に移行していく中で公家と武家の身分的出自を持つ家々のあり方は前近代と大きく異なっていくであろうし、また氏姓制や儒教思想は近現代の政治家や国民の意識において次第に主要な位置を占めなくなっていくと思われ、さらに近代の神国思想も中近世のそれとは様相を異にし、しかも現代の日本では日本国憲法第一条で天皇の地位が規定される一方、日本国憲法第十四条の規定によって門地による差別や華族と貴族制度は否定されているから、日本史上の天皇の存在とその存在基盤を通史的に的確な言葉で段階的に説明することの難しさをあらためて痛感させられる。

おそらく日本の近世における天皇のあり方を分析することは、西川誠氏の『天皇の歴史07　明治天皇の大日本帝国』（講談社、二〇一一年）が指摘するように、日本の近現代に失われたり、付加されたものを浮かび上がらせ、逆照射する作用をもっていると思われるが、研究を進めれば進めるほど問いは多くなり、みずからの研究課題の困難さと複雑さに戸惑わざるを得ない。

思考の体力があるうちに、どこまで進むことができるのかはわからないが、少しずつ前進するしかないと今のところは考えている。

平成二十六年（二〇一四）十一月二十九日

野村　玄

索　　引

【人　名】

な

に

の

は

ひ

【事　項】

お

か

き

く

け

こ

ち

て

と

な

に

ね

の

は

ひ

ふ

【研究者名】

◎著者略歴◎

野村　玄（のむら　げん）

1976年　大阪府に生まれる
2004年　大阪大学大学院文学研究科博士後期課程修了
現　在　防衛大学校人文社会科学群人間文化学科准教授
〔著書〕
『日本近世国家の確立と天皇』（清文堂、2006年）
『徳川家光――我等は固よりの将軍に候――』（ミネルヴァ書房、2013年）

天下人《てんかびと》の神格化《しんかくか》と天皇《てんのう》

2015（平成27）年1月9日発行

定価：本体7,000円（税別）

著　者　野　村　玄
発行者　田　中　大
発行所　株式会社　思文閣出版
〒605-0089 京都市東山区元町355
電話 075-751-1781（代表）

装　幀　佐々木歩
印　刷
製　本　亜細亜印刷株式会社

ISBN978-4-7842-1781-6　C3021